행복한 금융생활

송영출 저

다산출판사

이 저서는 2020년도 광운대학교 교내 학술연구비 지원에 의해 연구되었음.

머리말

"청년실업, 전세난, 고령화…"

최근 뉴스는 기쁨과 희망보다는 안타까움과 실망을 전하는 내용들이 많다. 한국 경제는 2008년 세계 금융위기 이후 저물가, 저금리, 저환율 상태를 유지하다가 2021년 유동성 축소와 함께 고물가, 고금리, 고환율 상태로 빠르게 변하고 있다. 경제 환경의 변화는 개인과 가계의 살림살이에 큰 영향을 미친다. 특히 코로나19 위기를 겪으면서 급등했던 주식, 부동산, 코인이 거품 논란 속에 크게 하락하고 있다. 이처럼 급변하는 경제 환경 속에서 개인과 가계는 어떻게 대처해야 할까?

미래에 대한 불확실성은 더욱 커지고 재산 모으기는 점점 힘들어지고 있다. 그러나 상황이 어렵다고 비관에 빠져서 체념하면 아무 문제도 해결되지 않는다. 어려울수록 문제를 외면하지 말고 주어진 여건 속에서 가능한 해답을 찾아야 한다. 개인이 살아가면서 부딪히는 재무문제에 효과적으로 대처하는 방법이 절실히 필요하다. 가족들 생계를 꾸리고 자녀를 교육하고 안락한 노후를 보내려면 막연히 잘될 것이라는 생각은 버려야 한다. 재무문제 해법이 그렇게 어렵기만 한 것은 아니다. 본서와 함께 치밀하게 재무계획을 세우고 꾸준하게 선택안을 실천하면 누구나 해답을 얻을 수 있다.

본서는 재무설계를 통하여 행복한 금융생활을 이루는 내용을 다루고 있다. 행복이란 미래의 위험에 대비하여 편안하고 현재의 지출에서 쾌락을 느끼는 상태를 의미한다. 행복한 금융생활은 '영끌'과 '빚투'가 아니라 금융역량과 재무설계로 이루어야 한다. 금융역량은 금융문제 해결에 필요한 금융지식, 금융태도, 금융행위로 구성된다. 재무설계는 재무목표를 수립하고 선택안을 실천하고 성과를 검토하는 활동이다.

본서는 필자가 대학에서 30여 년간 강의한 자료를 바탕으로 집필하였으며, 수강생들의 의견을 최대한 반영하여 생동적인 서술이 되도록 노력하였다. 설명 체계는 1편 돈 알기, 2편 돈 쓰기, 3편 돈 모으기, 4편 돈 불리기로 구성하였다. 재무문제를 해결하기 위한 틀로 재무설계를 설정하였고, 보편적 금융원리에 입각해서 금융상품과 투자행위를 설명하였다. 본서의 내용은 「대학 e-러닝 기반 학점인정 컨소시엄」에서 '행복한 금융생활' 교과목 콘텐츠로 개발되어 매년 1천 명 정도의 학생들이 온라인에서 수강하고 있다. 필자는 2019년과 2021년에 '강의 우수 교수상'을 받아서 더 큰 책임감을 느끼며 수정과 보완을 지속할 생각이다.

본서는 단순히 금융지식을 쌓는 것이 아니라 생활에 유용한 실천적 지혜를 제시하는 데 역점을 두었다. 아무리 좋은 정보를 얻었더라도 아는 것에만 머무르면 무의미하고 반드시 실천해서 살아 있는 경험으로 만들어야 한다. 독자들이 주위 사람들에게 권유해서 본서의 지혜를 공유하는 사람들이 점점 많아지길 바라며, 우리 국민들이 모두 행복한 부자가 되는 날을 꿈꾼다.

2022년 초여름 누리관에서

송영출 씀

차 례

제1편 돈 알기

제2편 돈 쓰기

제3편 돈 모으기

제4편 돈 불리기

제1편 돈 알기

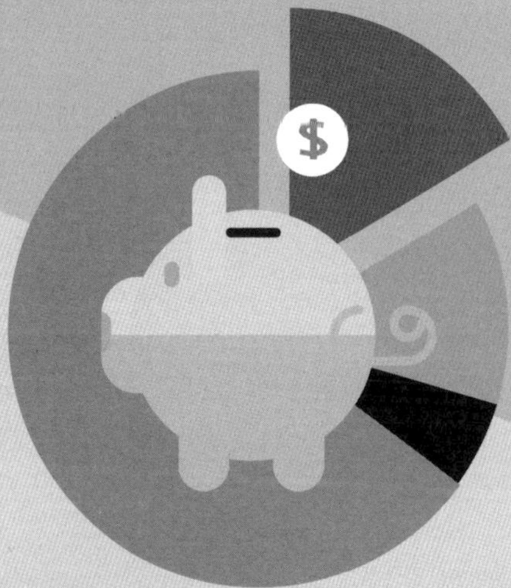

제1장 금융역량을 기르자

제2장 부자 되는 희망을 갖자

제3장 재무설계로 시작하자

제 1 장

금융역량을 기르자

1. 가난은 왜 대물림되나?
2. 도대체 돈이 무엇인가?
3. 돈의 가치는 얼마인가?
4. 금융원리와 금융정보

"문자를 모르면 생활이 불편하지만
금융을 모르면 생존이 불가능하다."

– 앨런 그린스펀(전 FRB 의장)

1. 가난은 왜 대물림되나?

가난한 진짜 이유

누구나 부자가 되고 싶어 하지만 아무나 부자가 되지는 않는다. 사람들에게 부자가 못 된 이유를 물어보면 뻔한 질문을 왜 하냐는 반응을 보인다. 가난한 집에서 태어났기 때문에 가난하게 사는 게 아주 당연하다고 대답한다. 정말로 가난은 대물림되는 것일까? 이것은 맞는 생각이 아니다. 국가로 범위를 넓혀보면, 부유한 나라는 계속 부유하고 가난한 나라는 계속 가난할까? 당연히 아니다. 세계 역사를 보면 번영을 누리며 천년을 이어갈 것 같던 강대국이 쇠퇴하고 새로운 국가가 패권을 잡는 일이 수시로 일어났다. 우리나라만 하더라도 6·25 전쟁으로 폐허가 되고 부존자원도 없는 가난한 나라에서 지금은 경제 규모가 세계 10위권에 해당하는 부강한 나라가 되었다. 반대로 2차 대전 후에 세계 네 번째 강대국으로 불리던 아르헨티나는 여러 번의 경제위기를 겪으면서 빈국으로 전락하고 있다. 개인이나 국가나 가난은 운명이 아니다.

"가난한 집안에서 태어나면 평생 가난하고 절대로 안 바뀐다."와 같은 엉터리 법칙은 없다. 그러나 가난한 집에서 태어났기 때문에 가난하다고 부모를 탓하는 경우가 적지 않다. 예를 들어 이런 불평들이 등장한다. "부모님이 학원비를 많이 못 대주고 나를 충분히 교육시켜 주지 못했다.", "부모님 인맥이 넓지 못해서 영향력 있고 잘나가는 사람들과 연결해 주지 못했다.", "부모님 형편이 어렵다보니 좋은 아이디어에 대한 사업자금을 마련해 주지 못했다." 등이다. 물론 이러한 말들이 완전히 틀린 것은 아니다. 좋은 교육, 넓은 인맥, 풍부한 사업자금은 부자가 되는 데 상당히 유리한 조건이다. 그러나 이러한 조건이 갖추어졌다고 반드시 부자가 되는 것도 아니다. 내가 가난한 이유는 부모의 지원이 부족했기 때문이라고 말하는 것은 문제의 핵심을 빗나간 대답이다. 그러면 진짜 원인은 무엇일까?

"가난은 왜 대물림되나?"라는 의문에 대하여 영국과 미국 등의 국가가 자금을 대서 본격적으로 연구를 했다. 그 결과 가난은 부모 탓이 맞다고 나왔다. 그런데 부모 덧이기는 하지만 교육, 인맥, 사업자금 등을 제대로 지원하지 못했기 때문이 아니라 부모가 금융문맹이었기 때문인 것으로 판명되었다. 부모들이 금융에 대하여 무지했기 때문에 금융활동에 대한 의사결정을 올바로 내리지 못하였고, 부모들의 이러한 행동을 보면서 자란 아이들도 역시 마찬가지로 금융에 대해서 문외한이 되어 결국 가난에서 벗어나지 못하게 되었다고 결론을 내렸다.

☑ 부모가 금융문맹

부모와 자식의 대화에서 다음과 같은 이야기들이 흔히 나온다. "학생이 뭐 그렇게 돈을 밝히느냐?", "너는 열심히 공부해서 성적을 올리는 게 최고다.", "왜 그렇게 돈을 함부로 쓰냐?", "땅 파면 돈이 거저 나오냐 무조건 아껴라.", "로또 복권 당첨되어서 한 방에 인생을 역전시켜야지.", "분양형 호텔에 투자해서 노후 생활비를 받아야지.", "젊어서부터 열심히 살았는데도 노후가 이렇게 힘드니 정부가 복지를 책임져라." 이런 말들을 가정에서뿐만 아니라 뉴스나 드라마에서도 쉽게 듣게 된다. 이런 대화가 바로 우리 부모세대가 금융문맹이라는 뚜렷한 증거다.

공부만 해라	⟶	무관심
무조건 아껴라	⟶	무논리
로또로 한탕해라	⟶	무대책
정부가 책임져라	⟶	무책임

공부만 열심히 하고 돈에 대해서 관심 갖지 말라는 훈계는 자녀들에게 금융에 대한 무관심을 강요하는 것이다. 이런 말을 듣고 자란 자녀들은 금융이란 자신과는 무관한 영역이라고 생각하게 된다. 부모가 무조건 돈을 아껴쓰라고 윽박지르는 잔소리는 금융에 대한 무논리를 드러낸 것이다. 돈이 왜 소중하고 절약이 왜 필요한지 논리적으로 차근차근 설명하지 못하므로 설득력이 없고 자녀들의 반감만 키운다. 로또나 투기를 통해 한밑천 잡으려는 행태는 금융의 기본원리를 무시하고 요행수나 바라는 무대책의 극치다. 위험이 없는 고수익을 보장한다는 말을 믿고

허황된 사업에 투자하는 것은 금광을 발견한 게 아니라 금융사기에 걸린 것이다. 정부가 노후생활을 모두 책임지라는 요구는 스스로 미래를 대비하지 않으면서 남들이 납부한 세금으로 살아가겠다는 무책임한 태도다. 정부는 당연히 복지국가 실현의 책무를 수행해야 하지만 국민 개개인의 노후에 대한 일차적 책임은 본인에게 있다.

가난이 대물림되는 가장 중요한 원인은 부모가 금융문맹이기 때문이다. 여기서 금융문맹(financial illiteracy)이란 금융을 이해하고 활용하는 능력이 없는 상태를 말한다. 글자를 모르는 문맹이나 컴퓨터를 모르는 컴맹은 생활에서 엄청난 불편과 불이익을 겪는다. 그런데 금융문맹은 단지 생활이 불편한 정도에 그치지 않고 생존 자체에 심각한 위협이 된다. 일상적인 소비생활에서도 금융을 모르면 결제와 송금에 불편을 겪고 불필요한 비용을 부담하게 된다. 목돈 마련을 위해 저축을 하거나 큰돈을 빌려서 주택을 구매하는 경우에 금융을 모르면 잘못된 선택을 하고 오랫동안 고통을 겪게 된다. 개인이나 가정뿐만 아니라 사회와 국가도 나서서 금융에 대한 이해도를 높이고 활용능력을 키워야 한다.

☑ 금융역량과 금융행복

금융을 알고 활용하는 실력을 금융역량(financial competence) 또는 금융이해력(financial literacy)이라고 부른다. 금융역량과 금융이해력을 구분하는 연구들도 있지만 본서에서는 같은 의미로 사용한다. 금융역량을 키운다는 것은 어떤 의미일까? 금융에 관한 책을 많이 읽고 금융전문가와 자주 상담하고 다양한 금융상품에 투자하면 일반적으로 금융역량이 높다고 믿을 수 있다. 그러나 금융역량은 이렇게 몇 가지 단편적인 사항을 열거하기보다는 금융생활의 목적과 연관하여 살펴봐야 한다.

우리가 금융생활에서 궁극적으로 추구하는 목적은 금융행복을 높이는 것이다. 금융행복(financial happiness)은 금융웰빙(financial well-being)과 같은 의미이며 금융활동을 통하여 얻게 되는 주관적 심리상태를 의미한다. 금융행복은 일상적 금전관리에서 안정감을 느끼고, 긴급한 자금수요에 대응할 회복력을 지니며, 다양한 선택의 자유를 즐길 수 있도록 금전적 여유를 갖추고, 재무목표를 향해 올바로 진행하는 정도를 나타낸다. 금융행복을 높이기 위하여 필요한 게 금융역량이며 그 구성요소는 금융지식, 금융태도, 금융행위다.

금융지식은 금융원리를 이해하고 금융상품을 비교하는 데 도움이 되는 기본적인 개념을 의미한다. 단리와 복리, 위험과 수익, 인플레이션과 구매력, 분산투자와 적립식 투자 등이 주요 내용이다. 금융태도는 돈에 대한 가치관, 재무목표 달성을 위한 열망 그리고 미래에 대한 준비자세를 의미한다. 돈이란 무엇인가, 저축과 소비 중에서 무엇을 더 선호하는가, 미래를 위해서 현재의 소비를 억제할 수 있는가, 부자가 될 가능성에 대해서 얼마나 긍정적으로 생각하는가 등이 해당된다. 금융행위는 재무목표를 세우고 이를 달성하기 위하여 실천해야 되는 과업을 의미한다. 자금예산을 수립하고 합리적인 소비와 저축을 지속해 나가며 부채를 관리하고 재무상황을 주기적으로 점검하는 활동이 해당된다. 사람들은 금융지식과 금융태도를 기반으로 금융행위를 선택하고 이를 통하여 금융행복을 달성한다.

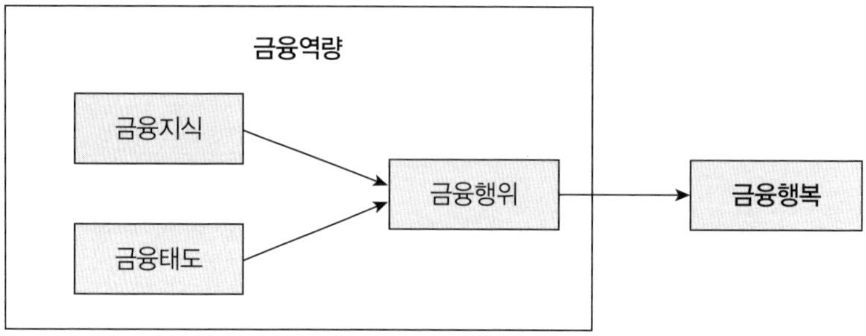

2020년에 정부는 금융역량 증진을 위하여 행정부처와 금융유관기관 등으로 금융교육협의회를 구성했으며, 앞으로 금융역량 지도를 통해 교육영역별 콘텐츠를 확보하고 관리하기로 결정하였다. 금융역량 지도는 금융지식, 금융태도, 금융행위를 생애주기와 금융상황에 맞추어 정리한 도표를 말한다. 앞으로 보다 체계적인 금융교육이 이루어질 것으로 기대된다.

행복이란?

행복은 인간의 존재와 관련되어서 재산만으로 행복을 논하는 것은 부적절하다. 행복은 철학자, 심리학자, 사회학자, 정치학자, 경제학자 등에 따라서 서로 다르게 다루어진다.

심리학자들은 행복을 삶에 대한 긍정적인 느낌으로 본다. 불교에서는 삶의 고통이 해소된 상태를 행복이라고 말한다. 철학자 칸트는 개인의 경험적 사실이 바로 행복이라고 보았다. 정신분석학자 프로이드는 욕망을 충족해야 행복하다고 말했다. 아리스토텔레스는 훌륭한 자질과 일치되도록 영혼이 활동하는 게 행복이라고 말했다. 이렇게 여러 이야기를 하고 있어서 과연 행복이 무엇인지 혼란스럽다.

행복(幸福)은 행운(幸運)과 축복(祝福)을 더한 말이다. 필자는 재무설계적 관점에서 행복이란 심신이 평안하고 쾌락한 상태라고 정의한다. 평안의 반대는 불안이고 쾌락의 반대는 고통이다. 행복하게 산다는 것은 곧 불안과 고통을 슬기롭게 극복하는 활동이다. 어떻게 해야 평안하고 쾌락한가는 사람마다 달라서 모두에게 맞는 절대적인 기준은 없다.

우리가 금융역량을 키우는 이유는 금융행복을 얻기 위해서다. 여기서 금융행복은 재산으로부터 얻는 평안과 쾌락을 의미한다. 평안하다는 것은 미래 상황에 잘 대비하고 있어서 불안하지 않다는 뜻이고, 쾌락하다는 것은 주어진 소득으로 순조롭게 소비하면서 느끼는 즐거움이다. 금융역량을 키우고 금융생활에서 평안과 쾌락을 얻는 게 바로 우리가 목표로 하는 행복이다.

금융이해력 조사

OECD는 금융이해력(금융역량)을 측정하기 위하여 국제조사 표준모형을 만들었는데 우리나라도 이를 이용해서 2년마다 조사하고 있다. 우리나라는 2020년 조사에서 금융이해력이 66.8점으로 나왔다.[01] 이 점수는 2018년의 62.2점보다 상승한 값이며 OECD(2019년 기준, 10개국 평균)의 62.0점보다 높은 값이다. 우리나라 금융이해력 수준이 OECD 평균보다 높으면서 향상되고 있다는 점은 좋은 소식이다. 그렇지만 66.8점은 대학 성적으로 말하면 'D+'에 해당하는 저조한 수준이다. 금융이해력을 더 높여야 한다.

01 전국에서 만 18~79세의 성인 2,400명을 대상으로 2020년 8월에서 10월까지 조사하였다.

금융이해력 조사 결과

	한국 2018년	한국 2020년	OECD 2019년
금융이해력	62.2	66.8	62.0
금융지식	65.7	73.2	65.9
금융태도	61.3	65.5	61.6
금융행위	59.9	60.1	59.2

금융감독원, 『2020 전 국민 금융이해력 조사』, 2021.

금융지식, 금융태도, 금융행위 모두 OECD 평균보다 높게 나왔지만 금융행위는 60.1점으로 간신히 낙제를 면한 수준이다. 앞으로 금융교육을 할 때 금융행위에 관련된 내용을 더 많이 넣어서 재무목표를 세우고 합리적인 소비와 저축을 실천하는 습관을 기르도록 도와주어야 한다.

금융이해력을 연령대별로 나누어 보면 40대가 69.8점으로 가장 높고 70대가 56.9점으로 가장 낮았다. 40대는 경제활동 경험이 많아서 점수가 높고 70대는 환경변화에 뒤처져 점수가 낮았을 것으로 추정된다. 전체 평균 66.8점보다 점수가 낮은 연령층은 20대, 60대, 70대다. 20대는 64.7점으로 전체 평균보다는 약간 낮지만 40대에 비하면 상당히 차이가 난다.

지금 우리 사회는 20대 청년층에 대해서 '단군 이래 최고의 스펙'을 갖추었고 최

연령별 금융이해력

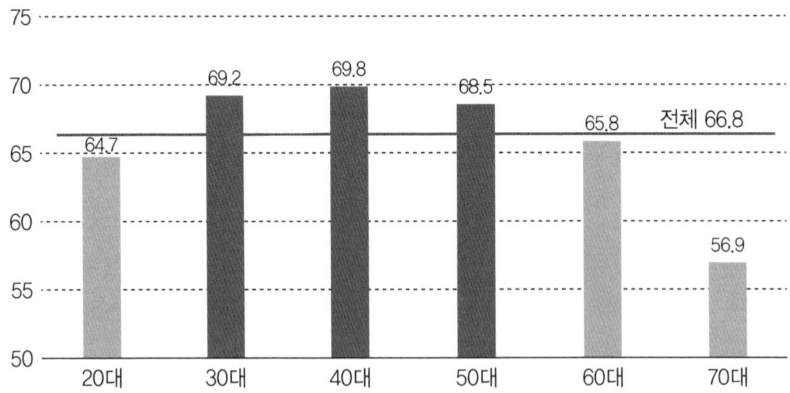

금융감독원, 『2020 전 국민 금융이해력 조사』, 2021.

대의 경쟁력을 보유한 세대라고 말한다. 이처럼 어학능력, 자격증, 발표력, 인턴십 등 막강한 경쟁력을 갖췄음에도 불구하고 금융이해력은 왜 이렇게 낮게 나왔을까? 여러분들도 생각해 보면 지금까지 가정, 학교 또는 사회에서 금융이해력 교육을 제대로 받아본 기억이 없을 것이다. 우리가 타인과의 경쟁에서 이기고 직업을 갖는 데 유리한 분야에는 많은 시간과 노력을 기울였지만 정작 가정살림을 꾸려나가고 행복한 생활을 이루는 데 필요한 금융이해력을 쌓는 데에는 관심을 두지 않았기 때문이다. 20대 청년들뿐만 아니라 60대 노인들도 금융이해력을 높이는 것은 더 이상 선택 사항이 아니라 행복을 위한 필수 사항이 되었다.

우리 주위에는 금융이해력을 남한테 과시하기 위한 자격증이나 훈장으로 착각하는 사람들도 많다. 금융에 대해서 스스로 아는 게 없다고 인정하는 사람은 물어보고 배우면서 개선할 것이다. 그렇지만 스스로 많이 알고 있다고 착각하거나 많이 아는 척 위장하는 사람은 물어보지 않는다. 물어보면 부족한 실력이 들통날까봐 모르면서 그냥 넘어간다. 결국 중요한 금융문제를 자기 혼자 대충 결정하게 되고 큰 손실을 보게 된다. 모르는 것은 부끄러운 일이 아니다. 아는 척하다가 멍청한 실수를 범하고 빈곤층으로 전락하는 어리석음을 경계해야 한다. 참된 지식은 아는 것을 안다고 말하고, 모르는 것을 모른다고 말하는 것이다.

2. 도대체 돈이 무엇인가?

세계 역사에서 위대한 발명품 세 가지는 나침반, 화약, 종이다. 선사시대까지 포함해서 인류 문명사 전체로 봤을 때 3대 발명품은 불, 바퀴, 돈이다. 인류는 불을 통해서 추위와 위협을 극복하였고 바퀴로 전쟁과 운송의 수단에 혁명을 일으켰다. 그러면 돈은 무슨 큰 역할을 했을까? 돈을 발명품이라고 얘기하면 "돈을 누가 발명했다고요, 원래부터 있던 거 아닌가요?"라고 반문한다. 돈은 자연의 산물이 아니다. 금은 자연의 산물이지만 금을 돈으로 사용한 것은 사람들의 지혜다. 돈은 사람들이 교환거래를 하면서 살다보니 필요해서 만들어 낸, 즉 발명해 낸 생활의 수단이다.

돈의 역할

금융은 금전융통(金錢融通)을 줄인 말이다. 금전은 금속을 녹여 일정한 모양으로 만든 돈을 의미하고 융통은 유통과 같은 말로 널리 사용된다는 의미다. 즉, 돈이 한곳에 머물러 있지 않고 여기에서 저기로, 이 사람에게서 저 사람에게로 흘러 다니는 현상이 금융이다. 경제 시스템에서 돈이 흘러 다니는 현상은 재화적 유통, 재정적 유통, 신용적 유통으로 구분된다.

금융 종류	돈 명칭	참가자
재화적 유통	가격, 비용	구매자, 판매자
재정적 유통	세금, 보조금	가계, 정부
신용적 유통	원금, 이자	채권자, 채무자

재화적 유통은 매수자와 매도자가 상품이나 서비스를 매매할 때 발생한다. 짜장면을 먹거나 머리를 손질하고 돈을 주고받는 것이 그 예다. 재정적 유통은 가계와 정부 사이에서 발생한다. 가계는 세금을 내고 정부는 빈곤층에 보조금을 주는 것이 그 예다. 신용적 유통은 채권자와 채무자 사이에 발생한다. 채무자는 남의 돈을 일정한 기간 사용하고 만기에 채권자에게 원금과 이자를 갚는 것이 그 예다.

돈은 경제생활에서 세 가지 역할을 한다. 첫째 역할은 교환수단(medium of exchange)이다. 원시시대에 필요한 물품을 얻기 위해서 물물교환을 하려면 마땅한 상대를 구하기도 어렵고 가치가 다른 물건을 환산하기도 복잡해서 아주 불편했다. 이때 돈이라는 수단을 이용하면 거래가 쉽고 편리하다는 것을 사람들이 깨달았다. 옛날에는 쌀이나 포목이 교환 수단으로 사용되었는데, 부피가 크고 무거워서 휴대하기가 어려웠으며 장기간 보관하기도 힘들었다. 금속을 틀에 찍어 일정한 모양으로 만든 동전은 이러한 불편을 해소해 주어서 오랫동안 돈의 역할을 하고 있다. 둘째 역할은 계산단위(unit of account)다. 돈이 있으면 거래 대상물에 대하여 이건 100원짜리 물건, 저건 200원짜리 물건 하는 식으로 금액의 차이를 매길 수 있다. 사람들은 이 금액을 보고 물건이 비싸다, 싸다, 귀중하다, 하찮다 등으로 판단한다. 셋째 역할은 가치저장물(store of value)이다. 돈은 누구나 어디서나 필요로 하는 물건이므로 돈 자체가 귀중한 재산이 된다. 돈을 이용하면 가치를 안전하게 저장할 수 있고 그 가치를 다른 사람에게 쉽게 이전시킬 수 있다. 다른 곳으로 이사갈 때 집을 가져가는 게 아니라 집을 팔아서 돈으로 바꾸어 가면 된다.

돈의 본질이 무엇인가에 대하여 두 가지 극단적인 시각이 있다. 하나는 돈이 바로 인생의 궁극적 목표라고 보는 관점이다. 이때 돈은 모든 의사결정의 기준이 되며 최대한 노력을 기울여 돈을 더 많이 확보하려고 한다. 이처럼 돈에 최고의 가치를 부여하고 돈을 숭상하는 게 바로 황금만능주의 또는 배금주의다. 다른 하나는 돈은 인간을 타락시키는 파멸의 근원이라고 보는 관점이다. 사람들은 돈으로 인하여 잘못을 저지르고 삶의 본질적인 가치를 실현하지 못하게 되므로 가능한 한 돈을 멀리해야 된다고 본다. 인간의 본능적 욕망을 억제하는 이러한 태도는 금욕주의 또는 고행주의다.

돈을 인생의 궁극적 목표로 보거나 파멸의 근원으로 보는 이런 시각은 둘 다 극단적이어서 우리 삶에 도움이 안 된다. 돈은 생활에 유용한 수단이지 돈을 많이 모으는 게 인생의 목표는 아니다. 삶의 목표는 따로 있고 그것에 도달하기 위한 수단으로써 돈이 사용된다. 또한 돈을 부정하고 멸시하면서 정신승리만 외치면 경제적으로 비참한 생활을 면할 수 없다. 정상적인 삶의 수준을 유지하지 못하면서 고귀한 가치만 추구하는 것은 허망하거나 위선적인 일이다. 우리는 삶의 목표인 자아실현을 이루어 가는 과정에서 돈을 현명하게 사용하는 지혜를 갖추어야 한다.

돈이라는 말은 어디서 유래했을까?

돈은 한자어가 아니라 우리 고유어다. 예전에 엽전 하나는 한 닢이라 부르고 엽전 열 개를 묶은 것을 한 돈이라고 부르는 데서 돈이라는 명칭이 유래되었다고 한다. 이 외에 금반지 한 돈, 두 돈처럼 귀금속의 무게를 재는 단위가 돈이 되었다는 설도 있다. 또는 옛날에 중국의 전국시대에는 화폐를 칼 모양으로 만들어서 도전(刀錢)이라고 불렀는데 우리나라에서 발음이 변하여 돈이 되었다는 설도 있다.

동전이 없던 시절에는 무엇이 돈의 역할을 했을까? 돈에 해당하는 한자는 화폐다. 화폐(貨幣)라는 한자를 보면 글자 속에 '조개 패(貝)' 자와 '베 포(布)' 자가 들어 있다. 이로써 조개와 옷감이 돈의 역할을 했다는 사실을 유추해 볼 수 있다. 전(錢)이라는 한자는 쇠로 만든 농기구를 의미한다. 중국에서 이 글자가 만들어졌을 당시의 돈은 우리가 익히 아는 동그란 모양이 아니라 갈퀴 모양의 쇠스랑처럼 생겼었다. 조선시대에는 상평통보라고 쓰인 엽전을 만들어 사용했다. 상평통보(常平通寶)는 '언제나 평등하게 널리 사용하는 보배'라는 뜻이다.

영어 Money는 로마 주노(그리스 헤라) 여신의 별명인 Moneta에서 유래되었다. 로마인이 Moneta 여신의 신전 지하에서 동전을 만들었기 때문에 Moneta 여신의 신전에서 나온 물건이라고 부르다가 Money가 되었다.

지급수단

돈은 원래부터 있던 자연물이 아니라 사람들이 만들어 낸 인공물이다. 돈은 그 사회를 구성하는 사람들이 서로 동의하고 신뢰하는 과정을 거쳐서 탄생한 사회적 합의물이다. 인류 문명이 발달하면서 화폐의 형태도 점차 진화해 왔다. 돈의 형태는 상품화폐, 금속화폐, 종이화폐, 플라스틱화폐, 전자화폐로 진화하였고 최근에는 암호화폐가 큰 관심을 받고 있다.

거래의 대가를 지불하는 수단으로는 현금을 비롯하여 여러 가지 수단이 사용된다. 한국은행에서는 여러 가지 지급수단 중에서 어떤 것을 많이 이용하는지 조사를 하고 있다.[02] 2019년에는 신용카드가 건수 기준(43.7%)으로 보나 금액 기준(53.8%)으로 보나 압도적으로 높은 비중을 차지했다. 2017년과 2019년 사이의 변화를 보면 건수와 금액 모두에서 현금 이용은 줄었고 신용카드 이용이 크게 증가하였다. PC를 사용하는 계좌이체 이용은 줄었고 스마트폰의 모바일카드 이용은 늘었다. 우리의 지급 행태가 각종 카드(신용카드, 체크카드, 직불카드, 모바일카드) 위주로 이루어지고 있으며 현금 이용은 줄어드는 추세다. 돈을 사용하는 방법도 진화하여서 결제나 송금은 전통적인 은행을 이용하지 않고 스마트폰을 이용한 간편

02 한국은행, 『2019년 지급수단 및 모바일금융서비스 이용행태 조사결과』, 2020.

결제가 확산되고 있다. 앞으로 금융(finance)과 기술(technology)을 결합한 핀테크(fintech)가 금융생활을 더욱 급속하게 변화시킬 것이다.

암호화폐는 돈인가?

비트코인은 사토시 나카모토라는 개발자에 의하여 2009년 처음 발행되었고 많은 사용자를 확보하여 암호화폐의 대명사가 되었다. 실물화폐가 아니라 프로그램에 기반하여 네트워크상에서만 존재한다는 의미로 가상화폐(virtual currency)라고 부르기도 한다. 암호화폐는 중앙에 통제기관을 두지 않고 P2P 방식으로 네트워크상에 거래기록을 분산해서 저장해 놓은 시스템을 이용한다. 암호화폐가 과연 화폐인지에 대하여는 여러 의견이 있다.

암호화폐는 말만 화폐지 실제로 화폐의 역할을 한다고 보기는 어렵다. 가치의 변동성이 너무 커서 하루에도 몇십 퍼센트씩 올랐다 떨어졌다 하므로 이것으로 일상생활을 한다는 것은 거의 불가능하다. 현재 코인이니 토큰이라는 이름으로 거래되는 암호화폐가 수천 가지 있는데 이 중에 과연 몇 가지나 살아남을지에 대해서는 우려하는 시각이 많다.

자료를 네트워크에 분산하여 저장하는 기술을 블록체인(block chain) 기술이라고 한다. 블록체인 기술은 신분을 확인하고 거래를 인증하는 등 다양한 분야에서 여러 가지 형태로 응용이 되고 있으며 사람들의 생활을 편리하게 해 주는 데 도움이 될 가능성이 많다. 블록체인 기술에 대한 이해 없이 단순히 가격상승만을 노리고 암호화폐를 구매하는 것은 전형적인 투기 행위다.

투기는 구매대상물(자산)의 특성(수익성, 안정성, 유동성)이 어떠한지는 따지지 않는다. 다만 내가 산 가격보다 더 비싼 가격에 사주는 '더 큰 바보(bigger fool)'가 있을 거라는 막연한 예상으로 거래를 한다. 이런 투기꾼은 자신이 언제라도 '가장 큰 바보(biggest fool)'가 될 수 있다는 사실을 외면하거나 무시한다. 금융의 역사를 보면 이러한 투기는 결국 파멸로 귀결되었으니 우리는 항상 경계해야 한다.

☑ 법화

우리가 일상에서 사용하는 돈은 법화(法貨, legal tender)다. 모든 나라는 중앙은행이 발행한 화폐를 돈으로 사용하겠다고 법으로 강제해 놓고 있다. 카지노에서는 칩을 돈으로 사용하지만 일상생활에서 칩은 아무런 가치도 없는 플라스틱 조각일 뿐이다. 마찬가지로 기축통화를 제외한 법화는 그 나라를 벗어나면 돈 역할을 못한다. 최근 "우리 동네에서는 내가 화폐를 만들어 쓰겠다."면서 여러 가지 지역화폐가 사용되고 있는데 이런 것들은 사용지역이나 사용처가 제한된 보조화폐일 뿐이다. 우리나라에서 법화는 한국은행권이 유일하다.

법으로 강제하여 돈을 사용한다는 증거가 몇 가지 화폐에 남아 있다. 영국 파운드화에는 "I PROMISE TO PAY THE BEARER ON DEMAND THE SUM OF"라는 선언문이 적혀 있다. 이를 해석하면, "나(영국 여왕)는 이 종이쪽지 소유자가 여기 쓰여져 있는 금액을 달라고 요구하면 지불할 것을 약속한다."라는 뜻이다. 누구라도 파운드화 지폐를 들고 영란은행에 와서 금으로 바꾸어 달라고 요구하면 무조건 파운드 액면에 해당하는 금으로 바꾸어 준다는 약속이다.[03] 즉, 돈은 일종의 차용증이다. 국가가 이런 차용증을 인쇄해서 사용하는 게 바로 법화다. 미국 달러화에는 "THIS NOTE IS LEGAL TENDER FOR ALL DEBTS, PUBLIC AND PRIVATE"라는 선언문이 적혀 있다. 이를 해석하면, "이 종이쪽지는 공적 부채나 사적 부채 모두에 대하여 사용할 수 있는 법적 결제수단이다."라는 뜻이다. 이 지폐는 국가가 인정하는 결제수단이므로 세금을 내고 빚을 갚고 물건을 살 때 사용할 수 있다는 의미다.

우리나라 화폐 한국은행권에는 한글과 숫자로 금액(천 원, 1000)이 쓰여 있고 한국은행 총재 도장이 찍혀 있을 뿐 법화라는 선언문은 없다. 한국은행권이 대한민국의 법화라는 증거는 한국은행법에 있다. 제47조 "화폐의 발행권은 한국은행만이 가진다."와 제48조 "한국은행이 발행한 한국은행권은 법화로서 모든 거래에 무제한 통용된다."가 그 근거다.

☑ 기축통화

세계 각국의 화폐 중에서 무역거래와 자본거래에 많이 이용되는 화폐를 기축통화(key currency)라고 한다. 기축통화를 무엇으로 한다는 내용이 국제법이나 국제

03 이처럼 화폐를 금으로 언제든지 바꿀 수 있으면 태환화폐라고 한다. 금본위제도는 화폐발행액을 금 보유량과 연계시켜 놓은 것이다.

조약으로 정해진 것은 아니다. 국가 간 거래에서 많이 이용된다고 보편적으로 인정받은 화폐가 기축통화다. 일반적으로 미국 달러, EU 유로, 영국 파운드, 일본 엔의 네 개가 기축통화로 인정된다.

국제은행간통신협회(SWIFT) 자료에 의하면, 2022년 1월 기준으로 국제결제에 사용되는 통화의 비율은 달러(39.9%), 유로(36.6%), 파운드(6.3%), 위안(3.2%), 엔(2.8%) 순이다. 중국 위안화는 결제 비율이 4위이지만 아직 기축통화로 인정받지 못하고 있다. 국가의 경제규모가 크다는 사실만으로 기축통화가 될 수 있는 것은 아니다. 패권적 군사력, 정치적 영향력, 역사적 관습, 문화적 지배력, 세계인의 선망이 모두 반영된 총체적 결과물이 기축통화다.

미국이 발행한 달러화는 전 세계 어디서든 거래나 결제에 사용할 수 있다. 상인들이나 은행원들이 달러를 보면 "저건 돈이다!"라고 인지하고 거래의 대가로 받는다. 반면, 외국에 여행가서 식사하고 한국은행권을 내면 "이게 뭔데요?"하고 안 받을 것이다. 우리나라 원화는 기축통화가 아니기 때문이다. 한국 경제가 커지면서 중국이나 동남아 일부 국가에서 원화가 결제에 사용되기도 하지만 극히 적은 양이다. 미국이 재정적자와 무역적자에 시달리고 있지만 세계의 슈퍼 강국으로 군림할 수 있는 힘의 원천 중의 하나가 바로 기축통화인 달러화다.

우리나라는 1997년에 외환위기를 겪었다. 어느 날 국가에서 금고를 열어 보니 달러가 바닥이 났다. 달러가 있어야 석유도 사 오고 원자재도 수입하고 외채도 갚는데 그 달러가 부족한 국가비상사태가 발생한 것이다. 결국 국제통화기금(IMF)에 사정해서 급하게 달러를 빌려 왔다. 구제금융을 받는 대가로 한국은 IMF가 요구하는 혹독한 조건을 받아들일 수밖에 없었다. 자본시장 완전 개방과 함께 고금리, 긴축재정, 구조조정으로 가계, 기업, 정부 모두가 극심한 고통을 견뎌야 했다.

미국이 어느 날 금고를 열어 봤더니 달러화가 없다면 어떻게 할까? 인쇄기를 돌려 달러화를 또 찍어내면 된다. IMF에 가서 빌려 달라고 사정할 필요 없이 그냥 찍으면 되고, 이것이 바로 기축통화의 장점이다. 금융위기가 오더라도 기축통화를 보유하고 있으면 거래를 이어갈 수 있으므로 모든 나라들이 기축통화와 금 등을 외환보유고로 비축하고 있다. 2022년 3월 말 기준, 우리나라는 외환보유액 4,578억 달러로 세계 8위 수준이다. 외환보유액 10대 국가 순위는 중국(3조 1,880억 달러), 일본(1조 3,561억 달러), 스위스(1조 648억 달러), 인도, 러시아, 대만, 홍콩, 한국, 사우디아라비아, 싱가포르 순이다.

3. 돈의 가치는 얼마인가?

액면가와 구매력

이 세상 모든 물건에는 가격이 있는데 돈에도 가격이 있을까? 한국은행이 발행한 만 원짜리 지폐를 보면 숫자 '10000'이 쓰여 있는데 이것이 액면가(face value)다. 액면가는 지폐 종류들 사이의 교환비율을 알려준다. 1,000원짜리 열 장은 10,000원짜리 한 장과 교환된다. 이처럼 액면가 사이의 교환비율은 정해진 숫자로서 변하지 않지만 액면가로 구매할 수 있는 물건의 가치와 양은 항상 변한다.

액면가 10,000원짜리 지폐를 가지고 가면 시장가치 10,000원에 해당하는 물건으로 교환할 수 있다. 지폐를 가지고 시장에 가서 물건을 얼마나 살 수 있느냐를 측정한 것이 구매력이다. 10,000원을 가지고 가서 볼펜을 몇 자루 샀다거나 커피를 몇 잔 마셨다면 그게 바로 구매력이다. 화폐는 액면가를 구매력으로 환산했을 때에만 경제생활에서 의미가 있다. 구매하는 물건의 가격이 오르면 화폐의 구매력이 떨어져서 살 수 있는 물건의 양이 줄어든다. 이런 경우 생활비가 오르고 살기가 힘들어졌다고 말한다. 반대로 물건의 가격이 내리면 화폐의 구매력이 올라가서 같은 돈으로 살 수 있는 물건의 양이 늘어난다. 이때는 생활비 부담이 줄고 살림이 여유로워진다.

한국은행에서 제조하는 50,000원권 한 장의 제조원가는 500원 정도이고 나머지 지폐 10,000원권, 5,000원권, 1,000원권 한 장의 제조원가는 100원 수준이다. 수익성만 본다면 화폐 발행은 정말 수지맞는 사업이 아닐 수 없다. 그러나 국가가 수익성이 좋다고 마구 화폐를 발행하지는 않는다. 화폐가치를 유지하고 통화량을 관리하는 것이 모든 중앙은행의 가장 중요한 기능이다. 화폐 발행이 증가하면 국민들의 생활 수준에 영향을 미치게 된다. 액면가와 제조원가의 차이가 크면 클수록 화폐의 구매력이 점점 떨어지며 이것은 국민들한테서 세금을 받는 것과 마찬가지 효과를 낸다. 세금을 올린다면 좋아할 국민이 없다. 그래서 정부는 세금을 올리는 방법을 쓰는 대신에 통화량을 늘려서 세금을 걷는 것과 동일한 효과를 얻는다.

민간에서 교환을 편리하게 하려고 돈을 만들어 냈는데, 통치자들이 지켜보다가 돈이 굉장히 중요하다는 사실을 알게 되었다. 그래서 "이제부터 돈은 내가 만들겠다. 다른 사람이 돈을 만들면 처벌한다."고 선언한 것이 법화다. 왕이 돈을 찍는 과정에서 챙기는 주조차익을 시뇨리지(seigniorage)라고 부른다. 예를 들어, 구리 100kg을 가져와서 돈을 찍어 내고 그 돈으로 구리 200kg을 살 수 있게 만드는 마술이다. 왕이 뜯어 가는 주조차익이 클수록 백성들은 인플레이션의 고통을 더 많이 겪는다. 옛날뿐만 아니라 현대에도 정부가 할 일이 많아짐에 따라 화폐를 더 많이 찍어 내게 되고 화폐의 구매력은 계속 떨어지고 있다. 100원을 들여 10,000원짜리를 만들 수 있으니 권력자에게는 뿌리치기 어려운 유혹이다. 그렇기 때문에 중앙은행의 독립성이 보장되어야 한다.

이자율

돈에는 시간가치(time value of money)가 있다. 시간가치란 돈을 빌려서 일정기간 사용하면 그 사용기간에 대하여 사용료를 내야 한다는 의미다.[04] 돈의 시간가치를 나타내는 방법이 이자율(interest rate)이다. 내가 지금 가지고 있는 100만 원을 은행에 연이자율 3%로 1년간 예금하면 만기에 얼마를 받게 될까?

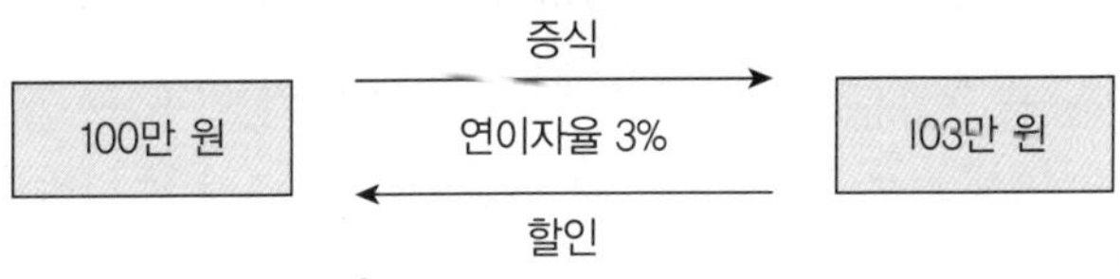

지금 가지고 있는 100만 원은 시간이 흐르면서 점점 늘어나서 1년 후에 103만

04 중세 유럽에서는 이자를 받는 대금업자를 하느님의 시간을 팔아먹는 도둑과 같다고 비난하였다. 토마스 아퀴나스를 비롯한 스콜라 철학자들이 대금업이 사회에 유익하다고 인정하면서 금융이 발달하기 시작했다.

원으로 증식된다. 이제 시점을 반대로 해서 보자. 1년 후에 은행에서 103만 원을 받으려면 오늘 얼마를 예금해야 할까? 1년 후의 103만 원이 시간이 거꾸로 흐르면서 점점 줄어들어 오늘 시점이 되면 100만 원으로 할인된다. 즉, 오늘의 100만 원과 1년 후의 103만 원은 가치가 똑같다. 이때 100만 원에 대한 1년간의 시간가치는 3만 원이다. 이처럼 원금이 얼마고 두 시점 차이가 얼마냐에 따라서 시간가치가 결정되는 과정을 단순하게 줄여서 '연이자율 3%'라고 말한다.

이자를 경제학에서 정의할 때 '현재의 소비를 미래로 이연한 보상'이라고 말한다. 대충 무슨 의미인지 알겠지만, 꼭 이렇게 어려운 용어를 쓰면서 현학적으로 표현할 필요는 없다. 간단히 말해서 이자는 '돈 사용료'다. 우리가 영화를 보려면 입장료를 내고 택시를 타면 요금을 지불하는 것과 마찬가지로 남의 돈을 빌려 썼으면 사용료를 내야 된다. 택시는 이용한 거리에 따라 요금을 내듯이 이자는 사용한 기간에 따라 사용료를 지불한다.

남의 돈을 오래 이용할수록 이자를 더 많이 지불해야 한다. 그런데 이것은 이자율이 플러스일 때에만 맞는 말이다. 만일 이자율이 마이너스이면 이야기가 이상해진다. 은행에 100만 원을 예금했는데 1년 후에 원금보다 줄어든 98만 원을 받게 된다. 이자율이 마이너스이면 이자는 '사용료'가 아니라 '보관료'가 된다.

우리는 플러스 금리를 정상이라고 생각하는데 왜 어떤 국가들은 마이너스 금리를 시행하는 것일까? 가장 큰 목적은 국민들에게 저축은 그만 하고 소비를 하라고 유도하는 것이다. 국민들이 소비를 안 하면 재고가 늘어나서 고용이 축소되고 소득이 감소하여 더욱 소비를 줄이는 악순환이 벌어진다. 이러한 악순환에서 빠져나오게 하려고 저축을 억제하고 소비를 장려하는 경제정책이 금리 인하 또는 마이너스 금리다. 이자율을 낮추었으니 국민들이 대출을 많이 받고 그 돈으로 집도 사고 주식투자도 하고 여행도 가고 맛있는 것도 많이 먹으면서 소비하라는 의도다. 그런데 정부가 이렇게 나오더라도 국민들이 순순히 따르지 않는다는 문제점이 있다. 국민들은 "얼마나 상황이 안 좋으면 마이너스 금리를 할까? 앞으로 살기가 더 어려워질 것 같으니 더 아껴야지." 하면서 오히려 더욱 긴축을 한다. 결국 경기는 계속 얼어붙고 장기침체에 빠지게 된다. 잃어버린 30년이라는 소리를 듣는 일본이 대표적인 예다.

이자율에는 종류가 많다. 이자가 어떤 자금에 발생하느냐에 따라 예금이자율과 대출이자율, 이자에 대한 이자를 계산하느냐에 따라 단리와 복리, 구매력을 고려하느냐에 따라 명목이자율과 실질이자율, 이자율이 변동하느냐에 따라 고정이자율과 변동이자율 등으로 구분된다. 그런데 금융역량을 기르겠다고 이자율의 종류를 외우고 다닐 필요는 없다. 이자는 돈 사용료이며 사용하는 기간과 조건에 따라 이름이 달라진다는 정도만 알고 있으면 된다. 이러한 기본 개념을 확실히 알고 있으면 충분하다. 실제로 저축이나 대출하는 과정에서 궁금한 사항이 있으면 전문가(은행원)에게 물어보면 된다. 금융회사 창구 직원이 금융상품을 판매하면서 "고객님이 이미 아시겠지만…"이라고 말하는 것은 질문을 사전에 차단하려는 의도다. 이런 말은 무시하고 아무리 기초적인 사항일지라도 질문해서 충분히 이해한 후에 구매해야 한다. 모르면 물어봐야 한다. 모르면서 아는 척하고 창피하다고 물어보지 않는 게 '호구(먹잇감)'들의 특징이다.

물가지수

돈 가치는 이자율로 표현되기도 하고 물가로 표현되기도 한다. 이자율이 상승하면 돈 사용료가 비싸진다. 돈 사용료가 비싸지면 사람들은 대출을 받는 데 주저하게 되고 저축을 늘리게 된다. 반대로 이자율이 하락하면 돈 사용료가 싸지므로 사람들이 더 많이 대출을 받으려고 한다. 즉, 돈 가치는 이자율과 비례한다. 2020년 코로나19 팬데믹에 의한 경제충격을 극복하기 위하여 세계 주요 국가들이 이자율을 거의 0%까지 낮추었다. 이는 돈 사용료를 거의 받지 않을 테니 아무 부담없이 대출을 받아서 소비와 투자에 많이 사용하라는 의도다.

돈 가치는 물가와 반대로 움직인다. 물가가 올라간다는 것은 돈 가치가 떨어진다는 의미다. 물가가 상승하면 가정주부들이 "장보기가 두렵다, 장바구니가 가벼

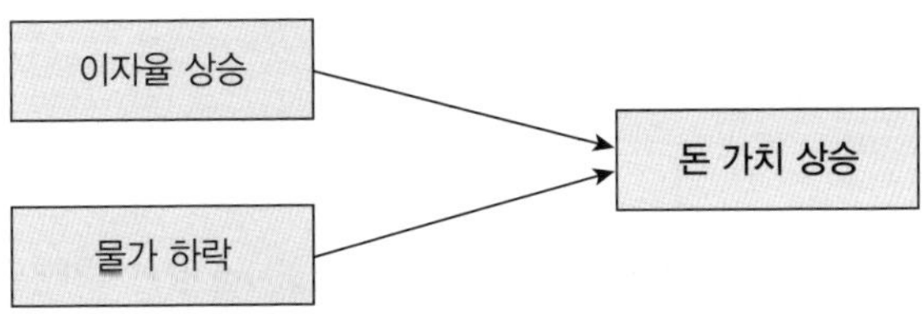

워졌다."고 말한다. 물가가 작년보다 올랐으면 같은 돈으로 살 수 있는 물건의 양이 줄어들기 때문이다. 물가가 하락한다는 것은 돈 가치가 올라간다는 의미다. 물가가 하락하면 "돈 쓸 맛이 난다, 돈이 귀한 몸이 되었다."는 소리가 들린다. 물가가 하락하면 같은 돈으로 작년보다 양을 더 많이 구매하거나 질이 더 좋은 것을 구매할 수 있기 때문이다.

우리나라 소비자물가가 어떻게 움직이고 있는지 2012년 1분기부터 2021년 4분기까지의 자료를 차트로 그렸다. 물가지수(좌)는 2020년을 100으로 설정하였다. 물가지수는 2012년 1분기 91.5에서 2021년 4분기 103.8로 완만하게 상승하는 모습이다. 물가상승률(우)의 분기평균은 0.34%이고 연평균은 1.36%이다. 10년 동안 물가인상률이 낮아서 돈 가치가 크게 떨어지지는 않은 상태다.[05] 그러나 2021년에는 물가상승률이 3.5%를 기록했고 인플레이션 조짐이 보이고 있다.

소비자물가지수

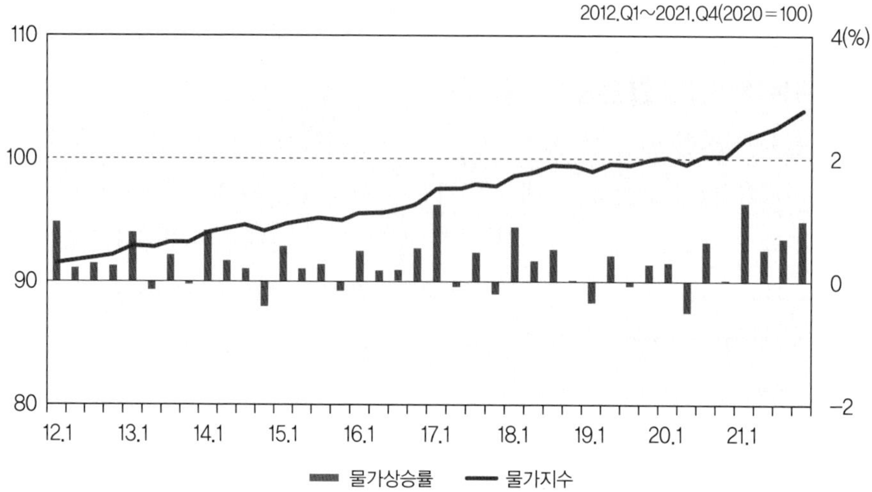

한국은행, "경제통계시스템(ECOS)."

05 한국은행은 『한국은행법』 제6조 제1항에 의거 정부와 협의하여 물가안정목표를 설정하고 있다. 2019년 이후 물가안정목표는 소비자물가 상승률(전년동기 대비) 기준 2%이다.

돈 가치를 표현할 때 명목가치와 실질가치를 구분해야 한다. 명목가치는 돈의 액면가를 의미하고 실질가치는 명목가치를 (1+물가상승률)로 나눈 값이다. 이렇게 계산한 실질가치가 바로 구매력이다. 2020년에 소비자물가는 0.42% 올랐다. 만일 10만 원을 가지고 시장에 물건을 사러 갔다면 2019년에 비하여 구매력은 얼마나 줄었을까? 실질가치는 100,000/1.0042=99,582원이므로 작년보다 구매력이 418원어치 줄어들었다.

1인당 국민총소득(GNI)으로 짜장면 몇 그릇을 먹을 수 있나?

	1980년		2021년	상승
짜장면 가격	350원	⟶	6,000원	17.1배
1인당 GNI	104만 원	⟶	3,758만 원	36.1배
짜장면 식사	2,971그릇	⟶	6,263그릇	2.1배

국민 외식의 대명사인 짜장면은 1980년 350원에서 2021년 6,000원으로 41년간 17.1배 올랐다. 짜장면 가격이 이렇게 많이 올랐지만 짜장면이 먹기 힘든 귀한 음식이 되지는 않았다. 그 기간 동안 1인당 국민총소득(GNI)이 104만 원에서 3,758만 원으로 36.1배 올랐기 때문이다. 한 사람이 1년간 번 돈으로 1980년에는 짜장면 2,971그릇을 먹을 수 있었는데 2021년에는 6,263그릇을 먹을 수 있게 되었다. 이처럼 물가상승률과 소득상승률을 함께 보아야 생활형편이 좋아졌는지 나빠졌는지 말할 수 있다.

인플레이션

인플레이션(inflation)은 물가가 지속적으로 올라가는 현상이다. 상품에 대한 수요가 많아지거나 원재료가 비싸지거나 임금이 올라가거나 임대료가 뛰거나 등의 이유로 인하여 각종 재화의 가격이 매년 올라가는 현상이 인플레이션이다. 인플레이션이 되면 돈 가치는 하락하고 물건 가치는 상대적으로 올라간다. 따라서 사람들은 돈을 가지고 있기보다는 물건으로 바꿔서 보유하려고 한다. 예를 들면 부동산이나 금을 더 많이 가지려 하므로 이런 실물자산에 대하여 투기적 수요가 발생하고 가격이 급등한다. 특히 고정된 임금을 받는 근로자는 같은 월급을 받아도 그것으로 소비할 수 있는 구매력이 줄어드니까 생활이 힘들어진다. 인플레이션은 채권자의 재산을 채무자에게 옮기는 효과를 일으킨다. 채권자는 빌려주었던 돈을 받아보았자 실질가치가 하락해서 손해이고 채무자는 빌릴 때보다 가치가 낮아진 돈으로 빚을 쉽게 갚을 수 있다. 은행에 예금하고 이자로 살아가는 퇴직자들은 이자수령액의 구매력이 인플레이션이 되는 만큼 떨어지므로 점점 빈곤한 상태로 내몰린다. 인플레이션 시대에는 빚을 내서 실물자산에 투자하는 재테크가 많이 등장하는데 과도한 빚은 언제나 혹독한 대가를 치렀다는 점을 명심해야 한다.

2020년 전 세계가 통화공급을 대폭 늘렸기 때문에 앞으로 인플레이션이 심각해질 거라는 우려도 있다. 이처럼 통화가 단기간에 엄청나게 늘어났는데도 물가가 크게 오르지 않았는데 그 이유에 대하여 몇 가지 설명이 있다. 첫째는 아마존 효과다. IT로 무장한 유통업체들이 생산성을 높임에 따라 물건 값이 오르지 않았다는 설명이다. 둘째는 느려진 화폐유통속도다. 화폐가 발행되면 거래에 따라 손바뀜이 일어나는데 그 속도가 느려졌기 때문에 물가가 안정되었다는 설명이다. 셋째는 과잉 상태의 공급 역량이다. 공장들의 가동률이 저하되어 있기 때문에 수요가 늘어도 공급을 늘려 대응할 수 있었다는 설명이다. 넷째는 소비자들의 소비심리지수와 소비성향의 하락이다. 세계 경제가 저성장 단계로 들어가면서 소비자들이 지갑을 닫고 있다는 설명이다. 그러나 코로나 질병 사태가 진정되고 경기가 회복되면서 소비심리가 살아나면 그동안 팽창된 통화량이 물가상승을 이끌 것이다. 물가가 오르기 시작하면 중앙은행은 화폐가치 하락을 저지하기 위하여 이자율을 높인다. 이자율이 오르면 부채가 많은 가계는 큰 타격을 입게 되므로 부채 관리에 특히 유념해야 한다.

초인플레이션

초인플레이션(hyperinflation)은 물가가 1개월에 50%를 넘는 극단적인 속도로 상승하는 현상이다. 초인플레이션은 제1차 세계대전 이후 독일 바이마르 공화국에서 발생하였고 21세기에도 짐바브웨와 베네수엘라 등에서 나타났다. 바이마르 공화국은 전쟁배상과 경제복구에 필요한 비용을 조달하기 위하여 화폐를 마구 찍어냈으며 매월 1,000% 이상의 물가상승률을 기록하였다. 1923년 초인플레이션 현상이 종료되었을 때 물가는 2년 전에 비해 300억 배나 상승하였다. 돈 가치가 떨어져 빵 한 조각을 사기 위해 손수레 가득 화폐를 가져가야 했으며 돈을 땔감으로 사용하기도 했다. 초인플레이션이 발생하면 돈은 쓸모가 없어져서 물물교환의 시대로 회귀하거나 가치가 안정된 다른 재화가 화폐의 역할을 대신하게 된다.

조선은 1866년(고종 3년)에 임진왜란 때 불타고 폐허로 방치되어 있던 경복궁을 다시 짓기 위해서 당백전이라는 엽전을 발행했다. 당백전(當百錢)은 기존의 엽전 '100개에 해당한다.'는 뜻이다. 급격한 통화량 증가로 물가가 폭등하였고 그만큼 경제는 철저하게 망가졌다. 조선이 근대국가로 발전하지 못하게 된 원인 중의 하나가 당백전 발행이다.

디플레이션

디플레이션(deflation)은 물가가 지속적으로 하락하는 현상이다. 국제통화기금(IMF)에서는 물가가 2년 이상 계속 하락하면 디플레이션이라고 본다. 디플레이션이 되면 물가가 하락해서 생활비가 줄어드니 형편이 좋아지겠다고 생각할 수 있다. 그러나 이것은 안정적인 소득이 있는 일부 계층에만 해당되는 말이고 경제 전반적으로는 아주 나쁜 영향을 미친다. 물가가 하락하면 팔아도 남는 게 없으니 공장이 가동을 줄이고 인력이 불필요하니 임금을 삭감하거나 근로자를 해고한다. 물건 값은 싸졌지만 호주머니에 돈이 없으니 그림의 떡일 뿐이다. 이 과정이 더 지속되면 실업률이 치솟고 소득이 없어 물건을 못 사게 되며 재고가 늘어나니 물건가격이 더 떨어져서 끝없는 불황으로 빨려 들어간다. 디플레이션에 의한 경제 침체의 가장 유명한 사례는 1929년 뉴욕 증권거래소에서 시작된 대공황(Great Depression)이다. 대공황은 루즈벨트 대통령의 뉴딜정책으로 회복되기 시작하였다고 보는데 이외에 제2차 세계대전의 전쟁 특수로 겨우 극복할 수 있었다는 의견도 있다.

인플레이션이나 디플레이션이나 둘 다 정도가 심하면 나쁜 것은 똑같은데 그래도 더 나쁜 것은 디플레이션이다. 돈을 쓰겠다는 것을 못 쓰게 막는 일과 돈을 안 쓰겠다는 것을 쓰게 만드는 일 중에서 어느 것이 더 어려울까? 돈을 쓰게 만드는 일이 더 어렵다. 인플레이션은 경제가 일종의 흥분 상태에 있는 것이므로 여러 처방으로 진정시킬 수 있다. 그러나 디플레이션은 경제가 일종의 우울증에 빠진 것이어서 어떤 처방을 하더라도 벗어나기가 어렵다. 디플레이션은 물건 값이 싸지고 돈 가치가 귀해지므로 빚을 진 채무자에게 큰 타격을 입힌다. 내 돈 1억 원에 은행 돈 2억 원을 더해서 3억 원에 아파트를 샀다고 하자. 이때 아파트 가격이 2억 원 이하로 하락하면 채무자는 아파트를 팔아도 은행 빚을 못 갚는 깡통주택자가 된다. 디플레이션 우려가 있는 상황에서는 부채 관리에 특히 신경을 써야 한다.

디플레이션이 되면 부동산 같은 실물자산 가치가 하락해서 담보 능력이 줄고 채무자가 빚을 못 갚는 사태가 누적되면서 결국 은행이 파산한다. 금융기관이 파산하면 경제 전체가 마비되는 대파국을 맞게 된다. 디플레이션은 일단 발생하면 그 피해가 막대할 뿐만 아니라 통화정책이나 재정정책 등 모든 수단이 제대로 작동하지 않아서 빠져나오기가 매우 어렵다. 일본에서는 1990년대 부동산 거품 붕괴로 인하여 경제가 장기간 침체에 빠지면서 저금리, 저성장의 디플레이션을 겪고 있다. 2010년대에 들어와서 아베 정권은 양적완화, 재정지출 확대, 공격적인 성장전략을 통해서 디플레이션을 벗어나려고 했지만 뚜렷한 성과는 거두지 못하고 '잃어버린 30년'이라는 소리를 듣고 있다. 미국에서는 2008년 서브프라임 모기지 사태로 인하여 자산가격이 급락하고 리먼 브라더스를 비롯한 수많은 금융기관이 파산했으며 그 영향이 전 세계로 파급되면서 세계 금융위기를 일으켰다. 미국을 비롯한 세계 대부분의 국가들이 금리인하와 통화발행을 통하여 금융시장을 안정시키고 경제를 회복시키는 노력을 10여 년에 걸쳐 진행하였는데 2020년에 코로나19 팬데믹이 발생하여 경제가 다시 큰 충격을 받았다.

4. 금융원리와 금융정보

금융은 참 복잡하다. 관계되는 사람들이 많을 뿐만 아니라 법률, 제도, 상품, 전략, 동향, 지수 등이 서로 영향을 주고받으면서 복잡하게 얽혀 있다. 이때 수많은 요소들 하나하나를 따로 떼어서 보려고 하면 내용이 서로 엉켜 있기 때문에 진짜 모습을 알아내기가 어렵다. 접근방식을 바꿔서 금융의 요소가 아니라 금융의 기본원리가 무엇인가를 파악할 필요가 있다. 무수히 많은 밤 하늘의 별들이 왜 그렇게 움직이는지 설명하는 만유인력 법칙이 있듯이 금융에도 금융활동을 설명하는 기본원리가 두 가지 있다. 첫째는 "돈에는 시간가치가 있다."는 원리다. 돈에는 사용기간에 따라 이자라는 사용료가 발생한다. 돈을 저축하면 이자를 받고 돈을 빌리면 이자를 내야 한다. 둘째는 "위험이 없으면 수익도 없다."는 원리다. "No Risk, No Gain!" 다시 말해서 수익을 높이고 싶으면 위험도 많이 부담해야 된다는 의미다. 이 세상에 존재하는 모든 금융상품과 투자전략은 바로 이 두 가지 금융원리에 기반해서 움직인다.

☑ 시간가치

돈의 시간가치가 곧 이자다. 100만 원을 2년간 빌리는 데 연이자율이 3%라고 하면 이자를 얼마나 내야 될까? 만약 이자를 6만 원이라고 답했다면 원금에 대하여만 이자를 받는 단리법으로 계산한 방식이다. 복리법은 원금뿐만 아니라 이자에도 이자를 물린다. 1차년 이자 3만 원에 대해서 다시 3%의 이자 900원이 붙어서 2년간 내야 되는 이자는 6만 900원이 된다.

100만 원, 2년 차입, 이자율 3%	
100만 원의 1차년 사용료	30,000원
100만 원의 2차년 사용료	30,000원
3만 원의 2차년 사용료	900원
합계	60,900원

이자에도 이자를 계산해 주는 방법이 복리법이고 원금에 대하여만 이자를 계산해 주는 방법이 단리법이다. 오늘 정기예금을 하면 만기가 길어짐에 따라 수령하는 원리금도 늘어난다. 이때 단리법에 의한 원리금은 기울기가 변하지 않고 일정하게 올라가는 데 비하여 복리법에 의한 원리금은 기울기가 점점 커지면서 급격하게 올라간다. 예금을 할 때 이자를 복리로 주는 상품이 단리로 주는 상품보다 더 좋다는 이야기를 많이 한다. 그런데 복리와 단리의 효과가 확연히 구별되려면 상당히 긴 시간이 지나야 한다.

이자율이 낮은 상황에서는 원리금 차이가 거의 없다. 이자율 2%로 100만 원을 정기예금했다면 20년 후에 받는 원리금은 단리법이 140만 원이고 복리법이 149만 원으로 복리효과가 미미하다. 이자율이 낮을 때 사람들이 예금하지 않고 부동산이나 주식을 사는 이유가 여기에 있다. 만일 이자율이 10%라면 20년 후에 받는 원리금은 단리법이 300만 원이고 복리법이 673만 원이다. 이렇게 이자율이 높으면 굳이 고생하면서 사업하지 않고 편하게 이자를 받아 살겠다는 사람들이 많아진다.

☑ 수익과 위험

수익과 위험은 비례한다. 수익을 많이 내고 싶으면 위험도 그만큼 많이 부담하라는 뜻이다. 그런데 우리 주변에 보면 이런 이야기들이 많이 들린다. "위험은 하나도 없고 수익은 높은 투자안이야!" 과연 세상에 이런 투자안이 있을까? 단연코 이런 투자안은 존재할 수 없다. 이런 엉터리 금융상품을 파는 행위는 사기와 다를 바 없다. 수익을 많이 얻고 싶으면 당연히 위험을 많이 부담해야 한다. 위험은 투자한 돈이 미래에 얼마가 될지 모르는 불확실성을 의미하며 수익은 위험을 부담한 것에 대한 보상으로 주어진다. 투자로 대박을 쳐서 두 배가 될 수도 있지만 쪽박을 차서 반 토막 나거나 다 날릴 수도 있는 가능성이 위험이다. "세상에 공짜 점심은 없다."는 말도 모든 수익에는 그에 상응하는 비용이 따른다는 의미다.

다음 차트는 위험과 수익이 비례한다는 사실을 확연하게 보여준다. 미국에서 1926년에 1달러를 투자하였다면 2018년에 얼마가 되었는지 보여준다. 맨 아래 영역이 물가지수로 14배가 되었고, 그 위는 단기국채로 21배가 되었다. 셋째 영역은 장기국채로 142배가 되었고, 그 위에 있는 영역은 대형주로 7,025배가 되었다. 맨 위에 있는 영역은 소형주로 20,445배가 되었다.

1달러의 투자가치: 1926~2018년(월복리 계산)

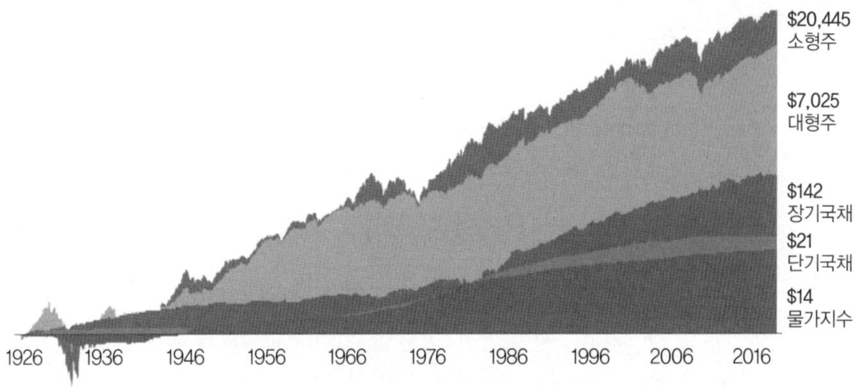

http://www.cordantwealth.com

지난 93년간의 투자성과는 소형주에 투자했을 때 가장 높았다. 1달러가 20,445달러가 되었으니 연평균 수익률은 11.3%에 이른다. 안전한 단기국채에 투자한 경우에는 연평균 수익률이 3.3%에 불과하다. 그러나 이 숫자만 보고 소형주에 투자하는 것이 정답이라고 생각하면 안 된다. 소형주는 가격 변동이 심하고 사업이 부진하면 파산할 가능성도 크다. 소형주의 성과가 높게 나온 이유는 이러한 변동을 인내한 것에 대한 보상이다. 만일 이러한 변동을 견디기 어렵다면 파산할 가능성이 없는 단기국채에 투자하면 된다. 그러나 저녁에 편히 잠드는 대신에 낮에 배고픈 것을 감수해야 한다. "콩 심은 데 콩 나고, 팥 심은 데 팥 난다."는 속담처럼 위험이 작으면 수익도 작고, 위험이 크면 수익도 크다. 사람들은 위험은 낮으면서 수익은 높은 곳에 투자하고 싶어 하지만 세상에 그런 금융상품은 없다. 허황된 욕망을 부추기는 금융사기가 아직도 많은 것을 보면 인류의 지혜는 그다지 발전하지 못했나 보다.

유용한 콘텐츠

금융역량을 높이는 데 유용한 방법으로 네 가지가 있다. 첫째, 공인된 기관이 제공하는 정보 포털을 이용한다. 지금 인터넷에는 금융정보를 제공하는 사이트들이 많은데, 이 중에서 마케팅을 목적으로 운영되는 사이트들은 아무래도 상품판매 의도가 밑에 깔려 있으니까 정보가 한쪽에 치우칠 수 있다. 그래서 영리와 무관한 공공기관에서 제공하는 사이트가 중요하다. 우리나라에서는 금융감독원에서 제공하는 파인(http://fine.fss.or.kr)이 대표적인 금융정보 포털이다. 파인에는 은행, 보험, 증권 등 각종 금융기관을 이용하는 방법을 안내하고 금융상품을 비교하여 제시해주며 금융에 대한 유용한 상식을 제공하고 있다.

둘째, 공공기관이 제공하는 금융교육 콘텐츠를 시청한다. 금융감독원 e-금융교육센터(https://www.fss.or.kr/edu/)에서는 동영상 자료를 연령층에 따라 구분하여 제공하므로 자신의 연령이나 학력 상황에 맞는 동영상을 골라 시청할 수 있다. 또 금융에 필요한 정보를 실제생활과 연관하여 보여주는 만화도 제공한다. 대부분의 동영상은 편당 5분 이내여서 하루에 30분만 시간을 낸다면 6편 정도를 시청할 수 있다. 여기 있는 동영상을 "하루 날 잡아서 10시간 동안 봐야지." 하는 것은 금융역량을 기르는 데 큰 도움이 되지 않는다. 여기 있는 콘텐츠를 시청하는 목적은 내용을 암기해서 시험을 보거나 남에게 과시하기 위한 것이 아니다. 금융감독원은 동영상 콘텐츠를 네이버 TV(https://tv.naver.com/fss/)에서도 제공하고 있다. 네이버 TV에 있는 동영상은 20분 정도의 길이가 대부분이다. 이외에 좋은 콘텐츠를 제공하는 사이트로 한국금융소비자보호재단(https://invedu.or.kr/)과 전국투자자교육협의회(https://kcie.or.kr/)가 있다.

셋째, 유튜브 동영상을 시청한다. 우리나라에서는 2020년에 일반인이 소액으로 투자하여 주가를 견인하는 '동학개미' 투자운동이 일어났다.[06] 이와 더불어 유튜브에서 구독자가 100만 명을 넘어야 받을 수 있는 '골드버튼'을 받은 주식 관련 유튜

06 개인투자자를 한국에서는 외세의 침략에 대한 저항으로 전개됐던 동학운동에 빗대어 '동학개미'라고 부르고, 미국에서는 무료 주식거래 앱 로빈후드를 주로 이용해서 '로빈후더'라고 부른다. 중국에서는 외국인과 기관 투자자에게 매번 당하면서도 다시 주식투자에 뛰어드는 모습이 베어도 금방 자라나는 부추와 닮았다는 의미에서 '청년부추'라고 부른다. 일본에서는 단기투자를 반복하는 재빠른 움직임을 보인다고 해서 봉건시대의 암살자에 빗대어 '닌자개미'라고 부른다.

버들도 늘었다. 유튜브에서는 그때그때 일어나는 경제현상을 쉽고 재미있게 설명하는 동영상들이 인기를 얻고 있다. 비록 유튜브가 빠르고 재미있게 정보를 전달하는 데 큰 역할을 하고 있지만 그 정보가 얼마나 타당한가에 대하여는 조심할 필요가 있다. 유튜브에 올라오는 내용들은 객관적 검증을 거친 것이 아니며 사실과 거리가 먼 것도 많다. 또 정보 제공을 빙자하여 특정 상품의 구매를 유도하는 경우도 있으므로 주의가 필요하다.

넷째, 책을 읽는다. 금융생활과 관련된 여러 가지 책들 중에서 처음에는 스테디셀러를 읽는 것이 좋다. 포털 사이트에서 재테크 분야에 가면 스테디셀러 목록이 있으니 그중에서 자신이 관심을 두고 있는 분야의 책을 고르면 된다. 그 분야가 월급 재테크이든, 주식투자이든, 내 집 마련이든 아무거나 관심 있는 분야에서부터 시작하면 된다. 여러 책을 읽다 보면 도움이 되는 책과 부실한 책을 구별하는 능력이 생긴다. 처음부터 "나는 유익한 책만 봐야지." 하고 결심할 필요는 없다. 독서 경력이 어느 정도 쌓이면 "이건 말도 안 되는 내용이네, 이건 금융원리하고 안 맞네." 하면서 부실한 책을 골라내는 능력이 생기는데 그게 바로 금융역량이 늘어난 증거다.

피해야 할 책	읽어야 할 책
• 소액으로 시작해 수백 배 벌었다는 경험담 • 집을 팔거나 빚을 내서 대박 기회를 이용하라는 극단적 주장 • 상승장만 경험해서 운과 실력을 구별하지 못하는 오만한 태도 • 통계 자료를 제시하지 않고 막연한 직감을 강조	• 투자에 비법은 없으며 금융원리를 지키도록 조언 • 여유자금으로 장기간 분산하여 투자하도록 권유 • 위험과 수익이 비례한다는 원리를 강조 • 경제지표와 기업성과에 대한 추세를 근거로 설명

금융역량을 기르는 데 이용할 수 있는 수단은 주변에 얼마든지 있다. 그러나 정말로 중요한 것은 이런 수단이 아니라 평소의 관심과 꾸준한 실천이다. 관심으로 궁금증을 키우고 실천으로 문제를 해결해 나갈 때 금융문맹을 벗어나게 된다.

제2장

부자 되는 희망을 갖자

1. 부자의 기준은 무엇인가?
2. 부자와 서민은 어떻게 다른가?
3. 나도 부자가 될 수 있을까?
4. 부자 되는 습관

"불가능해 보이는 일을 하는 것은
일종의 즐거움이다."

– 월트 디즈니(영화제작자)

1. 부자의 기준은 무엇인가?

재산과 자산

재산은 몰수나 은닉의 대상물이 되기도 하고 증식이나 기부의 대상물이 되기도 한다. 사람들은 가능하면 재산을 크게 늘리고 안전하게 보존하여 자손에게 물려주기를 원한다. 이처럼 사람들이 애지중지하고 전전긍긍하는 재산이란 무엇일까? 재산이 많다는 것은 단순히 돈이 많다는 의미는 아니다. 재산은 경제적 가치가 있어서 사람들이 갖고 싶어하는 것을 모두 모아서 부르는 말이다. 여기에는 아파트나 자동차와 같이 형태가 있는 유형자산뿐만 아니라 특허권이나 저작권 같이 형태가 없는 무형자산(지적재산권)도 포함된다. 재산(財産)이라는 한자는 재화(財貨)와 자산(資産)을 합쳐서 만든 단어다. 재화는 돈이나 상품과 같이 쉽게 가지고 다닐 수 있는 동산(動産, 유동자산)을 의미하고, 자산은 토지나 건물과 같이 한곳에 고정되어 있는 부동산(不動産, 고정자산)을 의미한다.[01]

회계에서 자산(資産)이란 미래에 현금흐름을 일으키는 잠재력이 있는 모든 것을 의미한다. 주식을 가지고 있으면 배당을 받을 수 있고 아파트를 세주면 월세를 받을 수 있으므로 이것들은 자산에 해당한다. 가족사진은 나에게는 소중한 기억이 담긴 귀중품이지만 교환가치가 없으므로 자산에 해당되지 않는다. 재산은 관습적으로 사용하는 생활용어이고 자산은 엄밀하게 정의한 학술용어라는 점에서 차이가 있지만 보통 사람들은 재산과 자산을 거의 같은 뜻으로 사용한다. 본서에서도 부유함을 측정하기 위한 척도로 재산과 자산이라는 용어를 같이 사용할 것이다.

지금 부자라는 소리를 들으려면 어느 정도의 재산이 있어야 할까? 이러한 질문에 대하여 얼마라고 정확한 금액을 제시하는 것은 가능하지도 않고 필요하지도 않다. 부자라는 용어는 법률에 정해진 것이 아니라 그 시대 그 지역 사람들이 일반적으로 공감하는 수준에서 정해지는 관습적 개념이다. 사람들이 공감하는 부자의 수

---

01 고대에는 고정자산을 항산(恒産)이라고 불렀다. 맹자가 말한 "무항산(無恒産) 무항심(無恒心)"은 백성들이 농토나 집과 같은 고정자산이 없으면 안정되고 꾸준한 마음을 가질 수 없다는 의미다. 재산에 대한 영어 단어도 재화와 자산으로 구분해 볼 수 있다.
재산(property) = 재화(goods) + 자산(assets)

준을 설문조사로 물어보는 경우가 많은데 그 결과는 표본이 누구냐에 따라서 차이가 크고 시대와 지역에 따라서도 달라진다. 동서고금을 통하여 부자의 기준이 무엇인지 알아보자.

만석꾼과 백만장자

부유한 정도를 비교할 때는 재산의 상대적 크기를 기준으로 사용한다. 재산이 10억 원이면 재산이 1억 원인 사람보다 열 배 부자라고 생각한다. 그러면 재산의 절대적 크기가 얼마나 되어야 부자라고 할 수 있을까? 옛날에 중국과 한국에서는 부자를 만석꾼이라고 불렀다. 만석꾼은 자신이 소유한 농지에서 나오는 쌀의 산출량이 만석이라는 의미이며 사기에 그 유래가 나온다. 중국 한나라의 6대 황제 경제(景帝)는 어릴 적 스승 석분을 높은 관직에 앉혔다. 석분의 아들 넷도 각각 녹봉 2,000석을 받는 지위까지 올랐다. 어느날 황제가 "석분과 네 아들이 2,000석씩 녹을 받으니 합하면 만석이로군. 부귀와 은총이 한집에 다 모여 있소."라고 말했다. 이후부터 사람들이 석분을 '만석군(萬石君)'이라 부르게 되었다.[02]

만석꾼의 부를 지금의 가치로 환산하면 얼마가 될까? 석(石, 섬)은 곡식을 담기 위하여 짚으로 엮은 것을 부르는 이름이다. 한 섬은 장정 한 사람이 짊어질 수 있는 최대의 양 또는 1년간 먹을 수 있는 양으로 벼 한 섬은 200kg이다. 벼를 도정하면 껍질이 깎여 나가고 원래의 72% 정도로 무게가 줄어들기 때문에 벼 한 섬은 쌀 144kg이 된다. 쌀 시세를 1kg에 3,000원으로 보면 만석꾼의 연소득은 43억 원이 조금 넘는다.

1만 섬×144kg×3천 원=43억 2천만 원

02 요즘 중국에서는 재산이 1,000만 위안(18억 원)을 넘는 부자를 만석군이라고 부른다. 부자를 연구하는 후룬연구소는 만석군들의 4대 직업으로 부동산투자자, 기업주, 주식투자자, 고액연봉자를 꼽고 있다.

부를 측정하는 데에는 현재까지 축적된 규모(저량, stock)를 보는 방법과 일정한 기간 동안에 창출되는 흐름(유량, flow)을 보는 방법이 있다. 만석꾼의 43억 원은 자산의 가치(저량)를 나타내는 것이 아니라 소득의 크기(유량)를 의미한다. 부동산의 자산가치를 제외하고 매년 창출되는 소득만 43억 원이라면 지금의 기준으로 보아도 대단한 부자다. 우리나라에 이러한 만석꾼이 많지는 않았다. 1930년 자료에 의하면 조선 사람 중에 만석꾼은 40여 명, 천석꾼은 750여 명 정도였다. 당시 조선의 인구를 1,500만 명으로 보면 만석꾼은 인구의 0.0003%, 천석꾼은 인구의 0.005%에 불과한 아주 극소수다.

서양에서는 부자를 백만장자(millionaire)라고 부른다. 이때 백만(million)이라는 숫자는 숫자가 매우 크다는 것을 상징적으로 나타낸다. 고대 그리스에서는 만(ten thousand, 천의 열 배)이 가장 큰 숫자였고 로마에서는 십만(hundred thousand, 천의 백 배)이 가장 큰 숫자였다. 이후 더 큰 숫자를 나타내기 위하여 만든 단위가 'million'이고 라틴어로 'decies centena milia, 천의 백 배의 열 배'라는 의미다. 백만장자라는 용어는 프랑스에서 1720년경에 처음 등장하였다. 당시 프랑스가 왕립은행을 설립하고 발행한 은행권으로 미시시피회사 주식에 투자하면서 엄청난 거품이 발생하였는데 이때 재산을 모은 사람들을 백만장자라고 불렀다. 미국에서는 사업가 애스터(John J. Astor, 1763-1848)를 부르는 데 처음 사용되었다. 애스터는 독일에서 태어나 1784년 미국으로 이주하였고 모피무역으로 재산을 모았으며 유산으로 2,000만 달러를 남겼다. 이는 당시 미국 GDP의 0.9%에 해당하는 금액이며 물가지수를 고려하여 2020년 가치로 환산하면 2,100억 달러에 이른다.

☑ 억만장자 Top 10

근대 이후 최고의 부자는 누구일까? 인플레이션과 GDP를 고려하여 측정한 최고의 부자는 미국의 록펠러(John D. Rockefeller, 1839-1937)다. 록펠러는 1870년에 스탠다드 오일을 설립하였으며 그가 모은 재산을 2020년 가치로 환산하면 4,230억 달러에 이른다. 2020년 세계 최고 부자인 아마존 CEO 베조스(Jeff Bezos, 1964-)의 재산이 1,130억 달러인 것에 비하면 록펠러의 재산은 세 배가 넘어서 얼마나 큰 부자였는지 상상하기도 어렵다.

현대의 부자는 백만장자(millionaire)가 아니라 억만장자(billionaire)로 불린다.[03] 부자의 단위가 천 배 올라간 이유는 과거에 비해 화폐가치가 하락한 점도 있지만 더 큰 이유는 금융시장이 발달하고 기업들이 전 세계를 대상으로 활동하면서 성공한 기업가의 재산이 폭발적으로 늘었기 때문이다. 『포브스(*Forbes*)』는 전 세계 부자를 대상으로 순자산을 측정한 억만장자 순위를 실시간으로 알려주고 있다.[04] 금융시장의 변동성이 커지면서 세계 부자 순위도 매일 출렁이고 있다.[05] 포브스 부자 순위에서 2021년 말 기준으로 세계 Top 10과 한국 Top 10은 다음과 같다.

세계의 억만장자 Top 10

세계 순위	이름	순자산(억 달러)	국적	사업
1	Jeff Bezos	1,770	미국	아마존
2	Elon Musk	1,510	미국	테슬라
3	Bernard Arnault	1,500	프랑스	LVMH
4	Bill Gates	1,240	미국	마이크로소프트
5	Mark Zuckerberg	970	미국	페이스북
6	Warren Buffett	960	미국	버크셔해더웨이
7	Larry Ellison	930	미국	오라클
8	Larry Page	915	미국	구글
9	Sergey Brin	890	미국	구글
10	Mukesh Ambani	845	인도	복합사업

『포브스』, 2021년 말 기준.

03 billion은 million의 천 배인 십억을 나타낸다. billionaire는 재산을 십억 달러 이상 보유한 부자를 의미하는데 십억만장자라고 부르지 않고 줄여서 억만장자라고 부른다.

04 https://www.forbes.com/real-time-billionaires/

05 머스크 재산에 우주개발회사 스페이스X의 지분은 반영되어 있지 않다. 이 지분가치까지 감안하면 머스크가 인류 최초로 1조 달러 재산을 가진 '조만장자(trillionaire)'가 될 것으로 예상된다.

한국의 억만장자 Top 10

세계 순위	이름	순자산(억 달러)	나이	사업
145	서정진	142	63	셀트리온
158	김정주	133	53	넥슨
251	김범수	93	55	카카오
297	이재용	83	52	삼성전자
391	권혁빈	67	47	스마일게이트홀딩스
451	정몽구	60	83	현대차
705	홍라희	41	75	삼성전자
705	서경배	41	58	아모레퍼시픽
775	정의선	38	50	현대차
956	최태원	32	60	SK

『포브스』, 2021년 말 기준.

세계의 부자 10명 중에서 상속을 받아 부자의 반열에 오른 사람은 패션명품 그룹 LVMH의 아르노 회장 한 명이고 나머지는 스스로 창업하여 부를 일군 자수성가형 부자다. 아마존, 마이크로소프트, 페이스북(메타), 구글 등 IT 기업 창업자들이 다수를 차지하고 있어서 부의 흐름이 전통적 제조업에서 지식산업경제로 이동했음을 알 수 있다.

예전에는 한국의 부호 명단에 재벌그룹의 회장과 그 후손들이 윗자리를 차지하고 있었다. 이제는 Top 3 자리에 자수성가한 서정진, 김정주, 김범수가 올랐고 5위의 권혁빈도 자수성가에 속한다. 한국의 최고 부자 10명 중에서 상속을 받아 부자의 반열에 오른 사람은 이재용, 정몽구, 홍라희, 서경배, 정의선, 최태원 6명이다. 세계 최고 부자들이 자수성가한 정도에 비하여 한국 최고 부자들은 아직 부모의 영향이 크다.

금융자산 10억 원 이상

『포브스』는 세계의 부자들 재산이 많은 순서로 조사하고 있다. 이와 달리 일정액

이상의 재산을 가진 사람들이 몇 명이나 되고 그들은 재산을 어떻게 관리하는지 조사해서 매년 발표하는 『세계 재산 보고서(*World Wealth Report*)』가 있다.[06] 이런 조사를 하려면 먼저 부자가 누구를 말하는지 정의해야 한다. 이 보고서에서는 부자를 'HNWI(High Net Worth Individuals)'라고 부른다. 즉, 순가치(net worth)가 아주 많은 사람들(high individuals)이라는 의미이고, 우리 말로 하면 '고액재산가'에 해당한다. 여기서 순가치는 부동산은 포함하지 않고 주식이나 채권과 같은 금융자산만을 뜻하며 순가치가 100만 달러 이상인 사람을 부자라고 정의하였다. 1달러를 1,000원으로 가정하면 '금융자산 10억 원'이 부자의 기준이다. 이런 부자들이 국가별로 몇 명이나 있으며 재산관리를 어떻게 하고 어디에 관심이 있는지 매년 조사한다.

전 세계에서 '금융자산 10억 원' 조건을 충족하는 부자는 2020년에 2,080만 명으로 매우 큰 숫자이지만 전 세계 인구 77억 명에 대비해 보면 0.27%에 불과하다. 이 보고서가 부자의 기준으로 사용하는 금융자산 10억 원이 매우 높은 금액임을 알 수 있다. 아시아-태평양 지역이 700만 명으로 가장 많고 이어서 북미 지역이 690만 명, 유럽 지역이 540만 명 순이다. 과거에는 부자라고 하면 북미 지역과 유럽 지역이 대세를 차지하고 있었는데 2015년부터 아시아-태평양 지역의 부자들이 더 많아지고 있다.

부자의 숫자와 밀접한 관련을 보이는 것이 GDP다. GDP가 큰 국가일수록 부자들이 많다. 2020년 세계 GDP 순위는 미국, 중국, 일본, 독일 순이고 한국은 11위다. 2020년 부자 수 국가별 순위는 미국, 일본, 독일, 중국 순이고 한국은 13위다. 부자가 제일 많은 나라는 미국으로 590만 9천 명이고 2위는 일본으로 338만 7천 명이다. GDP는 중국이 세계 2위이지만 부자는 일본이 중국보다 2.6배나 많다. 일본이 경기침체로 잃어버린 30년 소리를 듣고 있지만 축적해 놓은 재산이 상당한 나라임을 알 수 있다. 인도가 12위로 26만 3,000명이고 이어서 한국이 13위로 24만 3,000명이다. 인구가 14억 명에 이르는 인도의 부자 숫자와 인구 5천만 명의 한국에서 나온 부자의 숫자가 거의 비슷하여서 한국 경제의 위상을 여기서도 확인할 수 있다.

06 https://worldwealthreport.com/ 프랑스의 컨설팅업체 Capgemini와 캐나다의 은행 RBC Wealth Management가 금융자산 100만 달러 이상의 부자를 공동으로 조사한다.

2020년 세계 부자들이 가지고 있는 재산을 모두 더하면 79.6조 달러이고 전년보다 약 7.6% 증가했다. 이처럼 부자가 몇 명이고 총재산이 얼마냐 하는 것이 흥미로운 통계이기는 하지만 정말 중요한 것은 그게 아니다. 우리에게 중요한 것은 부자들이 무슨 생각을 하고 있으며 재산관리를 어떻게 하고 있느냐다.

부자들이 재산을 보유하는 형태는 부동산, 주식, 채권, 현금등가물, 대체투자 등이다. 부동산에는 주거용과 상업용이 모두 포함된다. 주식은 배당금을 주고 채권은 이자를 주는 금융상품이다. 현금등가물은 현금, 예금, 단기유동성상품 등으로 만기가 짧고 안전한 금융상품이다. 대체투자는 주식이나 채권과 같은 전통적인 투자방법 이외에 새롭게 등장한 투자대상으로서 원자재나 파생상품 등을 대상으로 투자한다.

부자들은 재산을 한 가지 자산에만 집중투자하는 것이 아니라 여러 가지 자산에 분산투자하고 있다. 『2021 세계 재산 보고서』에 의하면 세계 부자들은 주식을 가장 많이(30%) 보유하며 이어서 현금등가물, 채권, 부동산, 대체투자 순서다. 하나은행의 하나금융경영연구소는 하나은행 PB서비스를 이용하는 고객 중에서 금융자산 10억 원 이상을 보유한 부자를 대상으로 조사하고 『한국 재산 보고서(*Korean Wealth Report*)』를 발간하고 있다. 2021년 보고서에서 한국 부자들의 재산 구성을

세계 부자와 한국 부자의 자산배분

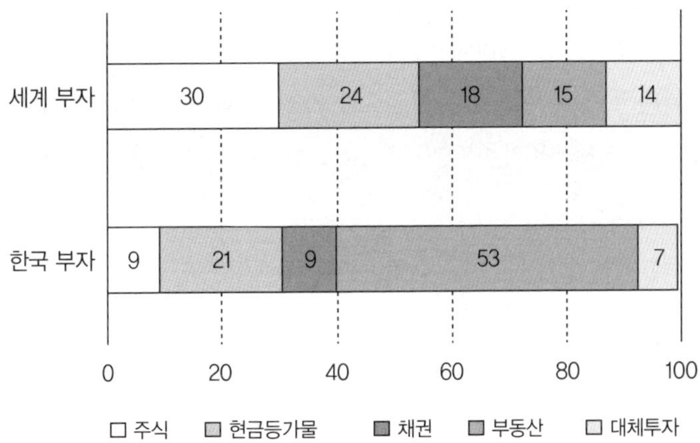

세계 부자: Capgemini, 『*2021 World Wealth Report*』, 2021.
한국 부자: 하나금융경영연구소, 『*2021 Korean Wealth Report*』, 2021.

보면 부동산(53%)에 이어 현금등가물, 채권, 주식, 대체투자 순서다.[07]

한국 부자를 세계 부자와 비교해 보면 부동산 비중이 매우 높고 주식 비중은 매우 낮다는 뚜렷한 차이가 있다. 세계의 투자환경이 점차 동질화되어 가는 현상을 고려하면 앞으로 한국 부자들은 부동산 비중을 줄이고 주식 비중을 높여야 할 것이다. 우리나라 서민에 대한 통계를 보면 대체로 부동산 75%와 금융자산 25% 수준으로 재산을 보유하고 있다. 부자와 서민 모두가 부동산 비중이 지나치게 높아서 부동산 가격이 하락하면 충격에 쉽게 무너지는 위태로운 구조다.

2. 부자와 서민은 어떻게 다른가?

☑ 나는 부자가 아니다

사람들은 모두 부자가 되고 싶어 하는데 막상 사람들에게 "당신은 부자입니까?"라고 물어보면 대부분 "아니요."라고 답한다. 부자는 되기도 어렵지만 부자여도 내세우지 않는 것이 우리 사회의 모습이다. 2020년에 실시한 부자에 대한 몇 가지 설문조사 결과를 비교해 보자.[08]

"당신은 부자입니까?"라는 질문에 "부자가 아니다."라고 응답한 비율은 머니투데이 조사가 91.2%이고 잡코리아/알바몬 조사가 98.9%다. 응답자 대부분이 스스로 부자가 아니라고 생각하고 있는데, 부의 축적 기회가 낮았던 2040세대는 그 비율이 더욱 높았다. KB금융지주 경영연구소 조사는 이미 금융자산 10억 원 이상을

---

07 세계와 한국을 비교하기 위하여 한국 부자가 보유한 보험 · 연금을 채권에 포함하였고 펀드 · 신탁을 대체투자로 표시하였다.

08 머니투데이는 2004년부터 매년 '당당한 부자' 대국민 설문조사를 실시하고 있으며 2020년 6월에 성인 1,000명을 대상으로 조사하였다. 잡코리아와 알바몬은 공동으로 2020년 8월에 20대에서 40대까지의 청장년층 2,020명을 대상으로 조사하였다. 이 두 조사는 재산은 고려하지 않고 나이를 기준으로 조사대상을 선정하였으므로 서민의 생각을 나타낸다고 볼 수 있다. KB금융지주 경영연구소는 금융자산을 10억 원 이상 보유한 부자 400명을 대상으로 조사하고 『2020 한국 부자 보고서』에 공표하였다.

조사기관	조사인원	"부자가 아니다." 라고 응답한 비율	부자로 인정받기 위한 최소 자산
머니투데이	전국 성인 1,000명	91.2%	29억 원
잡코리아/알바몬	2040세대 2,020명	98.9%	47억 원
KB금융지주 경영연구소	부자 400명	62.5%	70억 원

보유한 자산가를 대상으로 하였기 때문에 부자가 아니라는 응답률이 매우 낮을 것으로 기대했지만 62.5%가 부자가 아니라고 답하였다. 남들이 보기에는 상당한 재산을 가지고 있지만 스스로는 만족할 만한 기준에 도달하지 못했다고 생각하고 있는 것이다.

부자로 인정받기 위한 최소 자산에 대하여 잡코리아/알바몬 조사가 47억 원으로 머니투데이 조사 29억 원보다 높게 나온 것을 보면 젊은 층이 부자에 대하여 더 높은 기준을 가지고 있음을 알 수 있다. 부자의 재산 기준이 높은 것과 부자가 아니라고 생각하는 비율이 높은 것은 서로 연관이 있다. 부자의 재산 기준이 높을수록 부자에 도달하기 어려울 수밖에 없다. 2040세대의 재산 기준이 일반인들보다 더 높은 현상에 대하여 부자가 되는 목표를 원대하게 세웠다고 긍정적으로 볼 수도 있지만 기준이 너무 높아서 포기하게 된다고 부정적으로 볼 수도 있다.

미국 투자은행 찰스 슈왑(Charles Schwab)이 2020년에 미국인 1,000명을 대상으로 한 조사에서 부자로 인정받기 위한 순재산은 260만 달러로 나왔다.[09] 1달러를 1,100원으로 가정하면 28.6억 원이며 머니투데이 조사의 29억 원과 거의 비슷하다. 2020년 기준 1인당 GDP는 미국이 6만 3,544달러(세계 5위)이고 한국이 3만 1,637달러(세계 23위)여서 미국이 두 배 이상 많은 데도 불구하고 부자의 기준은 두 나라가 비슷하게 나왔다. 이는 한국 사람들이 부자의 기준을 너무 높게 세우고 있다는 하나의 증거다.

09 https://content.schwab.com/web/retail/public/about-schwab/charles-schwab-modern-wealth-survey-2020-phoenix.pdf

가구당 재산

가계가 보유하는 자산 중에서 일부는 은행에서 빌린 돈으로 구입한 것이다. 가계의 자산에서 부채를 뺀 값을 순자산이라 하며, 이는 남의 재산이 아니라 자신만의 진짜 재산을 의미한다.[10] 가계의 재산을 비교할 때에는 자산이 아니라 순자산을 기준으로 봐야 한다. 매년 통계청은 우리나라 국민의 재산 상태를 파악하기 위하여 전국의 2만 표본가구를 대상으로 '가계금융복지조사'를 실시한다.[11] 2021년 조사에서 가구당 평균이 자산 5억 253만 원, 부채 8,801만 원, 순자산 4억 1,452만 원으로 나왔다. 이것이 바로 우리나라 가계의 평균적인 모습이다. 비록 대도시 아파트 한 채의 가격이 10억 원을 넘는다는 뉴스도 들리지만 전국 가구의 평균 순자산이 4억 원 조금 넘는 것이 우리의 현실이다.

순자산의 평균을 보고 이게 바로 보통 사람들의 모습이라고 판단해서는 안 된다. 순자산 분포도는 좌우대칭형이 아니라 오른쪽으로 꼬리가 긴 모양이다. 오른

2021년 가구당 순자산 분포

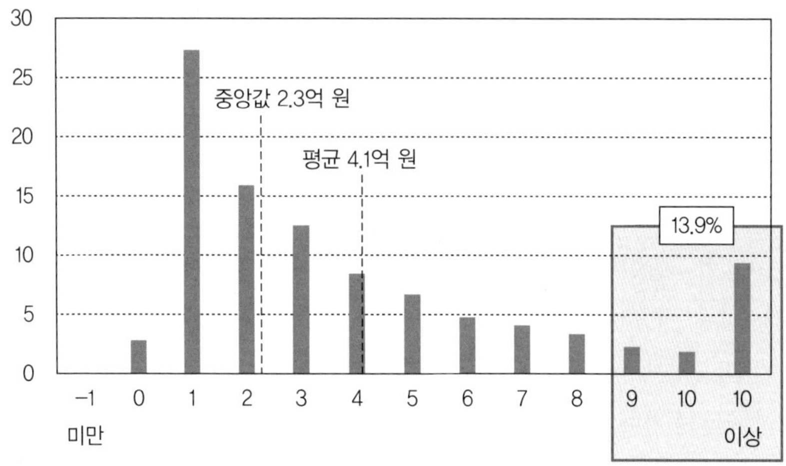

통계청, 『2021년 가계금융복지조사 결과』, 2021.

---

10 부채까지 포함하여 가계가 보유한 모든 자산을 총자산이라고 부르기도 한다.

11 가계금융복지조사에서 가계가 보유한 자산과 부채는 3월 31일을 기준으로 측정하고, 소득과 지출은 전년 1년 동안 발생한 금액을 측정한다.

쪽 꼬리 부분에 고액자산가들이 있기 때문에 평균은 중앙값보다 크게 측정된다. 우리집 순자산이 평균보다 작다고 해서 우리집이 다른 집보다 가난하다고 단정할 수는 없다. 전체 집단의 실태를 파악하는 데 보다 적합한 기준은 중앙값이다. 순자산의 크기에 따라 가구들의 순서를 매기면 중간에 해당하는 값(중앙값)은 2.3억 원이다. 이 중앙값은 앞에서 보았던 평균 4.1억 원에 비하면 절반이 조금 넘는 수준이다. 만일 어느 가구의 자산이 10억 원이라고 하면 중앙값의 4배를 넘는 어마어마한 재산이다. 우리가 가볍게 입에 올리는 '10억 원'은 결코 작은 금액이 아니다.

순자산 분포도를 보면 8억 원 이상 보유자는 전체 가구의 13.9%다. 반면에 머니투데이 조사에서 보통 사람들이 부자의 기준으로 생각하는 순자산은 29억 원으로 나왔다. 우리나라에서 순자산 29억 원 이상을 보유한 가구는 전체 가구의 0.5% 미만일 것으로 추정된다. 부자의 기준을 29억 원으로 생각하는 것은 지나치게 높은 액수다. 부자가 되는 것이 막연한 꿈이 아니라 실현 가능한 목표가 되기 위해서는 부자의 기준을 현실에 맞게 실징해야 한다.

순자산과 밀접한 관계에 있는 항목이 소득이다. 아무래도 소득이 많으면 저축액도 많고 순자산도 많을 것이다. 순자산 보유내용을 좀 더 자세히 보기 위하여 소득분위별로 순자산 보유액과 점유율을 측정할 수 있다. 소득 분위는 전체 가구를 소득 크기에 따라 5개의 집단으로 구분한 것이다. 소득 1분위는 소득이 가장 적은 20% 가구를 의미하고 소득 5분위는 소득이 가장 많은 20% 가구를 의미한다. 2021년 소득분위별 순자산 보유액과 순자산 점유율은 다음 표와 같다.

◎ 2021년 소득분위별 순자산

소득	순자산 보유액	순자산 점유율
1분위	1억 4,701만 원	7.1%
2분위	2억 4,196만 원	11.7%
3분위	3억 2,491만 원	15.7%
4분위	4억 5,750만 원	22.1%
5분위	9억 112만 원	43.5%

저소득 가구(소득 1분위)의 순자산 보유액은 1억 4,701만 원이고 고소득 가구(소

득 5분위)의 순자산 보유액은 9억 112만 원이다. 고소득 가구가 저소득 가구보다 6.1배의 순자산을 가지고 있어서 부의 분배가 불평등하다는 근거로 제시된다. 그런데 여기서 유의할 점은 불평등 문제가 아니라 고소득 가구가 보유한 순자산의 크기다. 우리나라에서 소득이 가장 많은 최상위 20% 가구에 들기 위한 경곗값은 6억 3,120만 원이고 최상위 10% 가구에 들기 위한 경곗값은 9억 6,820만 원이다. 즉, 순자산 10억 원이면 최상위 10% 이내에 속하는 부자다.

우리는 '1억 원'이라는 금액을 가볍게 거론하는 통 큰 시대에 살고 있다. 연봉 1억 원을 넘게 받는 직장인이 많아지고, 노래 경연대회 상금으로 1억 원을 받고, 불우이웃돕기 성금에 1억 원을 기부하는 등의 사례를 자주 본다. 그러다 보니 부자의 기준을 말해 보라고 하면 입에서 툭 나오는 금액이 10억 원이다. 조금 더 배짱 있다고 하면 30억 원, 50억 원 하면서 그 기준이 마구 올라간다. '1억 원'이라는 돈은 아파트나 주식과 같은 자산가격이 급변하는 시장에서 운이 좋아 얻을 수도 있지만 대부분은 오랫동안 엄청난 노력을 기울여야 얻을 수 있는 매우 큰 금액이다. 부자의 기준을 말할 때 막연한 기분에 들뜨지 않고 냉정하게 현실적인 금액을 제시할 수 있는 사람이 부자가 될 가능성이 훨씬 크다.

☑ 재산형성 방법

부자들은 재산을 어떻게 모았다고 생각하는지 서민과 부자의 대답을 비교해 보자. 머니투데이의『2020 당당한 부자』는 서민 1,000명을 대상으로 조사하였고 KB금융지주 경영연구소의『2020 한국 부자 보고서』는 금융자산을 10억 원 이상 보유한 부자 400명을 대상으로 조사하였다.

부자들이 재산을 형성하는 데 이용했다고 생각하는 방법 중에서 가장 중요한 두 가지는 부동산투자와 사업경영으로 나왔다. 부동산과 사업체가 우리나라 경제에서 차지하는 비중과 역할을 고려할 때 충분히 납득할 만한 결과다. 다만 서민은 부자들이 부동산투자를 통해 부를 축적했다고 생각하는 비율(48.3%)이 가장 높았지만, 실제 부자가 1위로 꼽은 항목은 사업소득(37.5%)이다. 서민과 부자 사이에 인식의 차이가 있다는 것이 뚜렷하게 드러난다. 서민들은 부자들이 부동산 투자 또

◎ 부자들의 재산형성 방법

(%)

2020 당당한 부자		2020 한국 부자 보고서	
1. 부동산 등 실물투자	48.3	1. 사업소득	37.5
2. 창업 및 기업경영	16.9	2. 부동산투자	25.5
3. 상속 및 증여	16.3	3. 상속/증여	19.0
4. 권력의 소유	8.0	4. 근로소득	11.3
5. 금융상품투자	5.0	5. 금융투자	6.8
6. 전문직 고소득	3.2		
7. 기타	2.3		

는 투기를 이용해서 얻은 불로소득으로 부자가 되었다고 보는 경향이 강하다. 3위는 두 조사 모두 상속/증여로 나왔다. 서민은 부자가 상속/증여를 통해 부의 세습을 이어가고 있다고 보았으며, 부자도 이러한 사실을 부인하지 않고 상속/증여를 재산형성의 중요한 수단으로 인정하고 있다.

두 조사에서 비록 하위권이지만 우리가 관심을 두어야 할 중요한 항목은 금융투자와 근로소득이다. 만일 부자가 되는 방법에 부동산투자, 사업경영, 상속/증여만 있다면 그러한 사회에서는 변화와 발전을 기대하기 어렵다. 부동산투자는 부를 창출하는 것이 아니라 부를 분배하는 과정에서 이윤을 얻는 행위이며 종잣돈이 없이는 접근하기 어렵다. 사업경영은 부가가치를 창출하고 경제성장에 기여하지만 아무나 쉽게 할 수 있는 것이 아니고 고도의 기술력과 창의력이 요구되는 활동이다. 상속/증여는 부모가 부자일 때에만 가능하므로 서민에게는 원천적으로 해당되지 않는 방법이다. 비록 가난한 집에서 태어나 상속받은 것도 없고 부동산에 투자할 밑천도 없고 창업하기 위한 아이디어가 없을지라도 부자가 될 수 있는 방법이 있다. 바로 근로소득으로 착실하게 종잣돈을 만들고 이를 금융투자를 통해서 점차 불려 가는 것이다. 이것이 본서에서 추구하는 행복한 부자의 모습이다.

투자성향과 금융역량

학생들이 입학과 진로를 고민할 때 적성검사를 해서 자신이 어떤 분야에 관심과 재능이 있는지 알아본다. 금융투자를 할 때도 투자자의 인식과 태도를 측정하는 검사를 실시하는데 이를 투자성향조사라고 한다. 이 조사는 투자자금, 투자기간, 기대수익, 손실감내, 투자경험 등에 대한 질문을 통하여 투자성향을 분류한다. 투자성향을 결정하는 두 가지 기본적인 속성은 원금보전과 수익달성이다. 이 중에 어느 것을 더 중요하게 생각하느냐에 따라 투자자를 안정형, 안정추구형, 위험중립형, 성장추구형, 성장형의 다섯 가지로 분류한다.

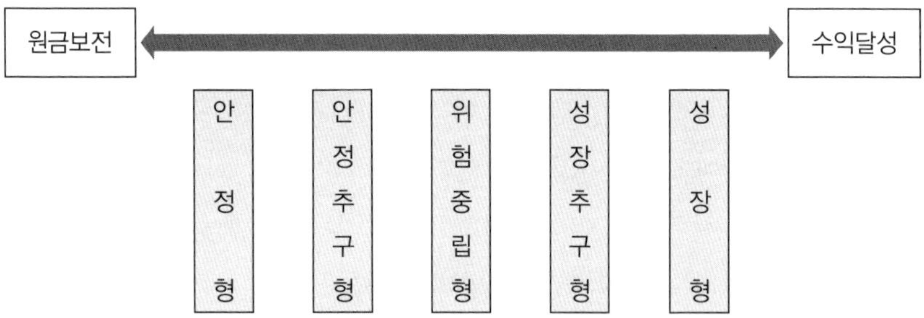

부자와 서민은 투자성향이 어떻게 다를까? KB금융지주 경영연구소의 『2020 한국 부자 보고서』에 의하면 안정형과 안정추구형을 더한 비중은 서민이 77.7%이고 부자가 46.8%다.[12] 서민이든 부자든 많은 사람들이 수익달성보다는 원금보전을 선호하고 있다. 성장추구형과 성장형을 더한 비중은 서민이 8.7%이고 부자가 22.3%다. 부자가 서민보다 수익달성에 더 적극적인 태도를 지니고 있다. 한 가지 특기할 점은 많은 위험을 부담하면서 고수익을 달성하려는 성장형의 비중이다. 부자가 1.5%인 데 비하여 서민은 그보다 많은 2.3%다. 이는 서민 중에서 일부는 고수익을 올리기 위해서 아주 위험한 투자를 감행하고 있음을 보여준다. 투자자금이 여유롭지 못한 서민이 빚을 내서 투자하는 행위도 여기에 해당된다. 과욕은 반드시 화를 불러온다는 사실을 잊지 말아야 한다.

12 서민에 대한 수치는 일반인 3,000명을 대상으로 조사한 'KB 골든라이프 보고서' 값이다.

◎ 서민과 부자의 투자성향

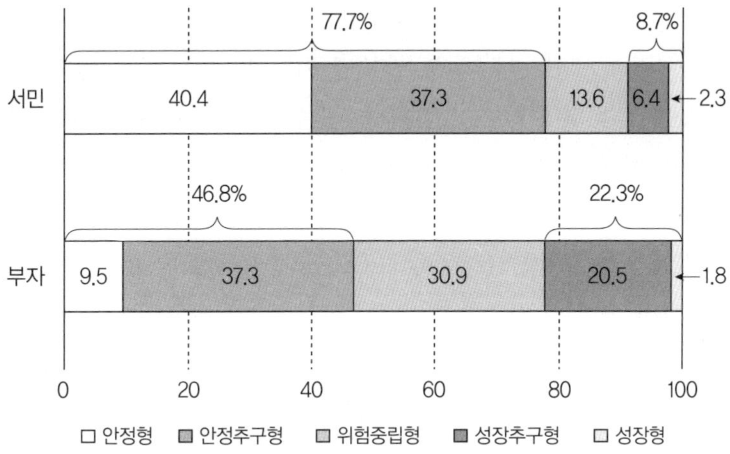

KB금융지주 경영연구소, 『2020 한국 부자 보고서』, 2020.

3. 나도 부자가 될 수 있을까?

부자 되는 시기

머니투데이가 실시한 『2021 당당한 부자』 설문조사에서 "언제쯤 부자가 될 수 있겠습니까?"라는 질문에 "평생 불가능하다."라는 답변이 63.5%로 가장 많이 나왔다. 부자 되기가 평생 불가능하다고 생각한다는 것은 곧 부자 되기 위한 노력을 하지 않겠다는 태도다. 부자는 도달할 수 없는 곳이므로 헛고생하지 않고 그냥 있는 대로 살겠다는 자포자기의 심정을 의미한다. 행복한 부자로 살기 위해서는 이런 비관적인 생각을 바꿔야 한다.

이렇게 많은 사람들이 부자 되기가 평생 불가능하다고 생각하게 된 이유는 부자의 기준이 너무 높기 때문이다. 부자의 기준이 높다 보니 "내가 월급을 받아 아무리 알뜰하게 절약하더라도 30억 원을 모을 수 없어." 하면서 미리 포기한다. 부자 되는 노력을 포기하지 않기 위해서 필요한 일은 부자의 기준을 낮추는 것이다. 설문조사에서는 논리적 근거 없이 막연히 추측하여 대답하는 경우가 많으므로 조사 결과 금액에 위축되거나 낙담할 필요는 없다. 사람마다 주어진 여건이 다르므로 부자의 기준도 사람마다 다를 수밖에 없다.

부자 되는 시기에 대한 다른 답변은 10년 이내 11.3%, 20년 이내 9.1%, 20년 이상 3.9%로 나왔다. 서민들 중 상당수는 "평생 부자가 될 수 없다(63.5%)."고 보거나 "10년 이내의 짧은 기간에 가능하다(11.3%)."고 보는 극단적인 태도를 취하고 있다. 즉, 서민들은 부자 되는 목표를 너무 높게 세우고 너무 조급하게 추진하고 있다. 부자가 되는 것은 결과물이 아니라 과정이어야 한다. 숨을 거둘 때 재산을 얼마나 많이 모아 두었느냐가 중요한 것이 아니라 평소에 부자로서 행복하게 사는 것이 더 중요하다. 부자 되기는 최소 20년 이상 소요되는 장기프로젝트이므로 행복한 마음으로 조금씩 달성해 나아가는 지혜가 필요하다.

내가 부자될 확률은?

Real Me Test(http://www.realmetest.com)에서는 간단하게 '나의 재테크 능력치'와 '내가 부자될 확률'을 계산해 볼 수 있다. '나의 재테크 능력치' 조사에서 22개 질문에 응답하면 금융건강 상태를 최우수, 우수, 평균, 부족, 불량의 5단계로 구분하여 알려준다. '내가 부자될 확률' 조사에서 15개 질문에 응답하면 부자될 확률이 100점 만점으로 계산된다. 또한 응답자를 나타내는 특징과 개선하기 위해서 더 노력해야 할 사항도 함께 제시한다.

부자 되는 방법

『2021 당당한 부자』 조사에서 자산증식을 방해하는 요인(1순위 단일응답)은 1위 자산가격 상승(22.3%), 2위 투자능력 부족(16.5%)으로 나왔다. 자산가격 상승이 1위로 꼽힌 이유는 최근 몇 년간 급격하게 상승한 집값 때문인 것으로 보인다. 주식 가격도 2020년에 코로나19 팬데믹을 겪으면서 폭락 후에 폭등하는 양상을 보였

(%)

자산증식 장애요인		20대가 생각하는 부자 되는 비결	
1. 자산가격 상승	22.3	1. 부동산투자	63.5
2. 투자능력 부족	16.5	2. 상속/증여	33.8
3. 적은 급여	13.5	3. 창업	31.1
4. 저금리	10.9	4. 금융상품투자	28.6
5. 기타	36.8	5. 권력 소유	15.7
집계: 1순위 단일응답 기준		집계: 1·2순위 중복응답 기준	

다. 부동산이나 주식과 같은 자산의 가격은 계속 오르기만 하거나 계속 떨어지기만 하는 것이 아니라 경제 상황과 미래 기대감에 따라서 오르내린다. 지금 집값이 올랐고 주가가 비싸졌다고 해서 부자가 될 수 있는 기회가 막힌 것은 아니다. 자산을 취득하고 재산을 증식할 수 있는 기회는 앞으로도 얼마든지 열려 있다. 2위 투자능력 부족에서 말하는 투자능력이 투자종목을 고르고 매매전략을 구사하는 능력만 의미하지는 않는다. 여기에는 금융역량을 키우고 재무설계를 하고 종잣돈을 마련하고 금융상품에 투자하는 모든 노력이 포함된다.

20대가 생각하는 부자 되는 비결 조사(1 · 2순위 중복응답)에서는 부동산투자가 압도적 1위(63.5%)를 차지했다. 이는 2014년 이후 지속적인 부동산 가격상승 추세가 반영된 결과로 해석된다. 2위의 상속/증여는 부모가 부자가 아니라면 실현 불가능한 방법이다. 3위의 창업은 긍정적으로 볼 수 있는 항목이지만 창업으로 성공하기는 매우 어렵다는 점도 염두에 두어야 한다. 4위는 금융상품투자인데 누구나 지속적으로 사용할 수 있고 실현 가능성이 높은 현실적인 방법이다. 서민 가정에서 태어나 상속 받을 것이 없고 부동산투자와 창업의 위험이 두려우며 권력을 소유할 기회도 없다면 평소에 버는 소득을 이용해서 금융상품에 투자하는 것이 부자 되는 유일한 방법이다.

☑ 달콤한 유혹

우리 주변에는 쉽게 부자가 될 수 있다는 달콤한 유혹들이 많이 있다. 고령자나 금융문맹자의 재산을 갈취하는 금융사기는 단순한 유혹이 아니라 개인의 인격과 가정을 파괴하는 악랄한 범죄다. 특히 법률상으로는 범죄가 아니지만 당하는 사람 입장에서는 그 피해가 범죄와 다를 바 없는 독이 묻은 사과들이 있다. 로또에 당첨되면 인생이 역전된다고 현혹하고, 저축보험에 가입하면 위험보장도 되고 저축도 돼서 일거양득이라고 과장하고, 분양형 호텔에 투자하면 노후에 임대료를 꼬박꼬박 받을 수 있다고 꼬드긴다. 이런 유혹들을 자세히 들여다 보면 수익성만 강조하고 위험에 대하여는 거의 언급하지 않는다. 정부가 이런 유혹들의 위법사항에 대하여 처벌을 강화해야 하겠지만 근본적으로 더 중요한 것은 스스로 금융이해력을 길러서 함정에 빠지지 않는 것이다.

복권에 당첨된 사람들이 그 후 어떻게 되었나 조사해 보니 당첨자에게 그것은 복권이 아니라 독권이었다. 미국에서 10여 년에 걸쳐서 복권에 당첨된 사람 3,500명을 조사했는데 5년 이내에 파산한 사람이 1,900명으로 절반이 넘었다. 파산은 부채는 많고 지불할 능력이 안 될 때 법의 판결로 부채를 면제받는 조치다. 당첨자들은 거액의 당첨금을 받았지만 이를 제대로 관리하지 못하고 마구 낭비하다가 결국 파산이라는 경제적 사망신고를 받았다. 만일 복권에 당첨되지 않았더라면 평소에 버는 소득을 아껴 쓰면서 나름대로 행복하게 살았을 텐데 횡재했다고 좋아했던 그 당첨금이 가족들의 생활까지 망가뜨린 것이다.

복권을 사는 사람들은 흔히 “삶에 있어서 가벼운 오락거리야. 내가 복권을 사면 어려운 사람한테 도움도 되잖아.” 하면서 자기위안을 한다. 정부가 필요한 돈을 세금으로 걷으면 국민들이 싫어하므로 이를 회피하려고 만든 것이 복권사업이다. 복권의 본질은 정부가 국민을 대상으로 걷는 간접세다. 정부는 복권판매에서 얻은 수익을 재원으로 여러 가지 복지사업을 실시한다. 이처럼 복권의 원래 취지는 부유층이 낸 돈으로 빈곤층을 돕자는 것인데 실제로 복권을 구입하는 사람을 보면 소득이 낮고 형편이 어려운 경우가 많다. 복권을 사는 데 들어가는 돈을 사소하게 보지 말고 복권에 대해서 비판적인 생각을 가질 필요가 있다.

행운과 행복

행운을 뜻하는 영어 단어 '포춘(fortune)'은 로마 신화 속 행운의 여신 포르투나(Fortuna)에서 유래했다. 포르투나는 '운명의 바퀴'를 굴리는데 이 바퀴가 제멋대로 굴러가기 때문에 어디로 갈지 방향을 예측할 수 없다. 이 바퀴가 소위 '운'이라는 궤적을 남기며 행운과 재산을 결정하여서 포르투나는 행운인 동시에 재산을 의미하게 됐다.

네잎 클로버의 꽃말은 행운이고 세잎 클로버의 꽃말은 행복이다. 네잎 클로버를 찾는 쉬운 방법은 세잎 클로버를 모두 뽑아버리는 것이라는 우스갯소리가 있다. 물론 정말로 풀밭에 앉아서 이런 방법을 쓰는 사람은 없을 것이다. 왜냐하면 이 방법은 불가능하지는 않지만 너무나 비효율적이기 때문이다. 그러나 과연 우리 생활 속에서는 세잎 클로버를 뽑고 있는 멍청한 사람이 없을까? 매주 한두 장씩 복권을 사는 습관이 바로 네잎 클로버라는 행운을 찾기 위해서 세잎 클로버라는 행복을 뽑아버리는 어리석은 행위다. 복권을 살 돈으로 친구들과 차를 마시고 아이들과 놀이동산에 가는 것이 행복을 즐기는 현명한 금융생활이다.

☑ 현실적인 목표

우리 사회에 사람을 금수저, 은수저, 동수저 그리고 흙수저에 비유한 '수저 계급론'이 떠돌아다닌다. 우리나라에서 양반과 상놈의 신분차별은 대한제국의 멸망과 함께 이미 오래 전에 사라졌지만 재력이 있는 자와 없는 자의 대비는 점점 섬뜩해지고 있다. '수저 계급론'은 현재 자신의 처지가 상대적으로 열악하고 벗어나기 힘들다는 절망감을 표현한 것이겠지만 세상을 이렇게 결정론적으로 보는 것은 인생에 결코 도움이 되지 않는다. 이런 생각은 농담으로 가볍게 말하는 정도에서 그쳐야 하며 비관주의에 함몰돼서 자기 인생을 포기해서는 안 된다.

지금 우리 관심사는 과연 나도 부자가 될 수 있을까이다. 이에 대하여 금융생활 전문가들이 이구동성으로 말하는 이야기가 있다. "부자는 태어나는 것이 아니라 만들어 가는 것이다." 즉, 부잣집에 태어나 상속으로 부자가 되는 것이 아니라 자신의 노력으로 한 걸음씩 재산을 늘려 가는 것이 정답이라는 말이다. "큰 부자는 하늘이 내리고 작은 부자는 검소한 생활에서 나온다."는 속담도 있다. 한순간에 큰 부자가 되려는 일확천금의 허황된 꿈을 꾸지 말고 평소에 작은 돈도 절약하는 작은 부자를 목표로 삼으라는 말이다.

그러면 '작은 부자'가 되려면 재산이 얼마나 되어야 할까? 여기에 정답은 없다. 스스로 부자라고 생각하는 재산의 크기는 사람마다 다르다. 연령, 결혼, 자녀, 직업 등 수많은 요인이 영향을 미친다. 『2021년 가계금융복지조사』의 순자산 분포도를 이용하면 부자의 기준점을 잡을 수 있다.

만일 우리나라 상위 10%에 해당하는 부자가 되고 싶다면 순자산은 최소한 9.7억 원이 필요하다. 상위 구성비가 커질수록 필요한 순자산은 줄어든다. 이 중에 어느 것을 부자의 목표로 정할 것인지는 오로지 자신의 상황과 의지에 달려 있다. 상위 50% 수준은 중앙값 2.3억 원을 의미한다.

상위 구성비	순자산
10%	9.7억 원
20%	6.3억 원
30%	4.4억 원
40%	3.1억 원
50%	2.3억 원

우리나라 가구의 절반은 순자산이 2.3억 원 이상이고 절반은 2.3억 원 이하라는 뜻이다. 이 중앙값을 부자의 목표로 삼는 것도 의미가 있겠지만 동기부여 효과는 떨어진다.

순자산 4억 원 이상이면 대략 세 가구 중에서 하나에 해당하는 부자여서 도전할 만한 목표다. 이미 이 수준에 도달해 있는 사람이라면 한 단계 높은 수준을 설정하면 된다. 여기에서 중요한 사실은 이 목표 금액은 설문조사에서 나온 30억 원이나 50억 원과 같은 모호하고 허황된 금액이 아니라는 점이다. 현실적이고 합리적인 목표가 세워지면 거기에 도달하기 위한 방법은 얼마든지 찾을 수 있다. 대한민국에서 내 힘으로 부자가 되는 것은 얼마든지 가능하다.

대한민국 40대가 사는 법

순자산의 크기는 연령과 거주지역에 따라 차이가 날 것이다. 하나금융그룹의 '100년 행복연구센터'는 2020년 11월 서울 및 4대 광역시에 거주하는 40대 소득자 1,000명을 대상으로 금융조사를 실시하고, 『대한민국 40대가 사는 법』 보고서를 발표하였다.

40대는 재산형성과 금융투자 측면에서 가장 왕성하게 활동하는 연령층이고 서울 및 4대 광역시는 생활여건이 가장 잘 갖추어진 지역이다. 이들의 순자산은 일반 가구의 순자산보다 클 것으로 예상되었는데 결과는 예상과 달랐다.

(억 원)

보고서	자산	부채	순자산
『2021년 가계금융복지조사』	5.0	0.9	4.1
『대한민국 40대가 사는 법』	4.1	0.8	3.3

40대의 순자산은 평균 3.3억 원으로 전국 2만 가구의 평균 4.1억 원보다 낮은 수준이다. 활동이 왕성하고 번화한 도시에 거주한다고 해서 재산이 많은 것은 아니다. 40대 도시인의 삶은 고달프다.

4. 부자 되는 습관

N포세대와 부자 되기

청년들에게 미래에 대해서 어떤 생각을 하는지 물어보면 '포기'라는 말이 많이 나온다. 처음에는 연애, 결혼, 출산을 포기했다고 3포세대로 불리더니 곧이어 5포세대(3포+내 집 마련, 인간관계)와 7포세대(5포+꿈, 희망)가 등장했고 모든 것을 포기했다는 N포세대까지 나타났다. 포기하는 대상에 금전적인 재산뿐만 아니라 인간관계, 희망과 같이 정신적 요소들까지도 포함되어 있어서 안타깝다. 포기하게 된 원인으로는 돈이 없어서, 시간적 여유가 없어서, 경쟁 위주의 사회가 싫어서 등이 꼽힌다. 청년들이 불안정한 일자리, 치솟는 집값, 육아의 어려움, 늘어나는 사교육비 등의 압박으로 인해 삶의 중요한 요소들을 방치하고 관심을 기울이지 않고 있다.

그런데 정작 청년들은 기성세대가 보이는 이런 안쓰러움에 코웃음을 친다. 자신들은 포기가 아니라 선택을 했는데 기성세대가 입맛대로 해석했다는 것이다. 그러나 가정을 이루지 않고 혼자 살기로 선택했더라도 가사활동은 이루어져야 하고 노후생활도 대비해야 한다. 오히려 혼자 살기 때문에 더 계획을 세워 생활해야 하고 더 철저하게 노후대책을 마련해야 한다. 자신의 소중한 삶을 관리하지 않으면서 그때그때 닥치는 대로 살겠다는 것은 불행한 일이다. 현실이 어려워서 많은 것을 포기하고 마음의 평안을 찾았다고 위안할 수는 있다. 하지만 근본적인 문제가 없어지거나 해결되는 것은 아니다.

포기는 자기합리화나 현실도피의 수단이 될 가능성이 크다. 나만 뒤처졌다는 조급한 마음에 빚을 내서 주식을 사는 '빚투' 대열에 합류하고, 치솟는 집값에 막차라도 타겠다고 영혼까지 끌어모으는 '영끌'로 집을 사는 것은 올바른 대책이라고 보기 어렵다. 이런 무리한 방법을 쓰지 않고도 얼마든지 살면서 부딪히는 어려움을 이겨낼 수 있다. 서두르지 말고 조금씩 개선해 나아가면 얼마든지 행복한 부자의 대열에 오를 수 있다. 청년들이 부자가 되기 위해서는 개인의 노력 이외에 정부의 지원도 필요하다. 청년세대는 기성세대와 달리 소득과 자산 기반이 취약하므로 정부가 정책을 수립할 때 엉뚱한 부작용이 생기지 않도록 세심하게 주의를 기울여야 한다. 청년들이 건전하게 재산을 축적하면서 가정을 이루고 부유해질 때 국가도 부강해지고 국민들 삶의 질도 높아진다.

☑ 삶에 대한 태도

사람들이 부자를 보는 관점은 부정적인 시각과 긍정적인 시각 두 가지가 있다. 부정적 시각으로 보면 "부자는 운이 좋아야 돼. 출생이 좋든가 복권이 당첨되든가 해야 하는데 나와는 관계 없네. 어차피 나는 부자가 못 될테니 그냥 버는 대로 쓰면서 살래." 하면서 부자 되는 노력을 포기하게 된다. 긍정적 시각으로 보면 "부자들은 어떤 특징을 가졌을까? 부자와 나는 무엇이 다를까? 부자의 습관에서 배울 점은 무엇일까?" 하면서 자기계발과 동기부여의 자극제로 활용한다. 부자에 대하여 부정적 시각을 가진 사람과 긍정적 시각을 가진 사람 중에 앞으로 누가 부자가 될까? 물론 긍정적 시각으로 산 사람이 모두 부자가 되지는 않겠지만, 부정적 시각으로 산 사람이 부자가 될 가능성은 거의 없다.

삶을 대하는 태도를 주인의 입장과 하인의 입장 두 가지로 대비해 볼 수 있다. 주인은 일을 찾아서 하고 잘못되면 자기 탓으로 생각하며 아무리 푼돈이라도 낭비하지 않는다. 하인은 시키는 일만 억지로 하고 잘못되면 남 탓으로 돌리며 자기 수준에 큰돈도 헤프게 쓴다. 주인은 삶에서 성취를 이루는 것을 목표로 하지만 하인은 삶에서 이득을 남기는 것을 목표로 한다. 주인은 자율적으로 실천하면서 사는 반면에 하인은 지시를 받고 눈치를 보면서 산다. 주인과 하인 중에 누가 행복할지는 물어볼 필요도 없을 것이다. 우리는 누구나 자유의 소중함을 알고 있다. 삶의 주인이 되어 자유를 누리면서 사는 것이 바로 행복한 인생이다.

삶에 대한 태도

주인	하인
• 하는 일이 힘들어도 묵묵히 해낸다.	• 마지못해 하면서 투덜댄다.
• 일거리를 찾아서 하면서 즐긴다.	• 주어진 일만 하면서 불평한다.
• 누가 보건 안 보건 열심히 일한다.	• 남이 볼 때만 하는 척한다.
• 상대방을 주인으로 대한다.	• 상대방을 하인으로 대한다.
• 보다 나은 방법을 찾는다.	• 해 오던 방법만 사용한다.
• 잘못을 내 탓으로 여긴다.	• 잘못을 남 탓으로 돌린다.
• 달력에서 일하는 날을 센다.	• 달력에서 쉬는 날을 센다.
• 일이 잘못될 때에 대비한다.	• 일이 잘되기만 기다린다.
• 푼돈도 아껴 쓴다.	• 큰돈도 마구 쓴다.
• 성취를 목표로 한다.	• 이득을 목표로 한다.

조선시대에는 인구의 30% 이상이 노비였다고 한다.[13] 노비가 이렇게 많으니 농사를 짓고 작업을 하는 데 있어서 창의적인 개선과 혁신이 나타날 수가 없었다. 노비들이 열심히 일을 해 보았자 산출물을 모두 주인이 가져가니 노비들은 시간이나 보내면서 일을 하는 시늉만 했던 것이다. 그 결과 백성도 가난하고 국가도 가난해

13 조선 초기 문인 성현(1439–1504)이 지은 『용재총화』에는 "노비가 반을 차지하는 까닭으로 유명한 고을이나 큰 읍이라도 군졸이 적은데…"라고 적혀 있다. 1858년에 작성된 대구 지방의 호적에서는 노비가 31.3%였다.

졌는데 권력층은 벼슬자리를 팔고 재물을 수탈해서 치부했다. 사회에 주인 의식을 가지고 살아가는 사람들이 많아질수록 그 사회는 건전하고 부유해진다.

다음 표에 있는 질문 6개는 400명의 부자들에게 생활태도와 가치관에 대하여 물어본 결과다. 부자의 생각에 나와 있는 숫자는 질문에 동의한 비율이다. 이 질문에 대해서 여러분들이 얼마나 동의하는지 100점 만점으로 점수를 매기고 부자 생각과 비교해 보자.

부자 생각 vs. 내 생각

질문	부자 생각	내 생각
1. 작은 돈이라도 아껴야 부자가 된다.	78.4	( )
2. 생활을 즐기려면 어느 정도 소비가 필요하다.	91.5	( )
3. 내 인생에 있어서 가족이 제일 중요하다.	91.5	( )
4. 내 삶은 오로지 내가 이룬 성과로 평가받는다.	70.9	( )
5. 사회복지를 위해 지금보다 세금을 더 내도 된다.	42.2	( )
6. 일에만 매진하지 말고 적절한 휴식이 필요하다.	95.4	( )

KB금융지주 경영연구소, 『2018 한국 부자 보고서』, 2018.

예를 들어 첫째 질문인 "작은 돈이라도 아껴야 부자가 된다."에 대해서 "정말 맞는 말이야, 전적으로 동의해."라고 판단하면 높은 점수를 쓰고, "이건 말도 안 돼, 푼돈 아껴 언제 부자가 돼."라고 판단하면 낮은 점수를 쓴다. "작은 돈이라도 아껴야 부자가 된다."에 부자들은 78%가 동의했다. 빈자는 큰돈도 낭비하지만 부자는 푼돈도 아낀다는 말이 사실이다. "생활을 즐기려면 어느 정도 소비도 필요하다."는 부자들의 91%가 동의했다. 부자라고 쓸 거 안 쓰면서 악착같이 돈만 모으지는 않는다는 것을 알 수 있다. "사회복지를 위해 지금보다 세금을 더 내도 된다."는 부자들의 42.2%가 동의했다. 부자들도 세금을 더 내는 것은 싫어한다. 부자들에게 더 많은 기부와 더 큰 책임을 요구하고 있는 사회적 분위기를 고려하면 이러한 인식은 바뀌어야 할 것이다. 부자의 생각과 내 생각의 차이를 비교해 보면 내 라이프스타일이나 태도가 부자에 얼마나 근접해 있는지 측정할 수 있다. 이러한 차이 중에서 내가 바뀌어야 할 부분은 무엇인지 알아내고 장기간에 걸쳐 꾸준히 개선해 나아가야 한다.

부자의 특징

일본 재무컨설턴트 혼다 켄은 부자들에게 어떤 특징이 있는지 인터뷰와 조사를 해서 8개로 정리했고, 미국 조지아 주립대학교 토머스 스탠리 교수도 같은 조사에서 부자의 특징을 7개로 정리했다. 부자의 특징을 보면 보통 사람들이 살아가는 모습과 차이가 없다. 좋아하는 일을 하고, 낭비하지 않으면서 검소하고, 가족을 소중히 여기고, 시간과 돈을 효율적으로 쓰고, 자립심을 기르는 것 등이다. "돈 벌 기회를 잡는 데 능숙하다."라는 내용 말고는 돈을 벌기 위해서 정보수집에 민감해야 된다든지 손해를 보지 않기 위해서 악착같아야 한다든지 하는 말은 없다.

부자의 특징

혼다 켄[14]	토머스 스탠리[15]
1. 좋아하는 일을 하며 인생을 즐긴다. 2. 쓸데없이 낭비하지 않고 검소하다. 3. 명확한 인생관과 삶의 목표가 있다. 4. 돈과 일을 좋아하며 창의적이다. 5. 감정이 안정되어 있다. 6. 결단력과 실행력이 있다. 7. 돈을 벌려고 일하지 않고 일 자체를 사랑한다. 8. 가족, 친구 등을 소중하게 여긴다.	1. 부에 비해 훨씬 검소하게 생활한다. 2. 부에 도움이 되도록 시간과 에너지와 돈을 효율적으로 할당한다. 3. 사회적 지위를 과시하는 것보다 재정적 독립을 더 중요시한다. 4. 자녀에게 경제적 보조를 안 한다. 5. 자녀들은 경제 면에서 자립적이다. 6. 돈 벌 기회를 잡는 데 능숙하다. 7. 적절한 직업을 선택한다.

부자의 특징 15개 중에서 여러분 자신에게 해당되는 것이 몇 개인지 세어 보자. 아마 해당되는 항목이 상당히 많이 나올 것이다. 대학교 강의실에서 조사해 보니 10개 내외가 나왔다. 우리나라 대학생들은 어려서부터 금융교육을 제대로 받은 적

14 혼다 켄, 『부자가 되려면 부자에게 점심을 사라』, 더난출판사, 2004.
15 토머스 스탠리 · 세라 스탠리 팰로, 『이웃집 백만장자 변하지 않는 부의 법칙』, 비즈니스북스, 2019.

이 없다. 그런데 어떻게 10개 정도나 부자의 특징에 해당되는 것일까? 그 이유는 대한민국에서 살고 있는 사람들 DNA 속에 부자의 특징들이 이미 자리 잡고 있기 때문이다. 아프리카의 가난한 나라에서 태어나거나 사유재산을 인정하지 않는 공산국가에서 태어났다면 부자가 되는 데 필요한 DNA들을 습득하지 못했을 것이다. 여러분들은 자유시장경제를 지지하는 자본주의 체제에서 살면서 경쟁을 통해 기회를 만들고 창의적 능력을 발휘하면서 성장했기 때문에 부자가 될 수 있는 이런 소질들이 이미 충분히 마련되어 있는 것이다. 부자가 되기 위해서는 여러분들의 DNA 속에 들어 있는 부자의 소질을 자극하여 깨우고 이에 맞추어 금융생활을 꾸준히 실천하면 된다. 대한민국에 살면서 부자가 되는 것은 생명의 원리에 부합되는 자연스러운 일이다.

☑ 좋은 습관

습관이 운명을 바꾼다. 반복하는 행동이 곧 우리 자신이며 인간의 탁월함은 한 번의 행동이 아니라 습관에서 나온다. 부자가 되기 위해서는 나쁜 습관은 빨리 버리고 좋은 습관을 많이 가져야 한다. 그러기 위해서 과연 내 생활습관은 부자 쪽일까 아니면 빈자 쪽일까를 체크해 볼 필요가 있다. 빈자와 부자는 평소 생활에서 뚜렷한 차이들이 있다. 빈자는 잡담을 하면서 시간을 보내고 부자는 성공과 변화에 대해서 대화를 한다. 빈자는 현란한 동영상을 시청하고 부자는 차분하게 글을 읽는다. 빈자는 주변이 소란스러워 생각을 정리하기 어렵고 부자는 조용한 상태에서 생각을 정리한다. 빈자는 물건이 흩어져 있어 지저분하고 부자는 물건이 깔끔하게 정돈되어 있다. 부자가 되고 싶으면 빈자의 생활 태도를 씻어 내고 부자의 생활 태도를 배워서 나의 습관으로 만들어야 한다.

세상에서 가장 어리석은 일은 어제와 같은 행동을 하면서 전혀 다른 결과가 나타나길 기대하는 것이라는 말이 있다. 변화와 발전을 원하면 습관을 바꾸라는 의미다. 좋은 습관은 부자가 되는 데 도움을 주는 영양소로 작용한다. 그런데 좋은 습관을 새로 만드는 것보다 더 중요한 것은 나쁜 습관을 버리는 것이다. 우리가 건강해지려면 좋은 것을 많이 먹는 것보다 나쁜 것을 먹지 말아야 한다. 영양제를 찾기 전에 술과 담배를 끊어야 한다. 습관도 마찬가지다. 예를 들어 잔돈을 함부로 취급하거나 영수증 받는 것을 귀찮아하거나 친구에게 빌린 차비를 갚지 않거나 하는 행동은 사소해 보이지만 부자 되는 데 발목을 잡는 나쁜 습관이다. 먼저 나쁜 습관을 버린 후에 좋은 습관을 길러야 한다.

부자 되는 데 좋은 습관으로 일상생활에서 활용할 만한 몇 가지 팁이 있다. 첫째, 경제지표를 매일 본다. 경제지표는 종류도 많고 내용도 복잡하다. 수많은 경제지표를 다 볼 필요는 없고 주가지수, 이자율, 환율 정도는 매일 한 번씩 보는 것이 좋다. 이 정보는 포털사이트 금융 섹션에서 금방 확인할 수 있다.[16] 둘째, 인터넷 접속 초기화면을 경제와 금융에 관한 뉴스를 볼 수 있도록 바꾼다. 포털에서 뉴스를 읽다 보면 자연스럽게 금융에 대한 용어를 익힐 수 있고 뉴스의 설명이 부족해서 조금 더 알고 싶다는 궁금증이 커진다. 이런 과정에서 금융역량이 자연스럽게 길러진다. 셋째, PC에 '금융생활' 폴더를 만들고 거기에 재미있는 뉴스, 경제연구소의 보고서, 관심을 끄는 다큐멘터리를 넣어서 나만의 지식창고를 갖는다. 넷째, 재테크 관련 클럽이나 카페에 가입해서 멤버들 간에 정보를 공유한다. 이런 동호인 모임에서 멤버들이 나와 비슷한 상황에서 문제를 어떻게 해결하고 극복했는지 알 수 있다. 주변에 같은 목표를 가진 사람들이 있으면 서로 도움도 되고 자극도 된다.

물론 이것 말고도 좋은 습관으로 제시할 수 있는 것들이 많이 있다. 그런데 부자가 되는 데 있어서 정말 중요한 것은 관심을 갖는 것이다. 부자가 되기 위해서 경제동향을 분석하거나 투자전략을 수립하는 구체적인 테크닉을 갖추는 것은 오히려 사소한 일이다. 금융에 관심을 가지고 좋은 습관을 기르는 것이 바로 행복한 부자가 되는 올바른 첫걸음이다.

16 네이버 증권(https://finance.naver.com/), 다음 증권(https://finance.daum.net/)

제3장

재무설계로 시작하자

"당신의 한계를 인정한다면
그것을 뛰어넘어라."

– 브렌던 비언(극작가)

1. 재무설계가 왜 필요한가?

☑ 부자 될 가능성

누구나 다 부자가 되고 싶어 하지만 모두 부자가 되지는 못한다. 우리 중에는 부자가 될 가능성이 큰 사람도 있고 희박한 사람도 있다. 부자가 될 가능성을 측정할 수 있는 간단한 테스트가 있다. 다음 표에 나오는 7가지 문항에 대하여 자신이 몇 개나 해당되는지 체크해 보자.

부자 될 가능성 테스트

현재 상태	선택(O, X)
1. 돈에 대해 진지하게 생각해 본 적이 없다.	(　　)
2. 지금 하는 일이 보람 있다고 생각하지 않는다.	(　　)
3. 앞으로 부자가 될 수 있다고 생각하지 않는다.	(　　)
4. 결심을 실천하는 용기와 결단성이 부족하다.	(　　)
5. 금융생활에 대한 지식과 습관이 부족하다.	(　　)
6. 마땅히 해야 할 일을 가능하면 뒤로 미룬다.	(　　)
7. 돈에 대해 상의할 멘토가 특별히 없다.	(　　)

문항이 모두 부정형으로 되어 있으므로 해당하는 문항이 적을수록 부자 될 가능성이 크다고 해석한다. 해당 문항이 1~2개이면 부자 될 가능성이 아주 높다. 지금까지 살아왔던 방식대로 꾸준히 해 나가면 분명히 행복한 부자가 될 것이다. 3~5개이면 부자 될 가능성은 있지만 그렇게 크지는 않다. 이런 사람들은 지금까지 재무문제에 관심이 있고 재무행동도 일부 실천하고 있지만 충분하지 않고 좀 더 체계적인 노력을 기울여야 한다. 6~7개이면 부자 될 가능성이 매우 낮다. 이처럼 돈에 대해 진지하게 생각하지도 않고 지식과 습관도 없고 멘토도 없는 사람이 부자가 된다면 아주 큰 행운이 도왔거나 경제 시스템이 어딘가 고장난 것이다. 그러나 이렇게 부자 될 가능성이 낮다고 낙담할 필요는 없다. 자신의 모습을 알았으므로

앞으로 획기적인 변화가 필요하다는 문제의식을 가지고 부족한 점을 차근차근 보충해 나아가면 된다.

우리는 매일 재무 스트레스를 받고 재무 스트레스에 괴로워하고 재무 스트레스를 벗어나려고 애쓰며 살고 있다. 재무 스트레스는 재무적으로 해결해야 될 과제로 인하여 느끼는 심리적 압박감이다. 재무적 현실과 재무적 이상 사이에 격차가 클수록 재무 스트레스도 커진다. 예를 들어 현실은 비좁고 낙후된 연립주택에 살고 있는데 이상은 넓고 쾌적한 아파트에서 살고 싶다면 이 격차가 재무 스트레스를 일으킨다.

스트레스는 긴장과 불안을 유발하고 긴장과 불안은 각종 부작용으로 연결된다. 건강이 악화되고 가족 간에 불화가 생기고 작업 능률이 떨어진다. 이런 나쁜 점들이 누적되면 결국 삶이 불행해진다. 불행한 삶에서 벗어나려면 재무 스트레스를 올바르게 효과적으로 해결해야 한다. 그 해결수단이 바로 재무설계다.

재무문제는 그냥 내버려 두면 아무리 시간이 많이 흐른다고 해도 절대 해결되지 않는다. 본인이 주도적이고 의식적으로 문제에 개입해야 된다. 귀찮다거나 어렵다고 재무문제를 외면하지 말고 직시해야 한다. 재무설계는 미래의 재무목표를 달성하기 위하여 현재의 재무상황을 분석하고 실천 방안을 제시하는 활동이다. 재무설계는 집을 지을 때 설계도(blueprint), 여행을 떠날 때 계획서(roadmap), 살림을 꾸릴 때 예산(budget) 등의 역할을 담당한다.

☑ 생애주기

사람들이 일생을 살면서 반드시 부딪치는 인생 중대사가 있다. 결혼, 내 집 마련, 자녀양육, 노후생활, 비상대책이 바로 사람들이 해결해야 하는 다섯 가지 중대문제다.[01] 이런 문제들을 해결하려면 구체적인 목표를 세우고 행동 방안을 선택한 후에 꾸준히 실천해야 한다. 이것이 바로 재무설계의 내용이다. 재무설계는 계획

01 인생 중대사에 자녀결혼을 포함할 수도 있다. 여성가족부의 2020년 가족실태조사에서 "부모가 자녀의 결혼비용을 책임져야 하는가?"라는 질문에 "책임질 필요 없다."라는 답이 46.0%로 나왔다. 2010년 조사에서는 18.8%였는데 두 배 이상 증가했다.

없이 표류하던 삶을 목표지향적으로 바꾸는 첫걸음이다.

우리가 반드시 재무설계를 해야 하는 이유는 생애주기 관점에서 찾을 수 있다. 생애주기 전체에 걸쳐서 보면 소득이 들어오는 패턴과 지출이 나가는 패턴에 차이가 있다. 유년기에는 소득은 없이 지출만 하다가 장년기에는 소득이 지출보다 많고 다시 노년기에는 지출이 소득보다 많은 것이 일반적인 모습이다. 다음 차트는 통계청이 국민 전체를 대상으로 소득과 지출이 연령에 따라 변하는 모습을 조사한 결과다.

1인당 생애주기 적자

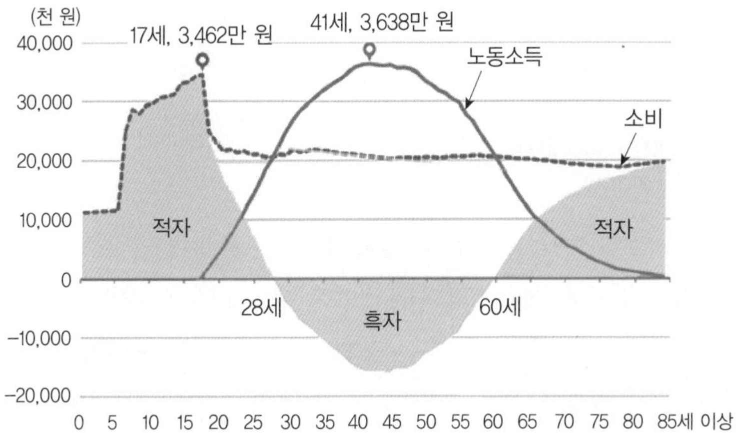

통계청, 『2019년 국민이전계정』, 2021.

차트에서 (노동)소득 곡선과 소비 곡선의 차이가 생애주기 적자다. 출생해서 27세까지는 소비가 소득보다 많아서 적자 상태에 있다가 28세부터 흑자가 시작된다. 이후 59세까지 계속 흑자가 발생하다가 60세부터 다시 적자로 전환된다. 소득은 18세부터 발생하기 시작해서 계속 증가하여 41세에 3,638만 원으로 최고액이 되고 이후 지속적으로 하락한다. 60세에 은퇴를 했다고 바로 소득이 0원이 되는 것은 아니며 고령층에서도 임금소득과 자영업소득이 조금은 발생한다.

소비는 일반적인 예상과 다른 모습으로 변한다. 소비는 17세에 3,462만 원으로 가장 높고 18세가 되면 2,400만 원대로 뚝 떨어지고 계속 하락하다가 66세부터 2,000만 원 이하로 내려간다. 나이가 더 들어도 1,800만 원 정도의 소비는 계속 발생한다. 흔히 젊어서는 소비를 많이 하다가 나이 들면 소비가 점점 감소한다고 말하는데 소비 곡선이 왜 이렇게 나왔을까? 그 이유는 소비 곡선이 가계가 지불하는 민간소비와 정부가 지원하는 공공소비를 더한 금액을 보여주기 때문이다. 만일 민간소비만 그린다면 59세에 1,500만 원 이하로 떨어지고 이후 계속 줄어든다.

지금까지 우리 인생에 재무설계가 왜 필요한지에 대하여 설명했다. 재무설계라고 해서 평소 생활에 없는 특별한 내용을 추가하는 것이 아니다. 재무설계는 기존에 해 오던 금융활동을 체계적으로 가다듬어서 재무목표가 보다 효율적으로 달성되도록 만든 것이다. 만일 재무설계를 하지 않고 금융행위를 앞세우면 몸과 마음만 분주하고 헛수고가 될 가능성이 크다. 재무설계를 통해 재무목표가 달성됨에 따라 재무 스트레스가 차츰 줄어들고 그 속에서 금융행복이 솟아난다.

☑ 재무설계와 재테크

재무설계와 비슷한 말로 재테크(財-Tech)가 있다. 재테크는 재산을 불리고 관리하는 기술이라는 뜻이다. 재무설계와 재테크를 다음과 같이 구별할 수 있다. 재무설계의 첫째 단계는 재무목표를 세우는 것으로서 돈이 언제 어디에 얼마가 필요한지를 알아야 한다. 둘째 단계는 재무목표와 현재 재무상태를 비교하여 간격을 확인하고 그것을 메울 수 있는 방법을 찾는다. 셋째 단계는 선택된 방법을 꾸준하게 실천하고 성과를 피드백하는 것이다. 이런 절차를 거쳐 금융활동을 하면 재무목표가 분명하니까 길을 잃을 염려가 없고 계속 동기부여가 되어 지속할 수 있다. 예를 들어 정기적금으로 3년 만에 1천만 원을 모았다고 하자. 목돈이 생기면 여기저기 쓰고 싶은 용도가 많이 나타난다. 그런데 재무목표를 세워 두었다면 "이 돈은 원래 용도가 따로 정해져 있어!" 하면서 낭비를 억제할 수 있다.

재테크는 재무목표를 먼저 세우는 것이 아니라 수익성이 좋아 보이는 금융상품을 먼저 선택하는 활동이다. 재테크는 수익률 극대화를 재무목표로 설정하고 '돈 놓고, 돈 먹기' 식의 머니 게임(money game)을 한다. 재테크는 재무목적이 없거나 불분명하므로 중간에 핑계를 대면서 그만두기 쉽다. 또 돈이 모이더라도 사용할 목적이 정해지지 않았으므로 여기저기 마구 쓰다가 금방 날리게 된다.

재테크는 수익률 높이기 게임이어서 단거리 경주에 비유할 수 있다. 자금을 집중해서 짧은 시간에 큰 성과를 거두는 것이 목표다. 금융생활에는 이런 단기전략도 때때로 필요하지만 전 생애에 걸쳐 이런 단기전략을 계속 사용하면 제대로 된 성과를 내기도 어렵고 인생에서 정말 중요한 목표를 달성할 수도 없다. 재무설계는 마라톤 경주다. 마라톤 선수가 처음에 오버 페이스하면 기력이 소진되어 완주할 수 없다.

재무 스트레스는 생애에 걸쳐 나타나므로 서두르지 말고 계획을 세워 체계적으로 접근해야 한다. 재무 스트레스를 해결하려면 당연히 재무설계를 해야 한다. 그러나 재무설계가 필요하다고 해서 재테크를 하지 말라는 의미는 아니다. 우리는 재무설계도 하고 재테크도 해야 한다. 두 가지를 적당히 섞어서 하라는 의미가 아니라 재무설계를 토대로 하고 재테크를 상황에 따른 보조도구로 활용하는 것이 좋다는 뜻이다. 재무설계라는 그릇을 만들고 그 안에 각종 재무전략과 재무기법을 담아야 지속적인 실천이 이루어진다. 재테크, 세테크, 자산배분, 재산관리, 행복설계 등 모든 기법을 재무설계 그릇 속에 담는 것이다. 재테크는 양념이고 재무설계는 식재료라고 말할 수 있다. 맛을 내는 데 양념이 필요하지만 양념을 너무 많이 쳐서 음식을 그르치는 잘못을 범하지 말아야 한다.

☑ 재무설계와 금융역량

어떤 사람들은 재무설계를 한 번도 안 해 봐서 어떻게 하는지 모르겠다고 말한다.[02] 이럴 때 참고하는 것이 전문가들이 사용하는 방법이다. 재무설계를 도와주는 전문가인 재무설계사가 공식적으로 사용하는 재무설계 절차는 여섯 단계로 구분된다.

02 재무설계를 연습할 수 있는 좋은 사이트로 국민연금공단이 제공하는 '내 연금 노후준비서비스'가 있다. 메뉴에서 [재무설계] 〉 [목적자금 설계] 순서로 들어가면 결혼자금, 교육자금, 주택자금, 창업자금을 마련하는 재무설계를 이용할 수 있다.

재무설계 단계

전문가	일반인
1. 고객과 설계사가 관계를 맺는다. 2. 재무목표를 명확히 설정한다.	목표설정
3. 현재의 재무상태에 대한 정보를 파악한다. 4. 가능한 정보를 비교하고 실천 계획을 수립한다.	계획수립
5. 합의된 계획을 지속적으로 실천한다. 6. 달성 상태를 점검하고 수정 보완한다.	실행점검

재무설계를 직업으로 하는 전문가들은 여섯 단계를 모두 거치지만 일반인은 간소화해서 접근할 수 있다. 일반인은 1단계와 2단계를 목표설정으로 묶고, 3단계와 4단계를 계획수립으로 묶고, 5단계와 6단계를 실행점검으로 묶어 사용하면 된다. 간소화된 세 단계는 재무설계에서만 사용되는 것이 아니라 무슨 일을 할 때 반드시 거치는 단계다. 예를 들어 여행을 가더라도 '목표설정–계획수립–실행점검' 단계를 암암리에 다 거치게 된다. 우리가 평소 사용하고 있던 세 단계 접근법을 금융생활에 적용시킨 것이 바로 재무설계다.

금융역량과 재무설계에 대한 교차분류

		금융역량		
		금융태도	금융지식	금융행위
재무설계	목표설정	용도	금액	기간
	계획수립	가치관	재무정보	예산
	실행점검	격려	수정	지속

금융역량은 금융태도, 금융지식, 금융행위의 세 요소로 구성되어 있고 재무설계는 목표설정, 계획수립, 실행점검의 세 단계로 구분된다. 금융역량과 재무설계에 대한 교차분류표를 만들면 3×3으로 총 9개의 세부 영역이 나오고 각 영역의 활동에 적절한 이름을 부여할 수 있다. 앞으로 9개의 세부 영역에 대해서 하나씩 점검해 볼 것이다. 재무설계에 사용되는 용어가 다소 생소하기 때문에 전문가가 하는

일이라고 생각하거나 나하고 관계 없는 일이라고 생각하는 사람도 있을 것이다. 그러나 재무설계는 결코 어려운 내용이 아니다. 본서를 차분하게 읽어 가면 재무설계를 실생활에 어떻게 적용하는지 쉽게 이해할 수 있다.

2. 재무목표는 무엇인가?

금융감독원의 『2020 전 국민 금융이해력 조사』에서 "적극적으로 저축한다."는 응답률이 97%로 매우 높게 나왔다. 그런데 "장기목표를 설정했다."는 응답률은 43.5%로 저조한 수준이다. 사람들이 그냥 습관적으로 저축할 뿐이고 무엇을 위해 저축하는지에 대한 지향점이 없다. 행위에 목표가 없으면 지속하기 어렵다. "저축을 왜 꼭 해야 되지? 귀찮은데 그냥 써버리자." 하면서 중간에 쉽게 포기한다. 포기하려는 마음을 겨우 누르고 만기가 되더라도 돈을 쓸 구체적 목표가 없었으므로 아무 데나 낭비하게 된다. 이런 성향은 우리나라뿐만이 아니라 OECD 국가들 모두가 비슷하게 조사되었다. 우리가 흔히 선진국이라고 부르는 나라 사람들도 장기목표를 설정하고 저축하는 비율은 40%에 불과했다. 만약 우리가 재무목표를 제대로 설정하고 금융행위를 올바로 실천해 나아간다면 우리나라가 세계에서 가장 풍요롭고 행복한 나라가 될 수 있을 것이다.

☑ 목표설정

재무설계의 첫째 단계는 목표설정이다. 목표를 설정하는 방법들이 많이 있는데 본서에서는 금융역량의 세 가지 요소인 금융태도, 금융지식, 금융행위와 관련하여 핵심 개념을 선정하는 방법을 사용할 것이다.

금융역량 중에서 목표설정과 관련된 개념은 용도, 금액, 기간이다. 재무목표에는 자금을 어떤 용도에 쓸 것인가, 자금은 얼마가 필요한가, 자금을 언제까지 모을 것인가를 나타내야 한다. 어떤 일을 계획할 때 용도, 금액, 기간을 명확하게 정하면 목표가 분명해지고 추진력이 생긴다. 예를 들어 "나는 4박 5일 동남아 여행을 위해서 여행경비 300만 원을 12개월 동안 적금으로 모으겠다."라고 한 줄 쓰면 용도, 금액, 기간 요소를 모두 갖춘 재무목표가 된다. 이 재무목표를 금융역량 요소별로 분해하면 다음과 같다.

금융역량	태도	지식	행위
목표설정	용도	금액	기간
나는	4박 5일 동남아 여행을 위해	여행경비 300만 원을	12개월 동안 적금으로 모은다

달성하려는 재무목표가 여러 개 있다면 목표들 간의 우선순위를 정해서 필요한 자금을 배분해야 한다. 다음 표는 신입사원 나소원 씨가 재무목표로 학자금 상환, 결혼 준비, 해외 여행, 종잣돈 마련을 설정한 내용이다.

나소원 씨의 재무목표

우선순위	용도	금액	기간	월 적립금
1	학자금 상환	1,500만 원	24개월	63만 원
2	결혼 준비	3,000만 원	60개월	50만 원
3	해외 여행	300만 원	12개월	25만 원
4	종잣돈 마련	1,000만 원	36개월	28만 원

각 재무목표를 달성하기 위해서 매월 얼마씩 적립해야 할까? 계산하기 쉽게 이자율을 0%로 가정하면 금액을 기간으로 나눈 값이 월 적립금이다. 표의 월 적립금을 모두 더하면 165만 원이다. 네 가지 재무목표를 달성하려면 매달 165만 원을 적금에 부어야 하는데 과연 내 소득으로 가능한지 검토가 필요하다. 일반적으로 결혼하기 전에는 소득의 50~60%를 저축하도록 권유한다. 2021년 대졸초임은 대기업은 343만 원, 중소기업은 233만 원으로 조사되었다.

나소원 씨가 대기업에 취업했다면 필요한 월 적립금 165만 원은 소득의 48% 정도여서 재무목표를 실천하기에 적절하다고 판단을 내릴 수 있다. 그러나 중소기업에 취업했다면 월 적립금 165만 원은 소득의 71%에 해당하여 저축이 과다하고 기

직장	'21 대졸초임	적립금/월급	판단
대기업	343만 원	48%	적절
중소기업	233만 원	71%	과다

본 생활을 유지하기가 어렵다.

필요한 적립액이 과다하다고 판단되면 재무목표를 수정해야 한다. 우선순위가 낮은 용도를 삭제하거나, 목표 금액을 감액하거나, 적립 기간을 연장하는 방법을 이용할 수 있다. 이런 식으로 처음의 계획안을 수정해 나가는 것이 바로 재무설계다. 재무목표에 대한 하나의 안이 작성되면 이것은 무슨 일이 벌어져도 반드시 지켜야 하는 경직된 계획이 아니라 얼마든지 상황에 맞게 변경할 수 있는 유연한 계획이다.

재무목표 중에서 우선순위가 밀리는 것을 삭제할 수도 있다. 세상에는 하고 싶은 것, 사고 싶은 것, 쓰고 싶은 것이 많고도 많다. 사용할 용도는 많지만 사용할 수 있는 돈은 한정돼 있으므로 용도에 우선순위를 매길 필요가 있다. 이때 활동의 우선순위를 정하고 시간을 배정하는 방법을 적용할 수 있다. 활동의 우선순위를 판단하는 기준은 중요성과 시급성이다. 어떤 활동이 내 인생에서 중요한지 사소한지, 그리고 그 실행이 긴급한지 여유로운지에 따라 활동을 분류한다. 활동이 중요하고 긴급할수록 우선순위가 높아진다.

☑ 인생 5대 중대사

인생 5대 중대사에 필요한 자금이 다음 표에 나와 있다. 5대 필요자금을 모두 더하면 24억 2,112만 원이다. 이 금액을 보는 순간 "어떻게 저 돈을 마련해, 재무설계 안 하고 그냥 되는대로 살래."라는 생각이 들 수도 있다. 그러나 총액만 보고 미리 겁먹을 필요는 없다. 24억 원이라는 돈은 각 용도별 금액을 단순히 더해서 나온 값일 뿐이며 인생의 어느 한 시점에 저 돈을 보유하고 있어야 한다는 의미는 아니다. 또 24억 원을 용도와 시기에 맞추어 체계적으로 모을 수 있는 합리적 방안이 얼마든지 있다.

◎ 인생 5대 중대사 필요자금

용도	근거	금액	자료
결혼	주택, 웨딩패키지, 예물, 예단, 신혼여행	2억 3,618만 원 (주택 1억 9,271만 원)	듀오웨드 2021년
내 집 마련	수도권 아파트 평균 매매가	7억 1,184만 원	국민은행 2021년
자녀양육	대학교 졸업까지 22년간 양육비	3억 9,670만 원	보건사회연구원 2017년
노후생활	은퇴 후 30년간 월 294만 원	10억 5,840만 원	통계청 2020년
비상금	월 생활비 300만 원 6개월분	1,800만 원	재무설계 전문가

결혼에 필요한 돈 2.3억 원을 준비하는 기간을 5년으로 잡으면 연간 적립액은 4~5천만 원으로 줄어든다. 결혼자금 중에서 신혼집 마련에 1.9억 원이 필요한데 전세자금대출을 활용하면 많이 줄일 수 있다. 작은 결혼식을 하고 예물을 간소하게 하면 거기서 또 줄어들고 부모의 지원을 일부 받는다면 필요자금은 더욱 줄어든다. 내 집 마련에 7억 원이 필요한데 내 돈만 가지고 집을 사는 것은 아니다. 주택을 구입할 때는 대부분 주택담보대출을 이용한다. 일반적으로 주택가격 대비 대출금 비율(LTV: Loan to Value)이 40~60% 정도이므로 필요자금을 많이 줄일 수 있다.

자녀양육에는 4억 원 정도가 필요한데 여기에는 선택의 딜레마가 있다. 자녀교육을 위해 소득을 충분히 투입할 것인가 아니면 자녀교육을 적절한 수준으로 제한하고 노후생활을 함께 준비할 것인가를 선택해야 한다. 자녀를 둔 모든 가정이 안고 있는 문제이며 여기에 정답은 없다. 원론적으로 말한다면 자녀교육과 노후대비의 어느 한쪽으로 과다하게 몰려서는 안 된다. 자녀교육에 내 소득을 모두 사용해서 노후자금이 없다면 노년이 비참해진다. 자녀에게서 봉양을 받을 수도 있지만 최근 사회조사 결과에 의하면 자녀에게 의지하겠다는 부모나 부모를 봉양하겠다는 자녀는 점차 줄어들고 있다.

중산층 수준으로 30년 동안 노후생활을 하려면 10.6억 원 정도가 필요한데 이렇게 큰 돈을 모두 내가 만들어야 하는 것은 아니다. 은퇴하면 국민연금, 퇴직연금, 주택연금, 개인연금 등 여러 가지 연금을 받게 된다. 이 중에서 국민연금과 퇴직연금으로 생활비의 50% 정도를 충당할 수 있다. 나머지 중에서 25%는 개인연금에 가입해서 마련하고 25%는 주택연금으로 마련할 수 있다. 내가 스스로 마련해야 할 노후자금은 2.6억 원 정도이며 이 금액을 30년 동안 저축과 투자로 마련하는 것은 충분히 가능한 일이다.

비상금은 가장의 소득이 중단되었을 때 가계살림이 6개월을 견딜 수 있는 수준으로 책정한다. 월 생활비를 300만 원으로 가정하면 비상금 1,800만 원이 필요하다. 이 돈은 매월 50만 원씩 3년 동안 적립해서 마련할 수 있다. 필요자금 총액이 24억 원이라는 데 너무 놀라지 말고 각 항목별로 들여다보면 해결할 수 있는 여러 가지 길이 있다. 이러한 접근법에 도움이 되는 것이 바로 금융역량이다. 금융역량을 기르면 살아가면서 만나는 여러 금융문제를 순조롭게 풀어갈 수 있다.

☑ 나의 재무목표

나의 재무목표를 보다 단순하게 정리해 볼 수 있다. 종이 한 장을 꺼내 다음과 같이 표를 만들고 '나의 미래와 목표자금'에 대한 계획을 써 보자.

나의 미래와 목표자금

나의 미래	목표자금
5년 후 취업, 결혼	
10년 후 육아, 주택	
20년 후 승진, 성취	
30년 후 은퇴, 봉사	

나의 미래를 간단하게 네 단계로 구분하였다. 5년 후에는 취업과 결혼을 하고 10년 후에는 육아와 주택 마련이 주요 관심사일 것이다. 20년 후에는 승진도 하고 여러 방면에서 성취가 있을 것이며 30년 후에는 은퇴해서 봉사하며 살 것이다. 각 단계에 목표 금액, 대출 규모, 예상 소득, 저축 방법 등을 생각나는 대로 자유롭게 쓰면 된다. 어떤 모범적인 답안이 따로 있는 것이 아니다.

여러분 대부분은 이런 계획서를 처음 작성했을 것이다. 처음 작성하다 보니 당연히 내용이 엉성하고 남한테 보여주기 부끄러울 수 있다. 그러나 내가 만든 재무목표 계획서가 아무리 부실하다고 할지라도 전혀 창피한 일이 아니다. 계획을 머릿속에만 두지 않고 이렇게 종이에 써 봤다는 경험이 중요하다. 이제 시간을 두고 자꾸 들여다보면서 고치고 보충하다 보면 훨씬 더 설득력 있고 실현 가능한 꿈을 담은 생애 계획서가 된다.

재무목표를 실현하려면 금융상품을 이용해야 하는데 예상하는 기간별로 이용할 수 있는 금융상품에 차이가 있다. 예를 들어 미래를 단기, 중기, 장기로 구분하여 계획서를 만들 수 있다. 다음 표에 예시적으로 제시된 금융상품 용어가 생소할 것이다. 지금은 금융상품을 소개하는 단계가 아니라 생애 목표를 설정하는 방법을 설명하고 있다. 우선은 계획 기간별로 적합한 금융상품들이 있다는 정도만 인지하고 있으면 충분하다.

기간	목적	초점	초보자	중급자
단기(3년 이하)	결혼, 여행	안전성	예금, 적금	MMF, 채권
중기(3~7년)	양육, 내 집	중위험 · 중수익	펀드, 보험	ELS, ETF
장기(7년 초과)	노후생활	절세효과	연금저축	EMP, TDF

가로저축과 세로저축

인생 5대 중대사를 해결하기 위해서 저축(투자 포함)하는 방법에는 가로저축과 세로저축의 두 가지가 있다. 돈을 어떤 목적으로 얼마 동안 모으는가를 고려해서 다음과 같은 차트를 만들 수 있다.

◎ 가로저축과 세로저축

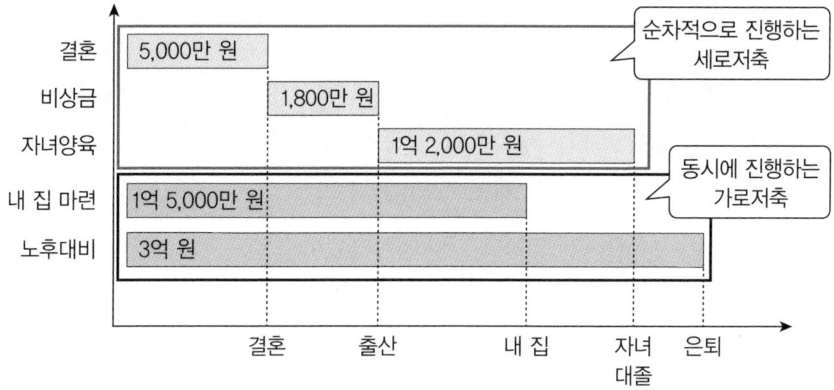

X축에는 나이가 들면서 나타나는 인생 중대사를 적고, Y축에는 인생 중대사를 해결하기 위한 자금을 적었다. 세로저축은 한 가지 목표가 달성되면 다음 목표를 진행하는 순차적 방법이다. 결혼비용 5,000만 원을 결혼 시점까지 마련한 다음에 비상금 1,800만 원은 결혼 후부터 첫 아이 출산 때까지 마련한다. 자녀양육비 1억 2,000만 원은 아이 출산 때부터 대학 졸업할 때까지 마련한다. 세로저축은 단기간에 소액을 모으는 데 유용하다. 인생의 각 시점에서 한 가지 목표에 집중할 수 있다는 장점이 있지만 인생 중대사가 한 가지씩 차례로 나타나지는 않는다.

동시에 여러 목표를 달성하려면 가로저축을 이용해야 한다. 내 집 마련과 노후준비는 20년 이상 걸리는 장기목표다. 만일 내 집을 마련한 다음에 노후를 준비하겠다고 생각한다면 노후준비가 부실해질 가능성이 크다. 장기적인 목표들은 동시에 시작하는 것이 좋다. 내 집 마련을 위하여 청약저축을 납입하는 것과 노후생활을 위해 연금저축에 가입하는 것을 같이 실행해야 한다. 인생 중대사를 해결하기 위해서 가로저축이나 세로저축 중에서 한 가지만 이용하는 게 아니라 두 가지를 함께 이용하는 것이 정답이다. 전문가들은 단기소액 목표는 세로저축으로 달성하고 장기거액 목표는 가로저축으로 달성하는 방식을 추천한다.

3. 지금 상태는 어떠한가?

우리가 살면서 부딪히는 문제를 해결하기 위하여 의사결정을 내리려면 우선 필요한 정보를 수집해야 한다. 계획수립 활동을 금융역량의 요소별로 나누어 보면 가치관, 재무상태, 예산이 주요 개념이 된다. 우리는 돈에 대한 계획을 세울 때 의식하지 않더라도 가치관, 재무상태, 예산을 적용시킨다. 예를 들어 내가 "소득이 낮아 불만스럽고 소비지출이 과다하므로 가계부를 기록하겠다."라고 생각했다면 이 내용을 다음과 같이 금융역량의 요소별로 분해할 수 있다.

금융역량	태도	지식	행위
계획수립	가치관	재무상태	예산
나는	소득이 낮아 불만스럽고	소비지출이 과다하므로	가계부를 기록하겠다

계획수립에서 가치관을 반영하려면 삶의 만족도나 투자자 성향을 확인해야 한다. 재무상태를 파악하려면 자산과 부채, 그리고 소득과 지출에 대한 기초 지식이 필요하다. 예산을 작성하려면 가계부를 기입하고 정기적으로 결산해야 한다.

☑ 가치관

계획수립을 하려면 자신이 삶과 소득에 대하여 어떤 태도를 지니고 있는지 알아야 한다.[03] 사람의 태도를 파악한다는 것이 어렵고 복잡한 일이지만 간단하게 두 가지 기준을 이용해서 분류할 수 있다. 삶에 대해서 만족하는가 그리고 소득 수준이 여유롭다고 인식하는가를 기준으로 사용한다. 가로축에는 소득 수준에 대하여 여유 있다고 느끼는 정도를 나타내고 세로축에는 삶에 대하여 만족하는 정도를 나타내면 네 가지 유형이 나온다. 통계청의 『2019년 사회조사보고서』 자료를 이용해

03 국민연금공단 사이트(https://csa.nps.or.kr/self/invest.do)에 가면 [나의 삶의 가치 측정]과 [투자성향 진단]을 할 수 있다.

서 태도를 분류한 결과는 다음과 같다.

삶의 만족도와 주관적 소득 수준

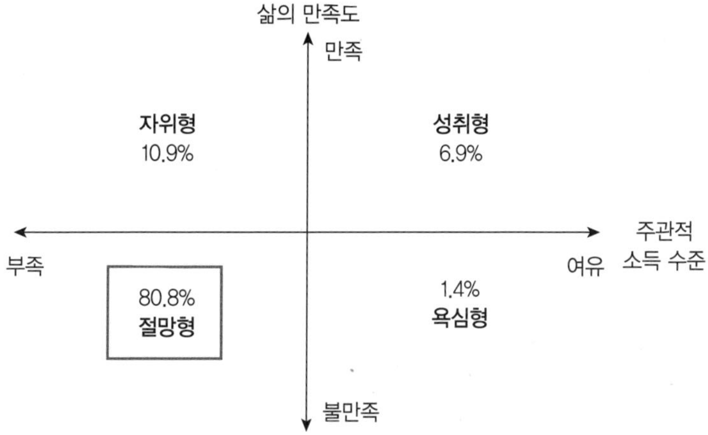

성취형은 삶에 대해서 만족하고 소득이 여유 있다고 느끼는 사람이고, 자위형은 삶에 대해서는 만족하지만 소득은 부족하다고 느끼는 사람이다. 욕심형은 소득에 여유가 있지만 삶에 대해서 불만족한 사람이고, 절망형은 삶에 대해서도 불만족하고 소득도 부족하다고 느끼는 사람이다. 우리나라 사람들은 절망형이 80.8%로 압도적 다수다. 행복한 사회가 되기 위해서는 성취형이 더욱 많아져야 하며 금융역량을 기르는 것이 바로 성취형으로 가기 위한 노력이다.

본인이 절망형으로 분류되었다고 해서 삶에 대한 계획을 포기해서는 안 된다. 자신의 노력에 의하여 얼마든지 성취형으로 바뀌어 갈 수 있다. 지금 절망형으로 분류된 사람에게 해 주고 싶은 말은 "포기하지 마라!"다. 성취형은 좋은 성과를 바탕으로 자신감이 충만할 터인데 이들에게 해 주고 싶은 말은 "자만하지 마라!"다. 지금의 성취가 순전히 자신의 능력만으로 된 것이 아니라 운도 많이 작용했을 것이다. 운은 언제든지 바뀔 수 있으므로 현재의 성취에 대하여 감사한 마음과 겸손한 자세를 지녀야 한다. 욕심형에게 해 주고 싶은 말은 "남과 비교하지 마라!"다. 소득이 여유가 있는 데도 불구하고 삶에 불만족하는 사람들은 자기보다 위에 있는 사람들과 비교하기 때문이다. 남과 비교하는 순간 지옥문이 열린다는 말을 새겨들어야 한다. 자위형에게 해 주고 싶은 말은 "용기를 내라!"다. 소득이 낮은 데도 불구하고 삶에 대해서 만족하는 것은 정신적 승리를 강조하는 것이다. 정신만 강조하지 말고 물질적인 부분도 신경을 써서 현실을 과감하게 바꿀 필요가 있다.

투자성향

한국금융소비자보호재단의 『2020 펀드 투자자 조사 결과』를 이용해서 투자자 태도를 분류할 수 있다. 투자자 태도는 투자실력이 능숙한지 그리고 투자성향이 적극적인지에 따라 네 가지 유형이 나온다.

주관적 투자실력과 투자성향

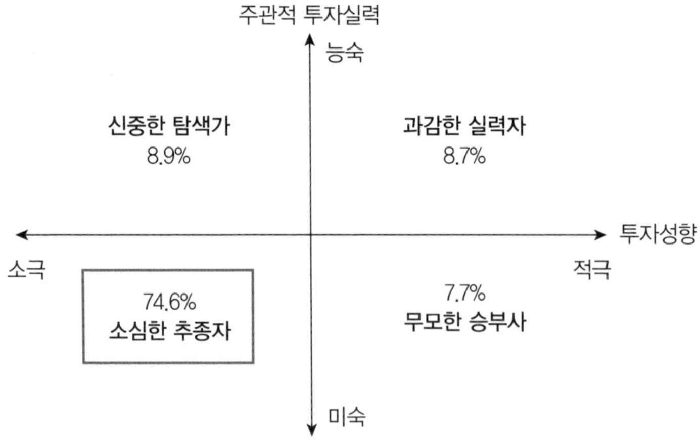

투자실력이 능숙하고 투자성향이 적극적인 사람들은 과감한 실력자이고, 투자실력은 능숙하지만 투자성향이 소극적인 사람들은 신중한 탐색가이다. 투자실력은 미숙하지만 투자성향이 적극적인 사람들은 무모한 승부사이고, 투자실력도 미숙하고 투자성향도 소극적인 사람들은 소심한 추종자이다. 소심한 추종자로 분류되는 사람들이 74.6%로 거의 대부분이다. 과감한 실력자는 금융역량을 갖춘 사람이 지향하는 모습인데 8.7%에 불과하다. 금융역량을 체계적으로 기르면 소심한 추종자가 얼마든지 과감한 실력자로 바뀔 수 있다.

과감한 실력자라고 해서 항상 좋기만 한 것은 아니다. 한두 번의 투자에서 성공했다고 해서 자만하지 말고 성과에 감사하는 태도가 필요하다. 무모한 승부사는 투자실력도 없으면서 함부로 투자하므로 성공할 가능성이 굉장히 희박하다. 자칫하다가는 개인과 가정의 삶이 모두 망가질 수 있다. 이들에게는 시장을 함부로 예측하지 말라는 격언이 도움이 될 것이다. 신중한 탐색가는 금융지식이 상당히 많은 데도 불구하고 지나치게 방어적 태도를 보인다. 이들은 재산을 어떻게 보존하느냐에 관심이 커서 원금보장형 상품이나 저위험 상품을 주로 이용한다. 이렇게 안전 위주로만 투자해서는 미래에 필요한 자금을 충분히 확보하기 어렵다. 조금 더 위험을 부담해서 펀드나 ELS 등의 중위험 상품에 관심을 가져야 한다.

소심한 추종자들은 투자실력도 미숙하고 투자성향도 소극적인 사람들이다. 이들은 투자실력이 부족하므로 이용할 수 있는 상품의 종류가 많지 않고 주로 은행의 예금과 적금에 의지한다. 저금리와 저성장이 일반화된 상태에서 예·적금만으로 재무문제를 해결하는 것은 불가능하다. 안전한 울타리 안에서 안주하지 말고 위험을 부담하면서 투자하는 변화가 필요하다.

☑ 소득과 지출: 현금수지표

우리 집이 재무적으로 어떤 상태인지를 알려면 소득과 지출 그리고 자산과 부채를 측정해야 한다. 소득과 지출을 보여주는 것이 현금수지표이고 자산과 부채를 보여주는 것이 재무상태표이다. 통계청의 『2021년 4분기 가계동향조사 결과』[04]를 보면 월평균 소득이 464.2만 원, 월평균 지출은 340.6만 원이다. 소득과 지출의 차액 123.6만 원이 흑자액이며 그만큼 저축할 수 있다는 의미다.

소득	−	지출	=	흑자액
464.2만 원		340.6만 원		123.6만 원

04 통계청은 매월 전국 7,200가구를 대상으로 소득과 지출에 대한 조사를 하고 분기별로 조사 결과를 발표한다. 통계청은 가계동향조사 항목을 천 원 단위로 표시하였는데 본서에서는 반올림하여 만 원 단위로 표시하였다. 따라서 합산 항목의 끝자리 숫자가 보고서와 다를 수 있다.

가계수지를 소득분위별로 20%씩 나누어서 보면 더 의미 있는 정보를 얻을 수 있다. 1분위는 소득이 가장 낮은 20% 집단이고 5분위는 소득이 가장 높은 20% 집단이다. 1분위 가계는 소득은 106만 원이고 지출은 136만 원이어서 30만 원의 적자를 보고 있다. 적자 가계는 돈을 빌려오든가 정부의 도움을 받아서 생활한다. 분위가 올라갈수록 흑자액이 늘어나서 5분위 가계는 384만 원의 흑자를 보고 있다.

소득분위별 가계수지

(만 원)

소득분위	1분위	2분위	3분위	4분위	5분위
소득	106	253	388	561	1,013
지출	136	218	306	414	629
흑자액	−30	35	82	147	384

통계청, 『2021년 4분기 가계동향조사 결과』. 2022.

이런 표에 나오는 수치를 외울 필요는 없지만 그렇다고 그냥 숫자만 보아서는 아무 의미가 없다. 기간별 추세나 집단별 차이가 어떠한지 의문을 제기하면서 봐야 경제활동을 이해하는 데 도움이 된다. 특히 숫자를 우리 집 상태와 비교하면서 보면 기억에 오래 남고 더 많은 정보를 얻을 수 있다.

자산과 부채: 재무상태표

소득과 지출은 한 달 또는 일 년처럼 특정한 기간에 발생하는 값이고, 자산과 부채는 오늘 또는 12월 31일과 같이 특정한 시점에 존재하는 값이다. 자산에서 부채를 차감한 값이 순자산이다. 『2021년 가계금융복지조사 결과』에 의하면 가구당 평균이 자산 5억 253만 원, 부채 8,801만 원, 순자산 4억 1,452만 원으로 나왔다.[05]

자산	−	부채	=	순자산
5억 253만 원		8,801만 원		4억 1,452만 원

05 자산과 부채는 2021년 3월 31일 기준으로 측정한 값이다.

◎ **순자산분위별 재무상태**

(만 원)

순자산분위	1분위	2분위	3분위	4분위	5분위
자산	4,039	14,274	29,382	55,027	148,529
부채	3,015	4,377	6,511	10,092	20,010
순자산	1,024	9,897	22,871	44,935	128,519

통계청, 『2021년 가계금융복지조사 결과』, 2021.

순자산을 기준으로 20%씩 구분한 5분위 집단에 대한 재무상태를 보면 1분위 순자산은 1천만 원 정도에 불과하고 5분위 순자산은 13억 원 가까이 되어서 매우 큰 차이를 보이고 있다. 3분위 순자산은 2억 원 남짓이며 이 금액이 우리나라 보통 가구의 모습이다.

현금수지표와 재무상태표를 연결해 주는 고리가 흑자액(저축)이다. 소득에서 지출을 빼고 남은 흑자액을 어디에 사용할 수 있을까? 냉장고를 살 수도 있고 은행에 예금할 수도 있고 주식에 투자할 수도 있다. 흑자액을 사용한 대상물(냉장고, 예금 · 주식)이 나타나는 곳이 재무상태표의 자산이다.

◎ **저축이 연결고리**

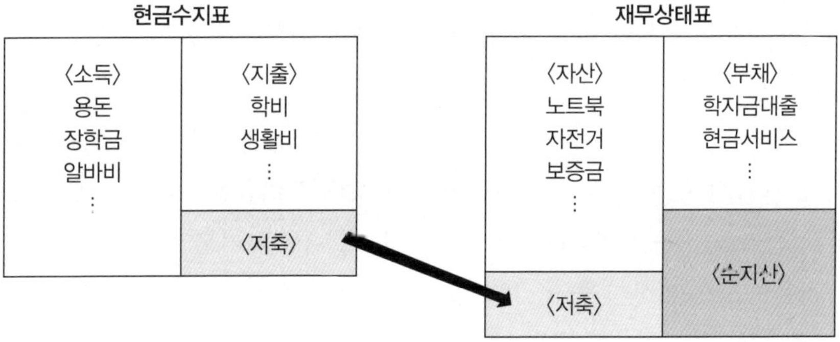

금융생활의 목표는 현금수지표에서 흑자액을 많이 남기고 이것을 자산으로 바꿔서 점점 쌓아가는 것이다. 새롭게 축적되는 저축액이 많아질수록 자산이 커지고 그만큼 부자가 된다. 예산은 앞으로 소득이 얼마가 될 것인지 예측한 후에 사용할 수 있는 지출을 항목별로 배정해 놓은 계획표다. 예산은 미래의 살림살이에 대한 계획서이므로 경제활동을 수행하는 모든 단위가 예산을 만든다. 예산의 기간은 주, 월, 분기, 연 등으로 작성할 수 있다. 예산의 종류는 소득과 지출을 비교하여 적자예산, 균형예산, 흑자예산으로 구분된다. 균형예산은 번 만큼 쓰겠다는 것이다. 흑자예산은 번 것보다 덜 써서 나머지를 저축하는 것이다. 적자예산은 번 것보다 더 쓰며 부족액은 빚을 지겠다는 것이다. 현대 경제는 국가가 개입하는 활동이 많기 때문에 정부예산은 적자예산으로 편성되는 경우가 많다. 그러나 가계예산은 반드시 흑자예산을 편성해야 한다. 소득 범위 내에서 지출하고 남는 부분을 저축해서 자산을 늘려가야 한다.

소득을 지출과 저축으로 나눌 때 무엇을 먼저 결정할 것인지가 매우 중요하다. 지출을 먼저 하고 남는 것을 저축하는 방법은 잘못된 선택이다. 쓰고 남는 것을 저축해서는 절대로 자산을 모을 수 없다. 저축을 먼저 하고 남는 것으로 소비생활을 해야 한다. 가계는 소득 중에서 얼마나 저축하는 게 좋을까? 이런 질문에 정답은 없지만 전문가들이 일반적으로 제시하는 기준이 있다. 젊어서는 소득의 50~60%를 저축하는 것이 바람직하다고 본다. 미혼 또는 자녀 출생 전에 저축을 최대한 많이 해 두어야 한다. 가정을 이루면 마음껏 쓸 수 없으므로 미혼 시절에 화려한 소비를 즐기겠다는 태도로 살다가는 빈곤한 미래를 피할 수 없다.

저축은 상대적으로 안전한 은행예금을 이용할 수도 있고 위험하지만 수익성이 좋은 증권투자를 이용할 수도 있다. 저축 중에서 위험한 금융투자에 사용하는 비율은 나이가 들수록 낮추는 것이 좋다. 젊어서는 투자에 실패하더라도 만회할 수 있는 기회가 몇 번 더 있지만 60대 이후에 투자에 실패하면 만회할 시간이 거의 없다. 은퇴 후에 투자 욕심을 부리면 빈곤한 상태로 비참한 노후를 보낼 가능성이 크다. 전문가들은 자금 목적에 따라 적정 비율을 추천하기도 한다. 노후대비 저축은 총저축의 50% 이상이 좋고, 보장성 보험은 총저축의 10%를 넘지 않는 것이 좋으며, 총자산 대비 총부채 비율은 40% 이내를 추천한다. 주택담보대출이나 신용대출을 받아 집을 살 때는 총부채가 총자산의 40%를 넘지 않도록 권유한다.

참 쉬운 재무진단

금융감독원의 e-금융교육센터[06] 사이트를 이용하면 나의 재무상태를 파악하는 재무진단을 받아볼 수 있다. 간편 진단도 있고 정밀 진단도 있는데 먼저 간편 진단부터 받아보기 바란다. 나는 지금 소득도 없고 재산도 없는데 왜 진단을 받아야 할까라는 생각이 들 수도 있다. 그러나 재무진단을 머리로만 이해하기보다는 실제 자료를 가지고 작성해 보는 것이 금융역량을 기르는 데 훨씬 효과적이다.

재무진단을 받아보면 필요한 정보가 무엇이며 목표달성에 어떤 영향을 미치는지 이해하는 데 도움이 된다. 더 좋은 방법은 집에서 부모와 함께 재무진단을 받는 것이다. 부모들도 재무진단이 필요하다는 말은 들었지만 실제로 작성해 본 사람들은 많지 않다.

4. 꾸준한 실천

재무설계에서 첫째 단계는 목표설정이고 둘째 단계는 계획수립이며 마지막 단계는 실행점검이다. 실행점검 내용을 금융역량 요인에 따라서 나누어 보면 격려, 수정, 점검 활동이 된다. 격려는 긍정적인 자세를 갖추면서 성취에 대해서 보상해 주는 활동이다. 수정은 환경의 변화를 이해하고 그에 따라 목표를 변경하는 활동이다. 점검은 지속적인 실천을 확인하고 주기적으로 피드백(feedback, 환류)하는 활동이다. 경영학의 대가 피터 드러커는 "측정하지 않으면 관리할 수 없다!"라는 유명한 말을 했다. 개인이나 조직이나 관리를 해야 더 높은 상태로 올라갈 수 있는데, 관리하기 위해서는 먼저 현재 상태가 어떠한지 측정해야 된다.

06 https://www.fss.or.kr/edu/main.jsp 메뉴에서 금융교육 콘텐츠〉금융교육 자료방〉체험 교육자료〉재무설계〉간편 진단 순서로 선택하고 이용한다.

실행점검

우리는 살아가면서 후회와 반성도 하고 칭찬과 격려도 한다. 내 행동에 대해서 부족한 점을 스스로 인정하느냐 아니면 남이 지적하느냐에 따라 큰 차이가 있다. 남이 지적하면 자존심에 상처가 생기고 열등감이 쌓인다. 스스로 인정하면 반성과 학습의 계기가 되고 이 과정에서 자존감이 올라간다.

자존심과 자존감은 다르다. 자존심은 남들과 비교하여 우열을 가르는 판단이고 자존감은 자신을 소중하게 여기는 감정이다. 자존심이 강하면 남의 눈치를 살피게 되지만 자존감이 높아지면 삶을 주도적으로 이끌어 갈 수 있다. "달걀이 스스로 깨고 나오면 병아리가 되고, 남이 깨 주면 계란 프라이가 된다!"는 말이 있다. 그만큼 스스로 실행하는 게 중요하다는 이야기다. 자신에 대해서 늘 반성만 하고 살 것이 아니라 칭찬도 할 필요가 있다. 남이 해 주는 칭찬은 감사하게 받고 셀프 칭찬으로 스스로 격려하는 것도 좋은 일이다. 부족한 점이나 잘한 점을 계속 점검하고 그 내용을 다음 행보에 반영할 때 진정한 자기 발전이 이루어진다.

잡코리아가 설문조사로 "새해 계획을 세우고 잘 지켰는가?"를 물어보았다.[07] 이때 "꾸준히 지켰다."는 응답자가 30%도 안 되어서 대부분 사람들이 새해 약속을 지키지 못한다는 것을 알 수 있다. 새해 약속을 잘 못 지키는 것이 요즘 사람들만의 특징은 아니다. 과거 10년 전, 100년 전으로 돌아가도 마찬가지였다. 사람들이 수시로 목표를 세우고 계획을 짜지만 중간에 포기하는 행태가 반복되고 있다. 계획을 착오 없이 실천하는 사람이 있다면 그 사람이 바로 성인이고 위인이다. 보통 사람은 의지가 약해서 약속을 못 지킬 가능성이 크다. 그러니까 자신의 의지를 시험하기 위해서 무리한 계획을 세워 놓고 이것을 못 지키면 나는 가치가 없는 사람이라고 자학할 필요는 없다. 그렇다고 계획을 못 지키는 일이 매번 반복되게 그냥 두어서는 안 된다. 얼마나 목표에 도달했는지 확인하고 칭찬과 격려를 해 주는 실행점검 활동을 습관화 해야 한다.

실행점검 활동의 예를 들면, 나는 '3년 동안 목돈 1천만 원을 마련해서 자랑스러우며 이자율 상승에 대비하여 대출금 상환을 앞당기겠다.'라고 생각할 수 있다. 이

07 잡코리아, "새해 계획 설문조사," 2018.

내용을 금융역량과 실행점검의 요소별로 분해하면 다음과 같다.

금융역량	태도	지식	행위
실행점검	격려	수정	점검
나는	목돈을 마련해서 자랑스러우며	이자율 상승에 대비하여	대출금 상환을 앞당기겠다

긍정적으로 생각하고 자신을 격려하는 태도는 성과에 큰 영향을 미친다. 지금까지 목표를 세우고 꾸준히 실천해서 성취를 이루었다는 사실에 대하여 칭찬하고 박수를 보내주어야 한다. 부족한 부분이 있을지라도 성취된 부분을 자랑스러워하면 된다. 수정 활동에서는 금융지식을 이용하여 환경이 어떻게 바뀌었는지 파악하고 계획을 보다 효과적인 모습으로 가다듬어야 한다. 점검 활동에서는 개선을 위한 금융행위를 이끌어 내야 한다. 앞으로 이사율이 올라갈 것 같다면 대출금 상환을 서두르는 행위가 도출된다.

우리는 "실천이 중요하다!"는 말을 많이 듣고 있다. 생각만 하거나 말만 해서는 아무런 성과도 만들 수 없으니 생각을 행동으로 옮겨야 한다는 뜻이다. 그렇지만 우리 주변에는 말만 하고 행동하지 않는 '나토(NATO: No Action, Talk Only)족'이 많다. 실천하지 않는 사람들은 핑곗거리만 많고 자랑거리는 없다. 무엇인가 필요하다고 판단했으면 실제로 몸을 움직여서 꾸준히 실천해야 성과가 나온다.

☑ 결혼 전과 후

상황이 변하면 계획을 수정해야 한다. 어떤 계획서를 하나 멋지게 만들었다고 해서 앞으로 한 글자도 바꾸면 안 되고 반드시 이대로 유지해야 된다고 주장하면 사람들의 비웃음을 살 것이다. 세상에 그런 일은 없으며 모든 것은 상황에 따라 유연하게 대응해야 한다. 나에게 맞는 재무설계 안을 하나 만들었다면 그 재무설계의 주인공은 환경이나 돈이 아니라 자신이다. 내가 상황에 맞추어 계획을 수정하는 것은 아주 자연스러운 일이다. 이때 상황은 외부와 내부 모두를 의미한다. 경제활동과 관련된 외부 상황만 변하는 것이 아니다. 내 가치관이 변했든지 취업을 했거나 결혼을 하고 아이가 생기듯이 내부 상황도 끊임없이 변한다. 상황이 바뀔 때마다 계획을 수시로 점검하면서 유연성을 발휘하는 것이 재무설계 안을 꾸준히 실천할 수 있는 근본적인 힘이 된다.

계획을 수정할 때는 현재의 목표가 아직도 가치가 있는가, 추가할 새로운 목표가 있는가, 폐기할 목표가 있는가 등을 검토해야 한다. 예를 들어 결혼 전과 후를 비교하면 많은 변화가 나타난다. 결혼 전에는 학자금대출 상환, 결혼비용 마련, 자동차할부금 갚기 등이 주요 목표가 될 수 있다. 결혼 후에는 그 내용이 확 바뀐다. 자녀양육, 내 집 마련, 노후자금 준비, 생명보험 가입 등이 주요 목표가 된다. 결혼하면 두 사람이 합심해서 재무문제를 풀어가야 하므로 전략도 변경할 필요가 있다. 독신자가 사용하는 전략과 기혼자가 사용하는 전략이 같을 수는 없다. 부부가 사용하면 좋은 전략으로 다음과 같은 것들이 있다.

첫째, 통장도 결합하라. 결혼하고도 각자 수입을 각자 알아서 쓰는 별개 관리를 하는 부부도 있다. 이런 부부들이 재무문제를 효과적으로 해결해 나아간다고 보기는 어렵다. 결혼하면 아내와 남편의 통장을 합쳐서 한꺼번에 관리해야 한다. 그래야만 가계의 재무목표를 효과적으로 달성할 수 있다. 별도로 관리하면 소득과 지출에서 누락되는 부분이 발생하고 자금을 활용하는 효율성도 떨어진다. 둘째, 금융자산 포트폴리오를 리밸런싱하라. 가계의 금융자산은 예금, 보험, 채권, 주식, 펀드 등 여러 상품으로 구성되어 있다. 부부가 각자 포트폴리오를 유지하기보다 부부가 합쳐서 포트폴리오를 관리하면 위험을 줄이고 기대수익을 높이는 데 더 효과적이다. 셋째, 중복 보험은 해약하라. 보장성 보험에 가입할 때 부부가 따로 가입하면 보험료가 이중으로 지불되어 불리한 경우가 많다. 자동차보험에 가입할 때 남편을 주계약자로 지정하고 아내를 가족으로 지정하면 보험료를 절약할 수 있다. 넷째, 소득이 없는 배우자는 국민연금에 임의가입하라. 국민연금은 18세 이상이고 소득이 있으면 의무적으로 가입해야 한다. 소득이 없는 데도 불구하고 자원해서 국민연금에 가입하는 것이 임의가입이다. 국민연금에 임의가입하는 이유는 납부한 보험료와 연금으로 받는 수령액을 비교해 보면 그 어떤 금융상품보다 가성비가 우수한 최고의 재테크 상품이기 때문이다.

신혼부부

신혼부부에게 도움이 될 만한 행동을 몇 가지 정리하였다.

첫째, 서로의 차이점을 인정하고 가치관을 공유해라. 이것은 재무문제뿐만 아니라 행복한 가정을 이루기 위해서 가장 기본적으로 갖추어야 할 조건이다.

둘째, 통장을 합치고 금융역량이 더 큰 사람이 관리하라. 일반적으로는 덜렁거리는 남자보다 꼼꼼한 여자가 통장관리를 잘할 것이라고 생각한다. 그러나 통장을 누가 관리하느냐는 성별로 결정할 문제가 아니다. 정답은 금융역량이 더 많은 사람이 관리하는 것이다. 한 사람이 관리한다고 해서 나머지 사람에게 "신경 끊고 알려고 하지 마!"라고 해서는 안 된다.

셋째, 정기적으로 머니 토크(money talk)를 가져라. 돈 문제가 거론하기 불편하다고 해서 피하지 말고 부부가 문제를 직시하면서 상의해야 된다. 신혼 시절부터 소득, 지출, 저축, 투자에 대한 대화를 자연스럽게 진행하는 것이 좋다. 머니 토크를 정기적으로 하지 않으면 부부가 매일 돈 이야기만 하든가 아예 돈 이야기를 안 하는 극단적인 모습이 된다. 매일 돈 이야기를 하는 집은 말다툼이 끊이지 않는다. 아예 돈 이야기를 안 하는 집은 미래에 대한 계획이 없이 그때그때 닥치는 대로 살게 된다. 이런 양극단에 빠지지 않으려면 적어도 한 달에 한 번은 부부가 함께 가계부도 결산하고 신용카드 지출내역도 확인하면서 즐거운 마음으로 돈 문제를 다루어야 한다. 우리나라에서는 전통적으로 부부 사이에 또는 부모와 자식 사이에 머니 토크를 하지 않는다. 돈 문제를 거론하는 것은 품위를 손상하고 천박하다는 관념이 뿌리깊게 박혀 있다. 21세기의 주역인 새로운 세대는 이런 관념에서 벗어나 즐겁게 머니 토크하기를 기대한다.

넷째, 청년과 신혼부부를 대상으로 하는 정부의 지원제도를 활용하라. 특히 주택 마련과 관련해서 정부는 신혼부부에게 여러 가지 혜택을 주고 있다. 정부의 지원제도를 제대로 알아보지도 않고 조바심에 온갖 빚을 끌어들여서(영끌: 영혼까지 끌어모아서) 집을 사는 것은 아주 위태로운 행동이다.

사회 초년생

사회 초년생들이 재무설계를 할 때 유의할 점을 알아보자. 직장에 처음 취업하면 월급통장도 만들고 국민연금도 내고 여러 가지 일이 벌어진다. 취업해서 기분이 좋고 아직 미혼이므로 버는 대로 쓰는 향락적 생활에 빠지기 쉽다. 미혼 시절에 자유롭게 쓰면서 살던 사람이 결혼했다고 금방 바뀌지는 않는다. 결혼하고도 습관이 밴 소비 패턴이 그대로 유지되면 가계 재무는 점점 악화된다.

사회 초년생에게는 취업 후 처음 3년이 중요하다. 처음 3년 동안에 절약하고 저축하는 습관을 확실히 길러 놔야 한다. 학자금대출이 있으면 이를 먼저 상환하고 그 다음에 저축을 해야 한다. 빚 갚기와 저축하기를 병행하는 것이다. "빚이 있는데 왜 저축을 하지? 빚을 다 갚은 다음에 저축해야 되는 거 아닌가?" 하는 의문이 들 수 있다. 그러나 빚을 빨리 갚고 저축할 수 있으면 좋겠지만 주택담보대출처럼 기간이 장기이고 금액이 큰 빚은 금방 갚을 수 없다. 또 저축을 해서 돈을 모아야지만 빚을 갚을 수 있다. 따라서 빚 갚기와 저축하기를 동시에 진행해야 한다.

사회 초년생이 부모에게 통장을 맡기는 경우도 있는데 이것은 바람직하지 않다. 스스로 소득과 지출을 관리하는 능력을 빨리 키워야 한다. 부모 세대가 자산을 불려 나가던 시기의 경제환경과 지금 자식들이 맞이하고 있는 경제환경은 완전히 다르다. 부모 시절에는 은행에 넣어 두기만 해도 이자가 10% 이상 나왔지만 지금은 은행이자가 2% 정도밖에 안 나온다. 이런 저성장, 저금리가 고착됨에 따라 예금의 시대에서 투자의 시대로 변했다는 사실을 명심해야 한다.

지속적 실천

인류의 스승 공자(孔子)는 '능구(能久)'라는 말을 했다. 여기서 능(能)은 가능하다는 뜻이고 구(久)는 오래다는 뜻이다. 능구는 어떤 일을 포기하지 않고 오래 지속할 수 있는 사람이 성인이라는 의미다. 그러면 오래라는 말은 얼마 동안을 의미할까? 10년, 5년, 1년? 아니다. 공자가 말한 오래는 겨우 3개월이다. 어떤 일이든지 목표를 세우고 3개월만 지속할 수 있으면 성인의 반열에 오른다고 말할 정도로 지속적 실천이 그만큼 어렵고 중요하다는 의미다.

의지가 약하다고 생각하는 사람들은 뭐든지 계획을 세우고 우선 3개월 동안 지키겠다는 노력부터 기울이는 것이 좋다. 그런데 3개월을 못 지켰다고 해서 실망할 필요는 없다. 또 "나는 뭐든지 잘 안돼!" 하면서 자기 자신을 학대해서도 안 된다. 왜냐하면 내가 특별히 부족한 것이 아니라 대부분의 사람들이 다 비슷하기 때문이다. 만일 이번에 한 달밖에 못 지켰다면 "다음 실천에는 좀 더 늘리도록 노력해야지."하면서 반성하고 발전의 계기로 삼으면 된다.

제2편 돈 쓰기

제4장

알뜰하게 살림하자

1 얼마를 벌고 어디에 쓰나?

2 절약하면 부자 되나?

3. 지출을 어떻게 줄이나?

4 가계부와 월말정산

"단순히 극도로 절약하는 것이

반드시 경제적인 것은 아니다."

– 에드먼드 버크(정치사상가)

1. 얼마를 벌고 어디에 쓰나?

우리 사회에서는 돈과 관련된 내용을 소재로 대화하는 것을 거북해하고 기피하는 경향이 있다. 이는 서양도 마찬가지여서 같은 회사에 다니는 사람들도 연봉이 얼마인지 서로 모른다. 그래도 사람들이 얼마를 벌고 어디에 쓰는지 늘 궁금하다. 소득과 지출에 대한 자료는 개인의 호기심 충족 차원이 아니라 국가의 경제정책 수립에 반드시 필요하다. 이를 위해 통계청은 매월 가계동향조사를 실시한다. 전국 7,200가구를 표본으로 소득이 얼마인지 그리고 어떤 항목에 지출했는지를 가계부처럼 기입하여 조사하고 그 결과를 분기별로 발표한다.[01]

소득과 지출

소득에는 부정기적으로 발생하는 비경상소득과 정기적으로 발생하는 경상소득이 있다. 비경상소득은 경조비나 복권당첨금처럼 어쩌다 발생하는 소득이고, 경상소득은 반복해서 발생하는 소득이다. 경상소득에는 근로소득, 사업소득, 재산소득, 이전소득이 있다. 『2021년 4분기 가계동향조사 결과』에 의하면 가구당 월평균 소득은 다음 표와 같다.

가구당 월평균 소득 (만 원, %)

종류	예시	금액	구성비
근로소득	급여, 상여금	289	62.3
사업소득	사업순수입, 임대료	102	21.9
재산소득	이자, 배당	3	0.6
이전소득	공적연금, 가구간이전	60	13.0
비경상소득	경조비, 복권당첨금	10	2.2
월평균 소득		464	100.0

통계청, 『2021년 4분기 가계동향조사 결과』, 2022.

01 통계청은 가계동향조사 항목을 천 원 단위로 표시하였는데 본서에서는 반올림하여 만 원 단위로 표시하였다. 따라서 합산 항목의 끝자리 숫자가 맞지 않을 수 있다.

근로소득은 일(근무, 노동)을 해서 받는 급여와 상여금이다.[02] 사업소득은 자영업자가 사업장에서 버는 사업순수입과 부동산을 임대하고 받는 임대료다. 근로소득과 사업소득의 비중을 더하면 84.2%다. 재산소득은 이자와 배당을 말하는데 구성비가 0.6%에 불과하며 보통 사람들과는 거리가 먼 항목이다. 이전소득은 공적연금, 실업보험금, 장애인수당, 가구간이전[03] 등을 말하는데 구성비가 13.0%에 달해서 상당한 크기다. 경조비나 복권당첨금 등의 비경상소득 비중은 2.2%로 무시할 수 있는 크기다.

가구당 월평균 지출

(만 원, %)

종류	항목	금액	구성비
소비지출	식품, 의류, 주거, 보건, 교통, 오락, 통신, 교육, 숙박 등	255	74.8
비소비지출	경상조세, 비경상조세 연금기여금, 사회보험료, 이자, 가구간이전 등	86	25.2
월평균 지출		340	100.0

통계청, 『2021년 4분기 가계동향조사 결과』, 2022.

지출에는 소비지출과 비소비지출이 있다. 소비지출은 의식주 등 각종 생활비에 사용되는 돈이다. 비소비지출은 소비생활과 무관하게 빠져나가는 돈이다. 세금, 국민연금보험료, 건강보험료, 대출금 이자, 부모님 용돈 등이 해당된다. 흔히 월급으로 받았지만 구경도 못하고 빠져나간 돈이라고 말하는 지출이다. 비소비지출 86만 원은 지출의 25.2%이고 소득의 18.5%를 차지해서 비중이 작지 않다. 비소비지출 중에서 조세, 연금기여금, 사회보험료는 법률과 제도에 의해 결정되므로 가계가 통제할 수 없는 항목이다. 가계는 대출금 이자와 가구간이전으로 지출되는 수준을 형편에 맞게 조절해야 한다.

02 땀 흘려 일하지 않고도 버는 소득을 불로소득이라고 하며 사회적 비난의 대상이 된다.

03 가구간이전소득은 다른 가구로부터 받은 재화와 서비스를 의미한다. 자녀가 부모에게 드리는 용돈, 해외근무자가 모국의 가족에게 보낸 생활비, 이혼으로 같이 살지 않는 보호자가 자녀에게 주는 양육비 등이 있다.

처분가능소득

소득에서 비소비 지출을 뺀 나머지가 처분가능소득이다. 처분가능소득은 월급에서 이것저것 떼어내고 실제로 가계가 쓸 수 있는 돈이다. 가계살림이 넉넉해지려면 처분가능소득이 늘어야 한다.

소득	−	비소비지출	=	처분가능소득
464만 원		86만 원		378만 원

처분가능소득을 처분하는 방법은 소비와 저축 두 가지다. 처분가능소득에서 소비에 사용하고 남은 것이 흑자액(저축액)이다.

처분가능소득	−	소비지출	=	흑자액
378만 원		255만 원		124만 원

처분가능소득 중에서 소비지출에 사용한 비중이 평균소비성향이다. 2021년 4분기의 평균소비성향 67.3%는 최근 12분기 중에서 가장 낮은 값이다. 2019년에는 평균소비성향이 70%를 넘었는데 코로나19 팬데믹이 발생한 2020년부터 68% 내외로 하락했다.[04] 평균소비성향이 낮다는 것은 가계가 소비지출을 억제하였고 경기가 좋지 않다는 의미다.

소비지출	÷	처분가능소득	=	평균소비성향
255만 원		378만 원		67.3%

우리나라 가구들의 소득과 지출 통계를 낼 때 어떤 가구를 대상으로 하느냐에 따라서 숫자가 달라진다. 조사대상을 도시의 2인 이상 가구로 제한하면 월평균 소득은 552만 원으로 올라간다. 즉, 1인 가구와 농림 · 어가에 저소득층이 많다는 것

04 다만 2021년 2분기에는 71.7%를 기록했다.

을 알 수 있다. 우리는 '1인 가구'라고 하면 흔히 '화려한 싱글'을 생각한다. 텔레비전 연예 프로에서 보여주듯이 남한테 간섭받지 않으면서 자신만의 삶을 즐긴다는 로망 같은 것이 있다. 그러나 통계청 조사에 의하면 1인 가구의 실상은 이러한 로망과는 거리가 멀다.[05]

연령별 1인 가구 비중

연령	29세 이하	30대	40대	50대	60대	70세 이상
비중(%)	20.2	16.8	13.6	15.6	15.6	18.1
	37.0		29.2		33.7	

통계청, 『2020 인구주택총조사 표본 집계 결과』, 2021.

2020년 전체 2,093만 가구 중에 1인 가구는 664만 가구로 31.7%이며 20대부터 70대까지 전 연령층에 두루 분포되어 있다. 가구주 연령이 29세 이하가 20.2%로 가장 많았고 40대가 13.6%로 가장 적었다. 1인 가구의 혼인상태는 미혼 50.3%, 사별 · 이혼 36.6%, 별거 13.2%다. 생활비를 본인이 직접 일해서 마련하는 가구는 53.3%이고 보조금(국가, 부모, 자녀)에 의존하는 가구는 17.2%이며 금융자산 수입이 있는 가구는 7.1%로 나왔다. 1인 가구로 사는 이유는 직장과 관련된 사유가 34.3%로 가장 높고 독립생활을 이루기 위한 사유가 26.2%로 그 다음이다. 즉, 1인 가구는 독립하여 자유롭게 살겠다는 낭만적인 측면보다 출퇴근의 편리성을 위해서 혼자 사는 경우가 더 많았다.

가구원 수에 따른 월평균 소득

조사대상	모든 가구	2인 이상 비농림어가	1인 가구
가구원 수(명)	2.4	3.0	1.0
소득(만 원)	464	552	254
처분가능소득(만 원)	378	449	202
평균소비성향(%)	67.3	68.0	73.5

통계청, 『2021년 4분기 가계동향조사 결과』, 2022.

05 통계청이 2020년 11월 1일 기준으로 전국 가구의 20%를 표본 가구로 조사하였다.

2인 이상 비농림어가의 소득은 552만 원인데 1인 가구는 254만 원으로 절반에 못 미친다. 2인 이상 비농림어가의 평균소비성향은 68.0%인데 1인 가구는 73.5%에 이른다. 즉, 1인 가구는 소득은 적고 소비성향은 높아서 돈을 모으기 어려운 상태다. '나 홀로 가구'는 고독할 뿐만 아니라 재무상태도 좋지 않아서 궁핍한 삶일 가능성이 크다.

가계소득 분포

가계금융복지조사[06] 결과에 가계소득의 분포가 나와 있다. 중위소득은 조사대상을 소득 크기 순으로 나열했을 때 가장 중간에 있는 값을 의미한다. 2020년의 연간 평균소득은 6,125만 원(월평균 510만 원)이고 중위소득은 4,836만 원(월평균 403만 원)이 나왔다. 중위소득이 평균소득보다 작게 나오는 이유는 소득 분포가 좌우 대칭이 아니라 오른쪽으로 꼬리가 긴 형태이기 때문이다. 소득의 최솟값은 0이지만 최댓값은 한계가 없다.

연평균 소득 1억 원 이상인 가계는 15.7%이고, 연평균 소득 7,000만 원 이상인

가계소득 구간별 가구분포

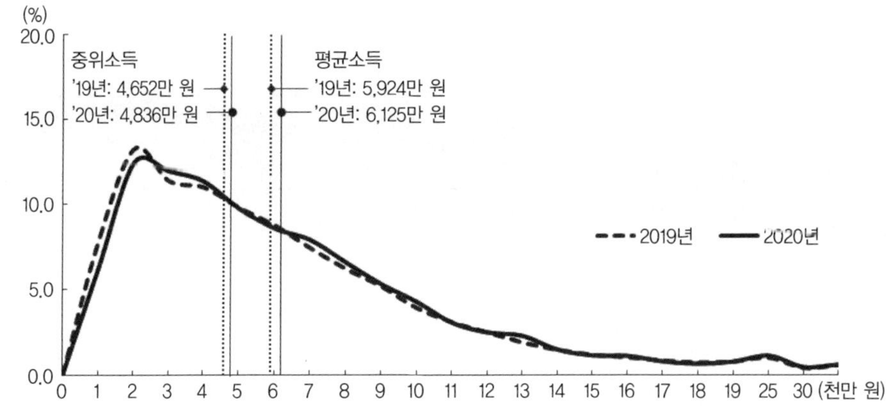

통계청, 『2021년 가계금융복지조사 결과』, 2021.

06 가계금융복지조사는 통계청, 금융감독원, 한국은행의 3개 기관이 공동으로 조사한다. 전국 2만 가구를 대상으로 하며 소득과 지출뿐만 아니라 자산과 부채도 같이 측정한다.

가계는 30.7%다. 부자가 되려면 연평균 소득이 1억 원을 넘어야 한다는 생각은 현실을 모르는 과장된 목표다. 가구주 나이가 29세 이하인 청년 가구[07]의 연평균 소득은 3,648만 원(월 304만 원)이고 연 3,000만 원(월 250만 원) 미만이 45.8%다. 청년 가구의 절반 정도가 월 250만 원 미만을 벌고 있는 것이 우리의 모습이다.

신한은행 보고서[08]에 의하면 맞벌이 가구가 77.7%로 대세가 되었다. 맞벌이 가구는 월평균 579만 원을 벌었고 외벌이 가구는 월평균 450만 원을 벌었다. 둘이 벌지만 그 소득은 혼자 버는 사람보다 겨우 29% 큰 정도다. 맞벌이는 자녀양육과 가사활동에서 여러 가지를 희생하게 된다. 이런 희생에 비하면 월 129만 원은 충분한 보상으로 보기 어렵다. 맞벌이 가구의 희생을 덜어 주고 남녀 급여 차이를 줄여 주는 국가적 정책이 필요하다.

소비지출

비소비지출은 세금, 사회보험료, 이자 등으로 반드시 지출되어야 하는 경직적 항목이기 때문에 가계가 노력해서 절약할 대상이 아니다. 소득에서 비소비지출을 빼고 남는 것이 처분가능소득이고, 여기서 지출되는 생활비가 소비지출이고 절약의 주요 대상이다. 소비지출의 항목별 구성비가 높은 것부터 나열하면 다음과 같다.

2021년 4분기 가구당 월평균 소비지출 구성비

(%)

순서	항목	구성비	순서	항목	구성비
1	식료품 · 비주류음료	15.8	7	의류 · 신발	6.3
2	음식 · 숙박	14.2	8	교육	6.0
3	교통	11.6	9	오락 · 문화	5.6
4	주거 · 수도 · 광열	11.0	10	가정용품 · 가사	5.1
5	보건	9.2	11	통신	5.0
6	기타상품 · 서비스	8.6	12	주류 · 담배	1.5

통계청, 『2021년 4분기 가계동향조사 결과』, 2021.

07 여기서 29세 이하 가구주에는 1인 가구와 맞벌이 가구가 모두 포함되었다.
08 신한은행 Mydata Unit, 『2021 보통사람 금융생활 보고서』, 2021.

예전에는 생활비를 '의식주'에 드는 비용이라고 말했는데 지금은 의류에 대한 비중은 매우 낮아져서 '식주의'가 되었다. 소비지출의 1위는 식료품 · 비주류음료이고 먹는 것과 관련된 비용이 가장 크다. 2위는 음식 · 숙박이며 외식, 배달음식, 여행지 투숙 등에 대한 지출이다. 3위는 교통비로 대중교통 요금뿐만 아니라 자가용 구입비, 연료비, 유지비가 포함된다. 4위 주거 · 수도 · 광열은 주거생활에 필요한 지출이다. 5위 보건은 의약품 구매와 의료서비스에 드는 비용이다. 고령화가 진행됨에 따라 보건 관련 비용은 계속 증가하고 있다. 6위 기타상품 · 서비스는 이미용 서비스, 개인용품, 보험료 등에 들어가는 지출이다.

6위까지 항목 중에서 식료품, 주거, 보건 관련 항목은 필수적인 생활비여서 줄이기 쉽지 않고 음식 · 숙박, 교통, 기타상품 · 서비스 항목은 상대적으로 절약할 수 있는 여지가 있다. 7위부터 나머지 항목이 차지하는 비중은 29.5%이고 가계가 집중적으로 절약해야 하는 대상이다. 8위의 교육비도 절약의 대상인가에 대해서는 논란의 여지가 있지만 생애설계 차원에서 보면 과도한 교육비지출을 억제해야 한다.[09]

이 밖에 가계에서 실제로 돈은 나가는데 가계지출에는 포함되지 않는 중요한 항목들이 있다. 바로 부채의 원금상환액과 전세보증금의 증가분이다. 매월 지불하는 이자는 비소비지출로 처리하지만 원금상환액은 지출에 포함하지 않고 부채가 줄어든 것으로 처리한다. 2년마다 올려주는 전세보증금도 지출이 아니라 자산이 증가한 것으로 처리한다.

← 소득 →

〈현재〉	비소비지출 20%	소비지출 56%	흑자액 24%
〈변경〉	비소비지출 20%	소비지출 40%	흑자액 40%

09 NH농협은행은 2021년 11월 빅데이터를 기반으로 만든 'NH금융여지도'에서 농협은행 계좌를 보유한 고객들의 거래 정보를 이용하여 소득과 소비 실태를 분석하였다. 서울 사람은 소비지출의 25%를 고정소비지출에 쓰고 75%를 변동소비지출에 썼다. 변동소비지출(연 1,226만 원) 중에서 학원(사교육비)의 비중이 39.4%(연 483만 원)로 가장 높았다.

1년 동안의 분기별 가계소득을 평균하면 대략 비소비지출 20%, 소비지출 56%, 흑자액 24%로 나누어진다. 우리는 흔히 젊어서 자녀가 없을 때 소득의 50% 이상을 저축하라고 권유한다. 그런데 이 말을 조금 더 명확하게 표현할 필요가 있다. 그냥 소득이 아니라 처분가능소득의 50% 이상이라고 말해야 한다. 즉, 전체 소득에 대하여 말하면 비소비지출 20%, 소비지출 40%, 흑자액 40%로 비중을 유지하는 것이 바람직하다는 의미다. 물론 쉽지 않지만 노력하면 얼마든지 달성 가능한 목표다.

2. 절약하면 부자 되나?

☑ 부자들의 파산과 절약

POP의 황제, 마이클 잭슨이 2009년에 사망했을 때 빚이 5억 달러나 됐다. 생전에 음반 판매와 콘서트로 매년 어마어마한 수입을 올렸었는데 어쩌다 빚이 저렇게 많아졌는지 궁금하지 않을 수 없었다. 이유는 간단했다. 버는 것보다 쓰는 것이 많았기 때문이다. 마이클 잭슨이 죽은 다음에는 낭비하는 사람은 없고 저작권 수입은 계속 들어와서 유족들은 풍족한 생활을 한다고 알려졌다.

핵주먹 마이크 타이슨은 복싱 경기에서는 위대한 선수라는 칭송을 받았지만 사생활에서는 조롱을 받는 신세가 되었다. 타이슨은 아내를 두들겨 패고 이혼당하면서 거액의 위자료를 지급하였고, 수많은 고용원을 거느리면서 사치품을 무절제하게 사들이며 1년에 200억 원 이상을 펑펑 쓰고 살았다. 결국 파이터 머니로 받은 돈을 다 날리고 2003년에 파산 신청을 했으며 이후 작은 이벤트에 얼굴을 비치는 것으로 먹고사는 중이다.

반대로 아주 검소한 생활을 하는 세계적인 대부호들이 있다. 워렌 버핏은 금융투자로 세계 부자 3, 4위에 올랐는데 60년째 같은 집에 살고 있다. 아주 평범한 낡은 이층집에 살면서 저렴한 햄버거로 식사하는 것으로 유명하다. 이케아의 설립자 잉바르 캄프라드는 1993년식 볼보 자동차를 20년 동안 타고 다녔다. 식사도 고급레스토랑이 아니라 동네 근처 푸드코트에 가서 보통 사람과 어울려 식사를 한다.

멕시코의 재벌 카를로스 슬림은 세계 부자 1위에도 올랐던 대부호인데 역시 오래된 집에 살고 오래된 차를 이용했다. 검소하게 살면서 비서도 없고 운전도 자신이 직접 하는 것으로 유명하다. 페이스북의 설립자 마크 저커버그는 세계 최고의 부자이지만 옷 입은 모습은 회색 티셔츠에 청바지 차림으로 늘 똑같다. 그는 오늘은 어떤 옷을 입을까 고민하지 말고 그 시간에 자기 주변을 돌아보는 것이 낫다고 말한다. 와하하 음료의 쭝칭허우 회장은 중국의 최대 갑부로 꼽히는데 하루 용돈이 고작 2만 원이다. 매 끼니를 구내식당에서 먹고 특히 도박, 골프 같은 건 아예 손도 안 댄다고 한다.

절약과 할인율

워렌 버핏은 "100달러 벌려고 애쓰는 것보다 1달러 아끼는 것이 낫다."라고 말했으며, 잉바르 캄프라드는 "1달러를 아끼면 1달러를 번 것이다."라고 말했다.

마트에서는 '1+1' 할인 행사를 많이 한다. 내가 어떤 물건을 '1+1'으로 구매하면 할인율이 얼마일까? 할인가 나누기 정가로 계산하면 할인율은 50%다. 1,000원짜리를 500원에 샀으니 저렴하게 샀다고 기뻐한다. 그러나 이것은 지금 당장 필요한 것은 1개이지만 할인을 받기 위해 지금은 필요하지 않은 것까지 2개를 산 것이다.

만일 이 물건을 공짜로 받으면 할인율이 얼마일까? 할인율이 100%다. 1,000원짜리를 가져오는데 내 돈이 하나도 쓰이지 않았으므로 할인율이 100%가 된다. 그러면 그 물건을 안 사면 할인율이 얼마일까? 내가 절약한 가치는 1,000원이고 지불한 금액은 0원이므로 숫자 나누기 0이어서 할인율이 무한대다. 그만큼 지출을 줄이는 것이 가계에 도움이 된다는 뜻이다.

부자 되는 방법

자동차 왕, 헨리 포드는 부자가 되는 데 세 가지 방법이 있다고 말했다. 재계의 거물이 말하는 방법이니 궁금하지 않을 수 없다. 첫째는 부모를 잘 만나서 큰돈을 상속받는 것이다. 그러나 자식이 부모를 선택할 수 있는 것이 아니므로 대부분의 사람과는 관계없는 방법이다. 둘째는 부자를 만나서 결혼하는 것이다. 내가 결혼하고 싶은 부자는 있지만 그 부자는 다른 부자를 찾고 있을 테니 실현 가능성이 없다. 셋째는 절약해서 저축하는 방법이다. 포드는 바로 이 셋째 방법을 강조하기 위해서 말도 안 되는 첫째와 둘째 방법을 제시한 것이다.

소득에서 지출을 뺀 것이 저축이니까 부자 되는 길은 두 가지로 말할 수 있다. 하나는 소득을 늘리는 것이고 다른 하나는 지출을 줄이는 것이다. 소득을 늘리려면 자기계발을 잘해서 역량을 갖춰 승진하든가 좋은 사업기회를 잡아서 창업하든가 해야 할 것이다. 또는 주식이나 부동산에 대한 재테크를 잘하는 것도 여기에 포함된다. 그런데 이렇게 소득을 늘리는 것은 내 마음대로 되지 않는다. 경쟁시장에서는 모든 사람이 더 많을 돈을 벌려고 노력하므로 어느 누구도 남들보다 우월한 성과를 지속적으로 낼 수 없다. 그렇다고 소득을 늘리려는 노력을 멈추면 바로 그 순간부터 뒤처지게 된다. 소득을 늘리려는 노력을 계속 기울여야 남들과 비슷한 수준의 소득을 유지할 수 있다. 열심히 경쟁해야 중간 수준이 된다는 사실은 개인에게는 엄청난 압박이지만 바로 그 경쟁을 통해 사회는 발전한다.

지출 줄이기는 남과 경쟁하는 것이 아니라 순전히 내 의지로 이룰 수 있는 일이다. 다른 사람이 뭐라고 한들 상관하지 않고 내 가치관과 내 습관만 바꾸면 이룰 수 있는 것이 바로 지출 줄이기다. 지출을 줄이는 데 유용한 세 가지 방법이 있다. 첫째, 필요와 욕구의 차이부터 분명하게 알아야 한다. 필요에 의한 지출은 살아가는 데 반드시 써야 하는 것이고 욕구에 의한 지출은 쓰면 기분이 좋지만 안 써도 생활에 지장이 없는 것이다. 둘째, 지출할 때 가격과 성능을 비교하는 습관을 가져야 한다. 가성비가 아니라 가격과 심리를 비교하는 가심비라는 용어가 있는데 주로 불필요한 지출을 합리화하는 데 쓰인다. 셋째, 절약을 습관으로 만들어야 한다. 절약은 처음에는 힘들지만 사고와 태도를 바꾸면서 습관으로 만들면 점차 의식하지 않고도 절약하게 된다.

부자들은 실제로 어떻게 지출하고 있을까? 부자들의 지출에는 네 가지 특징이 있다. 첫째, 감정을 해소하기 위한 지출은 안 한다. 스트레스를 받거나 우울감에 빠지면 보통 사람들은 충동구매에 빠지는데 부자들은 운동, 독서, 숙면 등으로 마음을 다스린다. 둘째, 남의 시선을 의식한 지출은 안 한다. 진정한 부자는 의외로 소박하게 산다. 명품으로 자기를 치장하고 과소비로 재력을 드러내지 않아도 자신감과 자존감이 충만하기 때문이다. 셋째, 쓰는 순간 가치가 사라지는 지출은 안 한다. 가치가 소멸되는 소비는 술, 담배, 도박, 게임 등을 말한다. 부자들은 문화생활이나 자기계발과 같이 가치가 창출되는 소비를 한다. 넷째, 아무리 확실해도 집중투자는 안 한다. 빈자는 위험을 싫어하면서 고수익을 기대한다. 그러니 사기꾼들의 먹잇감이 되는 것이다. 부자는 위험을 분산시키면서 과감하게 투자한다. 부자가 얻는 수익은 위험부담에 대한 보상이다. 부자들의 네 가지 지출 특징을 보면 특별한 비결이 있지는 않다. 누구나 따라 할 수 있는 쉬운 내용이다. 부자를 부러워하지만 말고 부자들의 행동을 따라 하는 것이 우리가 가야 할 길이다.

절약의 대상

가계지출 중에서 어느 항목을 절약할 수 있을까? 비소비지출은 외부적 요인에 의해서 거의 확정된 지출이므로 절약의 여지가 별로 없다. 절약은 소비지출에 초점을 맞추어야 한다. 처분가능소득 중에서 소비지출에 쓰이는 비율이 소비성향이다. 만일 소비성향이 70%이면 소비지출은 소득의 56%가 되고 저축은 소득의 24%가 된다.

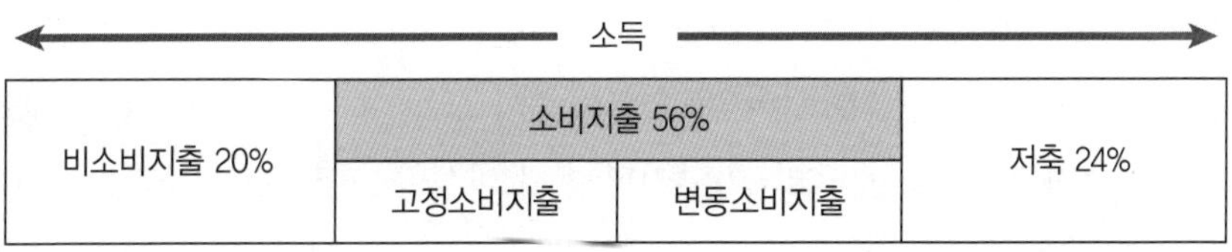

소비지출은 고정소비지출과 변동소비지출로 구분된다. 고정소비지출은 소득과 관계없이 매월 일정하게 나가는 지출이다. 식비, 주거비, 교통비, 통신비와 같이 생활에 필수적인 항목들이 대부분이다. 변동소비지출은 기분 내키는 데 따라서 많이 쓸 수도 있고 안 쓸 수도 있고 줄일 수도 있는 지출이다. 의류, 오락 · 문화, 음식 · 숙박과 같이 필요가 아니라 욕구를 충족시키는 항목들이다. 이 중에 어떤 지출을 줄여야 할까? 언뜻 생각하면 고정소비지출은 그대로 두고 변동소비지출만 줄여야 할 것 같은데 고정소비지출과 변동소비지출이 모두 절약의 대상이다.

고정소비지출은 줄이기 어렵지만 일단 줄이면 절약 효과가 매우 크다. 고정소비지출을 줄이려면 가치관을 바꾸는 노력이 필요하다. 매주 금요일에는 외식을 해야 돼, 자동차는 꼭 있어야 돼, 스마트폰은 데이터 무제한 요금제여야 돼와 같은 생각을 바꾼다면 고정소비지출을 확 줄일 수 있다. 변동소비지출은 사소한 금액이지만 몸에 배어 있는 생활습관들 때문에 발생하는 경우가 많다. 매일 아침 커피 한 잔을 마셔야 하고, 매일 오후 초콜릿 간식을 먹어야 하고, 매주 피부 마사지를 받아야 하는 생활습관을 바꿔야 절약이 가능해진다. 가치관은 머리를 바꾸는 것이고 생활습관은 몸을 바꾸는 것으로 둘 다 쉽지 않다. 그렇지만 그 어려운 것을 극복해야만 금융행복이라는 목표를 달성할 수 있다.

$$\frac{\text{소비지출}}{\text{소득}} = \frac{\text{처분가능소득}}{\text{소득}} \times \frac{\text{소비지출}}{\text{처분가능소득}}$$
$$= 80\% \times 70\%$$
$$= 56\%$$

지금까지는 소비성향이 70%일 때 소비지출이 56%, 저축이 24%가 되는 것을 보았다. 만일 소비성향을 60%로 낮추면, 소비지출은 48%, 저축은 32%가 된다. 소비성향을 50%로 더욱 낮추면 소비지출과 저축이 모두 40%가 된다. 처분가능소득의 반을 저축하라는 말을 달리 이야기하면 소비성향을 50%로 하라는 의미다. 2021년 4분기에 가계의 처분가능소득이 378만 원이다. 여기에 소비성향 50%를 곱하면 한 달에 쓸 수 있는 목표 소비지출은 189만 원이다. 그런데 실제 소비지출은 254만 원이므로 차액 65만 원이 소비지출에서 절약할 목표액이 된다.

☑ 소득부터 정확하게

절약으로 돈을 모으려면 우선 얼마나 벌고 있는지부터 알아야 한다. 그런데 사람들에게 월급이 얼마냐고 물어보면 대충 250만 원 또는 300만 원 정도라면서 10만 원이나 100만 원 단위로 대답한다. 물론 자신의 소득을 구체적으로 밝히기 싫은 이유도 있겠지만 본인이 실제로 얼마나 버는지 정확히 모르기 때문이기도 하다. 내 소득에 대해서는 가능하면 1만 원 단위까지 파악해 두는 것이 좋다. 살면서 기억해 둘 것이 얼마나 많은데 월급 숫자까지 꼼꼼히 기억해야 하냐고 반문할 수 있다. 그렇다면 최소한 10만 원 단위까지는 알아두어야 한다. 그냥 막연하게 한 달에 300만 원 정도 번다고 생각해서는 제대로 된 금융생활을 할 수 없다. 무엇이든지 알아야만 관리가 된다. 소득이 얼마인지 정확하게 모르면 지출이 적절한지 판단할 수 없다.

직장인이면 매월 받는 급여명세서를 출력해서 바인더 노트에 보관하는 것이 좋다. 급여명세서를 보면 무슨 항목으로 얼마가 들어왔고 구경도 하기 전에 빠져나가는 항목이 무엇인지 알 수 있다. 기본급에 가산 항목을 더하고 차감 항목을 빼면 실수령액이 나온다. 기본급은 정상 노동시간 근무에 대한 임금이다. 가산 항목은 추가적으로 받는 수당, 후생비, 상여금 등이고 차감 항목은 세금, 사회보험료, 이자 등의 비소비지출이다.

기본급 + 가산 항목 − 차감 항목 = 실수령액

월급이 통장에 들어왔다가 모두 빠져나가서 통장이 텅 비는 순간 월급 '텅장'이 됐다고 말한다. 월급 통장이 텅 비는 데 며칠이나 걸리는지 2040 직장인에게 조사해보니 평균 14일로 나왔다.[10] 14일 만에 월급 통장이 비면 그동안 모아 두었던 저축이나 자산을 까먹으면서 살든가 아니면 빚을 내서 살게 된다. 마이너스 통장을 만들고 신용대출을 받고 카드론을 받으면 대출금 이자를 지불해야 한다. 이자를 지불하면 처분가능소득이 그만큼 줄어들어 월급이 더 빨리 사라지고 그러면 더 많이 대출 받아야 하는 악순환이 반복된다.

이런 악순환을 피하려면 계획된 소비를 해야 한다. 우리나라의 평균 소비성향은

10 잡코리아와 알바몬이 공동으로 2021년 5월에 2040 직장인 812명을 조사하였다.

계속 하락하고 있다. 과거에 소비성향이 80% 가까이 나오는 시기도 있었는데 2020년부터 70% 아래로 떨어지고 있다. 소비성향이 하락하면 기업들의 매출이 줄고 동네 가게들이 장사가 안 된다. 경제 전체적으로 보면 경기가 침체된다. 이처럼 불경기가 되면 기업들은 초과 근무를 안 시키고 신입 사원도 안 뽑게 되며 심지어는 인력을 해고한다. 가계는 소득이 감소하거나 실업자가 되므로 지출을 더 줄여서 소비성향이 또 떨어지고 불경기가 심화되는 악순환이 발생한다.

그러면 경기를 살리기 위해서 가계가 소비성향을 늘려야 할까? 아니다. 국가 경제를 살리기 위해서 가계가 소비성향을 억지로 늘리는 것은 결코 해법이 아니다. 경제 전체적으로 보면 가계가 소비성향을 유지하는 게 좋지만 가계 입장에서는 가능하면 소비성향을 낮춰야 한다. 이게 전체와 개체 사이에 존재하는 구성의 모순이다.[11] 왕성한 소비가 국가 경제를 활성화시키는 긍정적 효과가 있지만 각 개인이나 가정으로 보면 왕성한 소비는 파멸의 지름길이다. 불경기를 극복하기 위해서 정부는 확장적 재정 정책과 통화 정책을 사용한다. 그러나 가계는 호경기든 불경기든 항상 검소한 생활을 해야 한다.

3. 지출을 어떻게 줄이나?

☑ 짠테크

행복한 금융생활을 이루려면 목표를 세운 후 필요한 자금을 저축으로 마련해야 한다. 저축을 잘해야 하는데 이게 생각보다 쉽지 않다. 세상에 특히 힘든 일 세 가지가 있다고 말한다. 공부, 운동, 저축이다. 공부, 운동, 저축을 할 때 의욕 과잉으로 거창한 목표를 세운 뒤 머리띠 두르고 시작하는 사람이 있다. 자기 의지로 온갖 어려움을 극복하면서 목표를 이루겠다는 자세인데 그 뜻은 가상하지만 대개는 실

11 경제학자 케인스는 이러한 구성의 모순 사례로 '절약의 역설'을 주장하였다. 개인이 저축을 많이 하면 미래 소득이 늘어나 바람직하지만, 모든 국민이 소비하지 않고 저축한다면 재고가 쌓이고 국민소득이 감소해서 경제가 침체된다.

패한다.

이런 식으로 공부하는 사람들이 있다. "나는 밥 먹고 잠자는 시간 빼고 하루에 15시간씩 공부할 거야." 그래서 토익 900점을 받거나 금융자격증을 따겠다고 결의를 다진다. 그러나 자신의 의지만으로 목표에 도달하려고 하면 실패하는 경우가 많다. 물론 자신의 확고한 신념과 의지가 있어야 하지만 그것만으로 부족하고 좋은 시스템의 도움을 받아야 한다. 저축하고 싶다면 저축하는 데 좋은 수단이 뭐가 있는지 찾아서 활용해야 한다.

가계가 소비와 저축을 할 때 반드시 사용하도록 강력하게 추천되는 수단 세 가지가 있다. 첫째, 통장을 쪼갠다. 통장을 하나만 쓰는 게 아니라 자금 목적에 따라 여러 개의 통장으로 나누어 사용하는 방법이다. 둘째, 고정소비지출을 자동이체한다. 아파트 관리비나 통신요금과 같이 매월 일정하게 발생하는 항목은 통장에서 자동적으로 빠져나가도록 만든다. 셋째, 가계부를 쓴다. 소득과 지출에 대한 내용을 가계부에 기록하고 매월 정산하여 예산에 반영하는 방법이다. 이런 수단들은 특별한 사전 지식이 필요하지도 않고 특별한 허락을 받을 필요도 없어서 누구나 쉽게 따라 할 수 있는 내용이다. 그러나 이런 방법들을 호기심에서 한두 번 해 보는 것은 쉬운 일이지만 장기간 지속적으로 유지하는 것은 결코 쉬운 일이 아니다.

소비지출을 줄이는 짠테크는 다이어트와 닮은 꼴이라는 이야기를 많이 한다. 작동 원리를 보면 다이어트는 음식 섭취를 줄이고 운동량을 늘리는 것이고, 짠테크는 지출을 줄이고 저축을 늘리는 것이다.

	다이어트	짠테크
작동 원리	음식 섭취를 줄이고 운동량을 늘린다.	지출을 줄이고 저축을 늘린다.
조급한 목표	한 달에 10kg 감량	1년에 3천만 원 저축
실패 부작용	과식, 폭식, 거식	과소비, 탕진, 염세
심리적 압박	거울 외면, 온갖 변명	통장 회피, 사회 탓
성공 요인	매일 꾸준하게 실행 좋은 습관으로 정착	

사람들은 다이어트나 짠테크를 할 때 목표를 과대하게 잡는 경향이 있다. "한 달에 10kg을 빼겠어!" 또는 "1년에 3,000 만 원을 모을래!"와 같은 조급한 목표는 대부분 실패한다. 목표달성에 실패하면 여러 가지 부작용이 발생한다. 다이어트에서는 과식, 폭식, 거식 등이 나타나고 짠테크에서는 과소비, 탕진, 염세 등이 나타난다. 다이어트에 실패한 사람들은 심리적 압박으로 인하여 거울을 외면하고 상황이 안 좋았다고 변명을 한다. 짠테크도 마찬가지여서 저축이 안 늘어나면 통장을 쳐다보기도 싫어하고 사회가 잘못돼서 내가 이렇게 힘들다고 남 탓을 한다. 다이어트나 짠테크에서 성공하려면 적정한 목표를 설정하고 꾸준하게 실행해야 한다. 조급하게 서두르지 말고 목표를 조금씩 이루어야 한다. 시간이 많이 걸리므로 인내심이 필요하고 이러한 과정을 거치면서 절약하고 저축하는 좋은 습관이 길러진다.

한 달에 1만 원을 절약하고 싶을 때 다음 두 가지 방법이 있다고 하자. 첫째는 금리가 1% 더 높은 적금을 찾아서 적금을 붓는 것이고, 둘째는 생활비 중에서 1만 원을 덜 쓰는 방법이다. 이 중에 어떤 방법이 더 쉬울까? 금융시장은 경쟁이 치열하기 때문에 동일한 금융상품의 수익률은 거의 차이가 없다. 은행들이 가끔 적금 이자율을 아주 높게 책정한 특판 상품을 판매하기도 한다. 그러나 이런 특판 상품에는 여러 가지 까다로운 조건이 붙고 월 적립액도 소액(예, 10만 원)으로 제한되는 경우가 많다. 더 높은 금리를 주는 적금 상품을 찾으려는 노력은 헛수고가 될 가능성이 크다. 차라리 그 시간에 경제 기사나 재테크 책을 읽는 것이 더 바람직하다.

생활비 1만 원을 절약하는 것도 쉬운 일은 아니다. 그러나 생활비 절약은 남과 경쟁해서 얻는 것이 아니라 자신의 욕망을 스스로 절제해서 얻는 것이다. 금융시장의 상황이나 금융기관의 마케팅과 무관하고 본인의 의지만 확고하면 되므로 생활비를 절약하는 것이 더 쉽다. 두 가지 방법 중에서 어느 것이 살림에 실질적인 도움이 될까? 예를 들어 다른 은행들은 적금 이자율이 2%인데 나는 운이 좋아 3%짜리 적금에 가입했다고 하자.[12]

12 계산을 간단하게 만들기 위해서 세금은 없고 단리법으로 계산한다.

월 적금	금리	1년 납입	세전이자	이자 차이
15만 원	2%	→	19,500원	9,750원
	3%		29,250원	

한 달에 15만 원씩 12개월 동안 적금을 부으면 만기에 세전이자 2만 9,250원을 받는다. 만일 이자율 2%짜리 평범한 적금에 가입했으면 세전이자 1만 9,500원을 받으므로 두 적금의 이자 수령액 차이는 9,750원이다.[13] 그러면 3%짜리 적금에 가입해서 이자를 더 많이 받았으니 잘한 것일까? 지금 예의 이자 차이는 12개월 동안 적금총액 180만 원을 투자해서 겨우 얻은 혜택이다. 어렵사리 금리가 1% 더 높은 적금을 찾아냈다고 하더라도 이자 차이는 아주 소액이다.

생활습관이나 소비성향을 바꿔 한 달에 1만 원씩 절약하면 1년에 12만 원이 모이는데 이 돈은 투자금을 하나도 들이지 않고 벌어들인 수익이다. 이자율 3% 적금에 가입하여 이자를 12만 원 더 받으려면 매월 185만 원(총 2,250만 원)을 납입해야 한다. 이자 12만 원을 더 받겠다고 이렇게 큰돈을 적금에 붓는 것은 비효율적이다. 실제로 살림에 도움이 되는 것은 매달 1만 원을 덜 쓰는 것이다. 우리는 실행하기 쉬우면서 살림에 도움이 되는 길로 꾸준히 가야 한다.

짠돌이와 짠테크

옛날에 인천 사람이 개성 사람들이 지독하게 알뜰한 모습을 보고 "아주 인색하다."라고 말했더니, 개성 사람이 펄쩍 뛰면서 오히려 인천 사람들이 인색하기가 "바닷물처럼 짜다." 라고 말했다고 한다. 이제 짠돌이와 짠순이는 낭비하지 않고 검소하게 생활하는 사람들을 나타내는 호칭이 되었다. 또 돈을 낭비하지 않는다는 '짜다'와 돈을 불리는 기술인 '재테크(財tech)'가 결합하여 '짠테크'까지 등장하였다.

짠테크는 무조건 안 쓰고 아끼는 인색과는 다르다. 불필요하거나 과분한 소비를 줄여서 낭비를 최소화하고 꼭 필요한 곳에 의미 있게 지출하겠다는 전략이다. 인색한 사람은 자기

13 월 적립액이 153,846원이면 이자 차이가 1만 원이 된다.

돈은 아끼지만 남의 돈은 함부로 다루며 남이 호의를 베풀어도 고마워하지 않고 당연하게 여긴다. 검소한 사람은 자기 돈뿐만 아니라 남의 돈도 귀하게 다루며 남이 베푸는 호의를 잊지 않고 되돌려 준다. 인색과 검소의 차이를 무시하고 재물을 아끼기만 해서는 사람들의 손가락질을 받는 수전노 또는 노랑이 신세를 면할 수 없다.

필요와 욕구

절약하려면 필요와 욕구를 구별해야 한다. 지금 사려는 저 물건이 생활에 꼭 필요한 것인가 아니면 그냥 갖고 싶은 것인가를 알아야 한다. 이것을 구별해야만 충동구매를 피할 수 있다. 비슷한 물건을 이미 가지고 있지는 않은가, 이것을 사서 얼마나 오래 쓸 수 있는가, 가격이 지금보다 2배로 올라도 역시 살 것인가 등의 질문을 해 봐야 된다. 이런 질문들에 대해서 확실하게 '그렇다!'라는 답이 나오지 않으면 '사지 마라!'는 신호로 해석해야 한다. 지금 사지 말고 뒤로 미루든가 아니면 아예 안 사든가 해야 한다.

소비를 뒤로 늦추는 방법은 절약하는 데 효과가 크다. 평소 인터넷 쇼핑몰에서 물건을 검색하고 바로 구매 버튼을 누르지 말고 장바구니에 넣어 두는 습관을 기르는 게 좋다. 장바구니에 넣어 두었다가 일주일 또는 한 달 후에 다시 보면 굳이 살 필요가 없는 물건들이 분명히 있을 것이다. 저 물건이 지금 꼭 필요한가 하는 입장에서 다시 살펴보면 그렇지 않은 것들이 많다. 할인 판매하는 저 물건을 나중에 쓸 일이 생길 것 같아서 미리 구매했다는 말은 낭비를 합리화하는 변명에 불과하다. 지금 안 쓰는 물건은 아무리 싸게 사도 낭비다. 물건을 여러 개 사는 것도 전형적인 낭비다. 지금 마트에 가 보면 '1+1' 행사를 하는 물건이 무수히 많다. 하나 사면 하나 더 주는 이유는 무엇일까? 기업들이 많이 팔기 위해 사용하는 마케팅 술책이다. 아무리 싸더라도 또 언젠가 사용하게 될지라도 지금 필요한 양을 넘어서 구입하면 그게 바로 낭비다.

쇼핑 중독은 당장 필요하지 않은 데도 불구하고 물건을 사려고 과도하게 집착하는 상태를 말한다. 쇼핑에 중독된 사람들은 물건을 갖고 싶다는 갈망이 매우 강력하다. 물건이 꿈에 나타나고, 물건 생각에 중요한 약속을 잊어버리고, 다른 일이 손에 잡히지 않을 정도로 애절하게 느낀다. 쇼핑을 해서 이런 갈증을 해소할 수 있지만 문제는 쇼핑에 내성이 있다는 점이다. 우리가 항생제를 많이 먹어서 세균에 내성이 생기면 항생제를 아무리 많이 먹어도 치료가 안 된다. 쇼핑도 이와 마찬가지다. 쇼핑을 처음 하면 만족감, 쾌감, 흥분감이 올라와서 행복을 느낀다. 다음 쇼핑에서 처음과 같은 정도로 구매해서는 만족감이 처음만큼 안 생긴다. 만족감을 높이려면 쇼핑 금액을 자꾸 올려야 한다.

담배를 끊으면 금단 증상이 나타나듯이 쇼핑을 못 하면 금단 증상이 생긴다. 심리 상태가 우울하고 불안하며 초조한 증상이 나타난다. 내가 쇼핑 중독인지를 진단하는 자가진단 항목 5개 중에서 4개 이상에 해당되면 쇼핑 중독이다. 쇼핑 중독은 혼자 극복하기 쉽지 않고 남의 도움도 받으면서 치료해야 한다. 쇼핑 전에 구매목록을 작성하여 충동구매를 줄이는 것이 치료의 첫걸음이며, 쇼핑 습관을 바꾸는 것과 함께 쇼핑 이외에 다른 취미를 갖도록 노력해야 한다.

쇼핑 중독 자가진단
1. 열지 않은 쇼핑백이나 택배 상자가 있다. 2. 하루의 대부분을 쇼핑에 집중한다. 3. 당장 필요하지 않은 물건을 사들인다. 4. 계획하지 않은 물건을 충동적으로 사들인다. 5. 다른 사람이 나를 쇼핑 중독이라고 본다.

→

쇼핑 중독 치유방법
1. 쇼핑 전에 구매목록을 작성한다. 2. 현금이나 체크카드로 쇼핑한다. 3. 홈쇼핑 채널과 쇼핑몰 앱을 차단 · 삭제한다. 4. 주위 사람에게 쇼핑을 말려달라고 요청한다. 5. 다른 취미활동(체육, 음악)을 개발한다.

가성비와 소비심리

사람들은 소비 선택을 할 때 가격과 성능을 대비하여 가성비가 높은 것을 구매한다. 매우 효율적인 방법이지만 가성비만 따지다 보면 돈이 더 들 수도 있다. 한

번 사면 오래 쓸 물건인데도 불구하고 저렴하다고 해서 싸구려를 사면 금방 망가지고 또다시 사야 하므로 오히려 비용이 더 든다. 오래 사용할 물건은 좀 비싸더라도 내구성이 있는 걸 사야 한다. 모조품(짝퉁)을 사는 것도 문제다. 명품이 너무 비싸니까 비슷한 모조품을 사는데 당연히 품질이 못 미치고 AS도 안 되어서 그냥 낭비하는 돈이 된다. 또는 저렴하다고 같은 제품을 여러 개를 사는 경우도 많다. 색깔 별로 사고 묶음으로 사는 것이 모두 낭비다.

가격만 따지지 말고 품질이나 내구성을 고려한 현명한 소비를 해야 한다. 정상적인 제품을 할인해서 판매하는 기회를 이용할 필요가 있다. 유명 브랜드 제품이고 대기업에서 책임지고 만든 제품이지만 계절이 바뀌거나 유행이 바뀌면 수요가 줄고 재고가 늘어난다. 기업들은 자금회수를 위하여 이런 멀쩡한 제품을 할인 매장에 넘긴다. 특별히 유행에 민감하게 반응하지 않는다면 할인 매장에서 구매하는 것이 좋은 선택이 된다.

소비에는 개인의 라이프 스타일이 반영되기도 한다. 욜로(YOLO: You Only Live Once)족은 어차피 한 번 사는 인생인데 내가 하고 싶은 걸 하면서 살겠다는 사람들이다. 자칫 과소비에 빠질 우려도 있지만 남의 눈치 안 보면서 자신만의 인생을 즐긴다는 점에서 긍정적이다. 근래 'B+프리미엄' 제품이 소비자의 주목을 받고 있다. 흔히 B급은 적당한 가격의 중간 상품을 의미한다. 예를 들어 B급 영화(B movie)는 저예산으로 단기간에 제작된 영화다. B급 제품에서 기능이나 디자인을 개선하여 가성비와 만족감을 높인 제품을 'B+프리미엄'이라고 부른다. B급 제품이지만 차별성이 가미된 것을 소비하는 것도 좋은 방법이다.

소비심리와 관련해서 '○○효과'라는 이름을 붙여서 부르는 경우가 많다. 비합리적인 소비가 일어나는 현상을 인간의 심리가 복잡하고 변덕스럽다는 점을 이용해서 설명하는 것이다. 밴드 왜건(bandwagon) 효과는 남들이 소비하는 것을 따라서 구매하는 현상이다. 남들이 산 물건을 남들과 같아지기 위해서 덩달아 사는 행동을 말한다. 스놉(snob) 효과는 남들이 많이 사는 물건을 사지 않고 특이한 물건을 사서 잘난 체하는 현상이다. 스놉은 속물이라는 뜻이다. 베블런(Veblen) 효과는 가격이 오르면 수요가 줄어야 하는데 거꾸로 비쌀수록 잘 팔리는 현상이다. 높은 가격에 사서 남에게 과시하고 싶은 욕구를 의미하며 소위 명품에 이런 현상이 자주 일어난다.

대형마트 쇼핑 노하우

대형마트를 아무 때나 가기보다 효과적으로 이용하는 방법이 있다. 첫째, 배부터 채우고 마트에 가야 한다. 배고픈 상태에서 가면 배를 채우고 갈 때보다 더 많이 구매하게 된다. 스트레스를 많이 받은 상태에서도 가지 말아야 한다. 스트레스를 쇼핑으로 풀기 위해서 필요 없는 것까지 마구 사기 때문이다. 둘째, 쇼핑할 때 빠른 음악을 듣는 것이 좋다. 빠른 음악을 들으면 걸음도 빨라지고 쇼핑 시간도 줄어든다. 셋째, 할인 혜택을 최대한 받을 수 있는 날에 간다. 주말보다 주중에 가는 것이 할인 혜택을 받을 가능성이 크다. 대개 마트들은 수요일에 할인 행사를 시작한다. 주말에 가면 할인이 적용되지 않은 가격에 구매하게 된다. 신선 식품은 하루가 지나면 판매를 못 하므로 저녁 시간에 많이 할인해서 판매한다. 대개 오후 9시에서 10시 사이에 마감세일을 한다. 넷째, 마트의 정기휴무 전날에 간다. 마트가 둘째, 넷째 일요일에 휴무한다면 둘째, 넷째 토요일 6시부터 휴무세일을 시작한다.

요약하면, 마트 가는 원칙을 이렇게 만들 수 있다. "우리는 한 달에 두 번 둘째, 넷째 토요일에 저녁 먹고 8시에 마트에 간다!" 이렇게 원칙을 정해 놓고 실천하다 보면 자연스럽게 효율적인 장보기 습관이 형성된다. 얼마든지 마트의 영업정책을 고려해서 내 생활 스타일에 맞는 원칙을 세우고 즐거운 쇼핑을 할 수 있다.

지금 30대 초반 이하의 젊은 층을 MZ세대라고 부른다. 밀레니얼(M) 세대는 1980년대 초반에서 2000년대 초반에 출생하였고 새로운 밀레니엄 이후 성인이 되어 트렌드를 이끄는 주역이 됐다. Z세대는 1990년대 초반부터 2010년대 초반에 출생하여 20세기의 마지막 세대라는 뜻으로 알파벳의 마지막 글자 'Z'를 붙였다.[14] M세대와 Z세대를 합한 MZ세대는 디지털 문화에 익숙하고 생활에서 가치와 재미를 추구한다. 이들은 사고가 자유롭고 간섭을 싫어하며 자기 주도적으로 사는 특징이 있다.

두 세대의 차이를 말한다면 소비를 선택할 때 M세대는 가격과 성능에 신경을 쓰고 Z세대는 디자인과 포장에 신경을 쓰는 차이가 있다. 소비하는 패턴에도 다소 차이가 있다. M세대는 평소에는 알뜰하고 실속 있게 생활하다가 때때로 필요하다고 판단되면 과감하게 소비한다. Z세대는 소액을 조금씩 충전해서 편리하고 가볍

14 M세대와 Z세대를 가르는 명확한 기준은 없고 여러 정의가 사용되고 있다.

게 사용한다. 이들은 소비에서 전통에 얽매이지 않고 남의 눈치를 살피지 않는다는 점에서 부모세대와 차이가 난다.

MZ세대의 행동을 설명하는 말로 '플렉스(flex) 문화'와 '야누스(Janus) 소비'가 있다. 플렉스는 힙합 가수들이 금 목걸이를 걸고, 고급 시계를 차고, 달러 현찰을 부채처럼 펼쳐 보이면서 재력을 과시하는 행동에서 유래되었다.[15] MZ세대가 남의 시선에 구애받지 않으면서 자신의 능력을 뽐내는 문화로 전파되었다. 야누스는 얼굴이 앞뒤로 있는 괴수다. 야누스 소비는 평소에는 생활필수품도 아끼면서 극도로 절약을 하다가 자신을 드러낼 수 있는 상품이라면 과감하게 소비하는 양면적인 모습을 말한다. '플렉스(flex) 문화'와 '야누스(Janus) 소비'는 기성세대가 보기에는 이상하지만 젊은 층에게는 아주 자연스러운 현상이 되었다.

통장 쪼개기

통장 한 개로 소득과 지출 모두에 사용하는 것은 좋은 방법이 아니다. 지출을 통제하고 저축을 지속하려면 용도에 맞게 통장을 여러 개 사용해야 한다. 통장 쪼개기는 온갖 용도에 다 쓰이던 하나의 통장을 여러 개로 나눈다는 뜻이다.

통장 쪼개기

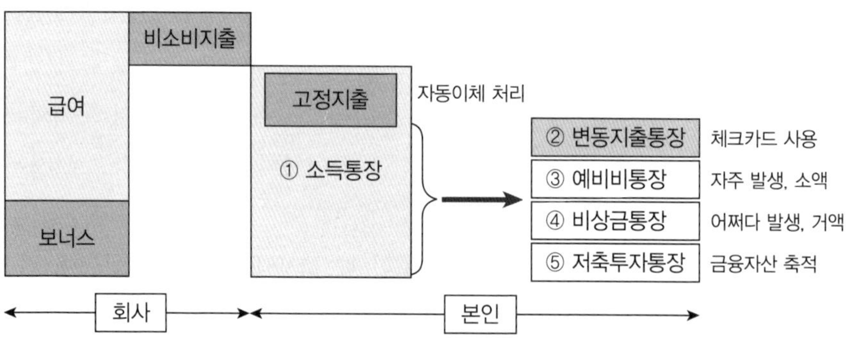

15 영어 flex는 '구부리다'라는 뜻인데 재력을 뽐낸다는 의미로 바뀌었다. 처음에는 자기 팔을 구부려 알통을 보여주고 등을 구부려 근육을 자랑하는 행동이었다.

회사는 내가 받을 급여와 보너스에서 세금과 사회보험료 등의 비소비지출을 차감한 나머지를 월급통장으로 입금한다. 이 월급통장에서 대출금에 대한 원리금이 빠져나가고 남는 금액이 가계가 소비와 저축에 쓸 수 있는 가용소득이다.[16] 월급 이외에 부수입이나 기타소득이 있다면 이것들도 모두 월급통장으로 모으고 이를 소득통장으로 사용한다. 이처럼 소득을 한곳으로 모으면 매달 얼마나 버는지 쉽게 파악할 수 있다.

매월 정기적으로 나가는 고정지출은 소득통장에서 자동이체로 빠져나가게 한다.[17] 고정지출을 뺀 나머지를 변동지출과 저축에 사용해야 한다. 이때 그냥 소득통장에서 변동지출과 저축을 처리하는 것은 좋은 방법이 아니다. 소득, 지출, 저축이 하나의 통장에서 이루어지면 항목별 관리가 거의 불가능해지므로 각 용도에 맞추어 4~5개의 통장을 추가로 만들어야 한다. 이때 통장의 갯수가 중요한 것은 아니고 사람마다 형편에 맞게 통장을 만들면 된다.

변동지출은 자유롭게 입출금할 수 있는 보통예금통장을 만들어 사용한다. 가능하면 현금을 꺼내 쓰지 말고 체크카드로 사용하는 것이 좋다. 체크카드는 통장에 잔고가 있는 한도 내에서만 쓸 수 있으므로 과소비를 억제하는 데 효과적이다. 살다보면 결혼, 잔치, 장례 등 각종 경조사가 발생한다. 경조사 관련 비용은 소액이지만 불규칙하게 자주 발생하므로 한 달 생활비의 10% 정도를 보통예금이나 CMA 통장에 대비하고 있어야 한다. 예비비 지출은 주로 현금으로 이루어지므로 ATM에서 현금을 인출해 사용한다.

비상금통장은 3~6개월 정도의 생활비를 따로 모아 놓는 곳으로 적금통장을 많이 이용한다. 비상금은 실직이나 폐업으로 인하여 소득이 안 생기는 아주 특별한 경우에 대비하는 것이다. 저축투자통장은 예금, 주식, 펀드, 연금 등 다양한 금융상품을 담는 통장이다. 저축투자통장은 금융상품별로 여러 개의 통장으로 세분화된다.

통장 쪼개기로 5개의 통장을 만들면 돈의 흐름을 효과적으로 관리할 수 있다.

---

16 통계청 조사에서 처분가능소득은 이자만 뺀 금액이고 원금상환은 부채 감소로 처리한다. 여기서 가용소득은 처분가능소득에서 원금상환액까지 뺀 금액을 의미한다.

17 금융결제원이 제공하는 계좌정보통합관리서비스(https://www.payinfo.or.kr)를 이용하면 자동이체에 대한 조회, 해지, 변경을 쉽게 처리할 수 있다.

소득통장으로 모든 수입이 모이고 그곳에서 고정지출이 자동이체로 처리된다. 남는 금액 중에서 저축(예비비, 비상금, 저축 · 투자)을 먼저 하고 변동지출을 가장 마지막에 처리한다.

◎ 5개 통장으로 쪼개기

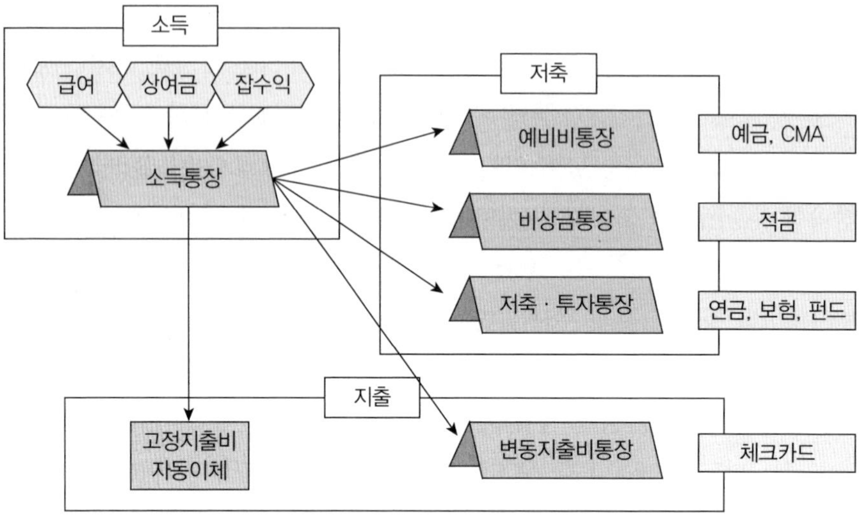

4. 가계부와 월말정산

앞에서 절약하기 위해서 활용할 수 있는 좋은 시스템 세 가지 중에서 통장 쪼개기와 자동이체를 보았고 이제 나머지 하나는 가계부 작성이다.

☑ 가계부

소득과 지출을 기록할 수 있는 가계부에는 여러 종류가 있다. 손으로 적는 수기 가계부, PC에서 사용할 수 있는 엑셀 가계부, 스마트폰으로 작성하는 앱 가계부 등이다. 이 중에 마음이 편한 것, 손이 쉽게 가는 것, 금방 익숙해지는 것을 선택하면 된다. 꼭 최첨단 기술을 이용한 제품을 써서 지출을 자동으로 분류하고 현란하게 차트 분석을 하지 않아도 된다.

가계부 앱 중에서 다운로드가 많이 된 인기 앱으로 똑똑가계부, 편한가계부, 네이버가계부 등이 있다. 다른 사람들이 이용한 평을 살펴보고 테스트 용으로 사용해 보고 자신의 감성과 생활 스타일에 맞는 것을 하나 선택하면 된다. 가계부 프로그램을 계속 업데이트해서 기능을 다양하게 갖추는 것이 중요한 게 아니라 꾸준히 쓰는 게 중요하다. 인기가 있다는 다른 가계부 앱으로 바꾸려고 생각하지 말고 그냥 꾸준히 쓰는 것이 좋다. 사소한 기능 차이 때문에 익숙해진 습관을 바꿀 필요는 없다.

가계부 프로그램에서 제시하는 항목 분류가 자신의 생활 패턴과 안 맞을 수 있다. 이때 가계부 형식에 나를 맞추는 게 아니라 내 생활 패턴에 가계부를 맞추어야 한다. 요점은 내 방식으로 단순하게 쓴다는 것이다. 가계부에는 생각나는 것만 기록하면 된다. 가계부 쓴다고 해서 "1만 원이 비는데 어디에 지출했지?" 하면서 머리를 쥐어짜고 스트레스를 받는 것은 수단과 목적이 뒤바뀐 것이다, 가계부는 재무 스트레스를 해결하기 위한 수단일 뿐이다. 생각나지 않는 지출이 있으면 '기타' 지출로 처리하면 된다.

가계부는 큰 항목 위주로 기록하는 것이 좋다. 지출을 지나치게 자세히 분류해서 작성하면 지쳐서 조금 하다가 포기하게 된다. 크게 분류한다고 해서 서너 가지로 너무 헐렁하게 분류하면 지출을 통제하는 효과가 없다. 통계청의 가계동향조사에서는 지출 항목을 12개로 분류하는데 개인이나 가계도 그 정도로 분류하면 적당하다. 가계부 작성에서 정말 중요한 점은 계속 쓰는 것이다. 혹시 작성하지 않고 넘어간 날이 있더라도 지나간 지출에 얽매이지 말고 계속 써야 한다.

☑ 월말 정산

가계부를 작성했으면 반드시 월말 정산을 해야 한다. 월말 정산을 통해서 지난달의 지출에 대해서 잘못한 점은 반성하고 잘한 점은 격려한다. 이를 통해 미래의 지출 관리에 더 큰 힘을 얻을 수 있다. 가계부를 단순히 기록용으로만 적는 사람들도 있는데 그래서는 아무 의미가 없다. 가계부를 10년 동안 썼다고 SNS에 사진을 올리는 것은 자기과시에 불과하다. 가계부는 기록을 검토하여 반성한 결과를 다음 예산에 반영하는 데 그 목적이 있다. 가계부를 작성하는 목적이 단순히 지출을 무조건 줄이자는 것은 아니다. 지출에 대한 반성과 격려를 하면서 예산에 맞춰 돈을 쓰도록 이끄는 것이 가계부를 쓰는 목적이다.

가계살림은 끊임없이 이어지는데 월말 정산은 가계살림을 주기적으로 끊어서 보는 것이다. 그동안 소득에 어떤 변화가 있었는가, 지출은 예산 범위 내에서 이루어졌는가, 앞으로 시정할 사항은 무엇인가 등을 월말 정산을 통해 검토해야 한다. 기업들도 모두 이렇게 정산을 하고 있다. 월별, 분기별, 연도별로 손익계산서와 재무상태표를 만들어 성과를 측정하고 개선안을 마련한다. 가계도 기업과 마찬가지로 월말 정산을 해야 한다.

월말 정산을 하려면 소득, 지출, 저축에 대한 요약 보고서를 가지고 있어야 한다. 매월 말에 세 가지 요약 보고서를 출력해서 바인드에 보관해 놓는 것이 좋다. 월별로 정리해 놓으면 가계수지가 변하는 모습을 확실히 파악할 수 있다. 소득을 알려면 직장에서 매달 보내오는 급여명세서를 출력한다. 지출명세서는 카드회사가 보내주는 이용대금명세서를 출력한다. 카드를 이용하지 않고 현금으로 지출한 내역은 가계부에서 뽑아내서 출력하면 된다. 저축에 대한 내역은 금융결제원의 '계좌정보통합관리서비스'에서 조회할 수 있다.[18] 이 사이트에서 내가 가지고 있는 은행, 증권, 보험 등 모든 계좌의 거래 정보를 볼 수 있다. 저축 내역은 통장의 개수만큼 여러 장으로 출력될 것이다.

기본적으로 월말 정산은 예산과 실행을 대비해서 잘못한 부분을 찾고 다음 달의 예산에 반영하는 것에 초점을 맞춘다. 그러나 매번 잘못했다고 자책하고 반성만 하면서 살 수는 없다. 월말 정산을 해 보면 분명히 잘한 부분도 있을 테니 그때는 자신에게 작은 보상을 해 주는 것도 좋다. 예상보다 지출을 많이 줄였거나, 꼭 사야 한다고 생각한 물건을 안 사고 잘 참았다면 거기에 스스로 보상해 주는 것이다. "정말 잘했어!" 하면서 칭찬하는 의미로 음료수 한 잔을 마시고 머리핀 하나를 사는 것은 삶의 잔잔한 기쁨이다.

18 https://www.payinfo.or.kr/payinfo.html

예산은 소득 주기에 맞춰서 세운다. 소득 주기는 소득이 정기적으로 발생하는 간격이며 월급을 받는 직장인은 한 달이 소득 주기다. 주급이나 일급으로 받을 수도 있는데 소득 주기가 너무 짧으면 예상하지 못한 상황이 닥칠 수 있어서 예산을 짜고 그에 맞추어 생활하는 것이 어렵다. 자영업자도 매월 연금보험료와 적금 등을 지불해야 하므로 월 단위로 예산을 세우는 것이 좋다. 예산 짜기에서 중요한 것은 지출 내역을 결정하기 전에 저축 내역을 먼저 결정해야 한다는 점이다. 저축을 떼어 놓고 나머지를 가지고 지출한다는 원칙을 꼭 지켜야 한다.

예산과 봉투관리법

생활비를 지출하는 데 있어서 '봉투관리법'이 많이 사용된다. 먼저 지출 항목마다 봉투를 1개씩 마련해서 봉투 겉면에 식비 80만 원, 교육비 30만 원, 문화지출비 20만 원 등과 같이 지출 항목과 배정액을 적는다. 각 봉투 안에 이번 달에 배정된 금액을 넣고 사용한다. 이후 봉투에서 돈을 꺼내 쓸 때마다 봉투에 언제 얼마를 지출했다는 내용을 기록한다. 지출하다 보면 한 달이 되기 전에 봉투가 빌 수 있다. 그러면 월말까지는 그 항목 지출을 중지한다. 한 달이 되면 어떤 봉투에는 돈이 남을 수 있다. 남은 돈은 저축 통장으로 보낼 수도 있고 아니면 그 항목의 다음 달 지출용으로 넘길 수도 있다. 봉투관리법은 낡고 시대에 뒤떨어진 방법으로 보이지만 지출을 통제하는 데 효과가 아주 크다.

☑ 부부의 살림

5월에는 여러 기념일이 있는데 5월 21일은 부부의 날이다. 둘이 하나가 된다고 해서 21일을 부부의 날로 정했다. 결혼하면 두 사람이 한몸이 되는 신체적인 결합뿐만 아니라 통장도 하나로 결합해야 한다. 결혼 후에도 소득이나 소비를 각자 관리하는 부부들이 있다. 그러나 통장을 각자 관리하면 여러 가지 문제점이 생긴다. 서로 상대방이 "나보다 돈을 더 많이 모아 두었겠지."라면서 엉뚱한 기대를 하게 된다. 그래서 급하게 지출할 일이 생기면 "당신이 모아 둔 돈을 쓰자."라고 말한다. 상대방이 실제로 얼마 있는지도 모르면서 나누는 이런 대화는 서로의 신뢰에 상처를 줄 수 있다. 또는 상대방이 어떤 물건을 사면 "돈을 얼마를 모아 놨길래 저렇게 막 쓰지?"라면서 상대에 대한 불만이 생길 수 있다. 부부의 통장을 결합하면 이런 갈등이 발생할 여지가 없다. 또 부부간에도 정기적인 머니 토크 데이를 가져야 한다. 우리나라 사회에서 돈과 관련한 대화는 부모와 자식 간에도 잘 안 하고 부부간에도 잘 안 한다. 재무 스트레스를 해소하려면 부부가 대화를 하면서 상의하여 방법을 찾아가야 한다. 매월 한 번 결산하는 날에는 머니 토크를 하는 것이 좋다.

맞벌이 부부는 둘이 버는데 왜 돈이 잘 모이지 않을까? 원인은 숨겨진 지출에 있다. 맞벌이로 소득이 늘지만 맞벌이를 하기 위해 지출하는 비용도 상당하다. 먼저 직장생활을 하는 데 유지비용이 든다. 교통비, 옷값, 사교비 등의 지출이 필수적으로 발생한다. 더 중요한 지출은 자녀양육에서 나타난다. 아이를 돌볼 보모를 구해야 하는 직접 비용도 있고 부모가 아이에게 충분히 신경을 못 쓴 데 대한 보상비용도 있다. 자녀가 홀로 지내야 하는 것에 대한 미안한 마음으로 아이가 원하는 것에 관대하게 지출한다. 외식도 자주 하고 장난감도 원하는 대로 사주면서 지출이 급증하여 결국 돈이 안 모인다.

맞벌이 부자들의 특징

① 통장을 합쳤기 때문에 서로의 소득과 지출을 정확히 알고 있다.
② 상의해서 결정하므로 충동구매와 과시지출을 막을 수 있다.
③ 언제라도 외벌이가 될 수 있다는 가능성에 대비한다.
④ 공동의 재무목표가 있고 주기적으로 머니 토크를 한다.
⑤ 인생 3대 자금(주택구입, 자녀교육, 노후생활)을 마련하고 있다.

예비비와 비상금

예비비는 예상하지 못했는데 발생하는 상황에 대처하기 위한 자금이다. 결혼식,

장례식, 질병 치료 등에 소액의 비용이 자주 지출된다. 만약 알뜰살뜰하게 지출을 줄이고 남는 건 전부 예금과 펀드에 투자해서 예비비가 없으면 어떻게 될까? 뜻밖의 상황이 발생하면 가용 현금이 없으니까 급하게 대출을 받거나 손해를 보면서 장기보험을 해약하게 된다. 위급 상황은 누구에게나 생길 수 있다는 것을 인정하고 미리 준비해야 한다.

예비비는 1개월 생활비를 목표로 해서 보통예금이나 CMA 계좌에 넣어둔다. 예비비는 필요할 때 쉽게 찾아 쓸 수 있어야 한다. 예비비에서 빼서 쓰면 최우선으로 다시 채워야 한다. 매달 월급 받기 전날 소득통장에 잔액이 남았으면 예비비통장으로 이체하면 된다. 예비비통장에서 돈을 찾아서 소비 지출에 쓰는 것은 절대로 안 된다. 그러면 예비비통장을 만드는 의의가 없어진다.

비상금은 가계 소득이 끊겼을 때를 대비한 자금이다. 퇴직, 실직, 폐업 등으로 소득이 없을 때 3개월 내지 6개월 정도를 버틸 수 있는 생활비를 마련해야 한다. 예비비는 쉽게 찾아서 쓸 수 있는 통장에 모아 두지만 비상금은 가급적 꺼내 쓰기 어려운 통장에 넣어 두어야 한다. 월 300만 원의 생활비를 쓴다고 하면 1,800만 원 정도가 필요하다. 이 돈을 단기간에 모으려 하지 말고 2~3년에 걸쳐 모아야 한다. 먼저 한 달에 10만 원도 좋고 20만 원도 좋고 소액으로 모으기 시작한다. 소득통장에서 자동이체를 한다는 개념으로 보면 된다. 회사에서 보너스가 나오면 세금을 내는 것과 마찬가지로 없는 돈이라고 생각하면서 비상금으로 쌓아 둔다.

비상금을 이자율이 낮은 통장에 가지고 있으면 손해라는 생각에 수익성 있는 상품에 투자하고 굴리고 싶은 마음이 생길 수 있다. 그러나 비상금은 수익성을 올리는 투자자금이 아니다. 정말 비상한 상황에 대비하여 가계의 생존을 위해서 안전한 곳에 보관하는 자금이다. 비상금은 묻어 두고 아예 잊어버린다는 생각으로 대

빈자의 나쁜 습관	
① 가계부를 쓰지 않는다.	⑥ 당장 필요 없는 것도 구매한다.
② 스트레스를 소비로 푼다.	⑦ 습관적으로 사는 물건이 있다.
③ 신용카드를 애용한다.	⑧ 배달음식을 자주 먹는다.
④ 휴대폰 소액결제를 자주 쓴다.	⑨ 돈이 많이 드는 취미가 있다.
⑤ 할인행사에 잘 넘어간다.	⑩ 자동결제를 신청하고 방치한다.

해야 한다. 자칫 비상금을 비자금과 비슷한 것으로 생각할 수 있는데 두 자금의 의미는 전혀 다르다. 비상금은 부부가 함께 모으고 관리하는 돈이고 비자금은 배우자가 모르게 빼돌린 돈이다.

제5장

온라인 생활을 즐기자

"문명은 불필요한 필수품이
무한정 증가하는 것이다."

– 마크 트웨인(소설가)

1. 온라인 쇼핑이 무엇인가?

☑ 온라인 쇼핑몰

온라인 쇼핑은 통신망을 이용해서 매매하는 상거래다. 다른 말로 전자상거래 또는 이커머스라고 부르는데 이는 컴퓨터와 네트워크라는 전자적 매체들을 활용해서 수행하는 상거래라는 의미다. 온라인 쇼핑에서 통신망이 꼭 인터넷 전용선일 필요는 없다. 전화선, PC 통신선, 케이블TV 등을 이용하며 심지어는 우편물이나 전자 카탈로그도 포함된다. 온라인 쇼핑을 조금 더 우리 생활에 와닿는 식으로 표현한다면 PC나 스마트폰으로 인터넷에서 물건을 매매하는 것이다. 쇼핑몰은 대형 건물에 상점과 편의시설이 모여 있는 곳이다.[01] 전통적인 시장보다 큰 공간에서 쇼핑과 휴식을 쾌적하게 즐기도록 만들어 놓은 장소다. 온라인(인터넷) 쇼핑몰은 컴퓨터와 정보통신 설비를 이용하여 거래할 수 있도록 인터넷상에 마련된 가상 매장(virtual store)이다.

온라인 쇼핑을 할 때 일어나는 활동들은 두 가지로 구분된다. 소비자가 인터넷 쇼핑몰에 접속해서 구매하는 과정이 프런트 숍(front shop)이다. 지금 내 눈앞에 보이는 상점이라는 의미다. 물건을 구매하면 신용카드사는 대금을 결제하고 공장은 물건을 생산하고 물류업체는 물건을 배송한다. 내 눈에 보이지 않는 이런 과정이 백 오피스(back office)다. 상품을 구매하는 일반 소비자는 프런트 숍에만 신경 쓰면 된다. 백 오피스는 금융, 생산, 유통을 지원하는 사회간접자본의 역할을 한다.

온라인 쇼핑의 매출 자료는 통계청과 산업통상자원부에서 주기적으로 발표한다. 통계청은 온라인 쇼핑 업체 1만 6,000개 중에서 1,100개를 표본으로 조사하여 『온라인 쇼핑 동향』 결과를 매월 발표한다. 산업통상자원부는 오프라인 유통업체 13개, 온라인 유통업체 12개를 조사한 『주요 유통업체 매출동향』 결과를 매월 발표한다. 산업통상자원부에서 조사하는 유통업체는 다음과 같다.

01 몰(mall)이라는 영어 단어는 원래 그늘이 있는 산책로를 의미했다. 그러다가 보행자 전용의 상가를 나타내게 되었다.

오프라인 13개	• 백화점: 롯데백화점, 현대백화점, 신세계백화점 • 대형마트: 이마트, 홈플러스, 롯데마트 • 편의점: GS25, CU, 세븐일레븐 • SSM: 이마트 에브리데이, 롯데슈퍼, GS더프레시, 홈플러스 익스프레스
온라인 12개	이베이코리아(G마켓 · 옥션), 11번가, 인터파크, 쿠팡, 쓱닷컴(이마트 · 신세계), AK몰, 홈플러스, 갤러리아몰, 롯데마트, 롯데온, 위메프, 티몬

오프라인 상점은 물리적인 장소에 존재하는 상가이며 백화점, 대형마트, 편의점, SSM 등이 있다.[02] 온라인 상점은 직영몰(온라인 판매)과 오픈마켓(온라인 판매중개)으로 구분된다. 온라인 직영몰은 온라인 쇼핑 웹사이트를 운영하는 사업자가 직접 판매하는 곳이다. 우리가 이름만 들어도 아는 이마트, 신세계, 홈플러스, 롯데마트 같은 대기업이 남에게 임대를 주지 않고 직접 판매한다. 오픈마켓은 G마켓, 옥션, 인터파크와 같은 곳으로 자영업자가 온라인 쇼핑몰에서 가게를 임대하고 물건을 팔 수 있게 한 형태다. 온라인 쇼핑이 확대됨에 따라 직영몰과 오픈마켓의 경계가 흐려지면서 대부분 혼합된 형태로 운영되고 있다.

쿠팡이나 11번가는 수요가 많은 제품을 미리 구입해서 물류센터에 보관하다가 소비자가 주문하면 바로 배송한다. 미리 확보해 놓은 제품을 보내는 방식이기 때문에 빠른 배송이 가능하다. 그러나 소비자 수요가 적은 수많은 물건들까지 모두 물류센터에서 쌓아 놓고 팔 수는 없다. 이런 소소한 물건들은 쿠팡이나 11번가의 오픈마켓에 입주한 자영업자들이 판매한다. 소비자 주문을 받으면 판매업자가 물건을 확보해서 물류업자를 통해 배송한다. 그렇기 때문에 배송에 며칠 또는 몇 주가 걸릴 수 있다.

☑ 온라인 쇼핑 동향

2021년 1년 동안 소매판매액은 519조 원이고 그중에 온라인 쇼핑 거래액은 193

02 SM은 슈퍼마켓인데 앞에 S가 하나 더 붙어서 SSM은 슈퍼 슈퍼마켓(super supermarket)이다. 동네 슈퍼마켓과 대형마트의 중간급에 해당되며 GS더프레시, 이마트 에브리데이, 홈플러스 익스프레스 등이 있다.

조 원으로 비중이 37%다. 온라인 쇼핑의 비중이 계속 증가하고 있지만 아직까지는 오프라인 쇼핑이 우리 생활에서 더 큰 역할을 차지하고 있다.

2021년 12월 온라인 쇼핑 동향

온라인 쇼핑 거래액

총 18조 4,052억 원 (구성비)

음식서비스	음 · 식료품	가전 · 전자 · 통신기기	의복	생활용품
2조 4,505억 원	2조 2,401억 원	2조 1,402억 원	1조 8,349억 원	1조 6,380억 원
13.3%	12.2%	11.6%	10.0%	8.9%

통계청, 『2021년 12월 및 4분기 온라인 쇼핑 동향』, 2022.

2021년 12월 한 달 동안 온라인 쇼핑으로 거래된 금액은 18조 4,052억 원이다. 온라인에서 가장 많이 거래된 품목은 음식서비스이고 둘째는 음·식료품이다. 이어서 가전 · 전자 · 통신기기, 의복, 생활용품 순이다. 5대 상품군의 비중을 더하면 56%다. 흔히 온라인 쇼핑하면 화장품, 운동화, 의약품 등을 많이 생각하는데 의외로 그 비중들은 크지 않다. 음식서비스와 음·식료품 비중이 저렇게 큰 것을 보면 우리들의 생활 모습이 많이 바뀌었다는 것을 알 수 있다. 음식배달이 일상화되었고 음식 재료는 새벽 배송으로 받고 있으며 가정대용식(HMR) 판매액이 커지고 있다. 온라인 주문은 PC를 이용하거나 스마트폰을 이용하는데, 스마트폰을 이용한 모바일 쇼핑 거래액이 14조 원으로 비중이 74%다.

우리는 스마트폰을 끼고 살면서 맹렬하게 쇼핑을 하는데 과연 내 스마트폰 안에는 쇼핑 앱이 몇 개나 깔려 있을까? 실제로 오픈서베이에서 만 20세에서 49세까지 성인 1,000명을 대상으로 조사했다.[03] 쇼핑 앱을 4~6개를 깔아 두고 있다는 사람이 36%로 가장 많고 그 다음이 1~3개로 28%가 나왔다. 이렇게 여러 가지 앱을 사용한다는 사실은 곧 모바일 쇼핑이 우리 생활과 밀접해졌다는 의미다. 다음에 나오는 대표적인 쇼핑 앱 아이콘 15개 중에서 자신이 몇 개나 익숙한지 세어 보면

03 오픈서베이, 『모바일쇼핑 트렌드 리포트』, 2020.

온라인 쇼핑의 활용도를 간접적으로 측정할 수 있다.

"쇼핑 앱을 언제 이용하나?"라는 질문에 "갑자기 상품 구매가 필요할 때"로 응답한 비율이 67%로 1위다. 스마트폰이 우리 생활에 혁명을 일으켰다는 사실을 다시 한번 확인할 수 있다. 이제 물건을 사려면 스마트폰에서 클릭 몇 번으로 뚝딱 해결할 수 있다. 나머지 응답은 2위부터 순서대로 "딱히 할 일이 없거나 심심할 때", "일과 도중 휴식을 취할 때", "잠자리에 들기 전", "이동할 때"가 꼽혔다. 2위에서 5위까지의 이유는 예전 같으면 휴식에 사용할 시간인데 바로 그 귀중한 휴식 시간에 모바일 쇼핑을 하고 있다. 쇼핑이 단순히 구매 활동만 뜻하는 게 아니라 여가 활동을 뜻하기도 하는 시대가 되었다. 원래 여가는 근로를 하지 않고 쉰다는 뜻인데 이제는 모바일 쇼핑이 쉼을 대체하고 있다. 제대로 쉬지 못하는 현대인의 모습이다.

쇼핑 앱 이용 상황

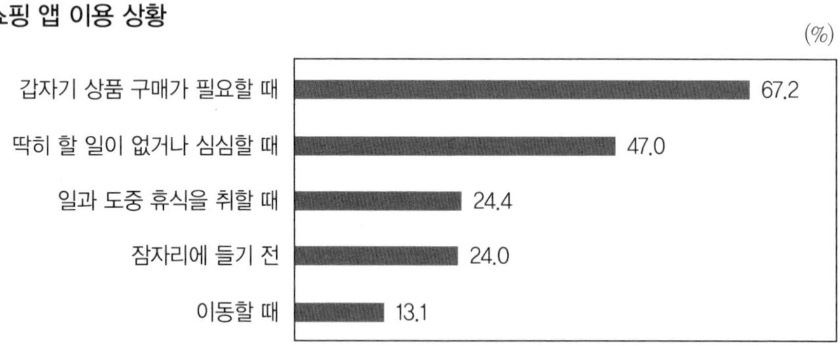

오픈서베이, 『모바일쇼핑 트렌드 리포트』, 2020.

온라인 쇼핑 주의 사항

전자상거래가 일상생활과 밀접해지고 점점 많이 사용하게 되었는데 그럴수록 사용에 세밀한 주의를 기울여야 한다. 직접 만나지 않고 네트워크상에서 거래가 되므로 사기도 많이 발생하고 있다. 이러한 사기에 넘어가지 않으려면 무엇보다 본인 스스로 주의해야 한다. 금융감독원이 전자상거래에서 주의할 사항을 다음과 같이 제시했다.

전자상거래 주의 사항

① 신뢰할 수 있는 쇼핑몰인지 확인한다.
② 비밀번호를 가능하면 어렵게 만든다.
③ 보안 서버를 구축한 쇼핑몰을 이용한다.
④ 신용카드는 한 개만 사용한다.
⑤ 피싱 공격에 주의한다.
⑥ 보안 소프트웨어를 최신으로 업데이트한다.
⑦ 소셜 네트워킹의 링크를 조심한다.
⑧ 출처를 알 수 없는 앱은 설치하지 않는다.
⑨ 공개 Wi-Fi는 결제에 사용하지 않는다.
⑩ 너무 싼 가격으로 유혹하는 쇼핑몰을 조심한다.

이 세상에 싸고 좋은 물건은 없다. "싼 게 비지떡"이라는 속담이 괜히 생긴 말이 아니고 좋은 물건은 비싸다. 그것이 정상적인 재화이고 정상적인 거래를 해야 안전하다. Z세대들은 스마트폰과 디지털 기기에 아주 익숙해서 디지털 환경을 활용한 문화생활을 즐긴다. 그중의 하나가 온라인 플랫폼을 이용한 중고거래다. 우리가 살아가면서 항상 신제품만 구매할 필요는 없으며 중고제품을 사고파는 것은 알뜰하게 생활하고 있다는 한 증거다.

한국소비자원에서 '중고거래'를 키워드로 클라우드 연관어 분석을 했더니 1위마켓, 2위 당근, 3위 번개로 나왔다.[04] 당근마켓, 번개장터, 중고나라 등을 이용한 중고거래가 많이 이용되고 있음을 알 수 있다. 여기서 연관어 순위 4위는 '사기'라는 단어다. 중고거래를 하면서 연락이 끊기거나 불량 상품을 사거나 환불을 못 받는다는 등 사기와 관련한 내용이 많았다. 특히 직거래, 계좌, 돈 등의 단어들도 연관어로 많이 보이고 있다. 그만큼 직거래에 따른 불안한 마음 또는 불만 사항들이 반영된 것으로 보인다. 중고거래를 할 때는 언제든지 사기가 발생할 수 있다는 점을 염두에 두고 스스로 주의해야 한다.

온라인 해외쇼핑

온라인 해외쇼핑은 온라인으로 외국에 직접 판매하거나 외국에서 직접 구매하는 거래다. 2021년 4분기에 해외 직접 판매는 9,372억 원이고 해외 직접 구매는 1조 5,092억 원으로 외국에 파는 금액보다 외국에서 사 오는 금액이 60% 정도 더 크다. 국가별로 보면 직접 판매를 가장 많이 한 곳은 중국이고 직접 구매를 가장 많이 한 곳은 미국이다. 중국에 대해서는 1,952억 원의 흑자를 냈고 미국에 대해서는 5,243억 원의 적자를 냈다.

온라인 해외 직접구매(직구)를 하는 방법은 세 가지가 있다. 먼저 해외 직접 배송은 소비자가 직접 구매하고 직접 배송하는 거래다. 해외 구매 대행은 소비자가 구매와 배송을 남한테 위임하는 거래다. 해외 배송 대행은 소비자가 직접 구매한 후에 배송만 남한테 맡기는 거래다. 소비자가 직접 구매하려면 외국어도 알아야 하고 구매 절차에 대하여 익숙해져야 한다. 따라서 초보자는 해외 구매 대행을 이용하고 숙련자는 해외 직접 배송을 이용한다. 해외 직접 배송에서는 피해가 발생했을 때 구제받기 어렵다는 단점이 있는 대신 수수료가 없다는 장점이 있다. 초보자들은 해외 구매 대행을 몇 번 하면서 익숙해진 다음에 해외 직접 배송으로 옮겨가는 것이 좋다.

04 한국소비자원, 『중고거래 키워드 클라우드』, 2020.

◎ 해외 직접 구매의 유형

	구매	배송	수수료
해외 직접 배송	본인	본인	없음
해외 배송 대행	본인	위임	보통
해외 구매 대행	위임	위임	높음

◎ 연령별 해외직구 이용률(2021년 1월~11월)

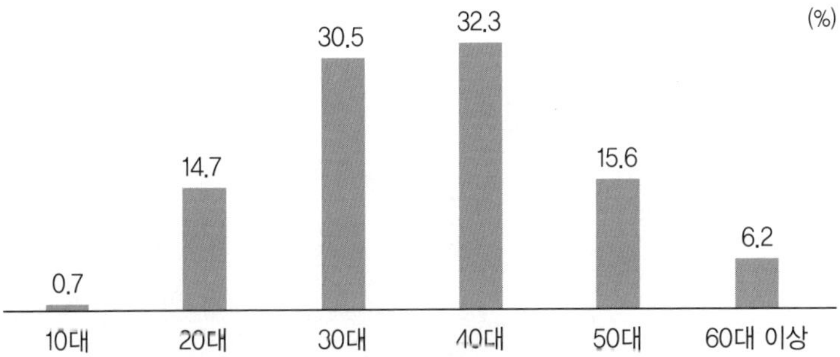

관세청, 『2021년 전자상거래 수입 주요 특징』, 2021.

연령별 해외직구 이용률은 40대가 32.3%로 1위이고 30대가 30.5%로 2위다. 해외 직구는 20대가 많이 이용할 것으로 예상하였는데 실제 이용률은 14.7%로 40대의 절반 이하 수준으로 나왔다. 소득에 여유가 있고 구매력이 있는 연령층에서 많이 이용했음을 알 수 있다. 20대에서 50대까지의 인구 중에서 해외 직구를 이용한 비율은 43.2%에 달해서 거의 2명 중 1명 꼴이다. 이제 해외 직구는 특정 계층이 아니라 전 국민이 이용하는 거래수단이 되었다. 더 이상 해외 직구를 어렵다고 외면하지 말고 작은 거래부터 시작해서 가계 살림에 슬기롭게 활용해야 한다. 국내에서 소비하는 것과 달리 해외 직접 구매를 하려면 개인통관 고유번호를 발부받고 구매물품에 대하여 관세를 납부해야 한다. 물품 가격이 150달러 이하면 관세를 부과하지 않는다. 해외 직접 구매는 다음과 같은 절차로 진행된다.

○ 해외 직접 구매 절차

1. 개인통관 고유번호 발부	관세청(https://unipass.customs.go.kr) 물품 수입 신고할 때 주민등록번호 역할
2. 해외 온라인 쇼핑몰 접속	해외 유명 쇼핑몰 검색(아마존, 이베이, 타오바오 등)
3. 주문방법 선택	직접 배송, 배송 대행, 구매 대행(초보자는 구매 대행부터 이용)
4. 관세 계산	네이버 관세계산기(물품종류, 구매지역, 물품가격, 물품무게)
5. 카드 결제	신용카드 중 VISA, MasterCard 로고 있는 것 또는 Paypal 간편결제

실제로 구매해 보면 의외로 쉽고 편리하다. 평소에 관심 있던 소액 물건을 한두 번 해외 직접 구매로 사보면 금방 익숙해진다. 온라인 소비생활의 즐거움은 아주 가까이에 있다.

2. 온라인 결제는 무엇으로 하나?

☑ 지급결제

만일 직접 만나서 물건을 확인하고 돈을 건네주는 오프라인 쇼핑만 해야 한다면 우리 생활이 얼마나 불편할지 상상할 수도 없다. 온라인 쇼핑에서는 구매자와 판매자가 비대면으로 물건을 주고 돈을 받아야 한다. 만나지 않고 온라인으로 거래하려면 양자 간에 절대적인 신뢰가 필요하다. 판매자가 물건을 보내 줄 것으로 기대하고 돈을 입금했는데 판매자가 돈만 받고 물건을 안 보내면 사기에 걸린 것이다. 이런 사기 거래가 자꾸 발생하면 사람들이 서로 불신하고 온라인 거래를 기피하게 된다.

이 해결책으로 고안된 방법이 에스크로(escrow) 서비스, 즉 구매 안전 서비스다.[05] 구매자가 쇼핑몰에서 주문하고 대금을 보내면 그 돈이 판매자에게 바로 가지

05 에스크로 제도는 1997년 미국에서 처음 도입했으며, 국내에서도 전자상거래 피해 방지 및 소비자 보호를 위해 5만 원 이상의 결제금액은 의무적으로 에스크로 시스템을 이용하도록 규정돼 있

않고 에스크로 계정을 관리하는 안전한 은행으로 보내진다. 은행은 구매자로부터 돈이 들어왔다고 판매자에게 연락하며 판매자는 그제야 구매자에게 물건을 보낸다. 이제 구매자는 물건을 받고 원하는 물건이 제대로 왔는지 은행에 확인해 준다. 그러면 은행은 정상적으로 물건이 매매되었다고 판단하고 그동안 보관하고 있던 돈을 판매자에게 지급한다. 구매자와 판매자 둘이 거래할 때에는 해결할 수 없었던 신뢰의 문제가 에스크로 계정을 관리하는 은행을 개입시킴으로써 깨끗하게 해결되었다. 이런 상호신뢰 시스템을 바탕으로 온라인 거래가 크게 활성화되었다.

거래에 따른 대금을 건네주는 행위를 지급결제 또는 결제라고 부른다. 그런데 '지급결제'라는 말 속에는 지급, 청산, 결제의 3단계가 들어 있다. 지급(payment)은 현금, 수표, 카드, 계좌이체 등으로 돈을 지불하는 행위다. 청산(clearance)은 은행과 은행 사이에 줄 돈과 받을 돈이 얼마인지 계산을 맞춰 보는 것이다. 결제(settlement)는 청산 결과에 따라 채무가 있는 은행에서 채권이 있는 은행으로 돈을 보내고 채권·채무 관계를 끝내는 절차다.

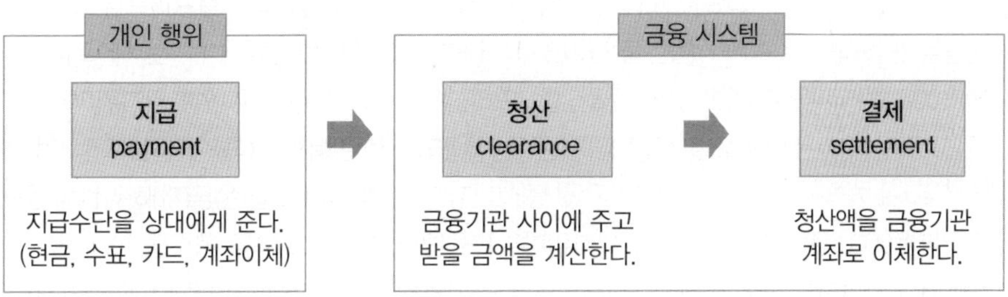

개인은 대금을 지불하는 지급 행위에만 신경을 쓰면 된다. 청산하고 결제하는 행위는 금융기관 사이에서 일어나는 일이다. 반일 물건을 사고 그 자리에서 현금으로 지불한다면 청산과 결제가 필요 없다. 은행이 개입할 여지가 없이 거래 현장에서 즉시 채권·채무 관계가 정리된다. 그런데 현금이 아니라 다른 지급 수단으로 지불할 수도 있다. 수표를 줄 수도 있고 카드를 긁을 수도 있고 계좌이체를 할 수도 있다. 이때는 금융기관이 개입해야 하고 청산과 결제가 필요하다.

다. 공정거래위원회는 2012년 8월 전자상거래법 개정안에 따라 인터넷 쇼핑몰의 에스크로 시스템 가입을 의무화하였다. [네이버 지식백과]

간편결제

예전에는 온라인에서 지급결제하는 절차가 복잡해서 매우 불편했다. 복잡한 지급결제 절차를 줄여서 누구나 쉽게 이용할 수 있게 개선한 것이 간편결제 시스템이다. 절차가 줄었으니까 간단하고(simple), 쉽게 이용하니까 편리해서(easy) '간편결제'라고 부른다. 지급결제에 필요한 정보(카드번호, 계좌번호)를 스마트폰이나 PC에 저장해 두었다가 필요할 때 간단한 본인 확인(비밀번호 입력, 지문 인식) 절차를 거쳐 결제하는 방식이다.

과거의 지급결제 방식은 이용하기에 불편해서 아예 사용을 포기하는 사람도 많았다. 이런 '불편결제'가 사용되던 시절에는 PC에서 신용카드로 결제하려면 카드번호, 카드만기일, 카드확인코드(CVC)를 모두 입력해야 했다. 그리고 본인을 확인하기 위해서 공인인증서 암호를 넣어야 드디어 결제가 완료되었다. 이렇게 복잡한 단계를 거쳐 운동화 한 켤레를 겨우 주문했는데 티셔츠를 한 장 더 주문하려면 똑같은 절차를 처음부터 다시 반복해야 했다. 각종 번호와 암호를 입력하는 과정이 사람을 피곤하게 만들었고 고령자나 외국인은 아예 사용을 포기했다.

간편결제에서도 카드정보나 계좌정보를 처음에 한 번은 입력해 두어야 한다. 이렇게 한 번 저장해 놓으면 앞으로 이용할 때는 비밀번호를 입력하거나 지문을 인식시키면 바로 결제가 완료된다. 간편결제 기능을 제공하는 사업자에는 금융회사,

간편결제 이용규모(일평균)

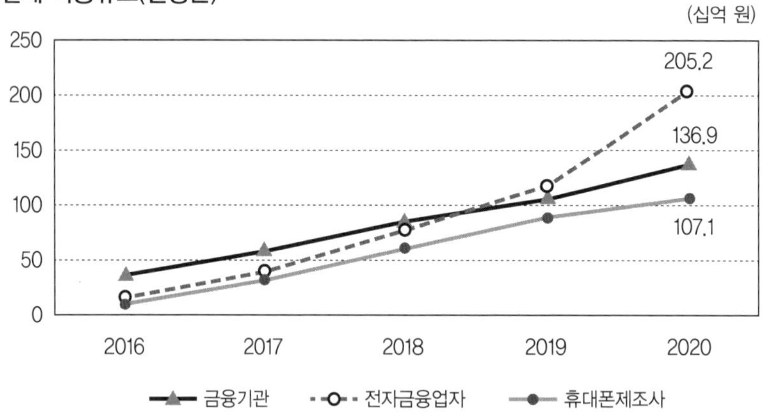

한국은행, 『2020 지급결제보고서』, 2021.

휴대폰제조사, 전자금융업자가 있다. 금융회사는 은행과 카드사를 말하고 휴대폰 제조사는 삼성전자와 LG전자를 말한다.[06] 전자금융업자는 전자적 방법으로 금융업을 수행하는 회사를 말하며 플랫폼 기업인 카카오페이, 네이버파이낸셜, 토스페이먼츠, 쿠팡페이 등이 해당된다.

우리는 일상 생활에서 간편결제를 얼마나 많이 이용하고 있을까? 한국은행 조사에 의하면 2020년에 일평균 4,492억 원이 결제되었다. 사람들은 전자금융업자가 제공하는 간편결제를 가장 많이 이용해서 금액 기준으로 45.9%, 건수 기준으로 51.4%를 차지하였다. 일평균 이용금액이 2018년까지는 금융기관이 1위였는데 2019년부터 전자금융업자가 1위가 되었다. 전자금융업자의 우세는 앞으로 더 강화될 것으로 보인다.

모바일결제에서는 스마트폰 자체가 신용카드가 된다. 스마트폰 안에 신용카드 정보를 저장함으로써 실물 신용카드를 소지할 필요가 없어졌다. 물건을 구매하고 신용카드를 단말기에 긁는 대신에 스마트폰에 저장되어 있는 정보를 읽혀 주면 된다. 모바일결제에는 두 가지 방법이 있다. 첫째 방법은 스마트폰에서 결제 앱을 실행해서 나오는 바코드와 QR코드를 이용하는 것이다. 판매자가 구매자의 바코드나 QR코드를 스캔해서 구매자 정보를 읽은 후에 결제금액을 입력한다. 구매자는 결제금액을 확인하고 비밀번호를 입력하거나 지문을 인식시켜 결제를 마친다. 또 다른 방법은 앱 카드를 호출해서 쓰는 방법이다. 스마트폰 안에 들어가 있는 신용카드를 앱 카드라고 한다. 결제가 필요할 때 앱 카드를 호출하고 본인 인증(비밀번호 입력 또는 지문 인식)을 한다. 이 상태에서 판매자 단말기에 스마트폰을 접촉하면 결제가 된다.

모바일 결제방법

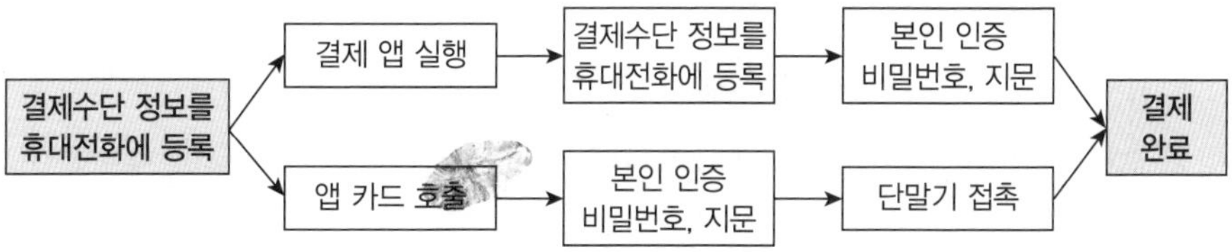

06 LG전자는 2021년 7월 31일 휴대폰 사업을 접었으며, LG페이는 3년간 서비스를 계속할 것으로 알려졌다.

결제수단 진화

결제수단이 진화되어 온 과정을 살펴보면 문명이 어떻게 바뀌고 있는지 알 수 있다. 쌀이나 삼베와 같은 물품화폐를 제외하면 최초의 결제수단은 현금이다. 현금이라는 말 자체가 아주 재미있다. '현(現)' 자는 나타난다는 뜻이고 '금(金)' 자는 모든 사람이 탐내는 반짝이는 광물이다. 물건을 사고 싶으면 내 눈앞에 금덩어리를 가져오라는 것이 현금이다.

경제가 발달하면서 실물 금덩어리를 가지고 다니면 너무 불편하므로 금 보관증을 사용하다가 결국 국가가 발행하는 법화로 바뀌었다. 이제는 금덩어리가 아니라 지폐가 결제수단이 되었다. 그렇지만 지폐를 들고 다니면 여전히 분실 위험도 있고 거액을 거래할 때 돈을 세기도 어려워서 그 해결책으로 신용카드가 등장한다. 신용카드를 긁으면 내 계좌에서 돈이 인출된다.[07] 지갑 속에 지폐를 넣고 다닐 필요 없이 신용카드만 꽂고 다니면 된다. 그런데 신용카드를 가지고 다니는 것도 귀찮고 불편해졌다. 특히 지갑 속에 여러 장의 카드를 꽂으면 지갑이 불룩해져 소지하기 불편하고 분실과 도난의 위험도 있다. 그래서 신용카드를 앱으로 만들어서 스마트폰에 집어넣은 앱 카드가 등장했다. 이제는 지갑을 열고 신용카드를 꺼내는 대신에 스마트폰을 켜고 앱을 띄우는 것으로 바뀌었다. 다음 단계의 진화는 앱도 필요 없이 내 신체를 가지고 결제하는 것이다. 이미 지문, 홍채, 안면, 손바닥, 정맥, 목소리 등의 생체 정보를 이용한 결제가 시작되었다. 생체 정보를 이용한 결제는 빠르게 확산될 것으로 예상된다.

간편결제 서비스와 간편송금 서비스를 누가 많이 이용하는지 한국은행에서 조사하였다.[08] 이용자가 젊을수록 그리고 소득이 많을수록 이러한 서비스를 많이 이

07 체크카드는 내 계좌에서 인출이 되고 신용카드는 카드사가 우선 대금을 결제한다. 신용카드 소유자는 다음 달에 카드사에 대금을 입금해서 채무를 정리한다.

08 한국은행, 『2019년 지급수단 및 모바일금융서비스 이용행태 조사결과』, 2020.

용하는 것으로 나왔다. 반면에 연간 소득이 2천만 원 미만인 하위층은 금융 발전에 따른 혜택을 못 받는 금융 서비스 소외 계층이 되고 있다. 고령층 노인들은 스마트폰을 이용한 금융 거래에 익숙하지 않아서 굳이 은행 창구에 직접 가서 대면으로 금융 거래를 한다. 그러다 보니 비대면 거래에 따른 이자감면 혜택은 못 받고 각종 수수료는 더 부담한다. 고령층의 금융서비스 소외 현상은 우리 사회가 해결해야 할 과제 중의 하나다.

간편결제 서비스를 제공하는 회사들은 신용카드사, 유통사, 플랫폼사, 휴대전화 제조사, 커피전문점, PG사[09] 등으로 구분된다. 2020년 기준으로 간편결제 종류는 40개 이상이고 계속 늘어나고 있다. 앞으로 이들 간의 치열한 경쟁을 거쳐 간편결제는 몇 가지로 압축될 것이다. 한국기업평판연구소가 2020년 7월에 간편결제 브랜드에 대한 평판을 조사한 바에 따르면 1등 카카오페이, 2등 네이버페이, 3등 토스페이로 플랫폼사가 상위권을 차지했다. 전통적인 대형 은행들이 제공하는 간편결제는 플랫폼사가 제공하는 수단에 비해서 이용도나 만족도가 많이 떨어진다. 전통적인 대형 은행들이 IT 기술로 무장한 플랫폼사와 경쟁하려면 더 많은 노력을 기울여야 할 것이다,

☑ 인증 서비스

온라인 쇼핑에서 결제하려면 지불하는 사람이 누구인지 확인하는 절차가 필요하다. 직접 만나서 오프라인 거래를 한다면 자신을 확인시켜 주기 위해서 주민등록증이나 운전면허증을 보여주면 된다. 온라인 거래에서는 지금 주문하는 사람이 진짜 홍길동인지 홍길동 이름을 도용한 사기꾼인지 알 수 없으니 확인하는 절차가 필요한데 이것을 인증(certification)이라고 한다.

자신이 누구라는 것을 증명하기 위하여 인증서, 비밀번호, 생체정보를 이용할 수 있다. 인증서는 온라인에서 사용하는 전자인감증명서다. 인증서 발급을 정부나

09 PG(Payment Gateway)사는 신용카드사와 가맹점 계약을 체결하는 것이 곤란한 중소 쇼핑몰을 대신해 카드사와 대표 가맹점 계약을 맺고 신용카드 결제 및 지불을 대행한 뒤 중소 쇼핑몰에서 수수료를 받는 업체다.

공공기관이 담당하는 것을 공인인증서라고 하며 1999년부터 각종 전자거래에 의무적으로 사용되었다. 그러나 공인인증서를 사용하려면 각종 보안 프로그램을 설치해야 하고 사용 절차도 번거로워서 이용자들의 원성이 높았다. 드디어 2020년 12월 10일부터 공인인증서의 의무 사용이 폐지되었다. 의무적으로 사용하지 않는다고 해서 신분확인을 하지 않겠다는 뜻은 아니다. 공인인증서는 이름을 공동인증서로 바꾸어 계속 서비스를 이어가고 있다. 또 금융결제원은 금융인증서를 발행하고 있는데 공동인증서보다 유효기간이 더 길고 보안 프로그램을 설치할 필요가 없다는 장점이 있다.

공인인증서를 이을 주요 민간인증 서비스

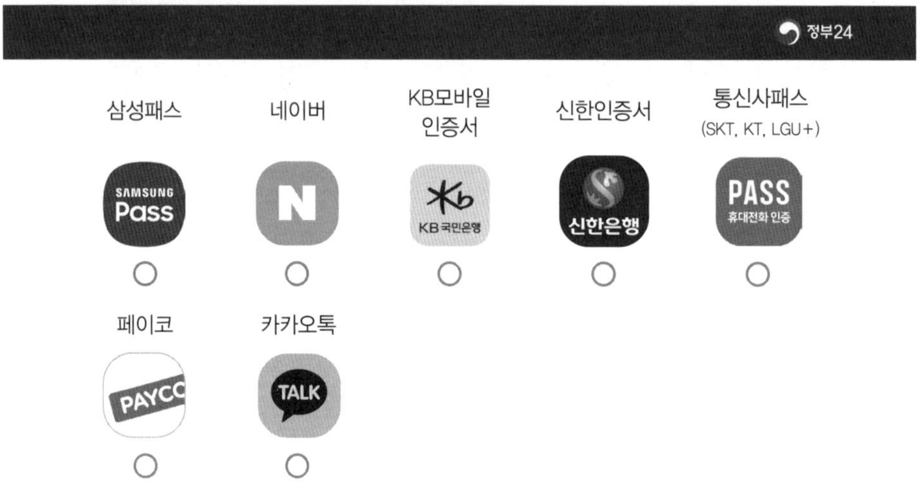

자료 : 정부24(https://www.gov.kr)

인증서를 공공기관뿐만 아니라 민간기업도 발급할 수 있도록 제도를 개편해서 민간인증서가 등장하였다.[10] 지금 시장에서는 민간인증서들이 사용자를 확보하기 위하여 치열하게 경쟁하고 있다. 2021년 말 현재 민간인증서 중에서 점유율이 가장 높은 것은 통신 3사가 시행하는 PASS 인증서다. 이외에 카카오페이 인증서와

10 공공 누리집에서 이용 가능한 민간 간편인증은 카카오 · KB국민은행 · 네이버 · 삼성패스 · 신한은행 · 통신사패스(PASS) · 페이코 7종이었다. 2022년에 토스 · 뱅크샐러드 · 하나은행 · 드림인증을 추가하여 11종으로 확대되었다.

네이버 인증서가 있고 거의 모든 금융회사가 이런 인증 서비스를 제공하고 있다. 이렇게 많은 기업들이 인증 서비스를 열심히 제공하는 이유는 사용자가 어떤 인증 서비스를 한 번 쓰기 시작하면 거의 바꾸지 않고 평생 쓰기 때문이다. 과거에 공인 인증서를 발급받으려면 14단계를 거쳐야 했고 보안과 관련하여 필수적으로 설치해야 하는 프로그램들이 많아서 매우 불편했다. 민간인증서 발급은 7단계로 축소되었고 요구하는 정보는 9개에서 4개(이름, 연락처, 주민번호, 간편결제 비밀번호)로 줄었고 동의해야 하는 약관도 5개에서 2개로 줄었다. 세상은 간단하고 편리한 방향으로 진화하고 있다.

3. 전자금융 사기를 어떻게 피하나?

☑ 전자금융 사기

전자금융(electronic banking) 거래와 관련해서 나타나는 사기는 종류도 다양하고 피해 규모도 점점 커지고 있다. 거의 매일 뉴스에 전자금융 사기에 관한 소식이 등장하고 있는데 이런 사기에 대한 예방과 대응은 충분하지 않은 실정이다. 전자금융 사기를 피싱(phishing) 사기라고 부르는데 이는 개인정보(private data)를 낚시질(fishing)한다는 의미의 합성어다. 전자금융 사기는 보이스피싱, 파밍, 스미싱으로 분류된다.

보이스피싱	전화로 거짓 정보를 알려주거나 협박하면서 돈을 계좌이체하도록 유도
파밍	PC나 스마트폰에 악성코드를 심어둔 후에 사기꾼이 만들어 놓은 가짜 사이트로 유도
스미싱	스마트폰으로 가족이나 지인을 사칭해서 문자메시지를 보내고 돈을 갈취

보이스피싱(voice phishing)은 목소리로 희생자를 낚는다는 의미다. 전화를 걸어

서 이런저런 덫을 놓고 사람을 현혹시켜 돈을 빼 가는 사기 수법이다. 파밍(pharming)은 사기꾼이 내 PC 안에서 터를 잡고 농사짓는다(farming)는 의미다. 내 PC나 스마트폰을 악성코드로 오염시켜 가짜 사이트로 유도하는 사기 수법이다. 파밍에 당하지 않으려면 출처가 불분명한 프로그램이나 앱을 설치하지 말아야 한다. 또 보안 프로그램들을 자주 업데이트하면서 주기적으로 감염 여부를 체크해야 한다. 스미싱(smishing)은 문자메시지(SMS)와 피싱(phishing)의 합성어로 가짜 문자메시지를 이용해서 피해자를 낚는다는 뜻이다. 사기꾼은 문자메시지로 '무료쿠폰 제공', '모바일 청첩장', '세금 환급금 지급' 등 사람들의 관심을 끌 만한 내용을 발송한다. 문자메시지의 인터넷주소를 클릭하면 악성코드가 스마트폰에 설치되고 사기꾼은 개인정보를 빼내어 금융거래나 상품구매에 마구 사용할 수 있다.

사기 수법

금융감독원의 2021년 조사에 의하면 사기꾼들이 많이 사용하는 방법은 문자, 전화, 메신저 순이었다. 피해자들의 연령대를 보면 20대 이하에게는 전화를 이용한 사기가 가장 많았고 30대 이상에게는 문자를 이용한 사기가 가장 많았다.

◎ **보이스피싱 접근매체** (%)

구분	전체	연령별		
		20대 이하	30~40대	50~60대 이상
문자	45.9	22.1	48.0	49.3
전화	32.5	55.9	35.0	26.5
메신저	19.7	17.6	15.0	22.8
기타	2.0	4.4	2.0	1.4

금융감독원, 『보이스피싱 피해자 설문조사 분석결과』, 2021.

사기 수법을 보면 20대 이하에게는 범죄에 연루되었다고 겁주는 내용이 가장 많았다. "여기는 경찰청 사이버 특수수사대인데 당신의 통장이 범죄에 연루되었다."는 말을 들으면 사회 경험이 많지 않은 젊은이들은 당황하면서 제대로 판단을 못하게 된다. 사기꾼은 피해를 방지하려면 통장 안에 있는 돈을 찾아서 따로 보관해야 한다고 말하고, 피해자가 찾은 돈을 자기가 지정한 장소에 갖다 두거나 자기가 보낸 사람한테 맡기라고 지시한다. 지나고 보면 이게 말도 안 되는 요구 사항이라는 것을 금방 알 수 있다. 그러나 사기꾼과 통화하는 그 순간에는 정신이 혼미해져서 사기에 넘어가는 사람들이 많다.

30~40대에게는 "여기는 ○○은행 서민대출심사과입니다. 고객님이 지금 이용하고 있는 대출은 금리가 너무 비싸므로 낮은 금리로 바꿔 주겠습니다."라는 저리 대출 유인이 가장 많았다. 은행원이 전화를 걸어 금리를 낮추어 주겠다고 해서 의심하지 않고 덥석 미끼를 물었다간 큰 피해를 본다. 사기꾼들은 대출을 바꾸는 과정에 작업이 필요하다면서 온갖 명분으로 피해자에게서 돈을 뜯어낸다. 우리나라에서 은행원이 대출자에게 직접 전화를 걸어 대출금리를 낮추어 주는 곳은 한 군데도 없다. 특히 돈을 대출상환용 은행계좌가 아니라 별도로 지정하는 계좌로 송금하라고 말하면 분명한 사기다.

50~60대에게는 가족 또는 지인을 사칭하는 수단을 많이 사용한다. 노인들에게 손자를 가장해서 이런 문자를 보낸다. "할머니, 내가 지금 스마트폰이 고장 나서 통화가 안 돼요. 여기 문자에 있는 주소를 클릭하고 들어와서 거기에 나와 있는 대로 해 주세요." 노인들이 사기꾼이 시키는 대로 신분증 사진을 올리고 개인정보를 입력하면 큰 피해를 입는다. 이런 사기에 걸리지 않으려면 문자메시지를 덜컥 믿지 말고 반드시 당사자와 통화해서 확인해야 한다. 이처럼 아주 간단한 예방법이 있는 데도 불구하고 사기 피해를 당하는 노인들이 계속 나타나고 있다.

☑ 보이스피싱 예방 요령

보이스피싱은 2019년까지 피해금액과 피해건수가 계속 증가하다가 2020년에 절반 이하로 줄어들었다. 피해건수가 2019년에 7만 2,488건이었는데 2020년에는 2만 5,859건으로 대폭 줄었다. 보이스피싱 피해가 줄어든 원인으로 두 가지를 말할 수 있다. 첫째, 그동안 금융감독원이나 공공기관들이 보이스피싱을 예방하기 위해서 실시한 여러 노력들이 효과를 거두었다. 둘째, 2020년에 코로나19 바이러

보이스피싱 피해예방 요령

① 신뢰할 수 있는 쇼핑몰인지 확인
② 경찰 · 검찰 · 금감원이라며 금전을 요구하면 무조건 거절
③ 메신저 · 문자를 통해 금전을 요구하면 유선 확인 전까지 무조건 거절
④ 등급 상향, 저금리 전환, 대출수수료 명목의 금전 요구는 무조건 거절
⑤ 출처가 불분명한 앱과 URL 주소는 무조건 클릭 금지
⑥ 사용하지 않은 내용에 대한 결제 문자는 해당 카드사에 확인

스가 경제활동을 침체시켰고 사기 조직들도 활동이 위축되었다.

보이스피싱 피해를 방지하기 위해서 알아 두면 유용한 지침이 있다. 첫째, 경찰 · 검찰 · 금감원 등 권력 기관을 거론하면서 돈을 어디로 보내라고 요구하면 100% 사기다. 이런 수법에 "너 사기꾼이지?" 하며 따질 필요 없이 그냥 전화를 끊고 차단번호로 등록하면 된다. 둘째, 가족이나 친구가 메신저 · 문자로 금전을 요구하면 반드시 당사자와 통화해서 확인해야 한다. 휴대폰이 고장나서 통화할 수 없다고 연막을 치지만 대부분 거짓말이다. 셋째, 금융회사 직원을 사칭하며 신용등급을 올리거나 대출을 저금리로 바꿔 준다는 유혹도 완전히 사기다. 일 처리에 작업비가 필요하니까 돈을 입금하라는데 금융회사 직원이 고객에게 전화해서 자기 계좌로 돈을 보내라고 요구하는 일은 절대로 없다. 이것도 더 이상 시간 끌지 말고 그냥 전화를 끊어버리면 된다. 넷째, 출처가 불분명한 앱과 URL 주소는 절대로 클릭하면 안 된다. 클릭하지 않으면 "혹시 나한테 불이익이 있을까?" 하고 걱정할 수 있는데 아무런 불이익도 없다. 사정이 급한 사람이 문자를 보냈는데 답장이 없으면 급한 사람이 전화하거나 만나러 올 것이다. 다섯째, 구매하지 않은 물건에 대해서 결제가 되었다는 문자가 오면 무시해야 한다. 확인하기 위해 전화하는 순간 사기꾼의 농간에 말려든다. 혹시 이런 결제 문자가 와서 마음이 거북하다면 문자에 나와 있는 업체에게 전화하지 말고 해당 카드사에 확인해야 한다. 카드사에 전화해서 이런 문자를 받았는데 이 구매와 관련해서 결제된 것이 있는지 확인하면 된다.

☑ 피해 발생 시 대응 요령

아직 피해가 발생하지는 않았지만 본인 정보 유출, 악성 앱 설치, 본인 명의 계좌 도용, 본인 명의 휴대폰 개통 등이 의심되면 다음과 같은 공공기관 서비스를 이용해서 확인할 수 있다.

기관	서비스	내용
금융감독원	개인정보노출자 사고예방시스템 pd.fss.or.kr	정보 유출이나 악성 앱 설치 의심 시 등록
금융결제원	계좌정보통합관리서비스 payinfo.or.kr	본인 명의로 개설된 계좌 확인
한국정보통신 진흥협회	명의도용방지서비스 msafer.or.kr	본인 명의로 개설된 휴대전화 확인

조심했는데도 불구하고 전자금융 사기 피해가 발생할 수 있다. 만약 사기꾼이 지정한 계좌로 돈을 보냈다면 우선 금융회사의 콜센터, 경찰청(☎112), 금융감독원(☎1332)에 전화해서 계좌의 지급정지를 신청해야 한다. 그리고 3일 이내 경찰서를 방문해서 '사건사고사실확인원'을 발급받고 이 확인원을 지급정지를 신청한 금융회사에 제출해야 한다. 이런 절차를 마치면 금융회사에게 피해금을 돌려달라고 요청할 수 있다.

청년들을 대상으로 취업을 빙자하여 금전을 탈취하는 행위가 많이 일어난다. 취업을 축하한다며 월급통장을 등록해야 하니 은행통장을 만들고 비밀번호와 함께 회사에 제출하라고 요구한다. 회사가 내 통장의 비밀번호가 필요하다니 뭔가 수상하지 않은가? 은행계좌가 필요하다면 내가 등록하면 되는 것이지 회사가 알아서 대신 등록해 준다는 것은 속임수다. 또 출입증을 발급해야 한다며 체크카드를 만들어서 가져오라는 사기도 있다. 취업했다는 기쁜 마음에 그런가 보다 생각할 수 있지만 출입증 발급과 체크카드는 아무 관계가 없다. 신입사원 정보를 등록하기 위해서 공동인증서와 비밀번호를 달라고 요구하는 것도 터무니없기는 마찬가지다. 취업과 관련해서 이런 이야기가 나오면 100% 사기다.

대포통장은 내 명의로 개설한 통장을 다른 사람이 이용하게 허락하는 것이다. 내 통장을 빌려주거나 파는 행위는 범죄이며 형사처벌의 대상이다. 통장을 양도하거나 대가를 받고 매매하는 행위는 엄하게 처벌을 받아서 3년 이하의 징역이나 2,000만 원 이하의 벌금에 처해진다. 대포통장에 관여되면 '금융질서 문란행위자'로 낙인이 찍히고 최장 12년 동안 금융거래에서 각종 불이익을 받는다. 이런 처벌과 반대로 대포통장 거래와 관련된 증거가 있다고 신고하면 50만 원까지 포상금을 받는다.

주민등록번호 유출로 피해를 입었거나 피해가 우려되면 주민등록번호를 바꿀 수 있다. 우리가 주민등록번호를 동시에 2개를 가질 수는 없지만 내 번호에 문제가 있으면 시, 군, 구 변경위원회에 청구해서 새로 만들 수 있다. 새 주민등록번호가 나오면 공공기관에는 자동으로 통보되지만 은행 · 보험 · 통신 등 민간기관에는 본인이 직접 변경 사실을 등록해야 한다.

보이스피싱을 예방하기 위해서 공공기관이 많이 노력하고 있다. 금융감독원의 '보이스피싱지킴이' 사이트[11]에 가면 '그놈목소리' 코너에서 사기꾼들의 실제 목소리를 들어볼 수 있다. 예전에는 조선족들을 활용해서 그놈 말투가 어눌하고 표준 한국어가 아닌 경우가 많았지만 지금은 완벽한 표준 말씨다. 경찰청에서는 스마트폰에 설치된 악성 앱을 탐지하고 삭제하는 '시티즌코난' 앱을 배포하고 있다. 이외에 금융회사들도 보이스피싱을 예방하기 위해서 다음과 같은 서비스를 제공하고 있다.

서비스	내용
지연이체 서비스	자금 이체 시 수취인 계좌에는 일정시간(최소 3시간) 경과 후 입금
입금계좌지정 서비스	본인이 미리 지정하지 않은 계좌로는 소액 송금만 가능(1일 1백만 원 이내 한도)
단말기지정 서비스	미리 지정한 PC나 스마트폰에서만 이체 등 주요 거래가 가능
해외IP차단 서비스	국내 사용 IP대역이 아닌 경우 이체거래를 할 수 없도록 차단

11 http://phishing-keeper.fss.or.kr

4. 핀테크와 미래 사회

플랫폼 경제와 핀테크

우리가 살고 있는 경제를 서술하는 용어 중의 하나로 플랫폼 경제(platform economy)가 있다. 플랫폼은 버스나 기차에 타고 내리기 위해서 사람들이 모이는 승강장이다. 경제에서 말하는 플랫폼은 재화와 서비스를 거래하기 위하여 공급자와 수요자가 많이 모이는 장소다. 지금은 이러한 장소를 물리적 공간이 아니라 가상 공간에 만들어 놓고 공정한 거래를 통해 가치를 교환할 수 있도록 만들어 놓은 IT 시스템을 의미한다. 우리가 온라인 쇼핑을 위해서 접속하는 포털 사이트나 주문 앱이 바로 플랫폼이다.

플랫폼 경제의 장점은 아주 편리하다는 것이다. 사람이 직접 가게를 방문할 필요 없이 온라인에서 몇 번의 클릭으로 구매를 마칠 수 있다. 단점은 플랫폼을 운영하는 데 막대한 비용이 들어간다는 것이다. 플랫폼에서 구매할 때 제품 가격에 부가되는 수수료가 만만치 않다. 식당에 직접 가서 먹지 않고 배달 플랫폼을 이용하면 소비자는 배달료를 부담해야 하고 식당 주인은 수수료를 지불해야 한다. 대면 경제로 물건을 소비할 때보다 플랫폼 경제에서 비용이 더 높아진 것이다.

핀테크(FinTech)는 금융을 뜻하는 파이낸스(finance)와 기술을 뜻하는 테크놀로지(technology)를 결합해서 만든 용어다. 금융기능과 IT 기술을 결합해서 금융업무를 효율화하고 금융소비자의 편익을 높이는 활동을 의미한다. 이러한 결합을 금융이 주도권을 가지고 진행하면 핀테크, 기술이 주도권을 가지고 진행하면 테크핀이라고 부른다.

핀테크는 금융회사가 주도권을 가지면서 본연의 금융업무를 수행하는 데 편리하고 유익한 IT 기술을 접합하는 활동이다. 핀테크는 금융회사 자체의 높은 신뢰도를 바탕으로 하면서 오랫동안 축적된 영업 노하우를 활용할 수 있다는 것이 장점이다. 테크핀은 대형 IT 회사들이 주도권을 가지면서 검색 서비스나 메신저 서비스를 바탕으로 금융영역에 진입한 형태다. IT 회사가 주도하므로 금융사업보다는 기술 경쟁력에서 핵심역량을 키우고 있다. 앞으로 미래 사회는 핀테크가 이끄는 사회가 될까 아니면 테크핀이 이끄는 사회가 될까? 현재의 추세로 보면 테크핀이 더 우세할 것으로 예상된다. 은행은 사라지고 은행업을 IT 회사가 수행하는 날이 다가오고 있다.

핀테크는 이제 금융산업의 대세로 굳어진 상황이다. 핀테크 기업은 전자상거래, 검색엔진, 소셜미디어 등의 플랫폼에서 확보한 대량의 데이터를 이용해서 고객 맞춤형 서비스와 비대면 서비스를 제공하고 있다. 이러한 혁신적인 서비스가 전통적 금융회사의 영역을 위협하고 금융 서비스의 새로운 표준으로 자리를 잡고 있다. 또한 핀테크 기업들은 간편결제와 간편송금 서비스에 그치지 않고 사업영역을 예금, 대출, 펀드, 보험 등으로 확장하고 있다. 앞으로 핀테크 생태계에 우호적인 환경이 조성되고 핀테크 투자를 활성화하는 변화가 더욱 힘을 받을 것이다.

그러나 핀테크 발전이 좋은 점만 있는 것은 아니고 위험 요인도 존재한다. 우선 개인정보 유출에 따른 피해 가능성이 커지고 있다. 소중한 개인정보가 여기저기 막 돌아다니고 이 유출된 정보가 큰 피해를 불러일으킨다. 사회 전체적으로 보면 핀테크 발전에 따른 혜택은 못 보면서 기회 불평등의 차별을 받는 사람들이 늘어난다. 스마트폰 사용에 익숙하지 않은 노년층이 대표적인 경우다. 또 핀테크 사업자들이 AI(인공지능)를 이용해서 빅데이터 분석을 하고 자기들 돈벌이에 도움이 되는 사람들에게 집중적으로 서비스를 제공할 수 있다. 이처럼 우량고객 위주로 서비스를 만들면 서민층이나 빈곤층은 점점 차별당하고 금융 불이익을 겪게 된다.

금융소비자가 이용하는 은행, 증권사, 보험사 등의 금융정보를 한곳에 모아서 관리하는 마이데이터 서비스가 2021년 12월부터 시행되었다. 금융소비자가 마이데이터 사업자에게 동의하면 사업자가 모든 금융정보를 수집해서 다양한 금융 서비스를 제공한다. 마이데이터를 분석하여 불필요한 지출을 줄여 주고 맞춤형 금융상품 정보를 제공하여 금융생활의 만족도를 높일 수 있다. 마이데이터에서 금융정보뿐만 아니라 건강, 통신, 교통 등의 이질적인 데이터까지 결합되면 우리의 생활에 큰 변화가 올 것으로 예상된다.

인터넷은행

은행이라고 하면 어떤 이미지가 떠오르는가? 근사한 빌딩 1층에 자리를 잡고 냉난방이 잘돼 있으며 창구에 단정한 유니폼을 입은 직원들이 앉아 고객을 마주하며 업무를 처리한다. 이런 이미지가 떠올랐다면 전통적 은행에 익숙한 고객들이다. 지금은 점포를 개설하지 않고 인터넷으로 은행업을 할 수 있다. 이것을 인터넷전문은행 또는 인터넷은행이라고 부른다.[12] 인터넷은행은 비대면 거래를 하므로 점포가 없고, 기업상품은 취급을 제한하고 소비자상품에만 집중하며, 신용이 낮은 사람들에게 의무적으로 일부 대출해야 한다. 우리나라에서 인터넷은행은 2017년에 케이뱅크와 카카오뱅크가 설립되었고 2021년에 세 번째로 토스뱅크가 영업을 시작했다. 인터넷은행들의 신용대출 점유율은 2017년 6월에 0%에서 시작해서 2021년 3월 9.3%까지 초고속으로 성장했다. 앞으로 인터넷은행의 플랫폼이 안정적으로 자리 잡으면 매년 1조 원 이상의 이익을 낼 것으로 예상된다.

우리가 은행을 통해 처리하는 일은 예금하고 송금하고 대출받는 것이다. 이런 은행 일을 할 때 인터넷은행과 일반은행 중에서 어느 곳을 선호하는지 한국은행이 조사하였다.[13] 결과는 인터넷은행 29.7%, 일반은행 25.0%, 비슷함 45.3%로 나왔다. 안전하고 확실한 일반은행에서 일을 보겠다는 사람이 점점 줄어드는 추세다. 연령대별로 보면 일반은행을 선호하는 비율이 20대는 12.5%에 불과한데 70대 이상은 87.0%에 달하고 있다. 수십 년을 살아오면서 거래하던 습관이 이렇게 나타난 것이다. 일반은행에서 일을 처리하려면 직접 방문해야 하므로 시간이 걸리고 불편할 수밖에 없다. 이러한 불편보다 더 큰 문제는 이들이 인터넷은행이 제공하는 저렴한 서비스 혜택을 누릴 수 없다는 점이다. 소득 수준도 영향을 미쳐서 소득이 낮을수록 일반은행을 많이 이용하고 있다.

한국은행 조사에서 특정 은행을 선호하는 이유를 물었는데 일반은행이나 인터넷은행이나 '편리한 이용절차"를 가장 큰 이유로 꼽았다. 은행을 이용하는 데 있어서 중요한 요인은 다양한 혜택이나 높은 보안성이 아니라 편리성이다. 일반은행이

12 영어로는 Online Bank, Virtual Bank, Direct Bank, Branchless Bank, Internet-Only Bank 등으로 표기 된다.

13 한국은행, 『2019년 지급수단 및 모바일금융서비스 이용행태 조사결과』, 2020.

인터넷은행과의 경쟁에서 살아남으려면 편리성을 더욱 강화해야 하지만 쉽지 않은 일이다. 물건을 구매하고 현금으로 지급하는 비율이 전체 응답자는 26.4%인데 70대 이상 고령층은 68.8%로 매우 높게 나왔다. 고령층은 오프라인 시장에서 물건을 사고 지갑에서 현금을 꺼내 지불하고 있다. 현금 인출이 필요하면 CD · ATM 기기를 이용하는지 아니면 은행 창구에 찾아가는지도 조사했다. 은행 창구로 가는 비율이 전체 응답자는 25.3%인데 70세 이상 고령층은 53.8%가 나왔다. 고령층도 CD · ATM 기기를 편리하게 이용할 수 있도록 화면의 글자 크기를 키우고 음성 서비스를 제공하는 노력을 기울이고 있는데 앞으로 계속 개선해야 할 것이다.

☑ 모바일 서비스 이용도

한국갤럽이 지난 1년 동안에 모바일뱅킹이나 모바일쇼핑을 얼마나 이용했는지 조사했다.[14] 모바일뱅킹을 이용한 비율이 62%, 모바일쇼핑을 이용한 비율이 51%로 나왔다. 모바일뱅킹을 경험한 사람이 62%라는 것을 뒤집으면 미경험자가 38%나 된다는 말이다. 세상이 이렇게 빠르게 바뀌고 있는데도 불구하고 옛날 방식으로 살아가고 있는 사람이 아직도 저렇게 많다. 모바일쇼핑을 경험한 사람은 51%로 겨우 절반 정도다. 누구나 스마트폰으로 주문하고 있는 것이 아니라 거의 절반은 모바일쇼핑을 경험하지 않은 것이다. 플랫폼 사업자들은 모바일쇼핑 미경험자들을 고객으로 끌어들이는 노력을 집중적으로 전개하고 있다.

다음 표는 한국갤럽이 2021년에 금융과 쇼핑 서비스에 대한 이용률을 조사한 결과다. 모바일뱅킹부터 해외직구까지 10개 서비스가 있는데 이 중에서 지난 1년 동안 내가 이용해 본 서비스에 '○'표를 체크해 보자. 내가 이용한 서비스 개수를 10으로 나누면 바로 여러분의 핀테크 지수다.

14 한국갤럽이 2020년 9월부터 2021년 3월까지 만 13세 이상 5,100명을 대상으로 금융과 쇼핑 서비스 이용경험을 조사했다.

금융 · 쇼핑 서비스 이용률

구분	서비스	응답자 이용률(%)	나의 경험(○, ×)
뱅킹	모바일뱅킹	62	
	PC뱅킹	40	
결제	인터넷전문은행	26	
	간편결제(○○페이)	29	
주식	모바일주식거래	13	
	PC주식거래	11	
쇼핑	모바일쇼핑	51	
	PC쇼핑	44	
	TV홈쇼핑	48	
	해외직구	16	

한국갤럽, 『금융 · 쇼핑 서비스 이용률』, 2021.

미래 사회의 모습

지점 없는 은행

지금 핀테크와 관련된 변화들 중에 가장 눈에 띄는 것은 은행 지점이 없어지는 현상이다. 비대면 거래가 급속도로 진행되고 인터넷은행이 성장하면서 은행 지점이 빠르게 사라지고 있다. 전국 은행 지점이 2012년 말 7,835개 있었는데 2015년 말 7,446개 그리고 2021년 6월 6,462개로 줄어들었다. 최근 5년 동안 지점은 약 1,000개가 문을 닫았고 은행원은 10% 정도 줄어들었다. 은행원은 취업 선호도 조사에서 항상 상위에 꼽히던 좋은 일자리였는데 이제는 40세만 넘어도 희망퇴직 대상자가 된다.

은행 지점이 없어지면 지점에 근무하던 은행원들이 퇴사하든가 아니면 재배치되어야 한다. 은행이 고액의 인건비를 지불하면서 점포를 운영하다가는 살아남지 못하므로 무인 점포를 만들고 업무를 디지털화할 수밖에 없다. 은행들은 속속 '온라인 화상 상담 서비스'를 도입하고 있다. 은행 직원이 창구에서 손님과 대면하지 않고 온라인으로 예·적금 상품 가입을 안내하고 대출 상담도 진행한다. 지점 통폐합으로 발생하는 유휴 인력을 재교육하여 디지털 업무에 투입하는데 이런 재배치가 말처럼 쉬운 일은 아니다. 결국 디지털 업무에 적응하지 못하는 은행원이 퇴출의 1순위가 된다. 은행의 디지털화는 은행원에게만 충격을 주는 것이 아니다. 스마트 기기를 사용하기 어려운 노년층이 금융 서비스에서 점점 소외되고 있다. 점점 늘어나는 노년층이 금융 서비스에서 소외되지 않도록 정책적 노력을 기울여야 한다.

현금 없는 사회

현금 없는 사회(cashless society)는 살아가는 데 현금을 지니고 다닐 필요가 없는 사회다. 신용카드나 스마트폰으로 모두 해결이 되므로 귀찮게 현금을 가지고 다닐 이유가 없다. 2018년 기준으로 현금 결제 비중이 우리나라는 19.8%인데 스웨덴은 13.0%로 세계에서 가장 낮다.[15] 스웨덴에서는 현금을 받는 식당이 없어서 노인들이 식사도 못 하는 일이 벌어졌다. 이에 스웨덴 정부는 은행이 현금 취급 업무를 일정 비율 이상 유지하도록 법으로 정했다. 은행이 아예 현금을 취급하지 않는 것은 은행의 본분을 망각한 일이라고 비판하면서 강제적 조치를 취한 것이다. 우리나라에서도 얼마든지 일어날 수 있는 일이다.

신용카드나 스마트폰으로 결제할 때의 장점 중의 하나는 잔돈이 안 생긴다는 것이다. 지하철이나 버스 요금도 교통카드로 처리하고 편의점에서도 간편결제로 지불하므로 동전을 구경할 일이 없다. 이런 편리성을 조금 더 확대시킨 것이 모바일 현금카드다. CD/ATM 기기를 이용하려면 은행에서 발행하는 현금카드가 있어야 한다. 그런데 현금카드를 실물로 지갑에 넣어서 가지고 다니는 것이 은근히 불편하다. 이러한 불편을 해소하기 위해 현금카드를 스마트폰 앱으로 만든 것이 모바일현금카드다. 모바일현금카드로 CD/ATM 기기에서 입금과 출금을 할 수 있으며 가맹점에서 물건을 구매하고 대금을 결제할 수 있다. 만일 현금을 지불하고 거스름돈이 생기면 동전으로 받지 않고 내 은행계좌로 입금받을 수 있다. 또 현찰이 필요하다면 가맹점에서 대금을 결제하면서 현금을 인출하는 캐시백(cash-back) 기능

15 금융감독원, 『최근 '현금 없는 사회' 진전 국가들의 주요 이슈와 시사점』, 2020.

도 있다. 물건을 2만 원어치 사고 현금 1만 원이 필요하다면 3만 원을 결제하고 1만 원은 현금으로 받을 수 있다.

모바일현금카드의 다양한 기능에도 불구하고 2021년 사용실적은 매우 저조했다. 그 이유는 이런 카드가 있는지 몰랐다는 사람이 많고 사용처가 일부 백화점이나 편의점으로 제한되었으며 빅테크 회사들의 서비스보다 편의성도 떨어지기 때문이다. 이런 한계를 극복하고 소비자의 선택을 받기 위한 핀테크 경쟁이 끊임없이 펼쳐지고 있다.

사라지는 종이통장

이제 사람들은 종이통장을 거의 사용하지 않는다. 은행 지점에서 통장을 개설하면 직원인건비, 인쇄비용, 보관비용 등이 발생한다. 은행이 종이통장 1개를 발급하는 데 평균적으로 1만 원 정도가 소요된다. 종이통장을 만들지 않으면 은행은 비용을 줄인 만큼 고객에게 우대금리를 제공할 수 있어서 경쟁력이 향상된다. 고객은 종이통장을 이용하면서 분실과 도난을 늘 신경써야 한다. 종이통장을 전자통장으로 대신하면 더 이상 이런 걱정을 할 필요가 없다. 종이통장이 없으면 혹시 내 재산이 제대로 보호가 안 되는 것 같아서 불안한 마음이 들 수 있지만 전혀 걱정할 것이 없다. 고객은 필요하면 인터넷뱅킹으로 내 계좌의 잔액과 거래 내역을 언제라도 조회할 수 있다. 이제 통장을 만들 때도 은행 창구에서 종이통장을 받는 게 아니라 앱으로 통장을 만든다. 모바일뱅킹으로 만든 통장은 분실 염려도 없고 비용도 들지 않으니 고객과 은행에게 모두 이득이다.

정부는 2020년 9월부터 종이통장을 발행하면 수수료를 부과하는 계획을 세웠는데 일정대로 실행되지는 않고 있다. 인터넷뱅킹의 시대에도 종이통장에 대한 충성도가 높은 고객들이 여전히 존재한다. 비대면 거래가 활성화됐는데도 은행에 찾아오는 고객 대부분은 종이통장을 사용하고 있다. 이러한 현실을 무시하고 종이통장 발급 수수료를 부과하면 큰 원성을 들을 것이다. 종이통장이 완전히 사라지려면 다소 시간이 걸릴 것으로 보인다.

제6장

신용을 관리하자

"가장 중요한 것은

보이지 않는다."

– 생텍쥐페리(소설가)

1. 무슨 카드를 쓸까?

지급수단 만족도

상거래에서 물건을 구매하고 서비스를 이용하면 그 대가를 지불해야 한다. 현금을 주거나 신용카드를 긁는 것이 바로 지불 행위다. 대가를 지불하는 데 사용되는 금전적 가치가 있는 것들을 지급수단이라고 한다. 경제가 낙후되거나 불안정한 국가에서는 현금 또는 금덩어리만 지급수단으로 사용되지만 경제가 발달할수록 지급수단의 종류가 많아지고 이용방법이 편리해진다. 현재 우리가 많이 사용하는 지급수단에는 현금, 신용카드, 체크카드, 계좌이체, 선불카드 등이 있다.

우리나라는 가계지출에서 현금으로 결제하는 비율이 20% 이하인데 매년 줄어들고 있다. 각종 카드를 이용한 결제가 일상적이고 자연스러운 광경이 되었다. 한국은행에서 지급수단의 특성(편리성, 안전성, 수용성, 비용)에 대하여 점수를 매기고 종합만족도를 측정하였다.[01]

지급수단별 특성 및 종합만족도

지급수단	편리성	안전성	수용성	비용	종합만족도
현금	75.1	74.1	91.7	88.3	79.5
신용카드	85.7	70.4	81.7	54.6	80.8
체크카드	81.7	70.4	78.8	67.3	76.5

한국은행, 『2019년 지급수단 및 모바일금융서비스 이용행태 조사결과』, 2020.

2019년 조사에서 종합만족도 1위는 신용카드이고 2위는 현금으로 2017년 조사와 순위가 역전되었다. 현금은 안전성, 수용성, 비용 항목에서 1위를 했고 신용카드는 편리성 항목에서 1위를 했다. 특히 신용카드는 비용 항목에서 가장 낮은 54.6점을 받았다. 신용카드를 쓰면 연회비, 수수료, 이자 등을 지불해야 하므로 비용 측면에서 만족도가 낮을 수밖에 없다. 신용카드가 비용에 따른 단점이 있음

01 표에서 체크카드는 직불카드도 포함해서 집계한 통계다.

에도 불구하고 편리성이 워낙 점수를 많이 받아서 종합만족도 1위가 되었다. 체크카드는 편리성, 안전성, 수용성에서 신용카드와 거의 비슷하거나 조금 낮은 평가를 받고 있으며 비용은 신용카드보다 높은 점수를 받았다. 결국, 편리하면서 저렴한 지급수단은 체크카드라는 것을 알 수 있다.

사람들이 지급수단을 선택하는 이유가 무엇인지 조사해 보니 '지급절차가 간단하고 속도가 빠르기 때문'이라는 응답이 1순위로 나왔다. 안전성이나 비용은 상대적으로 낮은 점수를 받았다. 어떤 도구를 새로 만들었는데 사용하기 편리하고 결과가 금방 나온다면 다른 결점을 상쇄하고도 남는 가장 강력한 효과다. 앞으로 지급수단이 생체정보를 이용하는 형태로 계속 진화할 터인데 이때도 편리성과 속도가 관건이 될 것이다.

카드 발급과 사용

최근 카드 발급 추이를 보면 신용카드는 매년 발급매수가 증가하고 있는데 체크카드는 정체되어 있는 모습이다. 2020년 신용카드 누적 발급매수는 1억 1,373매이고 체크카드 누적 발급매수는 1억 1,003매다. 발급매수 1억 매는 무슨 의미일까? 우리나라 총인구를 5,000만 명으로 보면 그중에 경제활동인구는 절반 정도인 2,500만 명이다.[02] 1억 매를 2,500만 명으로 나누면 경제활동을 하는 사람 1인당 평균 4매다. 경제활동을 하는 사람들이 보유한 신용카드와 체크카드를 합하면 1인당 평균 8매다.[03] 이렇게 평균 8매를 가지고 있는 것이 적절한가 하는 의문이 든다. 주위 사람들을 보면 카드를 만들어 두기만 하고 사용하지 않는 경우도 많다. 1인당 신용카드 1매와 체크카드 1매를 보유하면 충분할 것이다.

한국은행의 지급수단 조사에 의하면, 2019년에 신용카드 보유율은 81.3%이고 체크카드 보유율은 68.8%여서 국민들 대다수가 신용카드 또는 체크카드를 가지고 있다. 연령대별로 보면 20대는 신용카드 보유율이 55.9%이지만 체크카드 보유율은 91.7%여서 거의 전부가 체크카드 1매씩을 가지고 있다. 20대 청년층이 계좌

02 2020년 말 총인구는 5,183만 명이고 경제활동인구는 2,766만 명이다.
03 정확히 계산하면 경제활동인구 1인당 신용카드는 4.1매이고 체크카드는 3.9매다.

잔액 이내에서만 지출하는 체크카드를 많이 보유한다는 점은 매우 긍정적이다. 젊은 시절에 합리적인 지출 습관을 기르는 데 도움이 된다. 30대에서 60대는 체크카드보다 신용카드를 더 많이 가지고 있는 것으로 나왔다. 70대 이상은 신용카드 보유율이 49.7%, 체크카드 보유율이 33.3%로 낮았고 카드보다는 현금으로 거래하고 있다. 모바일카드는 스마트폰 안에 앱으로 존재하는 카드인데 그 보유율이 17.8%에 불과하다. 20대와 30대의 보유율은 30%를 넘고 나머지 연령층은 거의 없는 수준이다. 앞으로 핀테크가 발전하는 상태에 맞추어 모바일카드 보유율도 같이 올라갈 것이다.

실제로 생활에서 어떤 지급수단을 이용하는지 살펴보면 연령에 따라 뚜렷한 차이가 있다. 20대는 체크카드 이용률이 82.9%이고, 30대에서 50대까지는 신용카드 이용률이 90%를 초과했으며, 60대 이상은 현금 이용률이 98%를 넘었다. 지급수단을 어디에서 쓰고 있는지 조사한 결과, 전통시장과 슈퍼마켓에서는 현금을 가장 많이 사용하였고 그 외의 모든 오프라인과 온라인 상점에서는 신용카드가 1위를 차지했다. 온라인 시장에서 신용카드 이용률이 47.2%를 차지한 반면에 체크카드 이용률은 9.7%에 불과하였다. 온라인 쇼핑에서 신용카드와 체크카드의 이용률이 이렇게 많이 차이나는 이유는 체크카드로는 할부구매를 할 수 없기 때문이다. 체크카드는 계좌에 있는 잔액만큼만 사용할 수 있고 카드사에서 돈을 빌릴 수 없기 때문에 과소비를 방지해 준다.

신용카드 역사

이렇게 편리한 신용카드는 언제 생겼을까? 신용카드 역사는 의외로 얼마 되지 않는다. 1949년 어느 날 미국의 사업가 프랭크 맥나마라는 손님을 만나 저녁 식사를 하고 식사비를 내려고 보니 지갑을 사무실에 두고 와서 낭패를 겪었다. 그는 이러한 불편을 해소하기 위해서 식사한 사람이 카드를 보여주고 사인만 하면 식당은 이 사람이 분명히 돈을 갚을 것을 믿고 외상거래를 하는 사업을 만들었다.

그는 이 사업에 '외식자들 모임'이라는 의미로 '다이너스 클럽(diners club)'이라는 이름을 붙이고 가맹 식당을 14개로 늘려 200여 명의 친지에게 카드를 나누어 줬다. 이러한 카드 사업이 사람들의 큰 호응을 받으면서 다이너스카드가 유명해졌고 이 사업을 모방해서 VISA카드와 BC카드 등이 생겨났다. 생활의 작은 불편이 어마어마하게 큰 비즈니스를 만들어 낸 것이다.

우리나라 최초의 신용카드는 은행이 아니라 백화점에서 1969년에 만들어졌다. 미국에서 다이너스카드가 만들어지고 겨우 20년 만에 우리나라에 카드 문화가 들어왔으니 도입이 빠른 편이다. 은행권에서는 외환은행이 1978년에 외환VISA카드를 처음 만들었고 1988년에 삼성이나 LG 등 대기업도 카드 사업에 진출하였다.

신용카드 사업구조

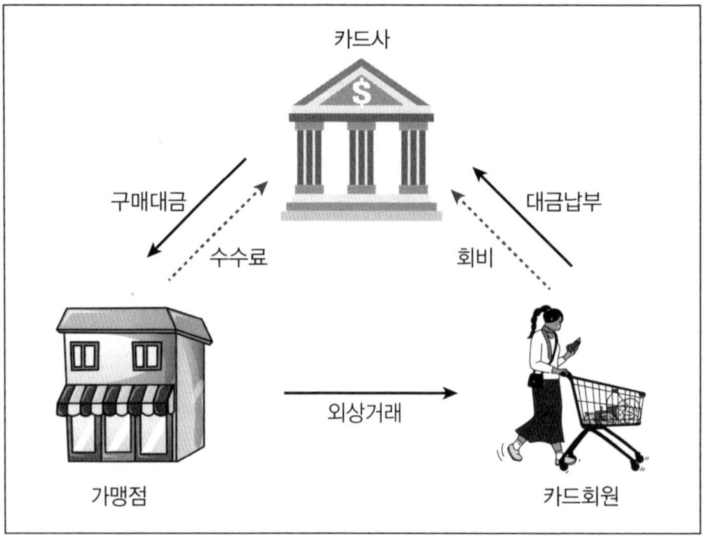

(신용)카드 사업에는 카드사, 가맹점, 소비자가 참여한다. 카드사는 카드를 발급하고 시스템을 관리한다. 소비자는 카드사에 회원으로 가입하고 카드로 결제하며, 가맹점은 고객이 제시하는 카드를 받고 외상거래를 한다. 카드를 이용하면 카드사, 가맹점, 소비자가 모두 혜택을 받게 되므로 카드 사업이 크게 번성하게 되었다. 카드사는 회원에게서 회비를 받고 가맹점에게서 수수료를 받아 이익을 낸다. 가맹점은 카드사로부터 구매대금을 받으므로 외상값을 못 받는 위험에서 해방된

다. 소비자는 당장 현금이 없어도 원하는 물건을 구매할 수 있으므로 소비생활의 만족도가 올라간다.

소비자가 가맹점에서 물건을 사고 카드로 결제하면 구매대금은 내 계좌에서 한 달쯤[04] 후에 빠져나간다. 가맹점은 구매대금을 한 달 후에 받는 것이 아니라 카드사에서 바로(3~4일 후) 받는다. 소비자는 한 달 후에 구매대금을 갚고 카드사는 바로 돈을 주는 시간의 차이만큼 수수료와 이자를 받는다. 가맹점은 매출이 늘어나서 좋고 소비자는 돈이 없어도 물건을 살 수 있어서 좋고 카드 회사는 수수료와 회비로 이익이 나서 좋으니 모두가 행복한 구조다. 그러나 세상에 단점은 없고 장점만 있는 그런 제도나 물건은 존재하지 않는다. 세상 모든 일에는 음과 양이 있다. 카드 사업에는 무슨 문제점이 있을까? 신용카드로 결제하는 거래는 기본적으로 외상거래다. "외상이면 소도 잡아 먹는다."는 속담이 있듯이 신용카드를 사용하면 과소비가 일어난다. 만일 현금거래만 허용된다면 돈이 없을 때는 아무리 사고 싶은 물건이 있더라도 구매할 수 없다. 그런데 신용카드로 외상거래가 가능하면 욕구를 억제하지 않고 마구 소비를 하게 된다. 이러한 과소비가 지나치면 연체가 일어나고 결국 파산하게 된다. 신용카드는 양날의 칼과 같으므로 사용에 신중을 기해야 한다.

2021년 말 현재, 우리나라에는 카드사가 21개 있다. 전업사는 카드 업무만 하는 회사이며 은행계 4개와 기업계 4개가 있다. 겸영은행은 은행이 카드사 업무도 같이 하는 곳으로 11개가 있고, 유통계겸영은 백화점이 카드를 발행하는 곳으로 2개가 있다.

구분		카드사
전업사	은행계	KB국민카드, 신한카드, 하나카드, 우리카드
	기업계	삼성카드, 현대카드, 롯데카드, 비씨카드
겸영은행		대구, 부산, 광주, 제주, 전북, 경남, 기업, 농협, 수협중앙회, SC, 씨티
유통계겸영		현대백화점, 갤러리아백화점

04 카드대금 결제는 최대 45일 이후에 이루어진다.

신용카드를 발급받으려면 만 19세 이상이고 4대 보험 가입자여야 한다. 만 19세 미만의 미성년자와 소득이 없는 사람은 기본적으로 신용카드 발급이 매우 어렵다. 또 은행의 3~6개월 평균잔액이 일정액 이상 있어야 한다는 요구 조건이 추가된다. 여기서 일정액은 카드사마다 달라서 50만 원을 요구하기도 하고 300만 원을 요구하기도 한다. 그리고 신용점수가 최소한 630점 이상일 것을 요구하는데 이는 과거에 사용하던 신용등급으로 6등급 이상을 의미한다. 이러한 기본요건 이외에 추가적으로 고려하는 내용이 있다. 연체 사실이 있거나 결제능력이 불충분하다고 판단되거나 이미 발급받은 신용카드가 지나치게 많으면 신용카드 발급이 거절된다.

카드 종류

카드사가 발급하는 카드의 종류에는 신용카드뿐만 아니라 체크카드, 직불카드, 선불카드, 하이브리드카드, 모바일카드 등이 있다. 카드 종류가 너무 많아 구별이 안 된다고 어려워할 필요는 없다. 카드는 물건을 사고 그 대금을 언제 결제하는가를 기준으로 구분하면 된다.

카드 대금을 언제 결제하는가?

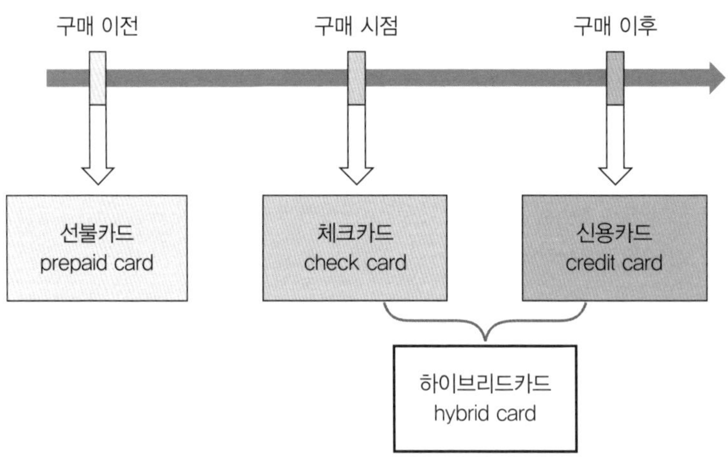

선불카드는 돈을 먼저 지불하고 물건 구매나 서비스 이용은 나중에 일어나는 형태다. 가장 대표적인 것이 교통카드다. 교통카드에 돈을 먼저 충전해 두고 버스나 지하철을 탈 때마다 단말기에 접촉하면 이용료가 선불카드 잔액에서 바로 빠져나간다. 체크카드는 카드사, 은행, 간편결제사가 발행하며 구매 시점에 바로 결제가 이루어진다. 현찰로 사는 것은 내가 지갑에서 한국은행권을 꺼내어 주는 것이고 체크카드를 긁는 것은 발행사가 내 계좌에서 돈을 이체해 가도록 허용하는 것이다. 직불카드는 체크카드와 마찬가지로 계좌 잔액 이내에서 사용할 수 있고 사용 즉시 계좌에서 돈이 빠져나간다. 다만, 체크카드는 카드사가 발급하고 신용카드 가맹점에서 사용할 수 있으며, 직불카드는 은행에서 발급하고 직불카드 가맹점에서만 사용할 수 있다. 직불카드를 들고 신용카드 가맹점에서 결제하려면 거절당한다. 직불카드는 가맹점이 많지 않아서 이용실적이 얼마 되지 않는다.

신용카드 결제는 지금 물건을 가져오고 대금은 한 달쯤 후에 갚겠다는 약속이다. 물건을 먼저 가져오고 돈을 나중에 지불하므로 후불카드라고 말해도 된다. 약속을 어기고 정해진 기한 내에 대금을 못 갚으면 채무불이행자가 된다. 선불카드와 체크카드에 대하여는 연체를 걱정할 필요가 없지만 신용카드는 연체가 발생하지 않도록 신중하게 관리해야 한다. 하이브리드카드는 체크카드와 신용카드를 섞어 놓은 카드다. 체크카드는 계좌의 잔액 한도 내에서만 쓰는 것이고 신용카드는 카드사에서 돈을 빌려 쓰는 것이다. 이 두 가지 특성을 혼합해서 평소에는 체크카드로 쓰다가 다급할 때는 신용카드로 쓸 수 있도록 만든 것이 하이브리드카드다.

그러면 하이브리드카드만 1매를 보유하는 방법과 체크카드 1매와 신용카드 1매를 함께 보유하는 방법 중에는 어떤 것이 좋을까? 하이브리드카드가 허용하는 외상은 대개 30만 원 정도이고 할부거래는 허용되지 않는다. 하이브리드카드만 가지고는 다양한 자금 수요에 대응할 수 없으므로 결국 신용카드를 발급받게 된다. 신용카드를 보유한 사람은 추가로 체크카드만 있으면 충분하므로 하이브리드카드를 가져야 할 이유가 없다. 체크카드를 만든 목적은 계좌 잔액을 초과해서 쓰지 말라는 것인데 굳이 돈 빌리는 기능을 추가해서 외상거래를 하도록 만든 것은 신용카드사의 상술이다.

은행은 계좌 잔액 이내에서만 사용할 수 있는 체크카드와 직불카드를 발급한다. 카드사는 외상으로 사용할 수 있는 신용카드를 발급하고, 계좌 잔액 이내에서만 사용할 수 있는 체크카드와 선불카드도 발급한다. 카드사가 발행하는 신용카드, 체크카드, 선불카드의 차이점은 다음과 같다.

카드사가 발행하는 카드들

구분	신용카드	체크카드	선불카드
이용한도	신용한도	예금잔액	충전잔액
결제시점	지정 결제일	구매 즉시	구매 즉시
할부 · 현금서비스	가능	불가	불가

할부서비스와 현금서비스는 신용카드만 가능하다. 할부서비스는 구매대금을 일정 기간에 걸쳐 나누어 결제하는 서비스인데, 할부기간이 길수록 수수료가 커지는 고금리 대출이다. 현금서비스는 현금인출기(CD/ATM)에서 필요한 돈을 빌릴 수 있는 서비스다. 현금서비스는 금리가 아주 높은 단기대출 상품이다. 체크카드와 선불카드는 할부서비스와 현금서비스를 이용할 수 없다. 과소비하지 말고 계좌의 잔액 이내에서만 쓰라는 의미다.

선불형 체크카드는 카카오페이나 토스 같은 간편결제 회사가 발행한 선불카드다. 이용자는 가상계좌에 본인의 은행계좌를 연결해 두고 자동충전하여 사용한다. 이용자 입장에서는 신용카드사가 발행한 체크카드와 차이가 없다. 과거에 체크카드는 신용카드사에서만 발급했는데 지금은 은행과 간편결제 회사도 발행주체가 되었다. 흔히 '카카오 체크카드'라고 부르는 카드들을 자세히 살펴보면 발행주체에 따라 로고가 다르게 찍혀 있다. 이용자 입장에서는 차이가 없어서 디자인이 예쁜 것을 선택하고 있다.

2. 카드를 어떻게 써야 하나?

☑ 카드 이용실적

상거래를 하면서 지급결제에 사용할 수 있는 카드에는 신용카드, 체크카드, 선불카드, 현금IC카드, 직불카드 등이 있다. 이들 카드를 이용한 이용건수와 이용금액은 매년 증가하고 있다. 다만 선불카드, 현금IC카드, 직불카드가 이용실적에서 차지하는 비중은 매우 낮고 지급결제에는 신용카드와 체크카드가 주로 이용된다. 다음 표는 2020년에 신용카드와 체크카드를 이용한 실적이다.[05]

2020년 카드 이용실적(일평균)

2020년	신용카드	체크카드	합계
총발급매수(만 매)	11,373	11,007	22,380
총이용건수(만 건)	3,904	2,319	6,223
총이용금액(억 원)	19,610	5,400	25,010
1매당 이용건수(건)	0.3	0.2	0.6
1매당 이용금액(만 원)	1.7	0.5	2.2
1인당 보유매수(매)	4.1	3.9	8.0
1인당 이용건수(건)	1.4	0.8	2.2
1인당 이용금액(만 원)	7.0	1.9	8.9

한국은행, 『2020 지급결제보고서』, 2021.

2020년 신용카드와 체크카드의 일평균 이용건수는 6,223만 건이고 일평균 이용금액은 2조 5,010억 원이다.[06] 사람들이 카드를 많이 사용하고 있다는 것은 알겠지만 이 숫자만 보아서는 내 생활에서 무슨 의미인지 실감이 나지 않는다. 이용건

05 한국은행은 총이용실적만 발표하였으며, 1매당 이용실적과 1인당 이용실적은 필자가 별도로 계산한 수치다.

06 이외에 선불카드, 현금IC카드, 직불카드에 대한 일평균 이용건수는 87만 6천 건이고 일평균 이용금액은 193억 원이다. 이들 카드에 대한 일평균 이용건수는 전체 이용건수의 1.4%이고 일평균 이용금액은 전체 이용금액의 0.4%에 불과하다.

수와 이용금액을 총발급매수로 나누면 1매당 실적을 알 수 있다. 신용카드는 1매당 매일 0.3건 이용하여 1만 7천 원을 결제하고, 체크카드는 1매당 매일 0.2건 이용하여 5천 원을 결제한다. 그런데 앞에서 본 카드 발급현황에 따르면 경제활동인구 1인당 신용카드는 4.1매, 체크카드는 3.9매를 보유하고 있다. 따라서 경제활동인구 1인당 하루에 이용하는 실적이, 신용카드는 1.4건에 7만 원이고 체크카드는 0.8건에 1만 9천 원이다. 신용카드와 체크카드를 합하여 하루에 2.2건 이용하면서 8만 9천 원을 결제하는 모습이 우리의 일상생활이다.

체크카드와 달리 신용카드는 언제든지 과소비로 인하여 연체를 하고 신용불량에 빠질 위험이 있다. 신용카드의 장점과 단점을 잘 파악해서 현명하게 사용하는 지혜가 필요한 이유다. 신용카드의 장점은 현금을 가지고 다닐 필요가 없으며, 할부거래를 이용할 수 있고, 사용할 때 할인을 받고 포인트도 받는 것이다. 또 연말정산 때 이용실적에 따라 소득공제를 받아 세금을 줄일 수 있다. 신용카드의 단점은 눈에 보이는 대로 충동구매할 수 있고, 적정 수준을 초과하는 과소비를 일으키며, 수수료(이자)를 지출해야 한다는 것이다. 이렇게 소비를 절제하지 못하고 빚에 무감각해지면 결국 신용불량에 빠지게 된다.

카드를 쓸 때마다 이번에 결제한 금액을 포함해서 지금까지 쓴 금액이 얼마인지 SMS로 알려주는 서비스가 있다. 이런 문자를 받으면 지출 현황을 파악하고 과소비가 일어나지 않게 통제할 수 있다. 또 카드를 분실한 줄 모르고 있는 상태에서 다른 사람이 사용하면 주인에게 통지되므로 금방 분실 여부를 알 수 있다. 이런 SMS 안내 서비스의 이용수수료는 매우 작은 액수이며 포인트로 결제할 수도 있다. 신용카드 사용자라면 반드시 가입해야 하는 서비스다.

카드 결제일이 언제입니까?

재테크의 고수와 하수를 구분하려면 신용카드 결제일이 언제인가 물어보면 된다. 아무 때나 편한 날짜로 하면 되지 그게 무슨 차이가 있냐고 생각하는 사람은 재테크의 하수다. 많은 사람들이 결제일을 월급날에 맞추어 25일로 설정하고 있다. 월급이 들어와야 카드대금을 갚을 수 있다고 생각하기 때문이다. 그러나 월급날과 결제일은 아무 관계가 없다. 결제일은 전월 1일부터 말일까지의 사용액이 청구되도록 설정하는 것이 좋다.

신용카드로 물건을 구매하는 것은 카드사가 구매자한테 돈을 빌려준 것이다. 카드사는 때가 되면 빌려준 돈을 회수하는데 카드사마다 조금 차이가 있지만 최대 45일간 빌려준다. 신용카드 결제일은 12일, 13일, 14일 중에서 정하는 것이 좋다. 날짜가 하루 이틀 차이나는 이유는 신용카드사마다 외상을 허용하는 기간(신용공여 기간)이 다르기 때문이다. 신용카드사 홈페이지에 가서 결제일 정보를 확인하고 전월 1일에서 전월 말일까지 기간에 대한 결제일을 선택하면 된다.

예를 들어 현대카드는 12일로 정하면 전월의 사용실적이 깔끔하게 정리된다. 신용카드사가 알아서 매월 지출액을 정리해 주니 가계부를 기록하는 비서를 공짜로 둔 것이나 마찬가지다. 만일 흔히 정하는 25일로 정했다면 전월 14일에서 당월 13일까지 사용한 실적이 청구되는데, 월별로 정산하는 가계부 주기와 맞지 않아서 혼란스럽고 정보가치가 없다.

현대카드 결제일과 이용 기간

결제일	이용 기간
1	전전월 20일~전월 19일
5	전전월 24일~전월 23일
10	전전월 29일~전월 28일
12	전월 1일~전월 말일
15	전월 4일~당월 3일
20	전월 9일~당월 8일
23	전월 12일~당월 11일
25	전월 14일~당월 13일

포인트와 소득공제

신용카드를 사용할 때 받는 혜택으로 포인트와 소득공제가 있다. 포인트는 카드사가 고객에게 주는 보너스이고 소득공제는 정부가 국민에게 주는 보너스다. 카드 이용금액에 따라서 카드사가 회원에게 재화 또는 서비스를 이용할 수 있는 경제적 이익을 주는 것이 포인트다. 포인트는 회원의 소중한 재산이므로 함부로 취급해서 잃어버리거나 뺏기지 않도록 해야 한다. 포인트 수명은 5년이며 5년을 넘긴 포인트는 수명이 다해서 사라진다. 포인트는 카드사가 고객한테 주기로 약속한 돈인데 소멸되면 카드사는 그만큼 이익이다. 소멸되는 포인트가 많을수록 고객들이 카드사에 갖다 바치는 돈이 늘어나는 것이다.

포인트가 이렇게 소중한 재산인 데도 불구하고 매년 소멸되는 포인트가 어마어마하다. 2020년에 1,171억 원이 소멸되었는데 이 금액이 얼마나 큰 돈인지 감이 잘 오지 않을 것이다. 2021년 말 현재, 서울 아파트의 평균 매매가격이 12억 원 정도다. 1,171억 원을 대략 계산하면 한 채당 12억 원짜리 아파트 100채에 해당하는 금액이다. 매년 서울 아파트 100채의 소유권이 고객에게서 카드사로 넘어가는 것이다. 카드사가 고객에게 주기로 약속했던 아파트 100채를 고객이 발로 걷어찬 꼴이다. 아깝지 않을 수 없다. 포인트가 수명을 넘기고 소멸되는 이유는 고객이 작은 금액이라고 하찮게 생각하고 현금화하는 작업을 귀찮아하기 때문이다. 이에 금융위원회가 나서서 포인트가 소멸되기 전에 현금으로 빨리 바꾸어 가라는 서비스를 2021년 1월 5일부터 시작했다.[07] 포인트를 현금으로 바꾸려면 금융결제원의 계좌정보통합관리 서비스를 이용하거나 여신금융협회의 카드포인트통합조회 서비스를 이용하면 된다.

◎ 카드 포인트 현금화 서비스

금융결제원

https://www.payinfo.or.kr/

여신금융협회

https://www.cardpoint.or.kr/

카드 포인트는 돈이나 똑같으므로 여러 용도로 쓸 수 있다. 카드사 홈페이지에서 포인트로 각종 생활용품을 살 수 있다. 그러나 실제로 거기에서 사는 사람은 많지 않은데 쿠팡이나 G마켓 같은 일반 온라인 쇼핑몰에서 더 싸게 살 수 있기 때문이다. 카드 포인트는 카드대금 결제에 쓸 수도 있고 백화점이나 놀이공원에서도 쓸 수 있다. 또 정기예금이나 펀드 등의 금융상품에 적립금으로 쓸 수 있고, 대출이자를 내거나 보험료 납입에 쓸 수 있으며, 세금을 낼 수도 있다. 사회기부를 하는 방법도 있으니 포인트가 소액이라고 포기하지 말아야 한다.

07 금융위원회, 『카드 포인트 현금화 서비스 안내』, 2021.

카드를 사용하면 국가가 소득공제 혜택이라는 보너스를 준다. 카드 사용으로 공정한 과세 행정에 도움을 주었다고 국가가 세금을 깎아 주는 것이다. 연말정산 때 보면 같은 월급을 받아 생활했는데 어떤 사람은 세금을 돌려받고 어떤 사람은 세금을 추가로 납부한다. 카드를 사용하지 않고 현금으로 지급하고 현금영수증을 받은 경우에도 소득공제율 30%가 적용된다. 영수증을 주고받아 공정한 과세 자료를 만들면 가계는 세금을 깎아 줘서 좋고 국가는 누락되는 세금이 없어 좋다. 맞벌이 부부는 연소득이 많은 사람의 카드를 집중해서 사용하는 것이 소득공제에 유리하다.

적립과 할인

신용카드를 사용하면 포인트 적립과 결제액 할인 혜택을 받을 수 있다. 포인트를 받으려면 전월 사용실적이 최소 기준을 넘어야 하고 카드사마다 적립률과 적립 한도가 있다. 어떤 카드를 사용하는 것이 포인트 혜택에 유리한지는 이러한 조건들을 종합해서 판단해야 한다. 모든 사람에게 절대적으로 유리한 카드는 없다.

카드 사용에 따라 결제액을 할인해 주는 방법에는 현장할인(즉시할인), 청구할인(결제일할인) 그리고 캐시백(환급할인)이 있다. 예를 들어서 7월 1일에 10만 원짜리 물건을 샀고 신용카드 할인율이 10%라고 하자. 현장할인을 받으면 카드 전표에 9만 원으로 찍히고 다음 달에 결제할 때 9만 원을 납부한다. 청구할인을 받으면 카드 전표에 10만 원으로 찍히고 다음 달에 결제할 때 9만 원을 납부한다. 캐시백을 받으면 카드 전표에 10만 원으로 찍히고 결제할 때도 10만 원을 납부하는데, 구매일과 결제일의 중간에 카드사가 내 계좌로 1만 원을 입금해 준다. 캐시백은 거래당 최소 금액(예, 1만 원) 요건이 있고 하루 또는 한 달의 이용횟수에 제한이 있는 경우가 많다.

신용카드를 사용할 때의 장점은 곧 단점이 된다. 현금이 없어도 구매할 수 있다는 장점은 충동구매로 과소비가 발생할 수 있다는 단점이 된다. 카드로 결제하면 잔돈이 생기지 않는다는 장점은 신용카드뿐만 아니라 체크카드에도 해당된다. 또 신용카드를 쓰면 소득과 지출을 시간적으로 조정할 수 있다는 것이 장점으로 거론

된다. 미래의 소득으로 현재의 소비를 감당한다는 뜻인데 아슬아슬한 곡예이고 자칫 어긋나면 신용불량자가 된다. 신용카드를 사용하면 포인트나 할인 혜택이 있다는 장점은 카드빚에 고금리의 이자 비용이 발생한다는 단점으로 상쇄된다. 신용카드를 사용하면 거래기록을 카드사가 정리해서 보관해 준다는 장점은 편리한 각종 가계부로 얼마든지 대체 가능하다. 세상에 카드 혜택으로 부자가 된 경우는 없어도 카드 남용으로 빈자가 된 경우는 무수히 많다. 신용카드를 쓸 때 지켜야 할 수칙을 10계명으로 정리하면 다음과 같다.

신용카드를 잘 쓰는 10계명

① 꼭 필요한 카드만 발급받는다.
② 카드 회원약관과 상품 안내장을 잘 숙지한다.
③ 카드대금 결제일을 반드시 준수한다.
④ 하나의 카드를 집중적으로 사용해 포인트를 얻는다.
⑤ 할부 이용기간별 수수료를 확인한다.
⑥ 안전한 거래를 위해 일시불보다 할부로 결제한다.
⑦ 합리적인 가계소비를 위해 가족카드를 적극 활용한다.
⑧ 현금서비스와 카드론은 가능한 빨리 상환한다.
⑨ 선지급 포인트는 가급적 이용하지 않는다.
⑩ 리볼빙 결제는 불가피할 때만 단기간 이용한다.

사용과 해지

카드로 물건을 할부 구매했는데 마음이 바뀌면 거래를 취소할 수 있는 철회권이 있다. 할부 구매 후 7일 이내에는 물건에 하자가 있어서가 아니라 그냥 단순히 마음이 바뀌어도 철회할 수 있다. 단, 금액이 20만 원 이하의 소액이거나 할부 기간이 3개월 미만일 때는 철회권이 인정되지 않는다.

물건이나 서비스를 할부로 구매했는데 물건에 하자가 있거나 서비스를 제공하는 업체가 부도가 날 수 있다. 이때 남은 기간 동안 할부금을 내지 않겠다고 카드사에 밝히는 것이 항변권이다. 헬스장, 학원, 의원 등을 이용할 때 1년 사용료를 일시불로 지불하면 요금을 많이 할인해 준다. 그러나 2~3개월 이용했는데 갑자기 업체가 부도나거나 폐업하면 나머지 기간의 사용료를 돌려받을 길이 없다. 이런 위험을 고려하면 조금 비싸더라도 12개월 할부로 계약해야 한다. 몇 개월 있다가 업체가 부도나거나 폐업하면 그때부터 할부금을 주지 말라고 카드사에 요청하면 된다. 일시불로 결제한 카드대금은 결제 승인 후 기간이 짧을수록 취소가 용이하다. 보통 하루 이틀 정도는 바로 취소되지만 일주일이 넘으면 절차가 복잡해진다. 특히 카드사에서 가맹점으로 이미 대금이 지급되었으면 취소가 불가능하지는 않지만 매우 어렵다.

카드를 1년 동안 사용하지 않으면 일단 휴면카드로 분류된다. 휴면카드가 되고 1개월 후까지 계속 사용하겠다는 의사 표시가 없으면 카드사가 그 카드를 정지시킨다. 이제 그 카드와 관련해서는 새로운 결제가 안 일어나게 만든 것이다. 정지 후 3개월이 지나도 고객이 아무런 의사를 표시하지 않으면 비로소 카드 사용계약을 해지한다. 이러한 절차는 기간이 경과함에 따라 카드사가 강제적으로 취하는 조치다.

회원이 카드를 더 이상 사용하지 않겠다는 의사를 표현하는 방법으로 해지와 탈회(탈퇴)가 있다. 해지는 카드사에 회원 기록이 남아 있고 회원 자격이 아직 살아 있는 단계여서 카드 미납액을 정상적으로 청구하고 카드 포인트도 유지된다. 탈회는 카드사와 완전히 인연을 끊는 것이다. 카드사가 보관 중인 개인정보를 완전히 삭제하고 회원 자격을 상실한다. 미청구금액이 있으면 일시에 청구하고 잔여 할부금은 전액 상환해야 한다.

카드를 여러 장 가지고 있는데 거의 안 쓰는 카드가 있다면 이 카드는 해지하는 게 좋을까 아니면 탈회하는 게 좋을까? 나중에 다시 가입할 가능성이 있으면 해지하는 게 좋다는 의견이 있다. 탈회를 하면 다시 가입할 때 신규 가입 절차를 밟아야 하기 때문이다. 그런데 요즘은 신규 가입이 예전보다 간편해져서 작성하는 서류도 많지 않고 모바일로도 가입할 수 있다. 미련을 두고 해지하는 것보다 탈회해서 깔끔하게 정리하는 것이 좋겠다. 한 카드사에서 받은 카드가 하나뿐이고 거의 사용하지 않는다면 탈회하는 것이 좋다. 굳이 여러 카드사에 개인정보를 남겨둘 필요가 없다. 다만 한 카드사에서 여러 카드를 발급받은 경우에는 안 쓰는 카드만 해지해야 나머지 카드의 회원 자격이 유지된다.

3. 신용점수는 몇 점인가?

☑ 신용거래와 지불능력

신용이라는 단어는 우리가 살아가면서 자주 만나는 말이다. 신용이 있다는 것이 일상생활에서는 약속을 잘 지킨다는 뜻이며, 신용이 있는 사람과 일을 하면 약속불이행에 대한 걱정을 하지 않아도 된다. 서로 협심하여 목표달성을 위해 온 힘을 쏟으니 당연히 성과도 좋아진다. 금융거래에서 신용이 있다는 것은 빌린 돈을 갚을 능력이 있다는 뜻이다. 신용은 개인의 지불능력에 대한 사회적 평가다. 신용정보는 지불능력과 관련되는 자료를 모아 놓은 것이다. 상거래에서 물건을 매매하는 상대방이나 금융거래에서 돈을 빌리는 상대방에 대한 지불능력을 파악하는 데 도움이 되는 자료와 지식이 신용정보다.

거래 상대방을 믿을 수 있으면 현금거래에만 의존하지 않고 보다 다양한 형태로 경제활동을 이루어 갈 수 있다. 만일 신용이 없어서 모든 거래를 현금으로만 결제해야 하는 사회가 있다면 그 생활이 어마어마하게 불편할 것이다. 신용이 허용되지 않는 사회에서는 은행도 존재할 수 없기 때문에 돈을 빌릴 수도 빌려줄 수도 없다. 신용이 존재하는 사회에서는 매매대금을 할부로 나누어 지불할 수도 있고 돈이 부족하면 다른 사람에게서 빌릴 수도 있다. 신용이 있으면 여러 방법으로 거래를 할 수 있어서 선택의 폭이 넓어지고 생활이 윤택해진다.

신용거래는 물건을 구매하는 과정에서 발생하는 구매대출과 직접 돈을 빌리는 금전대출로 구분된다. 구매대출에는 판매신용과 할부신용이 있고 금전대출에는 소비자신용과 비할부신용이 있다.

신용거래 종류

구매대출	판매신용	외상구입, 구매결제
	할부신용	리스구매, 할부구매
금전대출	소비자신용	현금대출, 현금서비스, 카드론
	비할부신용	마이너스통장, 리볼빙

판매신용에는 외상구입과 구매결제가 있다. 외상구입은 물건을 먼저 가져가고 대금을 나중에 갚는 것으로 역사가 가장 오래된 신용거래다. 판매자는 현금거래만 할 때보다 매출액이 늘어난다는 장점이 있고, 구매자는 필요한 물건을 돈이 없어도 살 수 있다는 장점이 있다. 그러나 판매자는 외상대금을 받지 못할 위험이 있고 구매자는 적정 수준보다 더 많이 소비할 위험이 있다. 구매결제는 신용카드로 물건을 구매하면 신용카드사가 최대 45일까지 대금결제를 미루어 주는 거래다. 신용카드사가 먼저 가맹점에 대금을 지불해 주고 나중에 회원에게 대금을 청구한다. 할부신용에는 리스구매와 할부구매가 있다. 리스구매는 리스사에서 돈을 빌려 물건을 구매하는 거래다. 구매자는 리스 기간 동안 구매자금과 이자를 할부로 갚는다. 할부구매는 리스구매와 구조는 동일하고 카드사에서 돈을 빌린다는 점만 다르다.

소비자신용에는 현금대출, 현금서비스, 카드론이 있다. 현금대출은 은행, 보험사, 협동조합 등의 금융회사에서 돈을 빌리는 거래다. 현금서비스와 카드론은 카드사에서 단기 또는 장기로 돈을 빌리는 거래다. 비할부신용에는 마이너스통장과 리볼빙이 있다. 마이너스통장은 은행과 대출계약을 맺은 금액 내에서 필요할 때마다 돈을 빌려 쓰는 거래다. 돈이 필요할 때마다 매번 대출계약을 새로 맺어야 하는 불편을 없애줘서 직장인들이 많이 이용한다. 리볼빙은 매월 결제할 때 최소의 금액만 결제하고 나머지 대금을 대출로 바꾸어 다음 달로 이전하는 방식이다. 우선은 결제 부담을 덜어서 좋지만 이렇게 누적된 대금은 언젠가는 반드시 갚아야 할 빚이다.

신용대출

신용카드가 있으면 외상으로 물건을 살 수 있고 돈이 필요하면 카드사에서 돈을 빌릴 수 있다. 카드사는 대출해 주면서 담보를 요구하지 않는다. 카드사가 빌려주는 돈은 전부 신용대출이다. 담보대출에 비하여 신용대출은 원리금 회수가 불안하니까 이자를 더 많이 받는다. 카드사의 대출 목표는 연체가 발생하지 않으면서 이자를 많이 받는 것이다. 카드사는 회원의 신용 정보를 바탕으로 연체 가능성을 측정하고 그에 맞추어 이자율을 결정한다. 카드사가 취급하는 고금리 대출 상품에는 현금서비스, 카드론, 리볼빙(결제)이 있다.[08] 현금서비스는 단기대출이고 카드론은 장기대출이다. 리볼빙은 결제금액을 일부만 갚고 나머지를 다음 달로 계속 이월하는 방법이다.

카드사는 대출 상품에 대하여 '이자율'이라는 말 대신에 '수수료율'이라는 말을 사용한다. 카드사가 제공한 서비스의 정당한 대가로 받는 것이라는 인상을 주고 고객들도 거부감을 적게 느끼기 때문이다. 다음 표는 2022년 4월 기준 삼성카드의 상품별 수수료율이다.[09]

카드사 상품별 수수료율

(%)

카드사	현금서비스	카드론	리볼빙	연체
삼성카드	4.9~19.9	4.9~19.9	5.8~19.9	7.9~19.9

모든 상품의 수수료율 상단이 19.9%에 맞추어져 있는 이유는 2021년 7월 7일부터 법정 최고금리가 20%이기 때문이다. 다시 말해서 카드사는 법이 허용하는 범위 내에서 최대한 이자를 받아간다. 정기예금 금리가 1% 정도인데 카드대출 금리는 그 20배다. 20년간 정기예금을 해서 겨우 받을 수 있는 이자가 카드대출을 이용하면 1년 대출이자로 전부 나간다. 이런 고금리 대출 상품을 자주 이용하는

08 리볼빙(revolving)은 '회전결제제도'라고 부르다가 2015년부터 '일부결제금액 이월약정'으로 바뀌었다. 금융용어가 이해하기 쉬운 쪽으로만 만들어지지는 않는다.

09 모든 카드사의 수수료율이 비슷해서 대표로 삼성카드를 선정했다. 여신금융협회 공시정보 포털(https://gongsi.crefia.or.kr)에서 신용카드 상품별 수수료율을 확인할 수 있다.

것은 결코 카드를 잘 쓰는 것이 아니다. 돈이 필요하면 카드사에서 빌리지 말고 은행에서 대출을 받아야 한다. 은행에서 담보대출이나 신용대출을 받는 것이 카드사 대출보다 이자율이 더 낮다.

카드사는 어디에서 수익을 낼까? 7개 카드사의 2021년 상반기 평균 실적을 보면 카드사 영업의 본질을 알 수 있다.[10] 카드사가 회원에게서 받는 연회비는 전체 수익의 6.1%에 불과하고 가맹점에게서 받은 수수료도 25.9%로 큰 비중이 아니다. 대출 부문에서 발생한 수익이 41.4%로 가장 큰 비중을 차지하고 있다. 이런 내용을 고려하면 카드사가 아니라 신용대출사라고 불러야 맞을 거 같다.

카드사 분야별 수익 비율

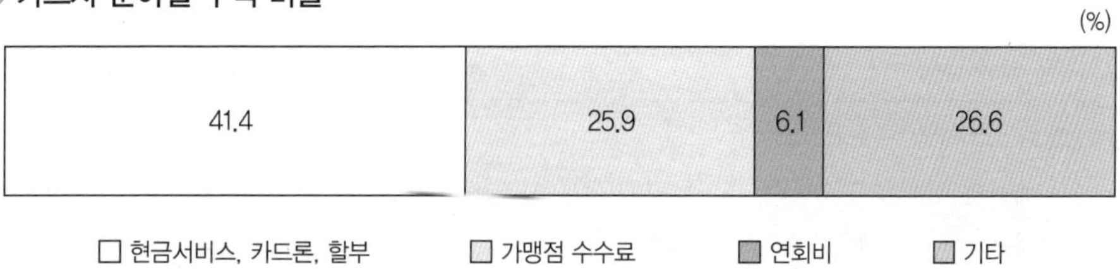

금융감독원, 국회 윤두현 의원실, 2022.

예금을 받을 수는 없고 대출만 줄 수 있는 금융회사를 여신전문금융회사라고 부른다. 여신은 신용을 제공한다는 의미로 대출과 동의어다. 구체적으로 신용카드업, 시설대여업, 할부금융업, 신기술사업금융업을 하는 금융회사들이다. 카드사가 바로 여신전문금융회사이며 그 본질은 대출을 통해 수익을 내는 사업체다. 우리가 신용카드를 사용하는 순간 대출이 발생하고 신용점수가 매겨진다. 신용카드는 부채카드이므로 연체가 발생하지 않도록 주의하고 주의하면서 사용해야 한다.

몇 개월 할부로 할까?

신용카드로 물건을 사다 보면 일시불보다 할부로 사는 경우가 더 많다. 특히 무이자할

10 신한, KB국민, 삼성, 현대, 우리, 하나, 롯데 카드사의 평균실적이다.

부가 되니 돈은 천천히 갚고 얼른 물건을 사가라는 권유는 달콤하고 치명적이다. 그런데 무이자할부로 결제한 금액은 전월 이용실적에서 제외되고 포인트도 적립되지 않는다. 카드사가 무이자 혜택을 주는 만큼 다른 혜택을 주지 않으므로 사용자에게 추가되는 이익은 없다. 무이자 할부라고 해서 당장 필요하지도 않은 물건을 구매하면 그만큼 과소비만 한 것이다. 세상에 공짜는 없다.

이자를 부담하는 유이자 할부거래를 한다면 몇 개월 할부로 하는 것이 좋을까? 판매원이 몇 개월 할부로 할 건지 물어보면 대개 3개월, 6개월, 12개월 할부를 선택하는데 좋은 선택이 아니다. 카드사는 할부 서비스를 제공하고 수수료(이자)를 받는데, 수수료율은 할부 기간에 따라 달라진다. 현대카드사의 2021년 8월 기준 수수료율은 다음과 같다.

이용 개월 수	2개월	3개월	4~5개월	6~9개월	10~18개월
연 수수료율	4.2%	9.7%	12.8%	13.8%	15.8%

2개월 할부는 수수료율이 4.2%인데 3개월 할부는 9.7%로 두 배 이상 올라간다. 사용자들이 입에 익숙한 대로 '3개월' 할부를 선택하면 수수료 바가지를 쓰는 것이다. 나머지 구간에서도 수수료율은 계속 올라간다. 할부 기간은 허용 구간의 마지막 개월을 선택하는 것이 유리하다. 이왕 6개월 이상 할부 거래를 한다면 6개월보다는 9개월을 선택하는 것이다. 현대카드를 쓰는 고객은 할부 기간으로 2개월, 3개월, 5개월, 9개월, 18개월 중에서 선택해야 한다.

이처럼 가능하면 수수료를 적게 부담하도록 유이자 할부 기간을 선택할 수 있지만 더 좋은 방법이 있다. 예를 들어 5개월 할부로 하더라도 수수료율이 12.8%다. 이때 당장 할부로 구매하지 말고 구매를 5개월 후로 미루는 것이다. 그리고 5개월 동안 돈을 모아서 일시불로 사면 수수료를 한 푼도 안 낼 수 있다. 이런 방법을 쓰면 과연 필요한 물건인지 다시 생각하게 되고 소비하는 데 신중해지는 부수적 효과도 있다.

신용정보

신용정보가 중요하다는 말은 많이 들었지만 신용정보에 무엇이 포함되는지 구체적인 내용은 모르는 경우가 많다. 〈신용정보의 이용 및 보호에 관한 법률〉에서는 '신용정보'란 금융거래 등 상거래에서 거래 상대방의 신용을 판단할 때 필요한 정보라고 정의한다. 신용정보에는 거래정보, 신용불량정보, 능력정보, 체납정보, 공공기록정보가 포함된다. 거래할 때마다 상대방에 대한 신용정보를 이용자가 찾으러 다닌다면 찾기도 어렵고 과정도 너무 불편하다. 그래서 신용정보를 찾고 분석하는 역할을 수행하는 전문기관인 신용평가회사(CB: Credit Bureau)가 생겼다.

신용평가회사에는 공공CB와 민간CB가 있다. 공공CB는 신용사회의 발전을 목적으로 운영되고 민간CB는 영리를 목적으로 운영된다. 우리나라 공공CB의 명칭은 한국신용정보원이고 민간CB에는 코리아크레딧뷰로(KCB), 나이스평가정보(NICE), 서울신용정보(SCI)가 있다.

공공CB인 한국신용정보원은 공공기관(법원과 국세청)과 금융기관(은행, 증권사, 보험사)에서 확보한 자료를 제공받는다. 한국신용정보원은 이렇게 모아진 정보를 두 가지 형태로 이용한다. 첫째는 민간CB에게 신용평가를 위한 기초자료로 제공하는 것이고, 둘째는 신용정보가 필요한 이용자에게 신용정보를 판매하는 것이다. 민간CB들은 한국신용정보원이 보내온 자료에 추가해서 비금융회사(통신사, 백화점)로부터 신용정보를 더 수집한다. 민간CB들이 자료를 더 많이 확보하므로 공공CB보다 신용정보 내용이 풍부해진다. 공공CB와 민간CB는 수집된 자료를 가공해서 만

개인신용정보 조회 방법

종류	기관, 회사	조회 사이트/앱	무료 이용
신용정보 집중기관	한국신용정보원 kcredit.or.kr	크레딧포유 credit4u.or.kr	1년에 3회 무료
신용평가회사	나이스평가정보(NICE) niceinfo.co.kr	나이스지키미 credit.co.kr	
	코리아크레딧뷰로(KCB) koreacb.com	올크레딧 allcredit.co.kr	
	서울신용평가정보(SCI) sci.co.kr	사이렌24 siren24.com	
인터넷전문은행	케이뱅크, 카카오뱅크, 토스뱅크	앱	무제한 무료
간편결제사	네이버페이, 카카오페이	앱	
핀테크사	토스, 뱅크샐러드	앱	

든 신용정보를 필요로 하는 곳에 판매한다. 신용정보는 개인, 공공기관, 금융회사, 비금융회사가 모두 필요로 한다. 개인신용정보를 관계 기관에 알아보는 행위를 '조회(照會)'한다고 말한다. 개인신용정보를 조회하는 방법은 앞의 표와 같다.

한국신용정보원의 크레딧포유 사이트와 민간CB들의 나이스지키미, 올크레딧, 사이렌24 사이트를 통해서 1년에 3회까지는 무료로 개인신용정보를 알아볼 수 있다. 핀테크가 발전하면서 개인신용정보 조회를 무제한 무료로 제공하는 업체들이 생겨났다. 인터넷전문은행, 간편결제사, 핀테크사 등이 모바일로 제공하는 서비스에서는 개인신용정보를 무제한 무료로 조회할 수 있다. 개인신용정보를 자주 조회하면 신용점수가 떨어진다는 말이 있는데 틀린 정보다. 개인신용정보를 아무리 여러 번 조회하더라도 신용점수에는 아무런 영향도 없다. 신용점수가 떨어지는 가장 대표적인 이유는 연체가 발생하는 것이다. 신용점수 하락을 무서워하지 말고 주기적으로 신용상태를 점검하는 것이 좋다.

신용평가회사가 제공하는 신용정보를 여러 용도로 사용할 수 있다. 우선 신용평가회사와 이름이 비슷한 신용정보회사가 신용정보를 영업에 사용한다. 신용정보회사는 채권자를 대신해서 채무자에게서 돈을 받아내는 추심 활동을 한다. 추심 활동을 하려면 채무자에 관한 정보가 필요하므로 신용평가회사로부터 신용정보를 받는다. 은행에서 대출을 받으려고 신청하면 은행은 대출 신청자가 갚을 능력이 되는지 알아보기 위하여 개인신용정보를 이용한다. 백화점에서 카드를 발급받거나 통신사에서 휴대전화를 개통할 때도 개인신용정보가 쓰인다. 일반 회사에서도 신입사원을 뽑을 때 신용정보를 조회한다. 대사관에서 이민 심사할 때도 사용하고 결혼정보업체에서 회원을 소개할 때도 사용한다. 이처럼 개인신용정보는 우리 일상생활의 곳곳에서 쓰이고 있으므로 평소 관심을 갖고 잘 관리해야 한다.

☑ 신용점수와 신용등급

신용에 관련된 정보를 모아서 신용상태에 대한 종합점수를 매긴 것이 신용점수다. 과거에는 신용상태를 1등급부터 10등급까지로 구분했는데 사용하다 보니 문제점이 드러났다. 예를 들어 한 신용정보회사에서 신용점수가 600점에서 664점

사이이면 저신용자에 해당하는 7등급으로 판정한다고 가정하자. 이때 신용점수가 600점인 사람이 6등급으로 올라가려면 신용점수를 65점 이상 올려야 하므로 등급 올리기가 굉장히 어렵다. 누구는 665점이 되면 6등급으로 올라가고 겨우 1점이 낮은 664점인 사람은 계속 7등급이 된다. 이런 문제점을 해소하기 위해서 신용상태를 등급으로 구분하지 않고 1점부터 1,000점까지 점수를 매기는 방식으로 바꾸었다.

과거에 쓰던 1, 2, 3등급에 해당하는 점수를 받으면 고신용자다. 그런데 등급별 점수를 몇 점에서 몇 점까지로 설정할 것인지는 신용평가회사마다 다르다. 대학에서 성적을 낼 때 A+ 학점이 어떤 대학은 96점에서 100점까지이고 어떤 대학은 95점에서 100점까지로 서로 다른 것과 마찬가지다. 일반적으로 1~3등급은 고신용자, 4~6등급은 중신용자, 7등급 이하는 저신용자로 분류한다.

우리나라에는 고신용자가 많을까 아니면 저신용자가 많을까? 과거 수년간 추세를 보면 고신용자가 압도적으로 많다. 2020년 9월 말 기준으로 고신용자가 78%이고 중신용자가 13%이며 저신용자는 8%다.[11] 이 통계에 따르면 우리가 일상에서 거래 상대방으로 만나는 대부분의 사람은 상당히 믿을 만하다. 국민들 대부분이 고신용자로 분류되는 것은 기분 좋은 일이지만 신용등급이 점점 인플레이션 되고 있는 것은 문제다. 1등급이 2016년에 40%였는데 매년 비율이 올라서 2020년에 48%가 되어 국민의 거의 절반이 1등급이다. 이렇게 후하게 등급을 부여하면 과연 신용등급이 정말로 유효한 정보 역할을 하는지 의문이 들기도 한다. 아무튼 개인은 신용점수 840점 이상을 유지하여 고신용자에 속하도록 노력해야 한다.

신용점수를 관리할 때 가장 신경 써야 할 대상은 신용카드다. 신용카드를 발급받으면 매달 이용한도를 설정하게 되어 있다. 기본적으로는 신용이 높은 사람에게 이용한도를 높게 설정해 준다. 그러나 신용카드 이용한도를 높였다고 해서 내 신용점수가 높아지거나 상환능력이 높아지는 것은 아니다. 신용카드 이용한도를 높게 설정해 두면 과소비에 빠질 위험이 있으므로 이용한도를 적절하게 설정해야 한다. 이용한도는 평소 월 결제액의 3배 정도가 적절하다. 예를 들어 월 결제액이 100만 원이면 300만 원을 이용한도로 설정하는 게 좋다. 300만 원을 이용한도로 설정했다고 한도를 채워 매달 다 써야 한다는 말은 아니다. 한도의 30% 정도만 사

11 윤두현 의원실, NICE평가정보, "최근 5년간 은행 대출고객 신용등급 분포 현황," 2020.

용하면서 한도를 계속 남겨 두는 것이 바람직하다. 우리나라에서 고신용자들은 한도의 10% 정도를 사용하는 것으로 조사되었다.

신용을 잘 관리하려면 이용한도가 아니라 한도소진율에 신경써야 한다. 한도소진율은 월 결제액을 이용한도로 나눈 비율이다. 예를 들어 이용한도가 300만 원인데 매달 290만 원을 결제한다면 한도소진율이 97%다. 한도소진율이 높으면 신용평가사는 저 사람은 매달 거의 한도까지 신용결제를 이용하고 있어서 자칫하면 연체가 발생할 수 있다고 판단하고 신용점수를 깎는다. 이용한도를 낮게 설정하면 카드를 분실했을 때는 입는 피해가 한도액으로 제한된다는 이점이 있다. 이용한도는 카드사 홈페이지에서 변경할 수 있다.

4. 신용관리와 신용회복

☑ 신용 악화

신용은 하루 이틀 만에 좋아지거나 나빠지지 않는다. 신용은 상당한 기간의 거래를 토대로 평가되므로 서서히 쌓이고 또 서서히 무너진다. 신용이 나빠질 때는 다음과 같은 징후가 나타난다.

신용이 나빠지는 징후들

① 신용카드 이용대금이 자꾸 연체된다.
② 마이너스통장의 대출잔액이 증가한다.
③ 신용카드로 현금서비스를 자주 받는다.
④ 매월 지불할 공과금을 제때 못낸다.
⑤ 집에서 돈에 대한 대화가 사라지거나 매일 등장한다.
⑥ 장기저축이나 연금보험을 중도에 해약한다.
⑦ 은행에서 통보가 올 때까지 빚이 얼마인지 모른다.
⑧ 금융회사에 대출을 신청해서 자꾸 거절당한다.

이러한 징후들이 나타나면 심각한 위험신호로 받아들이고 뼈를 깎는 획기적인 조치를 취해야 한다. 우리가 살고 있는 곳은 신용을 기반으로 움직이는 사회여서 신용을 잃으면 존립하기가 어렵다. 신용점수를 올리는 데 도움이 되는 방법은 적극 수용하고 신용점수를 갉아먹는 요소는 미리 제거해야 한다. 신용관리에서 지켜야 할 가장 중요한 원칙은 연체하지 않는 것이다. 연체하지 않으려면 일단 빚이 많지 않아야 하고 어쩔 수 없이 빚이 생겼다면 반드시 기한 내에 갚아야 한다. 빚이 있는데 막연히 '어떻게든 해결이 되겠지.' 하는 태도는 금물이다. 빚은 절대로 저절로 없어지지 않으며 시간이 흐를수록 빚의 구렁텅이에 점점 더 빠져든다. 내가 은행에서 빌려 쓴 돈은 은행에 예금한 누군가의 소중한 돈이며 내 소중한 돈으로 반드시 갚아야 한다.

졸업하고 사회에 막 진출한 젊은이가 신용점수를 올리는 방법이 있다. 첫째, 소액이지만 휴대전화 요금 같은 공공요금을 성실하게 납부해야 한다. 금액이 작으면 자칫 잊어버리고 연체가 생길 수 있다. 우리는 대부분 휴대전화 요금을 자동이체로 납부한다. 이때 자동이체를 걸어 놓은 통장에 잔액이 없으면 내 의사와 무관하게 연체가 발생한다. 둘째, 학자금대출은 졸업 후에 성실하게 상환해야 한다. 학자금대출을 1년 이상 성실하게 상환하면 신용점수가 올라간다. 셋째, 체크카드를 월 30만 원 이상으로 6개월 이상 사용하면 가점 대상이 된다. 넷째, 햇살론과 같이 정부 자금으로 운용되는 서민금융대출을 성실하게 상환해야 한다. 정부가 지원한 자금을 갚지 않아도 되는 공짜 돈으로 생각하면 안 된다.

채무자들이 돈을 한곳에서만 빌리는 경우는 매우 드물다. 돈이 급한 사람들은 대부분 여기저기서 돈을 빌린다. 친구에게 빌리고 현금서비스로 빌리고 은행에서 빌리고 캐피털사에서 빌려서 빚이 주렁주렁 걸린다. 금융회사 3곳 이상에서 돈을 빌린 사람을 다중채무자라고 한다. 우리나라 채무자들은 대부분이 다중채무자다. 카드론 이용자의 65%, 저축은행 신용대출 이용자의 66%가 다중채무자다.[12] 여러 곳에서 대출받으면 관리도 어렵고 신용점수에도 나쁜 영향을 미친다. 어쩔 수 없이 빚을 내야 한다면 한곳으로 몰아서 빌려야 한다.

빚을 제때 갚지 못하면 '금융채무 불이행자'가 된다. 과거에는 '신용불량자'라고

12 카드론은 7개 전업카드사의 2021년 1분기 기준이고 저축은행 신용대출은 2021년 6월 기준이다.

불렀는데 용어가 너무 거칠다고 해서 2005년부터 호칭을 바꾸었으며 사회에서는 '신용유의자'로 순화해서 사용하고 있다. 금융채무 불이행자는 은행연합회와 신용평가사에 등록되며 연체를 해소해도 상당 기간 기록이 유지된다. 금융기관에서 받은 대출금은 금액에 관계 없이 90일 이상 연체가 일어나면 바로 금융채무 불이행자로 등록된다. 1만 원을 못 갚든 1억 원을 못 갚든 90일 이상 연체하면 바로 금융채무 불이행자가 된다. 신용카드 결제액은 5만 원 이상을 90일 이상 연체하면 금융채무 불이행자로 등록된다.

연체와 파산

신용카드로 받는 대출 중에서 현금서비스는 단기대출이고 카드론은 장기대출이다. 카드론 잔액은 2013년 16조 원에서 2020년 32조 원으로 가파르게 상승했다. 카드사에서 6개월 이상 연체된 채권을 1개월 이상 연체된 채권에 대비해서 계산한 악성연체채권비율이 2017년에 6.5%였는데 2020년에 12.8%까지 올라갔다.

개인파산 신청건수는 2007년에 15만 건을 넘어 최고를 기록한 뒤에 지속적으로

개인파산 · 개인회생 추이

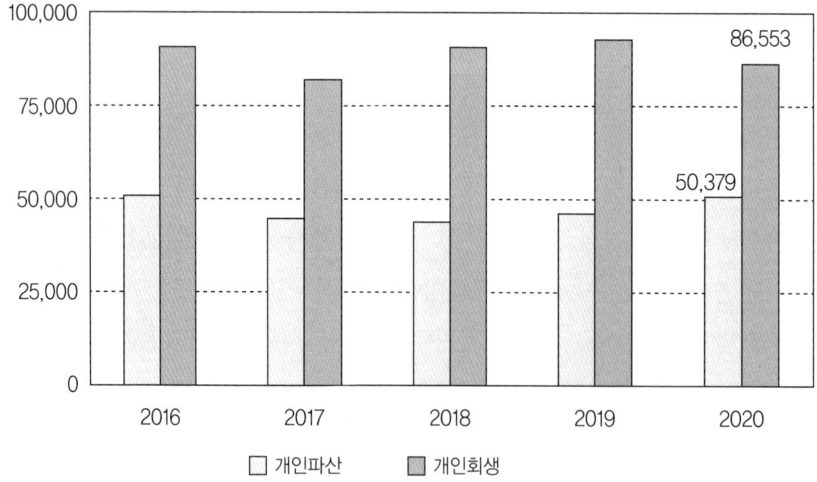

법원행정처, 『2021 사법연감』, 2021.

하락하여 2018년에는 4만 3천여 건으로 줄었다가 2019년부터 다시 상승하여 2020년에 5만 건을 넘었다. 2020년에 전년보다 개인회생 신청건수는 줄고 개인파산 신청건수는 늘어서 재무적 곤경이 더 악화된 것으로 판단된다. 코로나19 팬데믹으로 인하여 장기간 영업을 못한 자영업자들이 많아서 개인파산과 개인회생이 더 늘어날 것으로 보인다.

신용카드 이용실적을 일컫는 용어로 카드값, 카드대금, 카드결제액, 카드빚 등이 있다. 똑같은 말을 이렇게 달리 부르는 이유는 받아들이는 느낌이 다르기 때문이다. 카드값이라고 하면 구매한 물건의 가격이라는 느낌이 들고 카드대금과 카드결제액은 신용카드를 사용한 데 따르는 비용이라는 느낌이다. 카드빚은 내가 갚아야 하는 부채라는 사실을 강하게 인식시킨다. 사람들은 갚을 빚이 있다고 생각하면 마음이 불편하다. 그래서 매달 갚아야 하는 카드빚이 얼마라고 말하기보다 이번에 구매한 물건값이 얼마라는 의미에서 카드값이라는 용어를 쓴다. 그러나 아무리 카드값이라고 듣기 좋은 말로 포장하더라도 카드빚이 줄지는 않는다. 카드결제액은 내가 갚아야 하는 빚이라는 사실을 명심해야 한다.

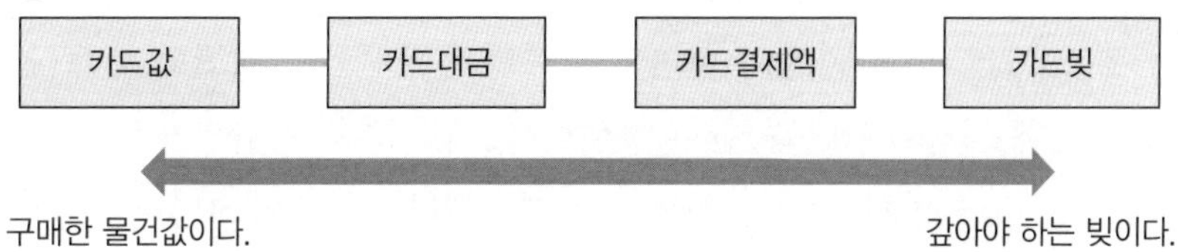

빚이 너무 많아서 내 재산을 다 주어도 빚을 못 갚으면 파산자가 된다. 파산은 경제적으로 사망 선고를 내린 것이다. 죽은 사람과 거래를 할 수 없듯이 파산자와 거래를 하겠다는 사람도 없어서 경제적으로 죽은 사람이 된다. 서울금융복지상담센터에서 2020년에 개인파산을 신청한 1,018명을 조사해 보니, 빚을 진 주요 이유는 생활비 부족(44.6%)과 사업 파탄(22.0%)으로 나왔다. 채무액이 2,500만 원 이하인 사람이 15.9%인데, 과연 2,500만 원은 큰 돈일까 아니면 작은 돈일까? 대졸 신입사원의 연봉이 4,000만 원 정도인 것을 감안하면 그렇게 큰돈은 아니다. 그런데 이 정도의 빚을 못 갚아서 경제적으로 사망 선고를 받는 사람이 전체 신청자의 15.9%나 된다. 그만큼 빚이 무섭다는 의미다.

파산 신청자는 50대 이상이 83.3%로 가장 많았는데, 가장으로서 가계를 책임지고 활발하게 경제활동을 수행할 나이에 파산하는 것이다. 파산 신청자들의 월수입은 100만 원 미만이 81.2%로 나왔다. 앞에서 2,500만 원이 큰돈이 아니라고 했지만 월수입 100만 원 미만인 사람 입장에서 보면 2,500만 원은 매우 큰돈이다. 파산 신청자는 채권자 수가 4인 이상인 다중채무자가 59.9%이고 1인 가구가 50.0%다. 소득이 낮은 1인 가구가 파산에 취약하므로 정부는 이들을 위한 사회안전망 구축에 노력을 기울여야 한다.

☑ 신용회복 지원기관

신용이 나빠졌을 때 신용회복을 도와주는 기관으로 신용회복위원회와 법원이 있다. 신용회복위원회는 개인 간에 또는 민간기관 간에 합의를 통해 채무를 조정하도록 도와준다. 법원은 채권자와 채무자 이야기를 들어보고 판결을 내려 강제적으로 조정한다.

신용회복위원회가 사용하는 방법은 신속채무조정, 프리워크아웃, 워크아웃 세 가지다. 기본적으로 연체 기간이 얼마냐에 따라서 사용되는 방법이 다르다. 신속채무조정은 연체 기간이 30일 미만인 경우로서, 아직 연체가 발생하지는 않았지만 그냥 두면 보나마나 연체에 빠질 상황에서 사용한다. 프리워크아웃(pre-workout)은 워크아웃 방법을 사용하기 전에 미리 사용하는 방법이다. 신용회복위원회와 채

신용회복 지원기관과 지원제도

지원기관	지원제도	요건	조정
신용회복 위원회	신속채무조정	연체 기간 30일 이하	이자 감면, 기간 연장
	프리워크아웃	연체 기간 30일 초과 90일 미만	이자 감면, 기간 연장
	워크아웃	연체 기간 90일 이상	원리금 감면, 기간 연장
법원	개인회생	최저생계비 이상 소득	5년간 성실하게 변제 나머지 채무 면책
	개인파산	최저생계비 미만 소득	파산결정 모든 채무 면책결정

권금융회사가 협의하여 90일 미만의 단기연체자에게 채무를 조정해 준다. 워크아웃(workout)은 연체가 이미 90일이 넘어서 채무불이행자로 등록이 되었을 때 사용하는 방법이다. 일정한 요건을 갖춘 채무자에게 상환기간 연장, 분할상환, 이자율 조정, 변제기간 유예, 채무감면 등의 채무조정수단을 지원한다.

법원은 개인회생과 개인파산을 이용한다. 두 방법 중에서 어떤 것을 적용할지는 빚을 갚을 만한 소득이 있냐에 따라 결정된다. 개인회생은 최저생계비 이상을 벌고 있을 때 적용된다. 법원이 작성해 준 계획에 따라서 최저생계비를 초과하는 소득으로 5년 동안 성실하게 빚을 갚아야 한다. 5년 동안 갚고도 남아 있는 빚은 법원이 채무를 없애 주는 면책결정을 내린다. 채권자는 빌려준 돈을 모두 회수하지 못해서 억울한 면도 있겠지만 5년 동안 채권의 일부라도 회수하므로 다행이다. 개인파산은 소득이 없거나 최저생계비 미만을 벌고 있을 때 적용된다. 소득이 적어 자신의 생계도 유지할 형편이 못 되므로 파산시켜 주는 것이다. 파산이 결정되었다고 바로 모든 빚이 사라지지는 않는다. 개인회생이나 개인파산에서 최종 목표는 채무에 대하여 면책을 받는 것이다. 면책은 책임을 면제한다는 뜻이고 남아 있는 모든 부채를 소멸시켜 준다. 법원이 면책결정을 내리면 빚이 사라지고 파산자가 겪는 각종 불이익에서 해방되어서 경제적으로 재기할 수 있다.

☑ 신용관리 요점

신용관리의 첫 출발점은 대출관리가 아니라 신용카드관리다. 신용카드를 함부로 사용하면 그 폐해가 어마어마하게 커진다. 신용카드는 소중하게 관리할 때만 생활의 유익한 도구가 된다. 신용카드를 사용하면서 다음 사항들을 특히 주의해야 한다.

첫째, 신용카드는 꼭 필요한 경우에만 발급받아야 한다. 신용카드를 10장, 20장 가지고 다니면서 사용처에 최적화된 카드를 뽑아 쓰는 신용카드의 달인도 있지만 그런 사람을 부러워할 필요가 하나도 없다. 카드가 여러 장 있다고 해서 부자는 아니다. 미사용 카드가 있으면 해지하거나 탈회해서 정리해야 한다.

둘째, 카드를 발급받으면 반드시 뒷면에 서명해야 한다. 우리 주변에 보면 서명을 안 하고 쓰는 사람들이 정말 많다. 서명이 없는 카드를 분실하고 다른 사람이 사용했다면 부정 사용에 대한 입증 책임이 카드 주인에게 있다.

셋째, 카드를 누구에게도 빌려주지 말아야 한다. 엄마가 자녀한테 카드를 빌려주고 아버지가 아들 카드를 빌려 쓰는 경우가 많은데, 잘못되면 온 가족이 신용유의자가 된다. 부모를 포함하여 가족 누구에게도 카드를 빌려주면 안 된다. 거절하기가 정 곤란하면 책에 나와 있다고 본서를 보여주는 것도 방법이다.

넷째, 분실하거나 도난이 됐다고 하면 즉시 신고해야 한다. 분실 신고를 하면 분실 60일 이전부터의 부정 사용액에 대해서 보상받을 수 있다. 만일 분실하고 오랫동안 신고를 안 하면 부정 사용액을 카드 주인이 갚아야 한다. 이런 보상을 받으려면 카드 사용에 고의 과실이 없어야 한다. 고의 과실이란 카드에 서명을 안 하거나 남에게 빌려주거나 분실 신고를 안 했거나 피해 조사를 거부하는 것을 말한다.

대출을 받고 관리하는 요령을 정리하면 다음과 같다.

① 인터넷이나 전화로 신속하게 받는 대출을 이용하지 말아야 한다. 불편하더라도 금융회사를 직접 방문해서 대출계약서를 작성하고 일반대출을 받으면 금리가 낮아진다.

② 건전한 신용거래 이력을 꾸준히 쌓아야 한다. 은행이 좋아하는 고객은 대출이 없는 사람이 아니라 대출을 받고 원리금을 연체하지 않고 꼬박꼬박 갚는 사람이다. 신용거래 이력을 만들려고 일부러 대출받는 사람은 없겠지만 일단 대출받았으면 절대로 연체하지 말아야 한다.

③ 갚을 능력을 고려해서 적당히 빌려야 한다. 소득과 생활비를 고려해서 무리 없이 상환할 수 있는 수준을 알아야 한다. 이 수준을 초과해서 무리하게 빌린 돈으로 집을 사고 주식에 투자하면 탈이 난다.

④ 주거래 금융기관을 정해서 이용해야 한다. 하나의 금융기관을 집중적으로 이용하면 우대금리 제공이나 수수료 면제 같은 혜택을 받는다.

⑤ 타인을 위한 대출 보증을 서지 말아야 한다. 친구나 친척이 보증을 부탁하면 냉정하다는 소리를 들을지언정 분명하게 거절해야 한다. 가족이면 거절하기가 쉽지 않겠지만 함께 상의하면서 다른 방안을 찾아야 한다.

⑥ 주소와 연락처가 변경되면 금융회사에 통보를 해야 한다. 금융회사가 여러 가지 안내서를 보내는데 못 받으면 자신만 손해다.

⑦ 연체가 발생했으면 연체가 오래된 것부터 상환해야 한다. 연체 기간이 길어질수록 신용점수에 불이익이 크다.

제 7 장

행복을 함께 누리자

1. 우리는 행복한가?
2. 중산층은 누구인가?
3. 얼마나 불평등한가?
4. 기부와 공생

"성공은 당신이 원하는 것을 얻는 것이고
행복은 당신이 얻은 것을 원하는 것이다."

– 워렌 버핏(버크셔 해서웨이 회장)

1. 우리는 행복한가?

소득과 행복

'30-50 클럽'은 1인당 국민총소득(GNI)[01]이 3만 달러 이상이고 인구는 5천만 명 이상인 국가들을 말한다. 두 가지 조건을 충족하는 나라가 전 세계에 7개 있는데 대한민국도 2017년에 포함되었다. 1인당 국민총소득 조건을 충족한 순서대로 나열하면 일본, 독일, 미국, 영국, 프랑스, 이탈리아 그리고 대한민국이다. 7개 나라에서 한국 대신에 캐나다를 집어넣으면 흔히 선진국이라 불리는 G7 국가다. 캐나다는 인구가 3,800만 명 정도여서 30-50 클럽에는 해당되지 않지만 1인당 국민총소득은 한국보다 커서 G7으로 대우받는 나라다. '30-50 클럽'에 가입했다고 해서 혜택이 있지는 않지만 그만큼 대한민국이 세계에서 차지하는 비중이 커졌고 위상이 올라갔다는 의미다.

1인당 국민총소득 추이

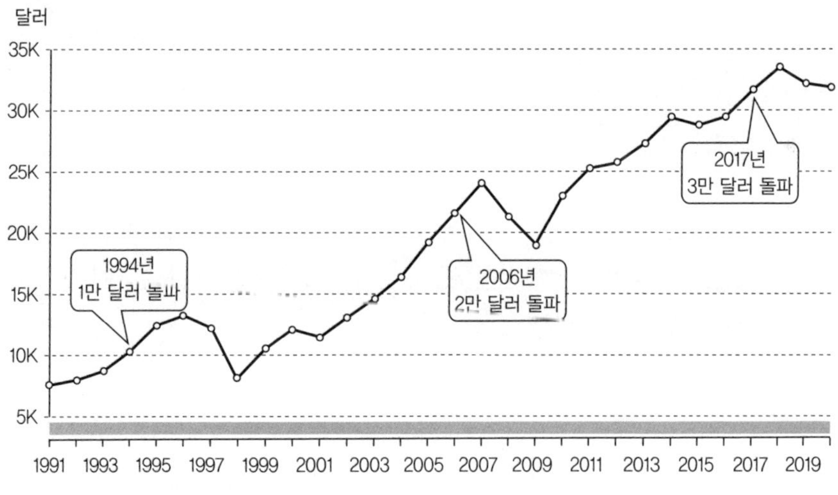

한국은행, "경제통계시스템(ECOS)."

01 국민총소득(GNI)은 국내총생산(GDP)에 자국민이 해외에서 받은 소득을 더하고 외국인에게 지급한 소득을 빼서 계산한다.

1인당 국민총소득의 변화 추이를 알아보자. 이런 차트를 볼 때는 비교적 장기간의 추세를 찾아보는 관점에서 살펴보는 것이 좋다. 최근의 단기적 변화에 너무 집착하지 말고 10년 이상에 걸쳐 어떤 변화가 있었는지를 보면 현재를 이해하고 미래를 예측하는 데 도움이 된다. 우리나라 1인당 국민총소득은 1994년에 1만 달러를 넘어섰고 2021년에는 3만 5천 달러 수준이 되었다. 1인당 국민총소득으로 볼 때 우리는 지난 30년간 매우 큰 성장을 이루었고 전 세계에 대하여 자긍심을 느낄 만하다. 그런데 국민들의 행복감은 그다지 높지 않다.

국민행복지수 추이

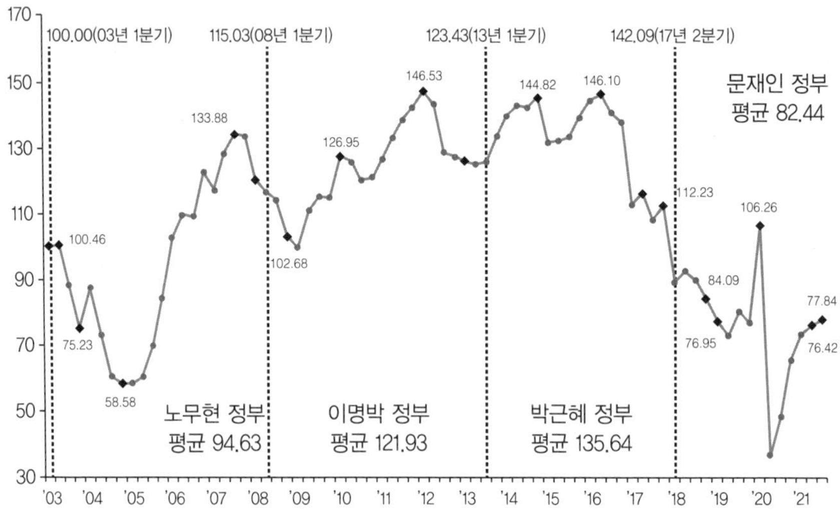

국가미래연구원은 국민행복지수를 매년 분기별로 조사해 발표한다.[02] 국민행복지수는 경제성과 및 지속가능성, 삶의 질, 경제/사회 안정 및 안전의 세 가지 분야에 대해서 34개 항목을 측정해서 만든 지수다. 2003년부터 2021년까지의 추이를 보면 국민행복지수는 계속 올라가든지 계속 떨어지는 게 아니라 오르락내리락 변동하고 있다. 1인당 국민총소득은 계속 증가했지만 그것만으로 행복이 결정되지는 않는다는 것을 알 수 있다. 행복은 물질, 환경, 정신, 심리 등을 종합적으로 반영한 결과다.

02 국가미래연구원, "국민행복지수," 2022. https://www.ifs.or.kr/

세계 행복지수

UN 산하 SDSN 기구는 지속가능 성장을 연구하는 곳으로 매년 『세계행복보고서(*World Happiness Report*)』를 발간한다.[03] 『세계행복보고서』는 GDP뿐만 아니라 기대수명, 사회적 지원, 선택의 자유, 포용력, 부정부패 등 6가지 변수를 종합적으로 고려한다. 행복지수는 최근 3개년 값을 평균해서 순위를 매긴다. 2018-2020 순위에서 1등 핀란드, 2등 덴마크, 3등 스위스로 나왔다. 우리나라는 경제규모가 세계 10위이고 30-50 클럽의 7번째 국가이지만 행복지수는 한참 아래인 62등이다. 우리나라 앞뒤로 61등 필리핀, 63등 페루다. 평소 우리가 경쟁 상대 또는 추종 모델로 생각해 보지 않은 나라들인데 행복감은 우리와 비슷하다. 행복지수 측정에 문제가 있는 것인지 아니면 한국의 행복수준이 본래 저 정도인지 궁금하다.

행복지수 1위에서 10위까지의 국가는 핀란드, 덴마크, 스위스, 아이슬란드, 네덜란드, 노르웨이, 스웨덴, 룩셈부르크, 뉴질랜드, 오스트리아 등이다. 이들은 인구가 많지는 않지만 소득은 많고 사회보장이 잘되어 있다는 특징이 있다. 사람들은 저런 나라를 부러워하고 저런 데 가서 살고 싶다고 생각한다. 한국을 저런 나라로 만들려면 우리가 노력해야 할 부분이 많겠지만 그중에 중요한 것은 조세와 사회보장부담금의 합을 GDP로 나눈 국민부담률을 높이는 것이다.[04] 세금이나 사회보장부담금은 늘리지 않고 복지 혜택만 더 받도록 해 주겠다는 정치인들의 공약은 사탕발림이고 실현 불가능한 헛소리다. 또 미래 세대의 세금을 담보로 현재 세대가 복지를 누리는 것은 지속 가능하지 않은 잔꾀다.

UN 산하 UNDP 기구는 인간개발지수(human development index)를 만들고 매년 보고서를 내고 있다.[05] 인간개발지수는 단순히 경제적 성과를 보는 것이 아니라 인간의 삶이 얼마나 풍요로워졌는지를 측정하기 위하여 사람, 기회, 선택에 초점을 맞춘다. 2020년 한국은 인간개발지수 조사에서 23위를 차지해서 세계행복지수 50위보다 좋은 평가를 받았다. 세계행복지수와 인간개발지수에서 1위에서 10위까

---

03 SDSN(Sustainable Development Solutions Network, 지속가능발전해법 네트워크). https://www.unsdsn.org/

04 조세부담률은 조세를 GDP로 나눈 값이다.

05 UNDP(UN Development Programme, 유엔개발계획). http://hdr.undp.org/

지 차지한 국가들을 보면 덴마크, 스위스, 네덜란드, 노르웨이, 스웨덴 5개국이 공통으로 들어 있다. 이들을 행복한 나라로 부르는 것이 객관적이고 합리적일 것이며 우리가 목표로 삼을 만한 나라들이다.

세계행복지수	순위	인간개발지수
핀란드	1	노르웨이
덴마크	2	아일랜드
스위스	3	스위스
아이슬란드	4	홍콩
네덜란드	5	아이슬란드
노르웨이	6	독일
스웨덴	7	스웨덴
룩셈부르크	8	오스트레일리아
뉴질랜드	9	네덜란드
오스트리아	10	덴마크
한국(50위)		한국(23위)

삶의 질

통계개발원은 국민 삶의 질에 대하여 지속적으로 연구하면서 매년 결과를 발표한다.[06] 삶의 질(quality of life)은 삶을 가치 있게 만드는 주관적 웰빙(subjective well-being) 지표이며 여기에는 개인의 역량, 사회적 관계, 환경적 조건 등이 모두 포함된다. 삶의 질은 복지, 행복, 만족감 등에 대한 주관적 인지도를 의미하며 시간과 공간을 초월한 절대적인 개념이 아니라 사회의 발전 수준이나 구성원들의 가치 규범에 따라서 변하는 상대적인 개념이다. 삶의 질은 11개 분야 71개의 지표로 측정하고 전기 대비하여 개선, 동일, 악화로 평가한다. 2020년 지표들은 개선 45개, 악화 26개로 측정되어서 전반적으로 삶의 질이 개선된 것으로 평가되었다.

06 http://kostat.go.kr/sri/srikor/

삶의 질 보고서에 의하면 2011년에서 2019년까지 가구중위소득(실질)은 매년 증가하였으며 평균증가율은 2.5%였다. 이 기간 동안 경기에 다소 부침은 있었지만 전반적으로 경제가 계속 상승한 것이다. 2013년에서 2019년까지 삶의 만족도는 10점 만점에 5.7점에서 6.1점 사이다. 소득은 증가했지만 삶의 만족도는 거의 변화 없이 낮은 수준이다. 이 결과도 소득과 행복은 비례하지 않는다는 사실을 확인해 준다.

가장 행복한 나라

행복을 측정하는 방법은 여러 가지가 있다. 부탄은 1972년 국민총행복지수(GNH: gross national happiness)를 만들었고 제4대 국왕은 국내총생산(GDP: gross domestic products)이 아니라 GNH를 기준으로 국가를 통치하겠다고 선포했다. 일반적으로 국가의 경제력을 알아보려면 GDP를 측정하는데 부탄은 생산물뿐만 아니라 심리적 안정, 건강, 교육, 문화 다양성, 통치 등을 포함해서 국민들이 느끼는 행복감을 측정했다. 이렇게 측정한 GNH가 1등인 나라는 예상대로 부탄이다. 그러나 GNH를 보고 부탄 국민이 매우 행복하니까 부탄으로 이민 가서 살고 싶다는 사람은 없다. GNH는 객관성이 없는 자기 미화 지표다.

뉴시스 보도[07]에 의하면 북한 조선중앙TV가 세계에서 가장 행복한 나라 순위를 발표했다. 사회주의 국가들이 선두를 차지해 1위 중국, 2위 북한, 3위 쿠바, 4위 이란, 5위 베네수엘라다. 조사대상 203개 국가 중 한국은 152위이고 꼴찌 203위는 역시 예상대로 미국이다. 중국을 1위로 선정한 것은 혈맹에 대한 대우일까 아니면 스스로 1위라고 하기에 낯 뜨거워서일까? 통치 권력의 입맛에 맞추어져 있는 이런 순위는 조롱거리일 뿐이다.

행복의 요소

미국의 여론조사기관 퓨리서치센터는 2021년 17개 선진국을 대상으로 "삶을 의미있게 하는 것은 무엇인가?"를 조사했다.[08] 결과는 가족(38%), 직업적 성취(25%),

07 뉴시스, "북한이 조사한 세계에서 가장 행복한 나라," 2011.06.03.

08 https://www.pewresearch.org/global/2021/11/18/what-makes-life-meaningful-views-from-17-advanced-economies/

물질적 풍요(19%) 순으로 나왔다. 14개국이 가족을 1위로 꼽았으며 가족을 1위로 꼽지 않은 나라는 스페인, 대만, 한국이었다. 스페인은 건강, 대만은 사회, 한국은 물질적 풍요를 1위로 꼽았다. 물질적 풍요는 모든 국가에서 상위 5개 항목에 포함됐지만 물질적 풍요가 1위인 국가는 한국이 유일했다. 한국인들이 꼽은 순위는 물질적 풍요, 건강, 가족, 지위, 사회 순이었다. 우리의 가치관이 물질 지향적으로 바뀌었다는 증거인 듯하여 마주하기가 두렵다.

우리나라에서도 행복을 이끄는 중요한 요소가 무엇인지 조사하였다.[09] 여기서는 '물질적 풍요'가 중요하다는 퓨리서치센터의 결과와는 다른 응답이 나왔다. 응답률 1% 이상을 받은 행복의 요소는 다음 7개다.

행복의 요소	응답률(%)	나의 선택
좋은 배우자와 행복한 가정을 이루는 것	31.0	(　)
건강하게 사는 것	26.3	(　)
돈과 명성을 얻는 것	12.7	(　)
소질과 적성에 맞는 일을 하는 것	10.4	(　)
여가생활을 즐기는 것	7.6	(　)
자녀 교육을 잘 시키는 것	6.5	(　)
더 많이 배우고 자기 발전을 하는 것	3.7	(　)

1위는 "좋은 배우자와 행복한 가정을 이루는 것"(31.0%)이고 2위는 "건강하게 사는 것"(26.3%)이다. "돈과 명성을 얻는 것"(12.7%)이 3위로 밀렸다는 사실이 다소 의외이지만 행복의 조건이 그렇게 단순하지 않다는 것을 알 수 있다. 1위 "좋은 배우자와 행복한 가정을 이루는 것"에 대한 응답을 소득 5분위에 따라서 나누어 보면 소득이 많을수록 중요하게 여기는 정도가 더 크게 나왔다. 돈이 많을수록 행복한 가정을 중요하게 생각한다는 말은 돈을 많이 벌기 위해서 가정생활이나 부부관계를 희생하지 않겠다는 의미다. 2위 "건강하게 사는 것"에 대한 응답을 소득 5분위에 따라서 나누어 보면 소득이 적을수록 중요하게 여기는 정도가 더 크게 나

09 보건사회연구원, 『한국인의 행복과 삶의 질-국제비교 질적 연구를 중심으로』, 2019.

왔다. 저소득층일수록 건강하지 못하면 질병 치료에 큰 어려움을 겪기 때문이다.

여러분은 여기서 잠시 멈춰서 내가 생각하는 가장 중요한 행복의 요소는 무엇인지 3개를 선택해 보자. 이렇게 3개를 선택하면 그것이 바로 여러분의 인생 목표이고 이 목표를 달성하기 위하여 노력하는 것이 행복한 삶이다. 행복은 부족함을 채우려고 노력하는 과정에서 얻는 경험과 느낌이다. 행복은 경쟁에서 승리하여 얻게 되는 최종적 전리품이 아니다. 수십 년 동안 온갖 고생을 하면서 처절한 고통을 겪다가 죽기 전에 부귀공명을 얻었다고 해서 이것을 행복한 삶이라고 말할 수는 없다. 행복은 결과물에 따라 결정되는 것이 아니라 인생 목표를 달성하는 과정에서 느끼는 유쾌한 감각이다. 그렇다고 긍정적 감정만 행복이고 부정적 감정은 불행이라는 의미는 아니다. 인생에서 가치 있는 행동을 하면서 희로애락의 감정을 지나치지도 않고 부족하지도 않게 느끼는 삶이 진정한 행복이다.

2. 중산층은 누구인가?

모든 국민은 존엄한 인격체로서 법적, 정치적, 사회적으로 평등하고 공정한 대우를 받는다. 그렇다고 모든 국민을 하나의 동일한 집단으로 보고 정책을 펼치면 계층 간 차이와 역동성을 고려하지 못하게 된다. 국민을 차별하기 위해서가 아니라 정부의 정책 목표를 이루거나 사회 현상을 설명하기 위해서 계층의 구분이 필요하다.

☑ 계층 구분

사회 구성원을 계층(class)으로 구분할 때 지위, 문화, 재력을 기준으로 사용할 수 있다. 지위를 기준으로 구분하면 고위층, 중위층, 하위층이라고 표현한다. 문화를 기준으로 구분하면 상류층, 중류층, 하류층이라고 표현한다. 재력을 기준으로 구분하면 상위층, 중산층, 빈곤층이라고 표현한다. 사람들은 이러한 계층 구분 용어를 엄밀하게 따져서 사용하지는 않는다. 중간 계층(middle class)을 의미할 때 중위층, 중류층, 중산층을 혼용해서 사용한다.

계층을 구분하는 방법

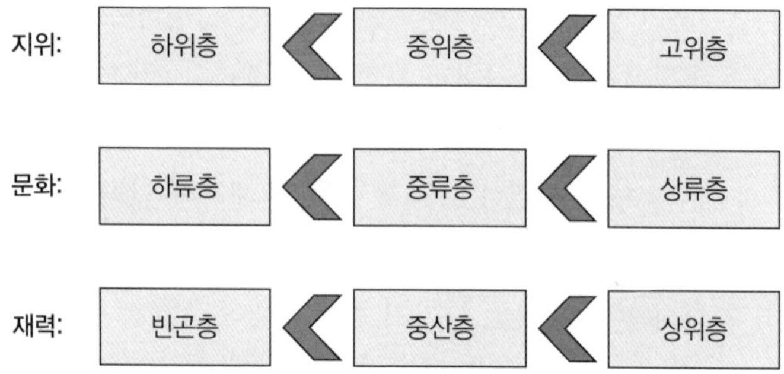

머니투데이의 당당한 부자 설문조사에서 "당신은 스스로를 부자라고 생각합니까?"라고 물어보았다. 질문에 "아니다."라고 대답한 사람이 2020년 91.2%, 2021년 90.2%로 나왔다. 부자가 아니라고 대답한 사람들 중에 일부는 재력이 있지만 겸손하게 말했을 수도 있다. 하지만 대부분은 생활도 어렵고 모아 놓은 재산도 없어서 절망하는 마음으로 대답했을 것이다. 스스로 부자라고 대답한 사람들이 9% 정도 있는 것도 눈여겨볼 사항이다. 이들을 연령별로 나누어 보면 다음과 같다.[10]

스스로 부자라고 응답한 사람

연도	그렇다	20대	30대	40대	50대	60대 이상
2020년	8.8%	7.2%	7.8%	6.7%	10.0%	10.8%
2021년	9.8%	9.2%	2.6%	10.9%	11.6%	12.2%

"그렇다(부자다)."라고 응답한 비율은 60대 이상이 가장 높고 50대가 2위를 차지했는데 젊을수록 응답률이 낮아진다. 아무래도 사회 활동을 오래하고 재산 축적 기간이 길수록 부자가 될 확률이 클 것이다. 그러나 부자라고 생각하는 인식이 꼭 연령에 비례하지는 않는다. 특히 30대 응답률이 2020년과 2021년에 뚜렷한 차이

10 2021년 50대의 수치가 공개되지 않아서 40대와 60대의 평균 11.6%로 추정했다.

를 보이고 있다. 2020년에는 30대 응답률이 7.8%로 20대나 40대보다 높았지만 2021년에는 30대 응답률이 2.6%로 전체에서 가장 낮았다. 2021년에 부동산, 주식, 코인 등의 자산가격이 폭등하는 모습을 보면서 30대가 크게 좌절했기 때문으로 보인다.

통계청은 사회조사에서 자신의 사회·경제적 지위가 상, 중, 하 계층 중에서 어디에 속한다고 생각하는지 조사했다.[11] 2021년 응답률은 상위층 2.7%, 중간층 58.8%, 하위층 38.5%로 나왔다. 2011년부터 2021년까지 여섯 차례 실시한 조사의 추세를 보면 큰 변화는 없지만 중간층은 조금씩 많아지고 하위층은 조금씩 적어지는 모양이다. 이렇게 중간층이 늘어나고 하위층이 줄어드는 것은 사회 안정에 긍정적인 신호다. 똑같은 질문을 민간기업 트렌드모니터에서 조사했는데 2021년에 상위층 0.4%, 중간층 43.2%, 하위층 56.4%로 나왔다.[12] 두 조사 결과를 보면 우리나라 중간층(중산층)이 40~60% 정도라고 말할 수 있다. 뉴스에서 "중산층이 무너지고 있다."라는 부류의 기사를 많이 보도하고 있는데 설문조사에서의 중산층은 큰 변화가 없다.

계층	상	중	하
통계청 2021년 사회조사 결과	2.7%	58.8%	38.5%
트렌드모니터 2021 중산층 인식 조사	0.4%	43.2%	56.4%

계층이 결성되면 바뀌지 않고 계속 유지하는 현상은 사회의 역동성을 떨어뜨리고 계층 간 갈등을 심화시키는 작용을 한다. 트렌드모니터 조사에 의하면 계층 이동 가능성이 매우 낮게 나왔다. 한 번 가난하면 평생 가난하게 살아야 하고, 더 나은 계층으로 이동이 불가능하며, 자녀가 중산층 이상 계급으로 올라가기 어렵다는 인식이 강했다. 이미 우리 사회에서 계층이 신분으로 고착되는 경향이 나타나고

11 통계청, 『2021년 사회조사 결과』, 2021.

12 트렌드모니터, 『2021 중산층 이미지 관련 인식조사』, 2021. 응답률에서 "잘 모름/판단유보"가 27.8% 나왔으며 이 비율을 중산층과 하류층에 반씩 배정해서 계산했다.

있어서 적극적인 대응이 필요하다.

중산층 요건

중산층으로 인정받으려면 어느 정도의 재력이 필요하겠지만 단순히 돈만 많다고 중산층이 되는 것은 아니다. 트렌드모니터 조사에서 이상적인 중산층은 어떤 사람인지 물어보았다. 이상적인 중산층의 요건으로 1위는 배려심, 2위는 도덕적 판단력, 3위는 문화적 소양이 꼽혔다. 이들은 재산과는 거리가 멀고 교양과 시민의식에 관한 사항들이다. 재산과 관련되는 항목은 5위 총자산과 7위 현금보유액으로 낮은 평가를 받았다. 이런 결과는 이상적인 중산층이라고 생각하는 모습이지 중산층의 실제 모습이 아니다.

이상적인 중산층	중복응답(%)
1. 타인에 대한 태도에 철학이 있는 사람	72.9
2. 도덕 · 사회규범에 대한 주관이 있는 사람	67.2
3. 문화적 취향이 깊고 다양한 사람	35.6
4. 정치 · 사회문제에 대한 주관이 있는 사람	28.8
5. 부동산을 포함한 총자산이 많은 사람	17.4
6. 지식이 많은 사람	16.0
7. 현금보유액이 많은 사람	12.3

현실에서 "어떤 사람을 중산층으로 부르냐?"는 질문에 대해 "경제적으로 안정적인 사람"이 1위를 차지했다. 2위는 "내 집 마련에 성공한 사람"이고 3위는 "도덕, 교양, 상식을 갖춘 사람"이 나왔다. 이상적인 중산층에서는 상위권에 있던 요건이 현실에서는 하위로 밀려났다. 이상과 현실은 이렇게 다르다. 중산층의 바람직한 자격 기준에 대해서 프랑스의 퐁피두 전 대통령은 다음 여섯 가지 요건을 꼽았다.

1. 외국어를 하나 정도는 할 수 있어야 한다.
2. 직접 즐기는 스포츠가 있어야 한다.
3. 다룰 줄 아는 악기가 있어야 한다.
4. 남과 다른 맛이 나게 요리할 수 있어야 한다.
5. 공적인 분노에 의연히 참여할 수 있어야 한다.
6. 약자를 돕고 봉사활동을 꾸준히 해야 한다.

이 기준은 개인생활에서 여유를 즐기고 시민활동에 적극 참여하는 인물에 초점이 맞추어져 있다. 트렌드모니터 조사에서 이러한 기준에 대해서 한국 사람들이 동의하는지 물어보았다. 결과는 "대체로 동의한다."가 85.9% 나와서 의외다. 유럽과 한국에서 생각하는 중산층의 기준이 차이가 없고 인류의 보편적인 기준이라고 말하기에는 아직 이르다. 우리나라는 유교 문화의 영향을 받아서 실속보다는 명분을 중요하게 생각한다. 그래서 한국에서는 돈만 많다고 존경받는 일은 인 생긴다. 오히려 돈을 자랑하고 앞세우면 '졸부'라는 조롱을 받는다. 한국 사람들은 대체로 돈이 없다고 기가 죽거나 굽신거리지 않으며 아무리 궁핍해도 기세가 당당한 편이다.

우리는 일상에서 중류층(middle class)과 중산층(middle economic class)을 구별하지 않고 혼용해서 쓰고 있다. 중산층은 경제적(자산과 소득) 수준만으로 계층을 구분하지만 중류층은 경제적 수준뿐만 아니라 문화, 사회, 윤리 등을 함께 고려한 개념이다. 우리가 대화에서 '중류층'이라고 말하면 '중산층'으로 해석해서 듣는 경우가 많다. "당신은 중류층입니까?"라는 질문에 "아니요."라고 대답하는 사람은 중류층으로서 교양이 부족하다는 의미가 아니라 중산층으로서 재산이 부족하다는 의미로 말한 것이다. 우리 일상에서 금전적 기준만 따지는 중산층 용어보다 사회, 문화, 윤리 기준을 함께 고려하는 중류층 용어가 더 많이 사용되기를 바란다.

☑ 중위소득

소득에 따라 계층을 나눈다면 중산층은 1년에 얼마쯤 벌어야 할까? 이때 중위소득 개념이 이용된다. 중위소득은 돈 버는 사람들을 가장 많이 버는 사람부터 가장 적게 버는 사람까지 일렬로 세웠을 때 딱 중간에 해당하는 소득이다. 중위소득은 가구당 처분가능소득을 가구원 수의 제곱근으로 나눈 균등화 처분가능소득을 사용해서 결정한다.[13]

균등화 처분가능소득 = 가구당 처분가능소득 / √가구원 수

중위소득으로 계층 구분

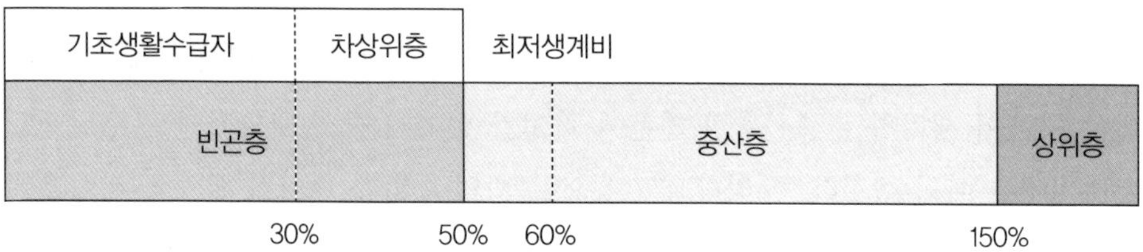

중산층은 중위소득의 50~150%를 버는 사람들이다.[14] 중위소득의 30% 이하는 기초생활수급자이고 30~50% 사이는 차상위층이다. 기초생활수급자와 차상위층을 합쳐서 빈곤층이라고 부른다. 중위소득의 50%가 중산층과 빈곤층을 가르는 경계이고 이를 빈곤선이라고 부른다. 최저생계비는 인간으로서 건강하고 문화적인 생활을 유지하기 위하여 필요한 최소한의 비용이며 대략 중위소득의 60% 수준이다. 중위소득의 50~60%에 속하는 사람들은 최저생계비도 못 벌지만 중산층으로 분류되는 모순이 있다.

통계청의 『2021년 가계금융복지조사 결과』에 의하면 2020년 균등화 처분가능소득의 중위값이 2,998만 원이다. 따라서 중산층으로 인정받으려면 매년 1,499만 원(50%)에서 4,497만 원(150%) 사이의 소득을 벌어야 한다. 월소득으로 계산하면 중위값은 250만 원이고, 122만 원에서 375만 원까지가 중산층으로 분류된다. 월

13 가구당 처분가능소득을 그대로 사용하면 가구원 수가 많은 가구와 적은 가구의 차이를 반영할 수 없다.

14 OECD는 중위소득 50~150% 기준을 사용하다가 빈부격차 심화로 기준이 비현실적이라는 의견이 많아서 2016년부터 75~200%로 기준을 바꿨다. 우리나라는 과거 기준을 따른다.

○ **계층별 소득과 비중**

	2019년	2020년
〈균등화 처분가능소득(만 원)〉		
중위소득 150%	4,313	4,497
중위소득 100%	2,875	2,998
중위소득 50%	1,438	1,499
〈인구비중(%)〉		
상위층(중위소득 150% 이상)	23.6	22.7
중산층(중위소득 50~150%)	60.1	62.0
빈곤층(중위소득 50% 이하)	16.3	15.3

소득 122만 원으로는 최소한 생계도 유지하기 어렵지만 통계에서는 중산층에 포함된다. 중산층의 비율은 2015년 67.9%에서 계속 하락하여 2019년 최저 수준인 60.1%까지 떨어졌다가 2020년 62.0%로 조금 올랐다. OECD 평균은 2016년 기준 61%여서 우리나라와 거의 비슷한 수준이다. 2020년 코로나19 팬데믹 이후 전 세계에서 부의 양극화가 심해지고 중산층이 줄어들고 있다.

☑ 복지국가

정부에서 각종 복지사업을 할 때 대상자를 선정하는 기준이 필요하다. 우리나라는 2015년부터 복지사업 선정 기준으로 최저생계비를 사용하지 않고 중위소득을 이용하고 있다. 매년 보건복지부 산하 중앙생활보장위원회에서 전년도 기준 중위소득을 토대로 올해 얼마나 소득이 오를지 예측해서 기준 중위소득을 결정한다. 기준 중위소득은 가족이 몇 명이냐에 따라서 달라진다. 2022년도 기준 중위소득은 4인가구 기준으로 전년보다 5.02% 인상된 월 5,121,080원으로 결정되었다.

◎ 2022년도 기준 중위소득

(원/월)

가구원 수	1인	2인	3인	4인
기준 중위소득(원)	1,944,812	3,260,085	4,194,701	5,121,080
교육급여(중위 50%)	972,406	1,630,043	2,097,351	2,560,540
주거급여(중위 46%)	894,614	1,499,639	1,929,562	2,355,697
의료급여(중위 40%)	777,925	1,304,034	1,677,880	2,048,432
생계급여(중위 30%)	583,444	978,026	1,258,410	1,536,324

가구당 기준 중위소득이 결정되면 이것을 이용해서 각종 복지급여의 선정 기준을 결정한다. 가구당 기준 중위소득의 50% 이상을 벌면 중산층으로 분류되어 4가지 복지급여 혜택을 하나도 받지 못한다. 생계급여는 기준 중위소득의 30% 미달자(기초생활수급자)가 받는다. 4인 가구가 벌어들인 월소득이 1,536,324원보다 작으면 그 차액을 생계급여로 지급한다. 만일 월소득이 1,200,000원이었다면 월 336,324원을 받게 된다. 소득이 생계급여를 받아야 하는 수준이면 나머지 교육급여, 주거급여, 의료급여도 지원받는다. 이런 방식으로 정부 12개 부처에서 77개 복지사업을 시행하면서 도움이 필요한 빈곤층에게 보조금과 수당을 지급한다.

기준 중위소득은 매년 증가하고 있다. 기준 중위소득을 높게 잡을수록 빈곤층에게 더 많은 복지 혜택이 지급되지만 그만큼 국가 예산 운영에 부담이 된다. 2019년 한국의 GDP 대비 사회복지지출 비중은 12.2%인데, 이는 OECD 38개 회원국 평균 20.0%보다 매우 낮으며 거의 꼴찌(35위) 수준이다. 정치권은 모든 국민을 대상으로 각종 무상 서비스를 지급하겠다는 헛된 약속을 남발하지 말고, 실질적인 지원이 간절한 빈곤층을 위한 복지예산을 더 늘리고 효율적으로 관리해야 한다. 그래야 정의로운 복지국가다.

가난의 어원

가난할 빈(貧)은 돈을 의미하는 조개 패(貝) 자와 나눌 분(分) 자로 구성되어 있다. 분(分)

은 칼(刀)을 이용해서 물건을 두 쪽(八)으로 나누어 놓은 모양이다. 돈을 나누어 쪼개고 있으니 재산이 모이지 않고 가난을 의미한다. 빈(貧)에는 가난하다는 뜻 이외에 '말이 많다', '수다스럽다'의 뜻도 함께 있다. 가난한 집 안에서 밥 달라는 소리로 소란스럽고 서로 자기 것을 챙기려다 보니 다툼도 많아서 생겨난 뜻인가 보다.

가난은 우리 고유어인데 간난(艱難)에서 유래되었다. 간(艱)과 난(難)은 모두 어렵다는 의미이며 부수로 사용된 근(堇)은 진흙을 의미한다. 간(艮)은 사람이 눈을 뒤로 향한 모양이어서 간(艱)은 진흙 속에 빠져 눈을 돌려 도움을 바라는 애절한 모습이다. 난(難)은 새(隹)가 진흙에 빠져 고생하는 모습이다. 간난(艱難)에는 '어렵다', '괴롭다', '고생한다'의 뜻이 모두 있어서 가난의 아픔이 느껴진다.

3. 얼마나 불평등한가?

우리는 경제 현상을 설명할 때 평균이나 증가율을 많이 이용한다. 그런데 경제 시스템을 유지하고 운영하는 데 정말 필요한 것은 분포에 관한 정보다. 국민들이 평균적으로 매월 500만 원을 번다는 것이 중요한 게 아니라 고소득자와 저소득자의 차이가 좁혀지고 있는지가 더 중요하다. 소득이 얼마나 공평하게 분배되었는지 측정하기 위하여 5분위배율, 상대적 빈곤율, 지니계수가 사용된다.

소득 자료를 이용해서 분배 지표를 계산하고 기간별 또는 국가별 비교를 하려면 동일한 소득 개념을 이용해야 한다. 소득에는 시장소득과 처분가능소득이 있다. 시장소득은 정부의 개입 없이 순수하게 개인이 번 소득이다. 근로소득, 사업소득, 재산소득의 합에 사적이전소득을 더하고 사적이전지출을 빼서 계산한다. 처분가능소득은 정부가 개입하여 보조금 등을 주거나 세금 등을 징수한 효과를 반영한 결과다. 시장소득에 공적이전소득을 더하고 공적이전지출을 빼서 계산한다. 대체로 공적이전지출이 공적이전소득보다 커서 처분가능소득은 시장소득보다 작은 값이다.

시장소득=근로소득+사업소득+재산소득+사적이전소득−사적이전지출
처분가능소득=시장소득+공적이전소득−공적이전지출
공적이전소득: 국민연금, 기초연금, 양육수당, 장애수당 등
공적이전지출: 세금, 사회보험료 등

소득 5분위배율

소득 5분위배율(income quintile share ratio)은 부자의 소득이 빈자의 소득보다 몇 배나 되는지 계산한 지표다. 시장소득과 처분가능소득을 가구원 수의 제곱근으로 나눈 균등화 소득을 이용해서 측정한다.[15] 소득이 가장 적은 사람부터 크기 순으로 나열하고 5개 구간으로 나누면 1구간은 최하위 20%이고 마지막 5구간은 최상위 20%다. 5구간 소득의 평균을 1구간 소득의 평균으로 나누어 소득 5분위배율을 계산하고 그 값이 클수록 소득이 불평등하게 분배되었다고 해석한다. 다음 차트는 시장소득 5분위배율과 처분가능소득 5분위배율의 변화 모습이다.

소득 5분위배율 추이

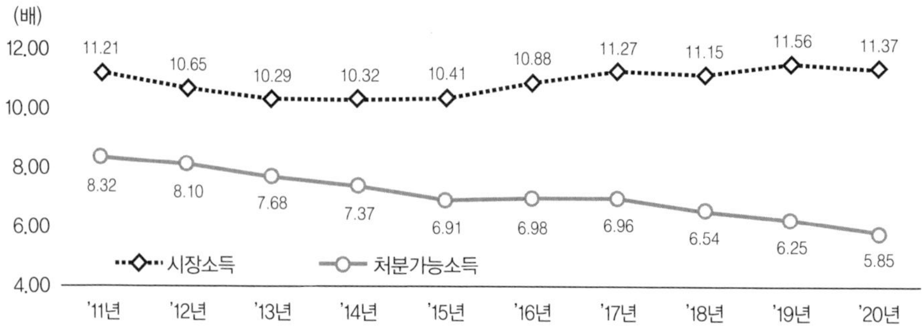

통계청, 『2021년 가계금융복지조사 결과』, 2021.

시장소득 5분위배율은 11배 내외로 비교적 평평한 모습이다. 처분가능소득 5분위배율은 2011년 8.3배에서 계속 하락하여 2020년 5.8배가 되었다. 처분가능소득

15 이하 특별한 언급이 없으면 소득은 균등화 소득을 의미한다.

5분위배율이 계속 하락하고 있는 것은 정부가 소득불균형을 줄이기 위해 수행했던 복지정책들이 제법 효과가 있었다는 의미다. 사람들은 우리 사회가 점점 불평등해지고 있다고 생각하지만 처분가능소득 5분위배율 추세에 의하면 불평등이 서서히 완화되고 있다. 사회 구성원들이 객관적인 통계자료를 이용해서 현상을 냉철하게 인식하고, 이를 바탕으로 협의하여 좋은 대안을 만들어야 한다. 불평등과 같은 거대한 사회 문제를 집단의 힘으로 풀려고 밀어붙이면 갈등만 더 깊어진다.

세계 불평등 데이터베이스 WID는 전 세계를 대상으로 200년간의 세계소득불평등지수를 계산하였다.[16] 세계소득불평등지수는 상위 10% 소득을 하위 50% 소득으로 나눈 값이다. 세계소득불평등지수가 1820년에는 18배였고 계속 상승하여 1910년에는 41배가 되었다. 19세기에 유럽과 미국에서 폭발적으로 진행된 산업혁명에 따라 상위층의 소득이 급격하게 상승했기 때문이다. 불평등지수는 1960년대까지 40배 수준을 유지하다가 1980년에 53배로 최고점을 찍었다. 이렇게 급등한

세계소득불평등지수

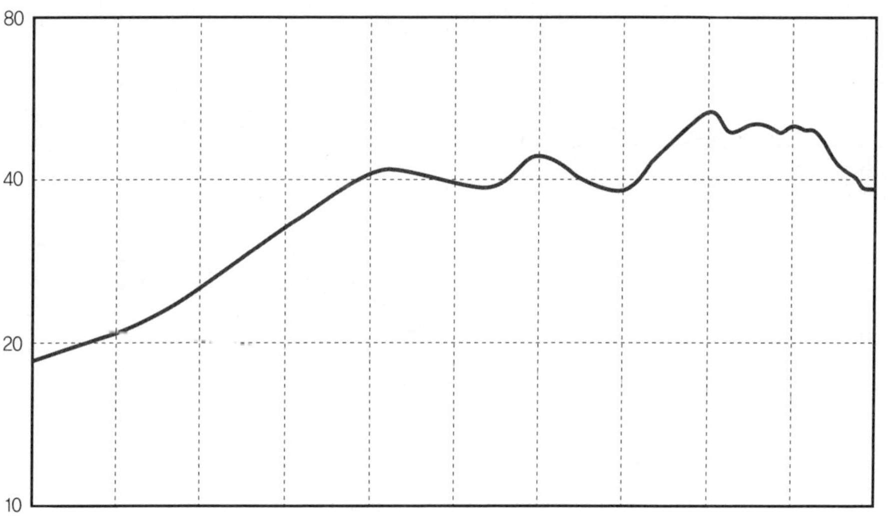

불평등지수=상위 10% 소득/하위 50% 소득
World Inequality Database

16 WID(world inequality database 세계 불평등 데이터베이스).
https://wid.world/news-article/global-income-inequality-1820-2020/

이유는 1970년대 발생한 오일쇼크가 영향을 미쳤기 때문이다. 이후 계속 하락하여 2020년에 38배가 되었는데 이것은 1960년대의 수준이다. 1980년대 이후 신자유주의와 세계화를 추진한 결과로 빈곤층의 소득이 많이 올랐기 때문이다.

세계소득불평등지수는 한국 5분위배율보다 숫자가 훨씬 크다. 한국의 소득을 이용해서 2020년 불평등지수를 계산해 보면 0.9배가 나온다. 세계소득불평등지수 38배에 비하면 한국은 소득분배가 지극히 평등한 국가다. 이런 차이가 나오는 이유는 전 세계에 저개발국과 빈민층이 많기 때문이다. 소득 불평등을 국가 간에 비교하려면 경제 수준이 비슷한 나라끼리 비교해야 한다. 2018년 기준으로 OECD 36개국의 소득 5분위배수 평균은 5.9배다. 한국은 6.5배로 36개국 중 28위여서 OECD 국가들보다 소득 불평등이 높다. 소득 불평등이 꾸준히 개선되고 있지만 아직 갈 길이 멀다.

상대적 빈곤율

상대적 빈곤율(relative poverty rate)은 중산층 설명에 사용했던 개념이다. 빈곤층은 중위소득의 50% 미만을 버는 계층이며, 기초생활수급자(30% 미만)와 차상위층(30%~50)으로 나뉜다. 빈곤층이 전체 인구의 몇 퍼센트인지 계산한 값이 상대적 빈곤율이다. 상대적 빈곤율이 클수록 소득이 불평등하게 분배되었다는 의미다.

상대적 빈곤율

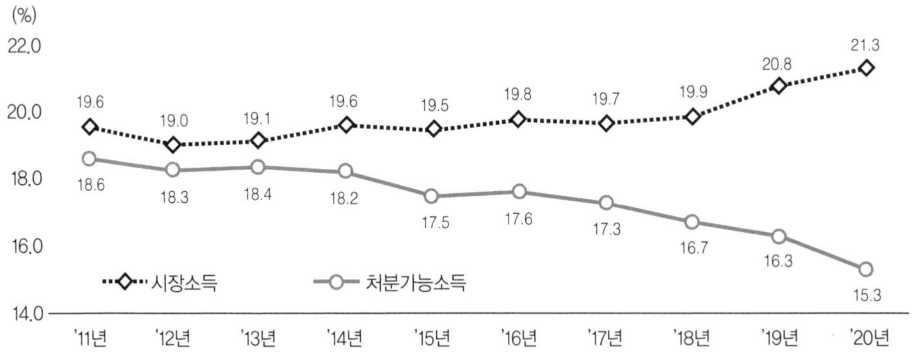

통계청, 『2021년 가계금융복지조사 결과』, 2021.

2020년 중위소득이 2,998만 원이므로 빈곤선은 1,499만 원이다.

상대적 빈곤율 추이는 어떤 소득을 기준으로 하느냐에 따라 서로 반대되는 모습이다. 시장소득으로 보면 상대적 빈곤율이 2012년 19.0%로 가장 낮았고 이후 계속 증가해서 2020년에 21.3%가 되었다. 처분가능소득으로 보면 상대적 빈곤율이 2011년 18.6%로 가장 높았고 이후 계속 감소해서 2020년에 15.3%가 되었다. 처분가능소득은 정부의 복지정책이 반영된 소득이므로 지난 10년간 복지정책이 효과가 있었다고 판단할 수 있다.

그러나 66세 이상 노령층의 상대적 빈곤율은 매우 심각한 상황이다. 처분가능소득으로 계산한 노인빈곤율이 2020년에 40.4%다. OECD 37개국 중 1위이고 G5국가[17] 평균 14.4%보다 월등하게 높다. 이처럼 많은 노인들이 경제적 어려움을 겪고 있는데 고령화마저 급속하게 진행되고 있어서 사회적으로 큰 문제다. 모든 국민을 대상으로 하는 보편적 복지를 확대하기에 앞서서 빈곤층의 사회적 안전망을 튼튼하게 갖추는 정책이 시급하다.

지니계수

지니계수(Gini coefficient)는 뉴스에서 많이 들어서 익숙한 용어다. 지니계수는 0과 1 사이의 값을 가지며 1에 가까울수록 소득 분배가 불평등하다는 의미다. 지니계수를 설명하려면 먼저 로렌츠 곡선을 알아야 한다. 로렌츠(Max O. Lorenz, 1876-1956)는 미국의 통계학자로 X축에 누적인원을 두고 Y축에 누적소득을 표시한 로렌츠 곡선(Lorenz curve)을 만들었다. 만일 완전히 평등한 사회라면 누적소득곡선은 기울기가 45도인 직선이 되며 그것을 균등분포선이라고 한다. 그런데 실제로 조사해 보면 인구의 50%가 누적소득의 50%를 못 가지고 20~30% 정도만 보유한다. 실제로 누적소득선을 그려 보면 45도 직선보다 아래로 처진 곡선이 나온다. 이렇게 아래로 처진 곡선을 로렌츠 곡선이라고 한다.

17 미국, 일본, 독일, 영국, 프랑스

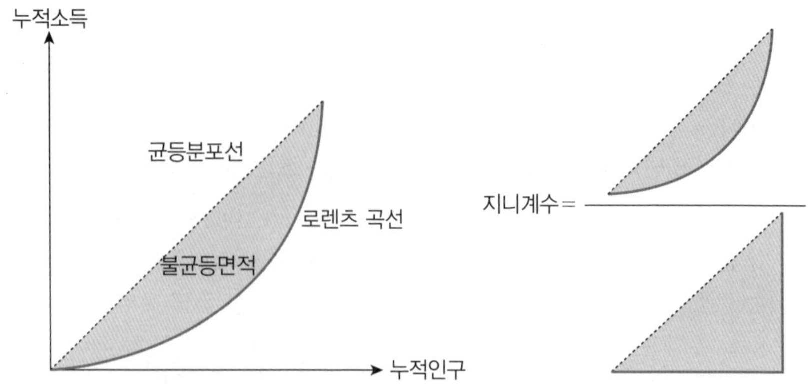

지니(Corrado Gini, 1884–1965)는 이탈리아 통계학자로 로렌츠 곡선을 하나의 수치로 변환하는 작업을 했다. 45도 직선과 로렌츠 곡선 사이에 나타나는 면적을 불균등면적이라고 한다. 불균등면적을 45도 직선 이하의 삼각형 면적으로 나눈 비율이 지니계수다. 아이디어는 로렌츠가 제공했지만 지니가 간편한 수치로 바꿔줘서 지금 사람들은 지니만 기억한다.

2018년 기준 OECD 36개국의 지니계수 평균은 0.322다. 한국은 0.345로 36개국 중 26위로 소득 불평등이 큰 편에 속한다. 그러나 지니계수가 높다고 한국을 살기 어려운 나라라고 단정 지을 수는 없다. 30–50 클럽의 국가들과 2018년 기준으로 비교해 보면 영국과 미국은 한국보다 더 불평등한 상태다. 지니계수가 높은 영국과 미국을 살기 어려운 나라라고 말하기보다는 영국과 미국에도 빈곤층이 상당히 많다고 해석해야 할 것이다.[18]

30–50 클럽 지니계수

독일	0.289
프랑스	0.301
이탈리아	0.330
일본	0.334
한국	0.345
영국	0.366
미국	0.393

시장소득 지니계수는 2011년부터 2020년까지 0.4 수준에서 큰 변화가 없었다. 시장소득은 정부가 개입하지 않고 개인의 소득만 합산한 값이므로 개인 간에 소득

18 SWIID를 이용하면 지니계수를 국가 간 비교할 수 있다. SWIID는 미국 아이오와 대학 솔트(F. Solt) 교수가 세계 198개 국가의 지니계수를 표준화한 결과를 담고 있는 데이터베이스다. https://fsolt.org/swiid/

불균형이 악화되고 있다는 주장은 설득력이 없다. 처분가능소득 지니계수는 하락하는 추세여서 정부의 복지정책이 효과가 있었다.

지니계수

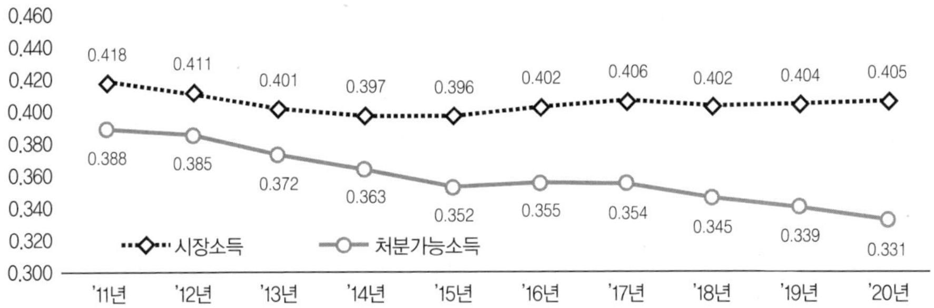

통계청, 『2021년 가계금융복지조사 결과』, 2021.

순자산 불평등

지금까지 설명한 불평등은 소득과 관련된 내용이다. 소득이 아니라 순자산에 대하여도 불평등 정도를 계산할 수 있다.

가계순자산 점유율과 로렌츠 곡선

분위	가계순자산 점유율(%)
1	−0.2
2	0.7
3	1.7
4	3.0
5	4.6
6	6.4
7	9.0
8	12.7
9	18.7
10	43.3

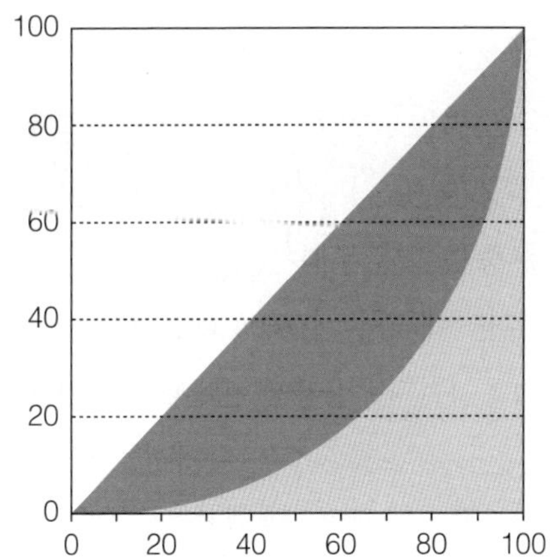

2021년 3월 말 기준으로 가계순자산 점유율을 1분위부터 10분위까지 나누어 보면 불평등 정도를 짐작할 수 있다. 최하위 50%, 즉 인구의 절반이 보유하는 순자산이 전체 순자산의 9.8%에 불과하다. 반면에 최상위 10%가 보유한 순자산은 전체 순자산의 43.3%다. 소수의 부자들이 순자산을 많이 가지고 있어서 부의 불평등이 매우 심각하다는 것을 알 수 있다. 이 내용을 하나의 숫자로 변환한 것이 순자산 지니계수이며 2021년에 0.603이 나왔다. 순자산 지니계수 추세는 2016년까지 하락하다가 2017년부터 점점 높아지고 있다. 앞으로 정부가 재분배 정책을 실행할 때 처분가능소득 위주로만 보지 말고 순자산의 불평등을 완화시키는 데 더 많은 노력을 집중해야 한다.

미국 미시간 대학교의 사회 연구소는 행복해지려면 10가지가 있어야 한다는 결과를 발표했다. 행복에 필요한 요건 10개 중에서 재산과 관련된 것은 "돈 많이 벌기" 한 가지뿐이다. 나머지 9개는 일상생활에서 지녀야 할 태도와 사고방식이다. 10가지 요건 중에서 나의 인생목표와 부합되는 것이 몇 개인지 확인해 보자. 지금 상태가 아니라 앞으로 어떤 계획을 가지고 있는지에 따라 체크하면 된다. 10가지 요건과 부합되는 인생목표가 많을수록 내 인생이 행복한 방향으로 올바로 가고 있는 것이다. 행복은 남이 숨겨 놓은 보물을 발견하는 데 있지 않고 나에게 주어진 삶을 가꾸는 데 있다.

행복의 요건	나와 일치
1. 긍정적 태도 지니기	( )
2. 결혼하기	( )
3. 친구 사귀기	( )
4. 욕심 줄이기	( )
5. 좋은 일 하기	( )
6. 종교적 신념 갖기	( )
7. 외모를 남과 비교 안 하기	( )
8. 천재가 아니라고 비관 안 하기	( )
9. 우아하게 늙기	( )
10. 돈 많이 벌기	( )

진정한 행복은 어디에 있나?

돈이 행복에 영향을 미치는 것은 분명하지만 그게 전부는 아니다. 미국의 심리학자 류보머스키는 행복을 결정하는 요소는 유전적 특질 50%, 물질적 여건 10%, 의도적 활동 40%라고 주장했다. 유전적 특질인 체질, 지능, 성격 등은 태어날 때부터 주어지므로 바꾸는 것이 불가능하다. 물질적 여건인 재산, 건강, 미모 등은 각고의 노력으로 바꿀 수는 있지만 행복에 미치는 영향이 10%에 불과하다. 의도적 활동은 일상 생활에서 이루어지는 목표 추구 행위이며 연습을 통해 숙달시킬 수 있다. 류보머스키는 의도적 활동으로 행복을 향상 시킬 수 있는 비율이 40%나 되므로 유전적 특질과 물질적 여건에 얽매이지 말고 긍정적으로 살라고 권유한다.

진정한 행복은 주관적 요소가 강해서 무엇을 행복이라고 보는지는 나라마다 사람마다 서로 다르다. 덴마크에는 휘게(hygge)라는 말이 있다. 혼자 또는 가족이나 친구와 함께 소박하고 여유롭게 즐기는 일상의 안락함을 의미한다. 스웨덴에는 적당하고 알맞다는 의미로 라곰(lagom)이라는 말이 있다. 무리해서 큰 것을 원하지 말고 소박하고 균형 잡힌 생활로 조화를 이루는 것을 중시한다. 프랑스에는 오캄(au calme)이라는 말이 있다. 고요하고 한적하다는 뜻으로 자연적이고 편안한 상태를 추구한다. 일본에서는 소확행(小確幸)이라는 말이 유행했고 우리나라에서도 많이 언급되었다. 취업하고 결혼하고 집을 사는 것이 중요한 것은 알겠지만 성취가 불확실한 목표들이다. 중요하고 큰 것만 추구하지 말고 일상에서 작지만 확실한 행복을 추구하는 삶을 의미한다.

4. 기부와 공생

☑ 가난과 불평등

가난과 불평등 문제를 어떻게 해소할 것인가? 이러한 질문은 단지 개인에 관한 문제가 아니라 사회와 국가 모두의 문제다. 국민들 중 일부를 빈곤층으로 버려두고 나머지 사람들만 잘 먹고 잘 사는 나라는 지속 가능하지 않다. 역사적으로 보면 그런 나라들은 경제 침체에 빠지는 것에 그치지 않고 결국 사회가 붕괴되는 파탄을 겪는다. 가난과 불평등 문제를 해소하기 위해서는 세 가지가 필요하다.

첫째는 본인 스스로의 노력이다. 자립심을 바탕으로 성실하게 근로하면서 소득을 발생시키고 저축과 투자로 불려가면서 가정을 꾸려 나가는 것이 가장 기본적인 사항이다. 자기 인생에 대해 책임감을 가지고 임해야 한다. 둘째는 정부가 복지정책을 효율적으로 집행해야 한다. 잘 살고 못 사는 것은 개인의 문제이지 국가와는 무관하다고 말하는 것은 잘못이다. 현대 국가는 복지국가를 목표로 하고 있으며 정부가 최저임금을 인상하고 의료복지를 확대하며 공공주택을 공급하는 등 복지정책을 실천해야 한다. 셋째는 사회의 구성원들이 자발적으로 기부하는 자선행위가 필요하다. 선행을 실천하고 기부하는 행위는 기부받는 사람들의 삶을 개선해주는 효과와 함께 본인의 행복감도 높여준다. 공동체의 구성원들이 상부상조해야 공동체가 지속 가능해진다.

부자에 대해서 다음과 같은 엉터리 삼단논법이 있다.

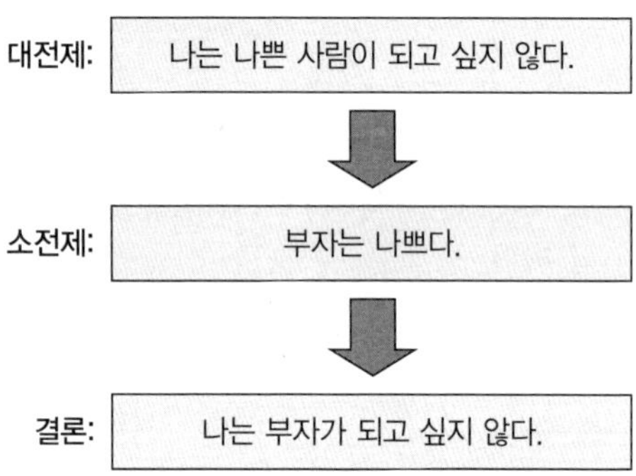

"나는 나쁜 사람이 되고 싶지 않다."는 대전제는 누구도 부인할 수 없는 진리다. 부모님도 선생님도 나쁜 사람이 되지 말라 하고, 본인도 스스로 나쁜 사람이 되겠다는 사람은 없다. "부자는 나쁘다."는 소전제는 일부 사례를 전체로 확대한 오류를 담고 있다. 부자들 중에 나쁜 짓을 해서 돈 벌고, 번 돈으로 다시 나쁜 짓을 하는 사례를 보고 부자 전체에 대하여 일반화한 것이다. 대전제와 틀린 소전제를 결합하면 "나는 부자가 되고 싶지 않다."라는 엉터리 결론이 도출된다. 우스갯소리가 아니라 이런 식으로 잘못된 논리에 빠지는 경우가 적지 않다. 부자가 되고 부자로 산다는 것은 절대 쉬운 일이 아니다. 욕망을 억제하고 계획을 잘 세워서 오랫동안 노력해야 가능한 일이다. 아무리 부자 되기가 어렵더라도 "나는 나쁜 사람이 되고 싶지 않다."는 식으로 포장하는 것은 위선이다. "부자가 되고 싶다."는 소망은 인간의 본성에 부합되며 언제든지 떳떳하게 말할 수 있어야 한다.

☑ 부자에 대한 인식

머니투데이의 당당한 부자 설문조사에서 부자에 대한 호감도를 물어보았다. 2021년 결과는 호감 31.2%, 중립 42.9%, 비호감 23.8%로 나왔고 10점 만점으로 환산한 평점은 5.18점이다. 평점이 2015년에 4.48점으로 가장 낮았는데 꾸준히 상승하고 있다. 우리 사회에서 부자에 대한 인식이 조금씩 우호적인 방향으로 바뀌고 있으며 부자를 무조건 비난만 하지는 않는다는 것을 알 수 있다.

◎ 부자의 노력을 인정하고 존경하는가?

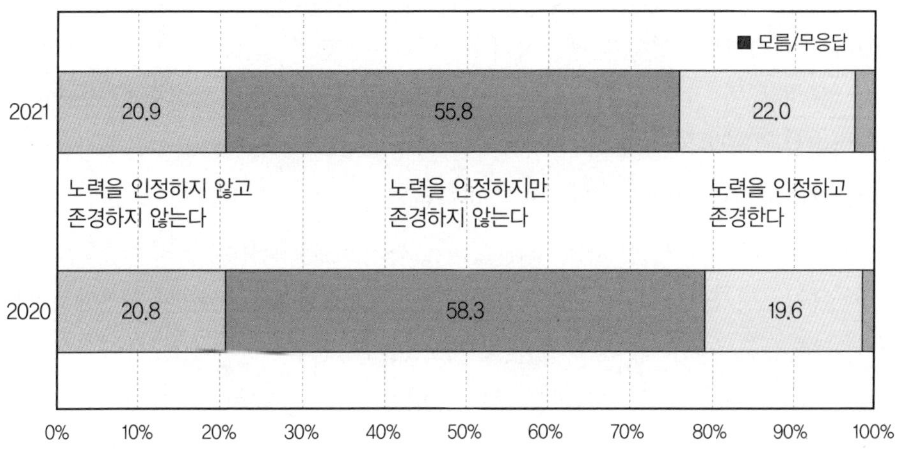

부자들의 노력을 인정하고 존경하는지 물어보았다. 2021년에 "부자의 노력을 인정하지 않고 존경하지 않는다." 20.9%, "부자의 노력을 인정하지만 존경하지 않는다." 55.8%, "부자의 노력을 인정하고 존경한다." 22.0%로 나왔다. 부자들이 노력했다는 사실은 인정하지만 그렇다고 내가 존경하지는 않는다는 의견이 과반수여서 우리 사회의 일반적인 심정으로 볼 수 있다. 세 가지 답변을 두 개씩 묶어서 보면 재미있는 결론이 나온다. 차트 왼쪽에 있는 두 개 답변을 묶으면 "존경하지 않는다."가 76.7%다. 차트 오른쪽에 있는 두 개 답변을 묶으면 "노력을 인정한다."가 77.8%다. 부자를 존경하지 않는다는 사람이 절대 다수이고 그만큼 부자에 대한 인식이 나쁘다. 부자의 노력을 인정한다는 사람도 절대 다수이고 부자 되기가 어렵다는 사실을 잘 인식하고 있다.

재산형성 방식	1 · 2순위 중복응답(%)
부동산투자	76.0
상속 · 증여	28.3
창업 · 경영	23.5
금융상품투자	22.3
권력 소유	19.1
전문직	14.2

부자들이 어떤 방법으로 재산을 모았다고 생각하는지 물어봤다. 응답률은 1순위와 2순위를 더한 수치다. 첫째는 부동산에 투자하여 벌었다고 생각하는 비율로 76.0%다. 2020년 코로나19 팬데믹으로 이자율이 내려가고 돈이 많아지면서 실물자산 가격이 급등한 영향으로 해석된다. 열심히 일해서 버는 근로소득이 아니라 실물자산을 사 놓고 기다려서 얻는 불로소득으로 부자가 되었다고 생각한다. 이렇게 생각하니 부자를 존경할 수 없다. 둘째는 부잣집에서 상속 · 증여를 받았다고 생각하는 비율이 28.3%다. 셋째는 본인의 노력으로 창업 · 경영하여 부자가 되었다고 생각하는 비율로 23.5%다. 넷째는 금융상품에 잘 투자하여 부자가 되었다고 생각하는 비율로 22.3%다. 이외에 권력 소유 19.1%, 전문직 14.2%가 있다. 부동산투자, 상속 · 증여, 권력 소유는 불로소득으로 부자가 되었다는 생각이고 창업 · 경영, 전문직은 근로소득으로 부자가 되었다는 생각이다. 금융상품투자로 불어난 재산은 불로소득도 아니고 근로소득도 아니며 그냥 금융소득이다. 금융소득은 위험을 부담한 대가로 얻는 정당한 소득이므로 불로소득이라고 비난받지 않는다.

이런 여섯 가지 방식 중에서 일반인이 따라 할 수 있는 방식은 무엇일까? 부동산은 거액의 투자자본이 필요하므로 활용하기 어렵고 상속 · 증여는 내가 결정할 수 있는 사항이 아니다. 창업 · 경영은 성공하면 큰 보상이 따르지만 성공할 확률이 매우 낮다. 권력 소유는 특별한 경력과 인맥이 있어야 하고 전문직은 변호사나 의사 등 자격증이 있어야 하므로 일반인과 거리가 멀다. 결국 남는 한 가지 방식은 금융상품투자다. 금융상품투자가 바로 일반인이 부자가 될 수 있는 거의 유일한 방법이다. 우리가 금융역량을 길러야 하는 이유가 여기서도 확인된다. 독서 예찬론자인 빌 게이츠는 책을 많이 읽고 추천도 많이 한다. 이런 책을 읽으면 부자들의 생각과 공감하는 부분이 나오고 앞으로 어떻게 행동해야 할지 힌트를 얻을 수 있다. 포털에서 키워드 '빌 게이츠 추천도서'로 검색해 보는 것이 바로 부자를 배우는 출발점이다.

세계기부지수

영국의 자선지원재단 CAF는 매년 세계기부지수(world giving index)를 발표한다.[19] 2020년 세계기부지수에 따라 가장 자애로운 국가로 선정된 10개국과 가장 인색한 국가로 선정된 10개국은 다음과 같다.

가장 자애로운 나라 (1위~10위)	인도네시아, 케냐, 나이지리아, 미얀마, 오스트레일리아, 가나, 뉴질랜드, 우간다, 코소보, 태국
가장 인색한 나라 (105위~114위)	라트비아, 프랑스, 파키스탄, 레바논, 모로코, 한국, 이탈리아, 벨기에, 포르투갈, 일본

가장 자애로운 나라들 중에서 우리가 잘 사는 나라로 알고 있는 나라는 오스트레일리아와 뉴질랜드 2개뿐이다. 나머지 8개국은 경제적으로 넉넉하지도 않고 정치적 위험도 크다고 여겨지는 나라들이다. 부유할수록 기부도 많이 할 것 같지만 실제는 전혀 그렇지 않다. 세계기부지수가 낮다는 것은 각박하고 째째한 국가라는 의미이므로 굉장히 창피한 호칭이다. 부끄럽게도 가장 인색한 나라 명단에 한국이 110위로 들어 있다. 일본이 114위로 꼴찌를 차지했는데 1990년 거품 붕괴 이후에 30년간 불황에 빠져 있는 일본인의 삶과 무관하지 않을 것이다.

이런 결과는 우리의 평소 생각과 많이 다르다. 경제가 발달하고 사회가 안정되었다는 나라들이 이렇게 인색하다는 사실이 충격적이다. 가난한 국가들이 서로 도

19 CAF(Charities Aid Foundation, 자선지원재단). https://www.cafonline.org/

와가면서 살아가는 모습을 배워야 할 것이다. 한국이 이렇게 낮은 점수를 받은 것에 대하여 관련 기관에서 일하는 사람들이 각성해야 하고 높은 평가를 받으려면 앞으로 무슨 개선이 필요한지 연구해야 한다.

기부는 역사적으로 아주 오래된 행위다. 로마의 초대 황제 아우구스투스도 개인 재산을 국가에 많이 헌납했다. 미국에서 19세기에 큰 부를 일궜던 철강왕 카네기, 자동차왕 포드, 석유왕 록펠러는 재산을 사회에 많이 환원한 대표적인 인물들이다. 철강왕 카네기는 "부자인 채로 죽는 것은 참으로 수치스러운 일이다."라고 말했으며, "자식에게 재산을 물려주는 것은 독약을 주는 것이나 마찬가지다."라며 부의 세습을 반대하고 재산을 사회에 환원했다.

우리 시대 최고의 부자들인 빌 게이츠와 워렌 버핏도 재산의 반 이상을 기부하겠다는 선언을 했다. 2010년 8월 어느 날 세계 부호 1위 빌 게이츠와 3위 워렌 버핏이 재산을 어떻게 쓸 것인지 이야기를 하다가 '사회환원 약속(giving pledge)'을 하기로 뜻을 모았다. 더기빙플레지[20] 단체는 재산이 10억 달러 이상인 부호들을 초청해서 재산의 절반 이상을 생전 또는 사후에 기부하겠다는 약속을 공개적으로 선언하도록 권유하고 있다. 2021년 말 기준으로 231명의 부자가 사회환원 약속을 했다.[21] 빌 게이츠는 "많은 것을 받은 사람은 많을 것을 베풀 의무가 있다."라고 말했으며 워렌 버핏은 "기부는 천국으로 가는 가장 큰 길이다."라고 말했다.

우리나라에서는 유한양행을 창업하여 모든 재산을 사회에 환원한 유일한 박사가 대표적인 기부자로 꼽힌다. 최근에는 IT 산업에서 자수성가한 카카오그룹 김범수 의장, 배달의 민족 김봉진 전 의장, 넥슨 고 김정주 회장이 통 큰 기부를 선언해서 박수를 받고 있다. 반드시 큰 부자만 기부하는 것은 아니다. 대구 지역에는 매년 1억 원씩 기부를 하면서 이름을 밝히지 않은 기부자가 있다. 이분의 별명이 '키다리 아저씨'인데 10년 동안에 총 10억 원 정도를 기부했다. 또 기부 행렬에 빠지지 않는 사람들이 연예인과 스포츠 스타들이다. 이들은 팬들로부터 받은 고마움을 기부로 되돌려 주고 있으며, 기부하면 재산이 줄어들어서 아까운 것이 아니라 긍정적인 쾌락을 더 많이 느낀다며 행복하게 기부하고 있다.

20 https://www.givingpledge.org/

21 배달의 민족 김봉진 전 의장은 2021년 2월 18일 더기빙플레지에 219번째 기부자로 등록했다.

노블레스 오블리주

뉴스나 일상 대화에 자주 등장하는 노블레스 오블리주(noblesse oblige)는 유래가 있는 프랑스어다. 노블레스는 신분이 고귀한 사람들이고 오블리주는 의무를 진다는 뜻이다. 사회적 계층이 상류층, 고위층, 상위층에 해당한다면 보통 사람들보다 더 큰 도덕적 의무를 져야 한다는 것이 노블레스 오블리주다.

영국과 프랑스 사이에 영토와 왕위 계승을 두고 100년 전쟁(1337~1453)이 벌어졌다. 1347년 영국 왕 에드워드 3세는 프랑스 칼레 시를 점령했고 시민들은 학살당할 위기에 놓였다. 영국 왕은 칼레 시민들이 6명을 뽑아오면 나머지 사람들은 살려주겠다고 했다. 이때 칼레 시민들은 서로 살겠다고 남을 밀어 넣지 않고 법관, 상인, 정치인 등 사회지도층이 대표로 나섰다. 에드워드 3세는 임신 중이던 왕비의 청을 받아들여 이들의 목숨을 살려주었다. 프랑스 조각가 오귀스트 로댕은 1884년에 칼레 시민 이야기를 청동상으로 만들어 고귀한 뜻을 기렸다.

기부 경험과 기부 의향

한국에서 불우이웃을 돕기 위한 모금을 하는 대표적인 기관은 '사랑의 열매'를 상징물로 사용하는 사회복지공동모금회다.[22] 이 모금회에서 유지하는 단체로 '아너 소사이어티(honor society)'가 있다. 여기는 1억 원 이상을 이미 기부하였거나 앞으로 5년 내에 기부하기로 약속한 사람을 회원으로 받는다. 2022년 1월 초 가수 양희은이 회원번호 2,800호로 참여하였으며 누적약정액은 2021년 6월 말 기준으로 2,874억 원이다.

통계청의 『2021년 사회조사 결과』에 따르면 기부 경험자와 기부 의향자가 매년 줄어들고 있다.[23] 기부 경험자는 2011년 36.4%에서 2021년 21.6%까지 떨어졌고 기부 의향이 있다는 비율도 2013년을 정점으로 점점 하락하고 있다. 왜 기부하지

22 '사회복지공동모금회법'에 따라 1998년 설립된 법정 모금기관이다. 전국에 지회를 두고 각 지역에서 모금된 성금은 해당 지역의 복지사업에 사용한다. https://chest.or.kr/

23 통계청에서 전국 약 1만 9천 가구 내 상주하는 만 13세 이상 가구원 3만 6천 명을 대상으로 조사하였다.

기부 경험과 기부 의향

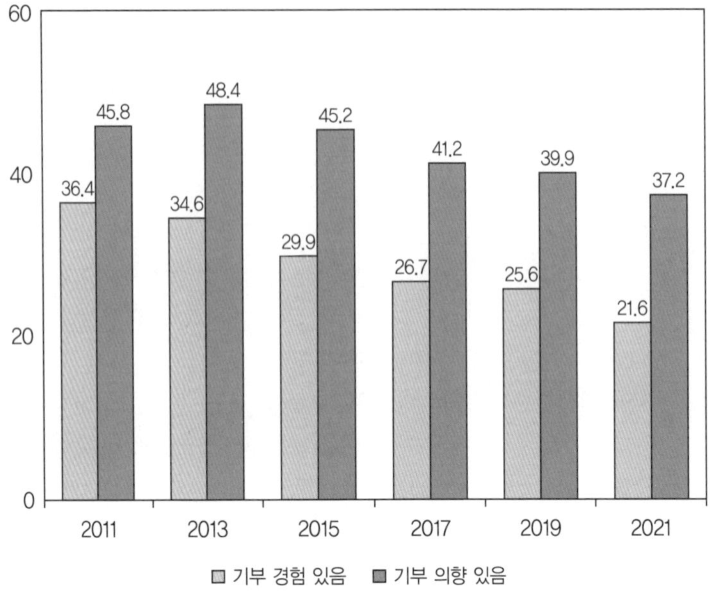

통계청, 『2021년 사회조사 결과』, 2021.

않았는지 이유를 물어보니 "경제적 여유가 없어서"가 45.8%로 1위다. 물론 자신도 어렵지만 더 어려운 이웃을 위해 기부하는 천사들도 있지만 아무래도 경제적 여유가 없으면 기부하기 어렵다. 나머지 이유는 "기부에 관심이 없어서"(35.0%), "기부단체를 신뢰할 수 없어서"(12.2%), "직접 기부요청을 안 받아서"(4.3%), "기부 방법을 몰라서"(2.5%) 순으로 나왔다. 이 비율을 모두 더하면 54.2%로 과반수가 넘는다. 이들은 기회만 잘 주어지면 얼마든지 기부에 참여할 수 있는 잠재적 기부자다. 사람들이 기부에 관심을 갖도록 여러 가지 채널로 홍보하고, 모금 단체를 신뢰할 수 있게 만들며, 기부 방법을 다양하게 제시하면 점점 기부에 참여할 것이다.

블록체인 기술이 기부의 투명성을 높이는 새로운 대안이 되고 있다. 기부 앱 체리[24]와 기브어클락[25]은 블록체인 기반으로 기부를 받으면서 큰 호응을 받았다. 블록체인을 기반으로 하면 기부금이 어디에 얼마가 사용되었는지 투명하게 밝혀지

24 https://givecherry.org/
25 https://www.giveoclock.com/intro/

므로 기부단체의 신뢰성이 높아지는 장점이 있다. 기부하는 자산도 현금이나 카드뿐만 아니라 부동산, 증권, 가상자산 등으로 다양해지고 있다. 대표적인 기부 플랫폼으로 네이버의 해피빈[26]과 SK그룹에서 운영하는 티투게더[27]가 있다. 모바일 앱도 있어서 편리하게 기부도 하고 자원봉사도 할 수 있다. 돈이 아니라 걷기를 통해서 기부하는 빅워크도 있다.[28] 걷기에 참여하면 얼마나 걸었느냐에 따라 포인트를 쌓아서 기부할 수 있다. 사실 월급 중에서 일부를 떼어 기부하는 것은 그렇게 쉽지 않으므로 이렇게 취미생활로 기부활동을 시작하는 것도 좋은 방법이다.

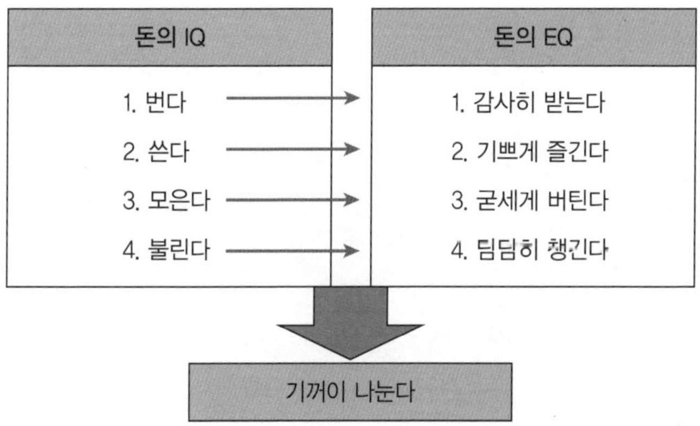

돈과 관련하여 IQ(intelligence quotient, 지능지수)와 EQ(emotional quotient, 감성지수)가 있다. 돈의 IQ는 돈을 벌고, 쓰고, 모으고, 불리는 지능적인 내용을 담당한다. 돈의 EQ는 돈을 벌면 아무리 소액이라도 감사히 받고, 돈을 쓰면서 기쁘게 즐기고, 돈을 모으면서 도중에 포기하지 않고, 돈을 불리면서 투자결과를 담담하게 수용하는 감정적인 내용을 담당한다. 돈에 관해서는 IQ(지성)와 EQ(감성)의 균형감을 유지해야 한다. 돈의 IQ가 너무 강하면 돈만 있고 정은 없는 각박한 삶이 된다. 반대로 돈의 EQ가 너무 강하면 돈은 없고 정만 있는 초라한 삶이 된다. 돈의 IQ와 EQ가 조화롭게 결합하면 최고의 경지인 '기꺼이 나누는 삶'이 된다.

26 https://happybean.naver.com/introduction/branding
27 https://ttogether.sktelecom.com/
28 http://bigwalk.co.kr/

제3편 돈 모으기

제8장

종잣돈을 모으자

1. 얼마나 벌고 있나?
2. 부자방정식이 무엇인가?
3. 빚에서 어떻게 벗어나나?
4. 적금 붓는 기술

"가장 나쁜 실패는
시작조차 못하는 것이다."

– 해럴드 블레이크 워커(작가)

1. 얼마나 벌고 있나?

☑ 재테크를 못하는 이유

재테크 책을 읽어 본 사람들이 공통적으로 하는 말이 있다. 책의 결론이 너무나 뻔하다는 것이다. "소비보다 저축을 먼저 하라.", "젊어서부터 일찍 시작하라.", "장기적으로 분산투자하라." 등으로 누구나 다 아는 이야기라는 것이다. 그렇다. 재테크에 무슨 대단한 비법이 숨어 있는 것이 아니라 이 뻔한 결론이 재테크의 전부다. 문제는 실천이다. 재테크는 시간과의 싸움이며 뿌린 대로 거두는 정직한 결과를 보여준다. 누가 더 절약하고 더 오래 견디었느냐에 따라 승부가 결정된다.

사람들은 누구나 부자가 되기를 원하지만 실제로 부자가 되려고 행동하는 사람은 많지 않다. 이들은 부자가 되기를 원하는 것이 아니라 부자를 부러워하는 것에 불과하다. 이들은 재테크를 하지 않으면서 이런저런 이유를 낸다. "당장 수입도 없는데", "공부(일)하기도 바쁜데", "아직 젊으니까", "돈이 전부는 아니니까", "너무 어렵고 복잡해서" 등을 말한다. 그러면 소득이 생기고 결혼을 하면 재테크를 할 것이냐면 그렇지 않다. 그때에도 역시 재테크를 할 수 없는 핑계를 얼마든지 찾아낼 수 있을 것이다.

핑계에는 몇 가지 나쁜 속성이 있다. 첫째, 실패를 부정한다. 뭔가 일이 잘못됐을 때 내가 부족했다고 반성하지 않고 실패 자체를 받아들이지 않는다. 둘째, 책임을 회피한다. 실패는 내 탓이 아니라 환경, 정치, 가족 때문이라고 남 탓을 한다. 남 탓만 하고 실패에서 배우지 못하므로 계속 낙오하게 된다. 셋째, 자존감이 떨어진다. 핑계를 대는 속마음을 들여다 보면 본인 스스로도 핑계가 말이 안 된다고 생각한다. 이런 부조화가 쌓이면서 자존감이 점점 떨어진다. 넷째, 핑계가 반복된다. 핑계를 자꾸 대다 보면 핑계 대는 기술은 업그레이드(?) 되지만 삶은 점점 초라해진다.

재테크를 시작할 때 가장 큰 장애는 재테크는 여윳돈이 있을 때 하는 것이라는 생각이다. 물론 증권투자는 여윳돈으로 하라는 말이 있다. 그러면 여윳돈이 없는 사람은 투자를 하지 말라는 의미인가? 그런 의미는 아니다. 이는 전세돈이나 학자금과 같이 생활에 꼭 필요한 돈으로 투자를 하거나 빚을 내서 무리하게 투자를 해서는 안 된다는 의미다. 재테크를 시작하면 '여윳돈'이라는 생각과 말 자체를 버려야 한다. 여윳돈은 목표가 없고 계획이 없는 돈이다. 우리는 살아가면서 생각하지도 않았던 돈을 얻는 경우가 있다. 회사가 실적이 좋아서 주는 특별 상여금을 받을 수도 있고 오래전에 꾸어 주었던 돈을 돌려받을 수도 있다. 이러한 돈을 여윳돈이라고 생각하면 어디에 썼는지도 모르고 금방 사라진다. 용도를 정하지 않은 돈을 지니고 있으면서 그때그때 닥치는 대로 쓰는 것은 낭비다. 이런 낭비를 막고 평소에 절약해서 모은 돈이 재테크의 밑천이 된다.

여윳돈은 누가 많은가?

일상생활에서 말하는 여윳돈은 쓸 곳이 정해지지 않은 돈이라는 의미다. 세상에 아무리 부자라고 해도 쓸 곳이 없는 여윳돈을 가진 사람은 아무도 없다. 여윳돈은 항상 남아도는 돈이 아니라 지금 용도가 지정되지 않은 돈이다. 우리 주변에 돈을 쓸 곳은 무수히 널려 있다. 눈에 보이는 대로 머리에 떠오르는 대로 돈을 쓴다면 아무리 부자라도 돈에 쫓기면서 살 수밖에 없다. 젊어서부터 절약하고 저축하는 습관을 익히지 못하면 나이가 들어 빈곤한 노후를 보내게 된다.

부자들은 여윳돈이 많을 것 같지만 아무리 부자일지라도 여윳돈은 없다. 부자들의 모든 돈에는 사용처가 정해져 있어서 부자의 사전에는 여윳돈이라는 말 자체가 없다. 모순 같지만 여윳돈은 오히려 빈자가 많다.

생존의 필수품

조선시대에는 유학을 숭상하면서 사회적 신분을 사농공상(士農工商)으로 순서를 매겨 돈을 취급하는 상인을 가장 천한 계급으로 보았다. 이러한 영향으로 남들 앞에서 돈 이야기를 하는 것을 금기시하였고 "돈을 밝힌다."는 말은 심한 모욕 중 하나로 받아들여졌다. 1960년대 이후 우리나라가 경제성장을 이루면서 돈에 대한 사람들의 인식도 완전히 달라졌다. 지금은 결혼할 때 상대방의 재무상태와 경제능력을 확인하는 것이 당연시될 정도로 돈이 최대의 관심사가 되었다. 그러나 사람들이 돈을 열심히 쫓아다니고 있지만 막상 부자가 되었다거나 살림살이가 좋아졌다는 말은 잘 들리지 않는다. 모두 돈을 쫓아다닐수록 인심은 더 팍팍해지고 남들보다 더 많이 가지기 위해 더 많이 노력해야 하는 악순환에 빠지고 있다. 이러한 악순환은 무조건 돈만 많으면 된다는 식으로 돈을 중심에 두고 있기 때문에 나타나는 현상이다. 올바른 금융생활을 하려면 돈이 아니라 행복을 중심에 두고 인생을 설계해야 한다.

금융전문가 중에는 재테크와 재무설계라는 용어를 엄격하게 구분해서 사용하는 사람도 있다. 본서에서는 재테크와 재무설계를 구분하지 않고 사용하고 있다. 흔히 재테크는 수익률을 높이기 위해서 돈을 굴리는 기술(technique)로 보고, 재무설계는 재무목표를 설정하고 이를 달성해 가는 과정(process)으로 본다. 어떤 사람들은 재테크는 단기간에 큰 수익을 올리는 것을 목표로 하므로 100미터 달리기와 같고, 재무설계는 장기간에 걸쳐 운영하므로 마라톤과 같다고 비유하기도 한다. 이런 비교는 돈을 모으는 목표도 설정하지 않고 금융에 대한 지식도 없으면서 단지 수익률 높이기에만 관심을 두는 세태를 우려해서 하는 말이다. 재테크와 재무설계를 굳이 나쁜 편, 좋은 편으로 가를 필요는 없다. 계획이 없는 실행은 무모하고 실행이 없는 계획은 공허하다. 재무설계가 배의 진로를 보여주는 나침반이라면 재테크는 배를 움직이는 엔진이다. 재무설계와 재테크는 경제적 자유와 인생의 행복을 향해 날아가는 비행기의 양 날개라고 보면 된다. 본서에서는 문맥에 지장이 없는 한 재테크와 재무설계를 구분하지 않고 사용한다.

재테크와 재무설계는 금융지식이 풍부한 전문가만이 하는 거창한 비밀 작업이 아니다. 오히려 돈 없고 아는 것 없는 사람이 반드시 이용해야 하는 생존의 필수품이다. 모든 일에는 훈련이 필요하듯이 재테크와 재무설계에도 훈련이 필요하다. 처음에는 허술하고 틀린 곳이 있더라도 이러한 과정을 반복하면서 숙련되어 가는 것이다. 재테크와 재무설계는 예술이 아니고 기술이다. 예술은 선천적으로 타고나는 능력에 크게 좌우되는 토끼형이지만, 기술은 많은 시간을 들여서 한 단계씩 올라가는 거북이형이다. 어렵고 모르는 부분이 있으면 금융전문가에게 물어보면 된다. 우리 주변에는 기쁜 마음으로 고객의 재테크와 재무설계를 도와주기 위한 전문가(FP: financial planner)들이 항상 대기하고 있다.

부자와 바늘귀

성경에 "부자가 천국에 들어가는 것은 낙타가 바늘귀로 들어가기보다 어렵다."는 비유가 나온다. 부자들이 부족함이 없이 언제나 풍요로워서 하나님을 찾지 않았기 때문에 천국에 들어갈 자격이 없다는 것을 지적한 것이다. 원래는 밧줄이 바늘귀에 들어가기보다 어렵다는 말이었는데 히브리어로 밧줄(kamilos)과 낙타(kamelos)의 단어가 비슷하여 잘못 쓰이게 되었다고 한다.

우리 말에서도 가능성이 없는 일을 "바늘도 안 들어간다."거나 "바늘귀만한 틈도 없다."고 표현한다. 서양이나 동양이나 바늘귀는 아주 작거나 희박한 가능성을 나타내는 상징물이다. 만일 부자의 기준을 금융자산 100만 달러(10억 원)로 본다면 일반인이 부자가 되는 것은 바늘귀만한 확률도 안 된다고 하겠다.

☑ 소득 중위값

『2021년 세계 재산 보고서(*World Wealth Report 2021*)』에 의하면 금융자산이 100만 달러가 넘는 부자는 2,080만 명이다. 이는 전 세계 인구 77억 명 가운데 겨우 0.3%에 불과한 수치다. 같은 기준으로 계산한 우리나라 부자는 26만 1,000명이고 전체 인구 5천만 명 중에서 0.5% 수준이다.

과연 이런 수준의 부자들은 재테크를 할까? 부자들은 이미 재산이 많으니까 굳이 재산을 더 늘리려고 재테크에 골치를 썩이면서 살 것 같지 않다. 아니다. 오히려 이런 부자들이 재산을 지키고 불리기 위해서 재테크를 아주 열심히 한다. 그러면 재산이 없는 서민들은 어떡해야 할까? 부자들보다 더 열심히 해야 된다. 가난할수록 금융역량을 더 탄탄하게 기르고 재테크를 더 효과적으로 실행해야 한다. 우리는 세계 최고 수준의 부자를 꿈꾸는 것이 아니라 현실적으로 도달 가능한 수준의 행복한 부자를 목표로 한다. 그러기 위해서는 부를 절대금액이 아니라 다른 사람들의 부와 비교하여 상대적으로 파악할 필요가 있다.

우리나라 성인은 1년에 얼마나 벌까? 국세청의 『2021년 국세통계연보』에 의하면 2020년 근로소득세를 연말정산한 근로자의 평균 연봉은 3,828만 원이다. 이 금액은 신입부터 정년퇴직 직전까지의 직원 모두를 대상으로 계산한 평균 소득이다. 한국경영자총협회에서 고용노동부 자료를 분석한 결과에 의하면 2020년 대졸 신입사원의 평균 연봉은 3,391만 원이다.[01] 취업포털 잡코리아 홈페이지에서 직급, 경력, 연령을 기준으로 신입사원 연봉을 계산해 볼 수 있다.[02] 직급 '사원', 경력 '1~2년', 연령 '25~29세' 항목에 해당하는 연봉을 평균해 보니 2022년 2월 기준으로 2,820만 원이 나왔다. 이 금액은 모든 학력자를 대상으로 계산한 연봉이므로 대졸 신입사원보다 적게 나왔다.

조사대상별 평균 연봉

조사기관	대상자	평균 연봉(만 원)
국세청	연말정산 근로자	3,828
한국경영자총협회	대졸 신입사원	3,391
잡코리아	사원, 1~2년 경력, 25~29세	2,820

우리는 '평균' 개념에 익숙해져서 분포 형태와 관계없이 무조건 평균으로 판단하는 경향이 있다. 그런데 소득 자료는 좌우 대칭 분포가 아니라 오른쪽(고소득) 방향으로 꼬리가 길게 이어지는 모습이다. 따라서 소득의 중위값은 평균값보다 항상 작게 나온다. 자신의 소득이 상대적으로 어떤 위치인지 알려면 중위값을 기준으로 삼는 것이 좋다. 평균값은 중위값 자료가 없을 때 어쩔 수 없이 사용하는 대체물이다. 통계청의 임금근로일자리 소득 조사에 의하면 2020년 평균 월소득은 320만 원이고 중위 월소득은 242만 원이다.[03]

01 한국경영자총협회, 『우리나라 대졸초임 분석 및 한·일 대졸초임 비교와 시사점』, 2021. 대졸초임은 사업체 규모에 따라 격차가 매우 크다. 300인 이상 사업체의 대졸초임은 5,084만 원이고 300인 미만 사업체의 대졸초임은 2,983만 원이다.

02 https://www.jobkorea.co.kr/Salary/

03 통계청, 『2020년 임금근로일자리 소득 결과』, 2022.

세계 소득 순위

우리나라 평범한 직장인의 연봉이 3,600만 원이라고 가정하자. 원/달러 환율을 1,200원으로 보고 환산하면 3만 달러다. 매년 3만 달러를 버는 사람은 세계 소득 순위가 얼마나 될까? 이런 순위를 계산해 주는 곳이 'How Rich Am I?' 사이트다.

나는 얼마나 부유한가?

https://howrichami.givingwhatwecan.org/

국가(Country)에서 'United States of America'를 선택하고 소득(Income)에 '30,000'(USD)을 입력하면 소득 순위 결과가 나온다.[04] 결과가 충격적이지 않은가? 연봉 3만 달러(3,600만 원)를 벌면 세계에서 상위 4.7%에 해당된다(2022년 2월 조사). 우리나라 평범한 근로자 중에 본인 스스로 이렇게 높은 수준의 부자라고 생각하는 사람은 없을 것이다. 이 사이트는 전 세계 가난한 사람들을 위하여 기부금을 모금하는 목적으로 운영된다. 그러다 보니 소득 순위가 다소 과장되었을 수 있다. 그런 점을 감안하더라도 연봉 3,600만 원은 세계적으로 상당한 고소득층이다. 또한 이 통계는 전 세계에 가난한 사람들이 여러분이 상상하는 것보다 훨씬 많다는 사실을 보여주는 증거다. 2022년 현재 세계의 1인당 연소득 중위값은 2,830달러(340만 원)다. 즉, 세계 인구의 절반이 연소득 340만 원(월소득 28만 원) 이하의 수입으로 살아가고 있다.

04 국가에서 'Korea'를 선택하고 원화로 '3,600(KRW)'을 입력해도 된다. 여기서는 환율에 따른 변동성을 줄이기 위하여 달러로 입력하였다.

이런 통계를 감안하면 우리가 지금 버는 소득이 부자라고 자랑할 정도는 아닐지라도 소득이 적어서 재테크를 못한다고 말할 수는 없을 것이다. 비록 지금 소득으로 살림살이가 빠듯하더라도 재테크 계획을 잘 세우고 꾸준히 실천한다면 행복한 부자가 달성 불가능한 목표는 아니다.

세계은행(World Bank)에서는 1인당 국민총소득(GNI)에 따라 전 세계 국가를 저소득, 중저소득, 중고소득, 고소득 국가로 분류한다. 세계은행은 2021년 1인당 GNI가 12,696달러 이상이면 고소득 국가로 분류한다.[05] 2021년 고소득 국가는 80개로 전 세계 217개 국가의 36.9%다. 한국은행이 추정한 대한민국의 2021년 1인당 GNI는 35,168달러로 고소득 국가 중에서도 상위에 속한다.[06] 아무리 부자 국가라도 현지의 삶은 힘든 면이 있듯이 한국에서의 삶도 녹록하지는 않다. 그러나 경제적인 면에서 봤을 때 한국은 상당히 부유한 국가에 속한다. 사회를 탓하지 말고 절약으로 종잣돈을 모으는 것부터 시작하면 된다.

세계은행의 국가 분류(2021년)

구분	1인당 GNI(달러)	국가 수
저소득	1,045 이하	27개(12.4%)
중저소득	1,046~4,095	55개(25.3%)
중고소득	4,096~12,695	55개(25.3%)
고소득	12,696 이상	80개(36.9%)

2. 부자방정식이 무엇인가?

부자 가능성

부자의 절대적 기준은 지역과 시기에 따라 다를 수밖에 없다. 부자 마케팅을 연

05 세계은행은 매년 7월 1일 국가 분류 기준을 수정한다.
06 35,168달러는 2021년의 평균 환율 1,144원으로 계산하면 4,025만 원이다.

구한 토머스 스탠리(Thomas J. Stanley)[07] 교수는 부자의 기준을 상대적으로 보았다. 가구의 순자산 보유액이 전체 가구 중에서 상위 25%에 속하면 부자, 하위 25%에 속하면 빈자로 구분하였다. 통계청의 『2021년 가계금융복지조사 결과』를 이 기준에 대입해 보면, 우리나라에서 부자(상위 25%)는 순자산 5억 3,510만 원 이상이고 빈자(하위 25%)는 순자산 7,313만 원 이하다.

스탠리 교수는 순자산을 얼마나 보유하는 것이 적정한 수준인지 측정하기 위하여 연소득과 나이를 이용해서 순자산 기대치를 계산하였다. 순자산 기대치는 연소득과 나이를 곱하고 10으로 나눈 값이며, 부자로 인정받으려면 순자산 보유액이 순자산 기대치의 두 배를 넘어야 한다고 보았다.

순자산 기대치 = (연소득 × 나이) ÷ 10

『2021년 가계금융복지조사 결과』에서 전체 가구의 연평균 소득은 6,125만 원이고 가구주 평균 나이는 55.6세이므로 순자산 기대치는 3억 4,055만 원으로 계산된다. 이때 전체 가구의 순자산 보유액 평균은 4억 1,452만 원으로 순자산 기대치의 두 배에는 못 미치지만 비교적 양호한 상태라고 볼 수 있다. 그러나 순자산 보유액을 평균이 아니라 중앙값으로 판단하면 이야기가 달라진다. 순자산 보유액 중앙값이 2억 2,597만 원으로 순자산 기대치에 한참 못미친다.[08]

순자산 기대치를 이용하면 앞으로 부자가 될 가능성이 얼마나 되는지를 판단하는 부자지수를 계산할 수 있다. 부자지수는 순자산 보유액을 순자산 기대치로 나눈 값이다. 부자지수가 클수록 재테크를 잘 하고 있으며 부자가 될 가능성이 높다고 판단한다.

---

07 미국 조지아 주립대학교 마케팅 교수로 부자들의 사고방식과 라이프 스타일을 집중적으로 연구하였다. 2015년 음주운전 차량에 치여 사망했다.

08 『2021년 가계금융복지조사 결과』의 순자산 10분위별 경곗값 자료를 이용해서 보간법으로 계산해 보면 순자산 기대치에 미달하는 가구는 62.1%다.

부자지수(%)=순자산 보유액÷순자산 기대치 =(순자산 보유액×10)÷(연소득×나이)	
50% 미만	재테크를 아주 못함, 근본적인 대책을 마련
50~100%	재테크를 어설피 함, 체계적인 노력을 집중
100~200%	재테크를 제법 잘함, 더 높은 목표를 설정
200% 초과	재테크를 아주 잘함, 지금까지 상태를 유지

예를 들어 구 팀장은 순자산 3억 원, 연소득 6천만 원, 나이 45세이고 신 사원은 순자산 1억 5천만 원, 연소득 3천만 원, 나이 30세라고 하자. 현재 금액만 놓고 보면 구 팀장이 순자산도 많고 연소득도 높아서 더 부자다. 그러면 앞으로 부자가 되어서 여유롭게 살 가능성은 누가 더 높을까? 답은 신 사원이다. 부자지수를 계산해 보면 구 팀장은 111%고 신 사원은 167%다. 현재 순자산이 많고 연소득이 높다고 해서 미래에 더 큰 부자가 된다고 말할 수는 없다.

물론 이러한 계산법은 상황을 아주 단순화시킨 것이지만 부자가 될 가능성을 순자산과 소득의 크기로만 보지 않고 나이와 연계하여 보고 있다는 점에서 의미가 있다. 다른 조건이 동일하다면 젊을수록 부자지수가 높게 나온다. 부자지수는 하루라도 빨리 재테크를 시작하는 것이 중요하다는 점을 강조한다.

☑ 금융태도

인생에 대해서 어떤 금융태도를 지니는지 소득과 순자산을 이용해서 다음 그림과 같이 네 가지 유형으로 분류할 수 있다.

Ⅰ사분면은 소득도 많고 순자산도 많은 사람으로 "벌었어도 알뜰하게 모으자."는 유형이다. 이들은 소득을 많이 버는 데도 불구하고 낭비하지 않고 아껴서 재산을 많이 축적해 둔 사람들이다. 어느 날 갑자기 횡재한 벼락부자가 아니라 건전한 생활을 통해서 이룩한 '은근부자'다. Ⅱ사분면은 소득이 적은 데도 불구하고 순자산은 많은 사람으로 "못 버니까 악착같이 모으자."는 유형이다. 흔히 '짠돌이/짠순이'라고 불린다. Ⅲ사분면은 소득도 적고 순자산도 적은 사람으로 "못 벌어도 쓸

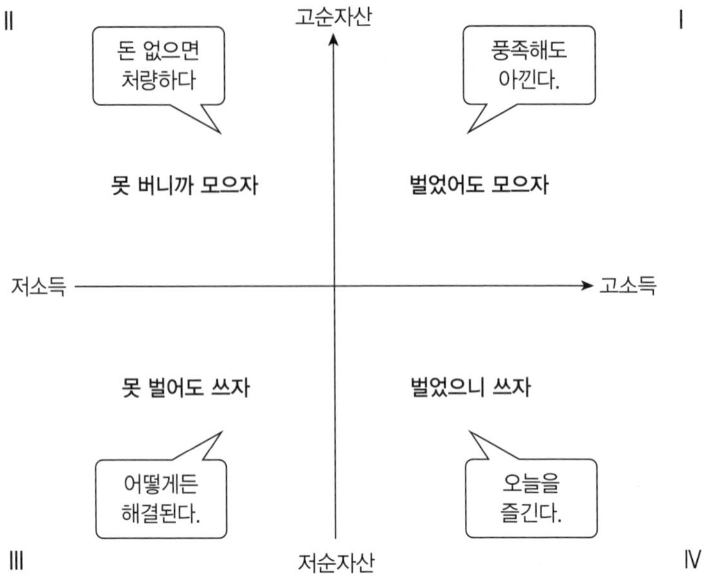

것은 쓰자."는 유형이다. 이들은 미래의 소득까지 당겨서 오늘 마구 쓰는 '가불인생'이다. Ⅳ사분면은 소득은 많지만 순자산은 적은 사람으로 "벌었으니 마음껏 쓰자."는 유형이다. 오늘을 즐기는 데만 관심이 있고 미래를 준비하지 않는 '베짱이'들이다.

가구주 연령대별로 2020년의 연소득과 2021년 3월 31일의 순자산은 다음과 같다.

가구주 연령대별 소득과 순자산 (만 원)

연령대	소득	순자산
29세 이하	3,648	8,590
30대	6,650	28,827
40대	7,643	43,162
50대	7,703	46,666
60세 이상	4,299	43,211
평균	6,125	41,452

통계청, 『2021년 가계금융복지조사 결과』, 2021.

소득이 평균보다 큰 연령대는 30대, 40대, 50대이고 순자산이 평균보다 큰 연령대는 40대, 50대, 60대다. 이 자료를 이용해서 금융태도 사분면에 배치하면 다음과 같다.

가구주 연령대별 상대위치

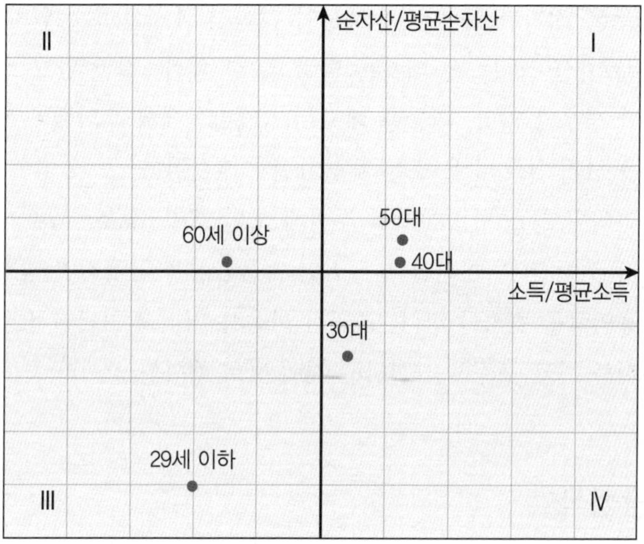

순자산과 소득을 각각의 평균으로 나누어 표준화했기 때문에 원점은 (1,1)이고 눈금 간격은 0.2다.

29세 이하는 사회생활을 시작한 지 얼마 안 되므로 소득도 적고 순자산도 적은 Ⅲ사분면에 위치한다. 이러한 상황을 사회구조가 불평등하다고 보거나 선배 세대에 비하여 불이익을 받아 불공정하다고 보는 시각들이 있다. 이러한 시각이 더 심해지면 아무리 노력해도 미래가 안 바뀔 것이라면서 좌절하고 포기할 수 있다는 점이 문제다.

30대는 소득은 비교적 많지만 모아 놓은 순자산은 많지 않은 Ⅳ사분면에 위치한다. 이것은 30대가 낭비가 심해서가 아니라 반드시 지출할 비용이 많기 때문이다. 이들은 버는 대로 소비하면서 미래를 대비하지 못하고 있어서 초조해 한다. 집값이 오르면 평생 집을 못 살 것 같다는 불안감에 '영끌(영혼까지 끌어 모아)'로 집을 사는 것이 대표적인 사례다.

40대와 50대는 소득도 많고 순자산도 많아서 Ⅰ사분면에 위치한다. 이들은 젊어서 외환위기라는 고통도 겪었지만 대체로 경제성장의 혜택을 많이 받은 세대다. 이들은 자칫하면 현재 위치가 자신의 뛰어난 능력으로 이룩된 것이라고 자만할 수 있다. 사회와 국가의 발전과 지원이 없으면 현재의 내가 있을 수 없다는 겸손한 마음가짐이 필요하다.

60대는 소득은 적지만 모아둔 순자산이 많아서 Ⅱ사분면에 위치한다. 그런데 60대가 모아둔 자산이라는 게 대부분 달랑 집 한 채다. 집만 있고 소득은 없어서 생활은 빠듯한 경우가 많다. 이들은 대부분 경제활동에서 은퇴했기 때문에 새롭게 바꾸는 노력을 하지 않고 순응 또는 체념하면서 생활한다.

이처럼 우리의 실상을 연령대별로 분석해 보면 포기, 초조, 자만, 체념 등의 부정적인 심리가 읽혀진다. 이러한 부정적인 마음가짐을 긍정적인 방향으로 바꾸기 위해서는 금융역량을 길러야 한다. 조급한 마음을 버리고 차근차근 금융역량을 키워서 재무설계를 하고 꾸준히 실천하는 것이 바로 행복한 삶이다.

☑ 부자방정식

시중에 나와 있는 재테크 관련 책들을 보면 "부자가 되는 비밀공식" 또는 "부자들이 알려 주지 않는 시크릿" 등의 유혹적인 글귀가 등장한다. 그러나 실제로 책을 읽어 보면 지극히 상식적인 내용들이어서 굳이 '비밀'이라고 말할 만한 것이 없다. 그런 중에도 유일하게 주목할 수식이 하나 있는데 굳이 이름을 붙이자면 '부자방정식'이다.

소득이 발생하면 소비를 하고 나머지는 저축한다는 사실을 경제학에서는 (국민)소득항등식이라고 말한다. 항등식은 변수에 아무 값을 넣더라도 등호가 항상 성립한다. 소득을 벌면 소비로 쓰든가 아니면 저축한다는 소득항등식에서는 소비와 저축을 차별하지 않고 선택 가능한 두 가지 방법으로 나열해 보여준다. 재테크에서는 이 소득항등식을 바꾸어 생각해야 한다. 소득이 발생하면 저축을 먼저 떼어 놓고 나머지를 소비한다고 보는 것이 핵심이다.

소득 = 소비 + 저축	➡	소득 − 저축 = 소비
〈경제학 소득항등식〉		〈재테크 부자방정식〉

소득항등식에서 저축을 좌변으로 옮기는 계산은 초등학생도 할 수 있다. 그렇지만 그 경제적 의미는 그렇게 단순하지 않다. 소득에서 저축을 뺀 나머지를 '소비한다'가 아니라 '소비할 수 있다'는 의미다. 부자방정식은 내가 쓰고 싶은 대로 소비하는 것이 아니라 저축을 하고 나면 얼마나 소비할 수 있나를 결정하는 식이다. 간단한 인식의 전환이지만 부자가 되는 비결은 이 식 하나에 다 들어 있다. 소비욕구가 강한 젊은 시절에 저축을 소비보다 앞세우는 것이 쉽지 않다. 그러나 저축보다 소비를 먼저 하면 평생 가난의 굴레를 벗어날 수 없다. "젊어서 고생은 사서도 한다."는 격언을 "젊어서 저축해야 노년이 편하다."로 바꿔서 말해도 좋을 것이다. 절약과 저축은 동전의 양면이다.[09]

한 알의 씨를 땅에 심고 가꾸면 풍성한 결실을 가져오듯이 종잣돈은 투자를 거쳐 더 큰돈으로 자라난다. 종잣돈은 돈을 많이 벌 때 생기는 게 아니라 절약으로 만들어진다. 쓰고 남는 돈을 모으겠다는 말은 돈을 모으지 않겠다는 말과 같다. 인간의 욕망은 무한하여 소비를 하면 할수록 더 갈증을 일으킨다. 재테크는 소비에 대한 욕망을 억제하는 절약으로부터 시작한다. 절약하지 않고 저축을 할 수 있을 정도의 부자는 세상에 없다. 우리가 잘 알고 있는 워렌 버핏은 50년 전에 3만 달러를 주고 산 낡은 집에 살면서 중고 자동차를 손수 몰며 식사는 햄버거나 20달러짜리 스테이크를 즐긴다. 이것이 960억 달러의 재산을 가진 세계 최상위 부자의 생활이다.

---

09 절약하는 습관을 기르고 유용한 정보를 공유하기 위하여 인터넷 카페를 이용하는 것도 좋은 방법이다. 많은 회원을 보유하고 있는 곳으로 다음의 '짠돌이 카페(http://cafe.daum.net/mmnix)'가 유명하다.

자린고비와 구두쇠

돈을 아끼고 인색한 사람을 나타내는 말로 수전노, 노랑이, 자린고비, 구두쇠가 있다. 수전노(守錢奴)는 돈을 움켜쥐기만 하고 쓸 줄 모르는 인색한 사람을 말한다. 여기에서 노(奴)는 노예라는 뜻이 아니라 매국노(賣國奴)라는 단어에서 쓰이는 바와 같이 '천하고 나쁜 놈'이라는 의미다. 노랑이는 '싹수가 노랗다'는 표현에 쓰이듯이 빛깔 중에서 천한 취급을 받는 노란색을 갖다 붙여서 역시 부정적인 표현이다.

자린고비는 지독하게 절약을 한 어떤 부자의 일화에서 유래되었다. 이 부자는 제사 때마다 사용하고 태우는 지방(紙榜)이 아까워서 지방을 기름에 절여 두었다가 다시 썼다고 한다. 지방을 쓸 때 돌아가신 아버지는 현고(顯考), 돌아가신 어머니는 현비(顯妣)라고 쓴다. 기름에 '절이다'가 '자리다'로 변하고, 현고와 현비를 '고비'로 줄여서 만들어진 말이 자린고비다. 부모님 제사에 사용하는 지방 종이도 아까워 기름에 절여서 다시 쓸 만큼 인색한 놈이라는 부정적 의미다.

구두쇠는 쇠로 만든 구두를 신고 다니는 사람이 아니다. '굳다'라는 동사에서 어간 '굳'에 연결어미 '우'를 붙이고, 돌쇠나 마당쇠처럼 사람을 의미하는 접미사 '쇠'를 더해서 만든 단어다. 이는 금전에 대해서 심지가 굳은 사람이라는 뜻으로 긍정적인 의미다. 인색하거나 궁상을 떨지 않으면서 절약한다는 정신에 부합되는 단어가 구두쇠다.

☑ 저축으로 망한 사람은 없다

어떤 사람들은 금리가 너무 낮아서 저축을 안 한다고 말한다. 또 금리가 물가상승률보다 낮으면 실질금리가 마이너스여서 저축을 할수록 손해라고 주장도 한다. 우리가 일반적으로 말하는 금리는 명목금리다. 100만 원을 정기예금해서 1년 후에 103만 원이 된다면 명목금리가 3%다. 실질금리는 실제로 재화를 구매할 수 있는 능력을 말하며 명목금리에서 물가상승률을 뺀 값이다.

예 1 2022년 1월에 KB국민은행의 정기예금 금리는 1.6%이고 소비자 물가지수는 전년 동월 대비 3.6% 상승하였다. 이 정기예금의 실질금리는 얼마인가?

답 1 실질금리: 1.6%−3.6%=−2.0%

실질금리가 마이너스면 구매력이 떨어지므로 저축을 했는데도 생활이 오히려 더 어려워진다. 그러면 실질금리가 마이너스일 때 저축을 안 하면 어떻게 될 것인가? 지금 100만 원이 있다고 할 때 저축 이외에 이용할 수 있는 방법은 세 가지가 있다.

방법 1: 지금 모두 소비한다.
방법 2: 서랍 속에 넣어 둔다.
방법 3: 위험자산에 투자한다.

1년 후 결과는 어떻게 될까? 지금 모두 소비한 사람은 물가상승에 따라 구매력이 떨어지는 문제가 아니라 내년에 쓸 수 있는 돈이 아예 없으므로 비참한 상황이 된다. 서랍 속에 넣어 둔 돈은 이자가 한 푼도 붙지 않고 내년에도 그대로 100만 원이므로 물가상승률만큼 구매력이 떨어진다. 위험자산에 투자한 돈은 자산가격이 올랐는지 떨어졌는지에 따라서 이익을 볼 수도 있고 손실을 볼 수도 있다.

이자가 아무리 낮더라도 저축은 첫째와 둘째 방법보다는 좋은 결과를 가져온다. 셋째 방법은 위험을 부담하면서 투자한 것이므로 위험이 없는 저축과 비교할 수 없다. 실질금리가 마이너스라는 점을 강조하는 주장들은 금융회사가 고위험 상품을 팔려고 펼치는 마케팅 활동이라고 보면 된다. 저축하면 구매력은 떨어지겠지만 주가 하락으로 투자원금이 반토막이 나거나 부동산 가격 폭락으로 경매에 넘어갈 위험은 없다. 저금리 시대에 저축만으로 부자가 될 수는 없다. 그러나 주식투자로 망한 사람은 있어도 저축으로 망한 사람은 없다.

금리가 낮아서 저축을 안 하던 사람들이 금리가 올랐다고 저축을 하지는 않는다. 금리가 오르는 것은 물가와 관계가 있다. 인플레이션이 될수록 금리가 오른다. 우리나라에서도 과거 금리가 30%에 달하던 시절이 있었다. 그 시절에 사람들이 많이 저축을 했는가 하면 그렇지도 않다. 물가가 너무 비싸서 저축을 해 보았자 나중에 찾는 돈의 실질가치가 형편 없을 것이라고 생각하고 저축을 하지 않았다. 저축은 금리의 높고 낮음에 따라 결정될 게 아니라 건전한 생활 습관이 되어야 한다. 저축에서 나오는 이자로 생활하는 사람들은 금리 수준에 민감하겠지만 종잣돈을 모으는 단계에서는 금리에 신경을 쓸 필요 없이 무조건 모아야 한다.

종잣돈을 모으는 데 가장 좋은 방법은 은행에 저축하는 것이다. 종잣돈을 모을 때에는 주식시장은 쳐다보지도 말고 그저 은행만 상대하면서 모아야 한다. 부동산이나 증권에 투자하여 부를 축적한 사람들도 그 기초는 저축이다. 저축에 대하여 알지도 못하고 인내력도 없는 사람이 저축보다 훨씬 복잡하고 위험한 부동산과 주식에서 성공할 수는 없다. 저축을 하찮게 여기고 한 푼 두 푼 모으는 것을 좀스럽게 보는 사람은 결코 부자가 될 수 없다. 운동선수가 기초체력과 기본기가 없는 상태에서 기교만 부리면 곧 그 한계가 드러난다. 절약하는 습관이 기초체력을 기르는 것이고 저축하는 실천이 기본기를 다지는 것이다.

저축은 자신과의 싸움이고 또 시간과의 싸움이다. 저축은 시간만 지나면 예정된 결과를 정직하게 보여준다. 땀 흘려서 번 돈은 쉽게 쓰지 못하듯이 저축으로 모은 돈도 쉽게 쓰지 못한다. 저축으로 얻는 것은 단지 몇 푼의 이자가 아니다. 저축을 통해서 인생에 자신감을 갖게 되고 자신의 미래를 주도할 수 있게 된다. 부자가 되려는 이유는 단지 돈을 쌓아 놓고 흐뭇해하기 위해서가 아니다. 부자가 되면 경제적 자유를 얻고 이 자유로 의미 있고 보람찬 인생을 살 수 있다. 저축은 이러한 경제적 자유를 얻기 위한 필수 코스다. 비록 힘들고 지루하지만 이 과정을 거친 사람만이 이 자유를 누릴 자격이 있다.

3. 빚에서 어떻게 벗어나나?

경제가 활황이고 성장할 때에는 돈을 빌려서 투자하는 게 도움이 될 수 있다. 빚을 내서 샀더라도 아파트 가격과 주식 가격이 오르면 빌린 돈에 대한 이자를 주고도 가격차액으로 이득을 볼 수 있다. 이것을 부채의 레버리지(leverage) 효과라고 한다. 그러나 부채는 양날의 칼이다. 아파트 가격이 떨어지고 주가가 폭락하더라도 이자는 반드시 지불해야 한다. 경기가 좋을 때에는 온갖 달콤한 조건으로 대출을 권유하던 금융기관이 상황이 바뀌면 피도 눈물도 없는 냉정한 수금기계가 되어서 마지막 한 푼까지 챙겨간다. 이러한 행태를 "은행은 해가 날 때 우산을 빌려주고, 비가 올 때 우산을 찾아 간다."고 힐난한다. 그러나 이렇게 욕을 해 준다고 금융기관들이 이자를 깎아 주지는 않는다. 부채의 레버리지 효과를 이용해서 이득을 보는 달콤한 효과만 생각하지 말고 상황이 악화될 때 터지는 이자 폭탄의 무서움도 고려해서 돈을 빌려야 한다.

☑ 가계부채

사람들은 악성 부채가 없다는 것을 강조하기 위해서 "나는 빚이라고는 주택담보대출밖에 없어요."라고 말하기도 한다. 주택담보대출은 삶의 토대를 마련하는 것이고 장기에 걸쳐 상환하므로 흔히 '착한 빚'이라고 말한다. 그러나 우리는 알게 모르게 부채를 많이 이용하고 있다. 통신사 약정, 신용카드 할부구매, 마이너스 통장, 학자금대출 등이 모두 부채다. 비록 고금리 대부업체를 이용하지 않았더라도 신용사회에 살고 있는 우리들은 생각보다 빚을 많이 지고 있다.

빚은 차입목적과 상환능력에 따라 좋은 빚과 나쁜 빚으로 나눌 수 있다. 착한 빚은 생활에 꼭 필요해서 빌린 돈이고 원리금 상환을 감당할 수 있는 빚이다. 대체로 주택담보대출이나 전세자금대출은 삶의 터전을 마련하고 장기간에 걸쳐 분할상환할 수 있으므로 좋은 빚이다. 그러나 실거주 목적이 아니라 가격상승을 바라고 소위 '갭투자'를 하는 것은 절대 좋은 빚이 아니다.[10] 자영업자들이 사업운영을 위해 받는 개인사업자대출과 학생들이 받는 학자금대출은 생활에 필요해서 받는다는 의미에서 좋은 빚이다. 나쁜 빚은 자신을 과시하려거나 무리한 욕심에 사로잡혀 빌린 돈이고 원리금 상환이 불확실한 빚이다. 과소비에 사용되는 신용카드 결제

10 갭투자는 전세보증금을 이용하는 레버리지 투자다. 예를 들어 10억 원짜리 아파트를 구입하는데 본인 자금이 3억 원이면 나머지 7억 원은 전세보증금으로 마련한다. 아파트 값이 7억 원 이하로 하락하면 전세보증금도 못 돌려주는 '깡통아파트'가 된다.

액, 소득에 비해 과분한 자동차 할부금, 주식투자하려고 증권회사에서 빌린 돈, 주식을 저축은행에 담보로 맡기고 빌려 쓰는 스탁론 등이다. 이런 나쁜 빚은 대체로 그 결과가 안 좋으니 가능한 한 사용하지 말아야 한다.

우리가 흔히 가계부채라고 부르는 용어는 가계대출과 판매신용을 더한 가계신용을 의미한다. 가계대출은 은행, 보험, 증권, 카드 등의 금융회사가 빌려준 돈이고, 판매신용은 백화점, 자동차회사, 카드회사가 외상거래로 빌려준 돈이다. 2021년 말 가계신용은 1,862조 원으로 가계대출 1,745조 원과 판매신용 106조 원으로 구성되어 있다. 가계신용 중에서 판매신용이 차지하는 비중은 5.7%에 불과하고 가계대출이 대부분이다.

가계신용	=	가계대출	+	판매신용
1,862조 원		1,756조 원		106조 원

2003년부터 최근까지 가계신용이 증가하는 모습은 다음 차트와 같다. 가계신용은 2003년에 472조 원이었는데 2013년에 1,000조 원을 넘었고 계속 증가하여

가계신용증가율과 GDP실질증가율

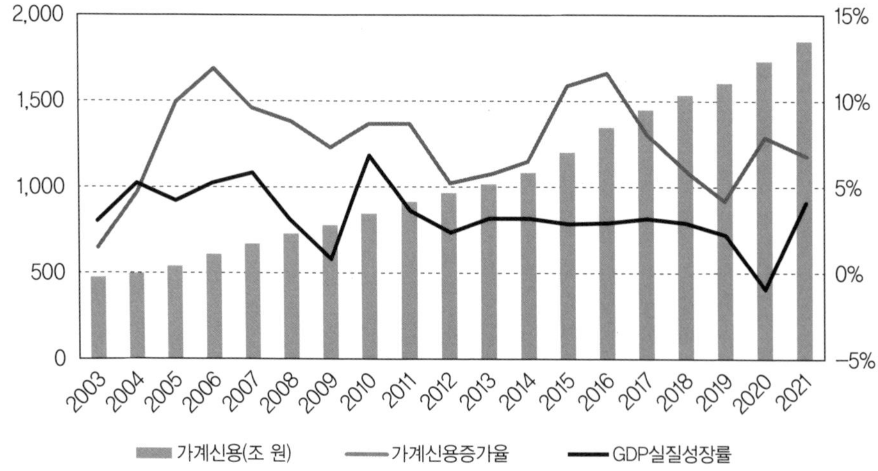

한국은행, "경제통계시스템(ECOS)."

2021년에 1,862조 원이 되었다. 가계신용 금액이 증가하고 있다는 사실보다 더 큰 문제는 증가속도다. 2003년과 2004년을 제외하고 모든 연도에 가계신용증가율이 GDP실질성장률보다 높게 나왔다. 즉, 소득이 늘어나는 것보다 부채가 더 많이 늘어났다는 의미다. 한국은 세계에서 GDP 대비 가계부채 비율이 가장 높고 가계부채가 가장 빠르게 늘어나는 국가가 되었다.[11] 가계부채는 착한 키다리 아저씨의 선물이 아니라 반드시 갚아야 하는 남의 돈이다. 과연 소득보다 빨리 늘어나는 부채를 어떻게 갚을 수 있는지 가계뿐만 아니라 금융기관과 정부가 함께 나서서 대책을 마련해야 한다. 지금 나서도 늦었다는 신호가 여기저기서 들린다.

이자로 사라지는 돈

사람들은 가계신용이라는 전문용어를 쓰기 보다 가계부채 또는 가계빚이라고 부른다. 판매신용을 제외하고 금융기관에서 받은 가계대출만 보면 2021년 말 1,756조 원이다. 이 금액이 너무 커서 현실감이 느껴지지 않는다. 대출이자율을 평균 4.0%[12]로 계산한다면 가계가 부담해야 하는 이자가 매년 70조 원이다. 2021년 전국 아파트 중위가격은 3억 7천만 원이어서[13] 70조 원은 중위 아파트 19만 채에 해당하는 금액이다. 매년 3억 7천만 원짜리 아파트 19만 채의 주인이 금융기관으로 바뀌고 있는 것이다. 아파트 한 채에 평균 2.4명이 거주한다고 보면 총 46만 명이 매년 보금자리를 잃고 있는 셈이다. 이 정도 규모의 인구를 지닌 도시는 의정부시(46만 명)와 파주시(48만 명)다.

살고 있는 집을 넘기지 않으려면 열심히 벌고 알뜰하게 저축한 돈을 모두 이자로 낼 수밖에 없다. 가계부채로 인한 이자부담 문제가 이 정도로 심각하다. 가계부채는 빚을 지고 있는 사람들만의 문제가 아니라 우리나라 전체의 문제다. 이 가계부채 문제를 해결하지 않고서는 우리 국민이 행복한 부자를 꿈꾸기 어려운 실정이다.

11 국제금융협회(IIF)의 세계부채보고서에 의하면 2021년 2분기 말 기준으로 한국의 GDP 대비 가계부채비율이 104.2%로 조사 대상 37개국 중 1위다. 전년 동기 대비 가계부채 증가속도가 6%로 역시 세계 1위다. 전혀 반갑지 않은 1위다.

12 2022년 2월 현재, 부동산담보대출에 대한 15개 주요 은행들의 평균금리는 3.96%다.

13 한국경제연구원, "월급 올라도 체감 못하는 이유 있었네," 2022.

부채상환능력

저축으로 종잣돈을 모으려면 먼저 딴 곳으로 새는 돈이 없도록 해야 한다. "밑 빠진 독에 물 붓기" 식의 저축은 몸만 힘들고 돈은 모이지 않는다. 돈이 새어 나가는 대표적인 구멍은 대출이자다. 은행은 예금을 받아 대출을 주는 '돈 장사' 회사다. 은행이 이익을 남기려면 예금금리보다 대출금리가 높아야 한다. 예금금리와 대출금리 차이를 예대마진(NIM: net interest margin)이라고 한다. 은행은 기준금리가 오를 때 예금금리는 천천히 올리고 대출금리는 신속하게 올린다. 또 기준금리가 내릴 때 예금금리는 빨리 내리고 대출금리는 천천히 내린다. 이처럼 대출금리가 예금금리보다 높은 상황이 당연한데, 지금 내가 대출을 받은 게 있다고 하자. 대출금이 있는 상태에서 예금하는 것은 잘못된 행동일까? 그렇지 않다. 왜냐면 예금을 해야 대출을 갚을 수 있기 때문이다. 부채를 갚겠다고 주식투자에 나서는 것은 가족의 삶을 주가 등락에 맡기는 매우 어리석은 행동이다.

부채금액이 얼마인지도 궁금하지만 더 중요한 것은 부채를 갚을 능력이 얼마나 되느냐다. 부채상환능력 비율을 계산하는 방법에는 부채를 처분가능소득으로 나누는 방법과 금융부채를 금융자산으로 나누는 방법이 있다. 2021년 가구 자료로 두 가지 비율을 계산할 수 있다.

2021년 가구 재무 상황

(가구당 평균, 만 원)

자산	=	금융자산	+	실물자산
50,253		11,319		38,934
부채	=	금융부채	+	임대보증금
8,801		6,518		2,283
처분가능소득	=	소득	−	비소비지출
5,003		6,125		1,122

통계청, 『2021년 가계금융복지조사 결과』, 2021.

ⓐ 부채/처분가능소득 = 8,801/5,003 = 176%
ⓑ 금융부채/금융자산 = 6,518/11,319 = 58%

비율 ⓐ는 부채를 모두 갚기 위해서 1.76년(21개월)어치의 처분가능소득이 필요하다는 사실을 보여준다. 비율 ⓐ는 매우 높은 상태여서 정상적인 생활을 하면서 부채를 갚아 나가기 어렵다고 판단된다. 비율 ⓑ는 금융부채를 모두 갚기 위해서 금융자산의 58%를 처분하면 된다는 의미다. 비율 ⓑ가 100%보다 낮으므로 금융부채를 상환하는 능력은 양호하다고 판단된다.

과연 부채를 얼마나 부담하는 게 바람직할까? 현대 사회에서 부채 없이 사는 것은 거의 불가능하므로 부채를 '현명하게' 활용해야 한다. 여기서 '현명하게'라는 말은 감당할 수 있는 만큼만 빚을 지라는 뜻이다. 원리금 상환을 감당할 수 없을 정도로 큰 빚을 지는 것은 무모하고 무시한 행동이다. 재무설계 전문가들은 적절한 부채를 판단하는 근거로 총부채원리금상환비율(DSR: Debt Service Ratio)과 총부채부담비율(DTA: Debt to Asset)을 사용한다.

$$\text{총부채원리금상환비율(DSR)} = \frac{\text{원리금상환액}}{\text{총소득}} < 30\%$$

$$\text{총부채부담비율(DTA)} = \frac{\text{총부채}}{\text{총자산}} < 40\%$$

DSR은 매년 버는 총소득 중에서 원리금상환액이 차지하는 비중이며 30% 이하가 바람직하다. DSR은 주택담보대출뿐만 아니라 신용대출, 카드론, 기타대출을 모두 포함한 총부채에 대하여 매년 상환하는 금액을 연간 총소득으로 나누어 계산한다. 가계는 소득에서 원리금상환액을 지불하고 남는 돈으로 살아야 하므로 DSR이 큰 가계는 생활에 큰 압박을 받는다.[14] 정부는 부동산 투기수요를 억제하기 위

14 국제결정은행(BIS)에 의하면 2021년 3분기 기준 한국 가계의 DSR은 12.6%다.

하여 2022년부터 DSR이 40%를 넘으면 추가로 대출을 받을 수 없도록 조치했다.

DTA는 보유한 총자산 중에서 총부채가 차지하는 비중이며 40% 이하가 바람직하다. DTA는 기업의 부채비율과 동일한 개념이다. 부채비율이 큰 기업은 파산 위험이 크다고 판단하듯이 DTA가 큰 가계는 원리금을 못 갚을 가능성이 크다고 본다. DSR이 40%를 초과하고 DTA가 100%를 초과하면 고위험가구로 분류된다. 2020년 말 기준으로 고위험가구는 40만 가구(전체 가구의 2%)에 달한다. 이들은 금리가 오르면 가장 먼저 타격을 받을 가구들이다.

☑ 대출금리

대출금리는 기준금리에 가산금리를 더하고 감면금리를 빼서 결정된다. 기준금리는 모든 금리의 출발점이 되는 것으로 금융통화위원회가 통화정책의 수단으로 사용한다. 기준금리가 변동하면 모든 금융상품의 금리가 따라서 변동한다. 가산금리는 대출신청인의 신용점수, 담보유무, 대출기간에 따라 추가되는 부분이다. 신용점수가 낮고, 담보가 없고, 대출기간이 짧으면 가산금리가 올라간다. 감면금리는 대출신청인의 거래실적, 월급통장 여부, 자동이체 건수에 따라 깎아 주는 부분이다. 거래실적이 많고, 월급통장으로 등록되었고, 자동이체 건수가 많으면 감면금리가 커진다.

대출금리 = 기준금리 + 가산금리 − 감면금리

장기대출을 받을 때는 고정금리와 변동금리 중에서 선택해야 한다.[15] 고정금리로 대출을 받으면 앞으로 시장금리가 오르든 내리든 약정한 금리가 만기까지 적용된다. 변동금리로 대출을 받으면 시장금리 변화에 따라 1년 단위로 적용금리가 바뀐다. 대출을 받을 때 고정금리와 변동금리 중에 어떤 게 좋을까? 모든 대출자가

15 일반적으로 시중은행의 주택담보대출 상품에서 고정금리는 금융채(AAA, 5년물)를 따라가고 변동금리는 코픽스(COFIX, 자금조달비용지수)를 따라간다.

고민하는 선택이다.

2022년 3월 기준으로 가계대출 중에서 변동금리로 대출받은 비중이 77%로 압도적이다. 변동금리대출이 이렇게 많은 이유는 고정금리대출보다 금리가 조금 낮기 때문이다. 흔히 앞으로 금리가 하락할 것 같으면 변동금리대출을 선택하고 금리가 상승할 것 같으면 고정금리대출을 선택하라고 말한다. 그러나 이런 말은 일부만 사실이다. 금융시장이 효율적이기 때문에 고객이 어떤 선택을 하든 이득을 볼 수는 없다.

예를 들어, 고객이 금리가 상승할 것으로 예측하고 고정금리대출을 선택해서 이익을 봤다고 하자. 고객이 이익을 봤다는 이야기를 뒤집으면 은행이 손해를 봤다는 말이다. 결론이 조금 이상하다. 고객과 은행 중에 누가 금융거래에 대해 아는 게 많을까? 당연히 돈 장사를 하는 은행이 더 많이 안다. 최소한 은행이 고객보다 바보는 아니다. 은행이 손해를 보고 고객이 이득을 보는 일은 절대 안 일어난다. 금리가 상승할 것으로 예상되면 은행은 금리가 오를 때까지 기다리지 않고 미리 고정금리를 상승시킨다. 고객이 대출을 받는 시점에서는 이미 상승된 고정금리를 선택하는 것이다. 금리 하락이 예상될 때도 똑같은 논리가 적용된다.

고정금리와 변동금리는 금융시장에서 치열한 경쟁을 통해 아주 합리적으로 결정된다. 이때 고객 한 명이 이자율 변동을 예측해서 이득을 보는 일은 절대 발생하지 않는다. 고객은 금리 변동을 예측하지 말고 자신의 현금흐름에 맞춰 고정금리대출과 변동금리대출 중에서 선택하면 된다. 재무설계 측면에서 보면 고정금리대출이 바람직하다. 매년 지불하는 원리금상환액을 알면 거기에 맞춰 가계살림을 규모 있게 꾸려 나갈 수 있기 때문이다.

☑ 대출금상환

대출을 받고 원금과 이자를 상환할 때 어떤 방법을 쓰는 게 좋은지에 대하여 묻는 질문이 많다. 대출금에 대한 이자와 원금을 상환하는 방식에는 세 가지가 있다.

원금일시상환	• 만기까지 매월 이자만 지불 • 만기에 원금을 모두 상환
원금균등상환	• 만기까지 매월 원금을 일정하게 상환 • 나머지 원금에 대하여 이자를 지불
원리금균등상환	• 만기까지 지불할 원리금 총가치 계산 • 총가치를 균분해 매월 균등한 원리금 상환

세 가지 방법 중에서 어떤 상환방식이 고객에게 가장 유리할까? 다시 말해 어떤 상환방식을 썼을 때 총이자가 가장 작은지 묻는 질문이다. 셋 중에서 총이자가 가장 작은 방법은 원금균등상환이다. 이를 근거로 고객들에게 원금균등상환 방법을 이용하라고 권유하는 대출상담사도 있다. 그러나 이런 권유는 틀린 말이다. 원금균등상환 방식에서 총이자가 작아진 이유는 원금을 미리 갚았기 때문이다. 만기 10년 대출이면 매월 원금의 1/120을 갚고 나머지 원금에 대하여 이자를 지불한다. 시간이 흐를수록 원금 잔액이 줄어들고 이자도 줄어든다. 대출 잔액이 줄어서 이자가 작아진 것이지 고객이 똑똑해서 이자를 덜 낸 것이 아니다.

결론은 고객이 자신의 현금흐름에 맞춰 상환방식을 선택하면 된다는 것이다. 어떤 대출방식이 유리하고 어떤 상환방식이 유리한지는 고민할 필요도 없다. 어떤 방식을 택해도 유리하지도 불리하지도 않으므로 그저 자신의 현금흐름에 적합한 방식을 택하면 된다. 재무설계 측면에서 보면 통장에서 매월 일정하게 원리금이 빠져 나가는 원리금균등상환 방식이 더 좋다.

빚을 갚는 데에도 순서가 있다. 돈을 빌릴 때의 역순으로 하면 된다. 돈을 빌릴 때 먼저 은행을 이용하고 그 다음에 보험회사나 증권회사와 같은 제2금융권으로 가고 마지막 수단으로 대부업체나 사채업체와 같은 사금융을 찾게 된다. 대출 방법은 금리가 낮은 담보대출부터 시작해서 자신이 가입한 보험금을 담보로 하는 약관대출을 이용하고 그래도 부족하면 신용대출을 이용한다. 신용대출에도 순서가 있어서 '마이너스 통장–현금서비스–카드론–대부업체' 순서로 진행된다. 빚을 갚을 때는 대출을 받는 순서의 반대로 한다. 자신에게 가장 유리한 조건부터 따져서 대출을 받았을 것이므로 가장 불리한 조건의 대출부터 갚으면 된다.

마이너스 통장을 없애라

마이너스 통장은 은행과 미리 약정해 둔 한도까지 내 돈처럼 언제든지 꺼내 쓸 수 있는 대출상품이다. 돈을 빌리고 갚는 것이 통장에서 입출금하는 방식이기 때문에 마이너스 통장이라는 이름이 붙었다. 매번 대출 신청을 하고 승인을 받는 불편함을 없애 주었지만 가계살림의 발목을 잡는 경우가 많다. 마이너스 통장은 엄연한 대출인데도 불구하고 이자가 빠져나가는 게 눈에 띄지 않아서 내 돈처럼 착각하고 쓰게 된다. 마이너스 통장은 고금리 대출 상품이다. 마이너스 사용액에 대한 금리가 평소에는 비교적 낮게 적용되지만 연체가 발생하면 즉시 고금리로 바뀐다.

건전한 가계살림을 꾸리기 위해서는 마이너스 통장을 아예 만들지 말아야 한다. 마이너스 통장을 개설하는 것보다 더 좋은 방법은 비상금 통장을 만드는 것이다. 생활비의 2~3개월 분에 해당하는 금액을 비상금 통장에 모아서 이것을 '셀프' 마이너스 통장으로 사용하면 된다. 급하게 돈이 필요할 때 셀프 마이너스 통장에서 찾아 쓰고, 돈이 생기면 셀프 마이너스 통장에 다시 채운나. 셀프 미이너스 톤장의 최대 장점은 이자를 지불할 필요가 없다는 점이다. 이런 통장이 있다는 생각만 해도 든든하다.

어쩔 수 없이 마이너스 통장을 만들어야 한다면 월급 통장과 별도로 개설하는 게 좋다. 월급 통장과 마이너스 통장을 같이 이용하면 금방 마이너스 한도액을 다 소진하고 통장이 늘 마이너스 상태에 빠진다. 월급이 들어오면 마이너스가 줄었다가 시간이 지나면서 다시 마이너스가 한도액까지 올라가는 악순환이 반복된다. 이미 마이너스 통장을 가지고 있는 사람은 한도를 줄이는 노력부터 시작해야 한다. 손쉽게 빚을 내서 쓰는 데 익숙해진 습관을 바꾸기가 어렵겠지만 이러한 고통을 겪지 않고는 평생 부채의 덫에서 헤어나지 못한다. 마이너스 통장이라는 그럴듯한 이름에 현혹되지 말고 굳은 의지로 고금리대출에서 빠져나와야 한다.

4. 적금 붓는 기술

☑ 종잣돈 목표

우리 삶에서 저축으로 종잣돈을 만들고 그 종잣돈을 투자하는 과정은 계속 반복된다. 종잣돈을 모으는 특별한 비법은 없다. 빨리 시작해서 꾸준히 유지하는 것이 비법이라면 비법이다. 늦었다고 생각할 때가 가장 빠른 때라는 말도 있다. 포기하는 것보다는 언제라도 시작하는 것이 백 번 낫다. 이솝 우화 '여우와 신포도'는 중간에 포기하면 결코 달콤한 열매를 맛볼 수 없다는 교훈을 잘 전해 준다. 예전에는 '짠돌이'라는 말이 다소 모욕적인 말이었지만 요즘은 전혀 그렇지 않다. 신세대 짠돌이는 자립의지가 강하고 절약을 바탕으로 경제적 자유를 얻기 위하여 노력하는 사람으로 인식이 바뀌었다.

종잣돈을 만들기 위해서 주식이나 코인에 투자하는 것은 한참 잘못된 방법이다. 이런 위험자산에 대한 투자는 종잣돈이 만들어진 다음에 해야 한다. 종잣돈은 안전한 은행 적금으로 만들어야 한다. 운동선수로 치면 절약은 기초체력을 기르는 활동이다. 기초체력이 갖추어지면 저축이라는 기본기술을 익히게 된다. 종목을 선정하는 방법, 매매하는 기술, 파생상품을 이용하는 전략 등은 고급기술이다. 기본기술도 안 갖추어진 상태에서 함부로 고급기술을 사용하다간 큰 낭패를 겪는다.

종잣돈 모으기에서 욕심만 앞세워 '6개월에 1천만 원' 또는 '3년에 1억 원' 등으로 무리한 목표를 세우면 이솝 우화의 여우처럼 중간에 포기하게 된다. 종잣돈을 만드는 저축은 지구력이 필요한 게임이다. 이 게임에서 이기려면 목표에 ① 얼마를, ② 언제까지, ③ 무슨 용도로 모은다는 내용이 포함되어야 한다.

목표:	① 얼마를	➡	② 언제까지	➡	③ 무슨 용도로
요령:	1-2-5 단계		3년 이내		가치관
내 계획:		➡		➡	

우선 종잣돈을 모을 때 목표액을 얼마로 할 것인지 결정해야 한다. 종잣돈 크기는 특별한 규칙이 있는 게 아니라 현재의 소득 수준과 여건에 따라서 정하면 된다. 수입은 없이 용돈만 받는 청소년이라면 100만 원이 상징적 의미가 있고 사회 초년생들에게는 1000만 원이 목표로 도달할 만하다. 종잣돈을 모으고 투자로 불리는 과정은 꾸준히 반복되는 사이클이다. 이 사이클에서 기억해 둘 만한 숫자가

'1-2-5' 주기다. 예를 들어 백만 원 단위로 표시한다면 종잣돈을 모으는 목표를 '1백만 원 → 2백만 원 → 5백만 원'으로 올려가면서 설정한다. 다음 사이클에서는 천만 원 단위로 다시 '1천만 원 → 2천만 원 → 5천만 원'으로 목표를 올려간다.

다음에는 종잣돈을 언제까지 모으겠다고 기간을 명확히 해야 한다. 종잣돈 모으기를 처음하면서 목표를 100만 원으로 설정했다고 하자. 이때 100만 원 모으는 기간을 아주 짧게 2~3개월로 설정하는 것은 의미가 없다. 종잣돈을 모으는 것은 액수를 빨리 채우는 게임을 하는 게 아니라 절약을 통해 저축하는 지구력을 기르는 훈련이다. 그렇다고 100만 원 모으는 기간을 10년으로 길게 잡는 것은 실효성이 없다. 10년마다 100만 원씩 모은다면 평생 모아야 500만 원에 불과하다. 종잣돈은 비교적 소액을 짧은 기간에 만들어야 한다. 종잣돈을 모으는 기간은 최소 6개월 이상이 좋으며 일반적으로 권유하는 기간은 1~3년이다.

끝으로 종잣돈을 모아서 어디에 쓸 것인지 용도를 분명히 밝혀야 한다. 종잣돈(seed money)은 투자 밑천으로 쓰이는 돈이다. 종잣돈으로 주식투자에 사용하겠다고 용도를 정해도 되지만 자칫하면 돈을 불리는 수익률에만 집착하는 결과를 빚는다. 단순히 투자의 밑천이라고 정하지 말고 내 삶의 가치관에 도움이 되는 형태로 정하는 것이 좋다. 종잣돈을 어렵게 모아서 사치품을 구매하는 것은 소비욕구를 한순간 만족시키는 행위에 불과하다. 삶의 가치관과 태도에 도움이 되고 확장성이 있는 용도로 사용해야 자부심도 느낄 수 있고 목표를 끝까지 밀고 나갈 수 있다.

☑ 수익률은 무시해라

종잣돈은 확실하게 마련하는 것이 중요하므로 수익률은 고민하지 말아야 한다. 그렇다고 종잣돈을 돼지저금통에 모으는 어리석은 행동을 하라는 말은 아니다. 주변의 편리한 금융기관을 이용하면 되지 굳이 수익률이 조금이라도 높은 금융상품을 찾겠다고 시간과 정력을 낭비할 필요가 없다는 의미다. 1천만 원의 종잣돈을 모으기 위해서 은행 적금, 채권형 펀드, 주식형 펀드, 벤처기업 펀드의 네 가지 상품을 이용할 때 어떤 차이가 있는지 알아보자.

예 2 현재 은행 적금의 이자율은 2%, 채권형 펀드의 수익률은 4%, 주식형 펀드의 수익률은 6%, 벤처기업 펀드의 수익률은 8%다. 매월 10만 원, 20만 원, 30만 원씩 납입한다면 1천만 원을 만드는 데 기간이 얼마나 걸릴까?

1천만 원을 만드는 데 소요되는 기간

(개월)

월 적립액	은행 적금 (2%)	채권형 펀드 (4%)	주식형 펀드 (6%)	벤처기업 펀드 (8%)
10만 원	93	86	81	77
20만 원	48	46	45	43
30만 원	32	32	31	30

10만 원씩 납입하면 은행 적금은 93개월, 채권형 펀드는 86개월, 주식형 펀드는 81개월, 벤처기업 펀드는 77개월이 걸린다. 수익률이 높을수록 소요기간이 짧아지는 것은 당연하지만 그 차이가 생각보다 크지 않다. 벤처기업 펀드의 수익률이 적금보다 4배 크지만 소요기간은 겨우 17%(16개월) 줄어든다. 반면에 납입액이 증가하면 소요기간 차이가 급속하게 줄어든다. 월 20만 원씩 납입하면 은행 적금과 벤처기업 펀드의 소요기간 차이가 5개월에 불과하고 월 30만 원씩 납입하면 그 차이가 2개월로 줄어든다.

금융시장에서 수익률 2%와 8%는 매우 큰 차이다. 은행들이 금리를 0.5% 포인트만 변경해도 자금이 급격하게 이동하는 현상이 나타난다. 그러나 종잣돈을 모을 때는 수익률 차이가 기간에 미치는 영향이 아주 작다. 더구나 펀드 수익률은 확정수익률이 아니라 기대수익률이다. 기간을 조금 단축하자고 위험이 높은 펀드에 투자하면 원하는 종잣돈을 못 만들 가능성이 크다. 종잣돈 만들기에 실패하면 의욕있게 출발한 재테크가 날개도 펼쳐보지 못하고 첫 단계에서 끝난다. 수익률이 높은 위험상품에 현혹되지 말고 안전한 적금의 적립액을 늘리는 것이 정답이다.

적금 상품은 이자를 복리로 계산하는 것과 단리로 계산하는 것이 있다. 사람들은 적금에 가입하기 위해 이자를 조금이라도 더 주는 복리 적금을 찾는다. 그렇지만 짧은 만기(3년 이내)로 적금을 붓는 경우에 단리와 복리에 따른 원리금 차이는 거의 없다.

예 3 연이자율 2%일 때 매달 10만 원씩 24개월 동안 정기적금을 부으면 만기에 찾을 수 있는 원리금은 얼마인가?

답 3 단리법: $\sum_{t=1}^{24} 10 \times \left(1+\frac{0.02}{12}\times t\right)=245.00$(만 원)

복리법: $\sum_{t=1}^{24} 10 \times \left(1+\frac{0.02}{12}\right)^t=245.06$(만 원)

단리법과 복리법의 이자 차이가 겨우 600원이다. 600원 때문에 시간을 들여 인터넷을 검색하고 먼 은행에 찾아가 가입하는 수고를 할 만한 가치가 없다. 금융생활에서 복리는 아주 중요한 역할을 하지만 단기간에 소액을 마련하는 경우에 복리 효과는 거의 없다고 생각해야 한다.

적금 테크닉

적금이 무엇인지 모르는 사람은 아무도 없다. 그런데 적금에 대해 전통적으로 알고 있던 내용이 많이 바뀌고 있다. 전통 적금은 매월 일정액을 납입하며 납입한도는 없고 만기는 3년 이하다. 신종 적금은 납입주기가 월뿐만 아니라 일이나 주도 가능하다. 납입액은 매주 증가하든지 매월 감소하든지 여러 방법으로 자유롭게 구성할 수 있다. 신종 적금에는 대부분 납입한도가 있고 만기는 6개월로 짧다. 전통 적금은 금융기관이 설정한 방식대로 따르는 기성복이고, 신종 적금은 고객이 자기 상황에 맞게 설계한 맞춤복이다.

적금을 이용해서 종잣돈을 마련하는 방법 중에 풍차돌리기가 있다. 원리는 단순해서 적금통장을 매월 하나씩 새로 만들면 된다. 만기가 6개월이고 월 납입액이 10만 원인 적금상품이 있고 1월부터 납입을 시작한다고 가정하자. 1월에 적금통장을 하나 만들어서 10만 원을 납입하고, 2월에 적금통장을 하나 더 만들어서 각 통장에 10만 원씩 납입한다. 시간이 지날수록 적금통장 개수도 늘어나고 월 납입액도 늘어난다.

적금 풍차돌리기

(만기 6개월, 만 원)

	1월	2월	3월	4월	5월	6월	7월	8월	9월	10월	11월	12월
적금 1	−10	−10	−10	−10	−10	−10	60					
적금 2		−10	−10	−10	−10	−10	−10	60				
적금 3			−10	−10	−10	−10	−10	−10	60			
적금 4				−10	−10	−10	−10	−10	−10	60		
적금 5					−10	−10	−10	−10	−10	−10	60	
적금 6						−10	−10	−10	−10	−10	−10	60
월 적립액	−10	−20	−30	−40	−50	−60	10	20	30	40	50	60

← 절약으로 납입 → ← 예금으로 축적 →

7월이 되면 1월에 가입한 적금이 만기가 되서 60만 원을 찾는다. 만기가 짧으므로 이자는 없다고 가정했다. 60만 원을 받으면 다른 투자에 쓸 수도 있고 계속 적금을 납입하는 데 쓸 수도 있다. 아직 만기가 되지 않은 적금통장이 5개 남았으므로 각 통장에 10만 원씩 총 50만 원을 적금 납입에 쓰고 나머지 10만 원을 예금통장에 축적해 둔다. 같은 방식으로 8월에는 20만 원을 축적하고 9, 10, 11, 12월까지 축적하면 총 210만 원을 모으게 된다. 1월에서 6월까지는 적금 납입액으로 돈이 나가고 7월에서 12월까지는 적금 환수액으로 돈이 들어온다.

풍차돌리기로 12개월 동안 210만 원을 모았는데 이것은 매월 17만 5천 원씩 12개월 적금을 부으면 나오는 돈이다. 이렇게 간단하게 하면 되지 뭐하러 복잡하게 풍차돌리기를 하냐고 생각할 수 있다. 보통 적금은 밋밋하지만 풍차돌리기는 역동적이다. 매월 통장 개수가 늘어나고 납입액과 예금액이 변하니까 재미를 느낄 수 있다. 풍차돌리기의 단점은 매월 통장을 새로 만들어야 하고 유지하는 데 신경이 쓰인다는 것이다.

12개월 캘린더 적금

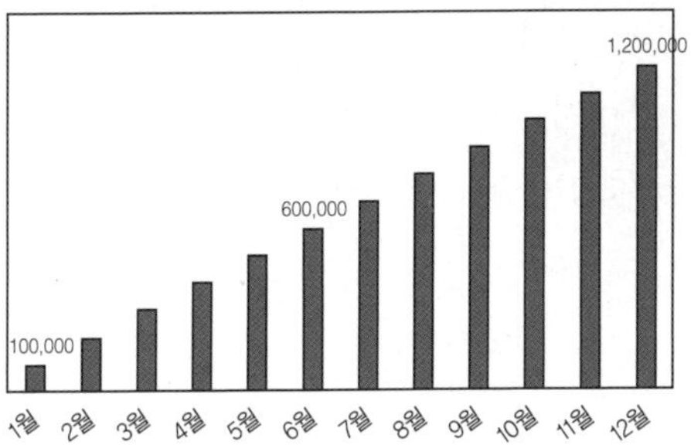

12개월 삼각형 적금

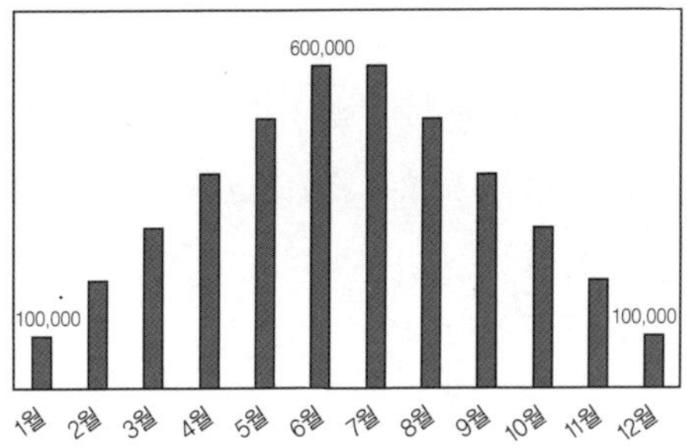

캘린더 적금은 날짜가 지남에 따라서 납입액이 변하는 적금이다. 변동 주기는 하루로 하고 변동 금액은 1천 원으로 설정해서 1월 1일에 시작한다고 하자. 새해 첫날에 1천 원을 납입하고 2일에는 1천 원을 올려서 총 2천 원을 납입한다. 이런 식으로 납입액을 늘려가면 월말 31일에 3만 1천 원을 납입하고 한 달 동안 모은 돈은 49만 6천 원이다. 1월이 끝나면 2월에 처음부터 다시 시작한다. 2월은 28일까지이므로 40만 6천 원이 모인다. 이 과정을 12개월 반복하면 1년에 573만 8천 원이 모인다. 매월 첫날에 1천 원으로 시작하지만 1년 동안 모인 금액은 우습게 볼 액수가 아니다. 매일 진행하는 캘린더 적금의 장점은 저축하는 습관이 길러진다는 것이다. 단점은 아차 하면 납입하지 않고 지나갈 수 있다는 점이다. 캘린더 적금은 매일 금액이 바뀌므로 자동이체가 안 된다.

캘린더 적금을 주 단위로 진행하는 상품으로 카카오뱅크의 '26주 적금'이 있다. 고객은 적금을 가입할 때 납입요일과 가입금액을 선택해야 한다. 가입금액은 1천 원, 2천 원, 3천 원, 5천 원, 1만 원 중에서 선택할 수 있다. 만일 수요일과 1천 원을 선택했다면 첫 주 수요일에 1천 원, 둘째 주 수요일에 2천 원, 셋째 주 수요일에 3천 원을 납입한다. 26주 동안 빠뜨리지 않고 총 35만 1천 원을 납입하면 기본 금리 연 2.0%에 추가하여 성공 축하금리 연 0.5%를 보너스로 준다.[16]

캘린더 적금을 월 주기로 하면 첫달에 10만 원을 납입하고 매달 10만 원씩 추가해 납입한다. 이렇게 12개월을 적립하면 780만 원이 모인다. 그러나 1년 동안 780만 원을 이런 식으로 모은다는 게 현실적으로 실행하기 매우 어렵다. 1월에 시작

16 적립 총액이 크지 않아서 26주 후에 받는 이자는 1,400원 정도로 작지만 수시로 1~2만 원 상당의 쿠폰을 제공하고 있다.

했다면 10월 100만 원, 11월 110만 원, 12월 120만 원을 납입해야 하는데 쉬운 일이 아니어서 중도에 포기할 가능성이 크다. 캘린더 적금을 변형한 삼각형 적금이 있다. 1월에 시작했다면 납입액을 계속 올려가 6월에 60만 원을 납입한다. 7월에 다시 60만 원을 납입하고 8월부터 10만 원씩 줄여서 납입한다. 납입액 변화가 역동적이면서 납입금 부담도 크지 않아서 많이 추천되는 방법이다.

☑ 적금의 심리

한 번 마음먹은 대로 흔들리지 않고 적금 납입을 지속하기가 생각보다 쉽지 않다. 적금을 납입하는 과정에서 수많은 의심과 회의가 교차한다. 1단계는 적금 만기의 50%가 될 때로 악마의 속삭임과 싸우는 시기다. "그거 모아 봤자 푼돈이야.", "지금 즐기는 게 더 중요해.", "너무 애쓰며 살지 마." 이런 유혹을 뿌리치지 못하면 결코 행복한 미래를 설계할 수 없다. 종잣돈 모으기에 대한 의심은 시작하기 전에 충분히 생각해야 하고 일단 결심이 서고 시작했으면 포기하지 말고 끝을 봐야 한다. 종잣돈 모으기에 실패하면 어떤 금융행위도 성공할 수 없다.

2단계는 70%에 도달할 때까지 기간이다. 벌써 만기의 절반이 넘었다는 사실에 자부심이 생기고, 어려움이 있었지만 포기하지 않은 자신을 대견하게 생각한다. 지금까지 모은 적립액을 지켜고 싶은 애정과 남은 기간에도 지속하려는 의지가 강해진다. 3단계는 적금 만기의 90% 수준까지다. 이제 고지 도달이 눈앞이므로 방심하지 말고 마지막 힘을 내자고 격려한다. 이때는 목표액과 적립액 차이를 수시로 확인하는 것도 좋은 방법이다. "1천만 원을 모으기로 했는데 어느덧 900만 원을 모았다."면서 자신을 칭찬하고, 한 걸음만 더 나아가면 목표 달성이므로 방심하지 말고 노력을 집중하자는 힘을 낸다.

이렇게 소중하게 납입한 적금은 만기가 되면 바로 찾아야 한다. 적금 이자율은 그 적금의 만기까지만 적용된다. 만기가 지났는데도 찾지 않고 그냥 두면 은행은 그 돈을 거의 이자를 주지 않는 보통예금으로 취급한다. 이렇게 못 받는 이자 몇만 원이 아깝기도 하지만 더 큰 문제는 이런 '귀차니즘' 태도로는 어떤 분야에서도 좋은 성과를 거둘 수 없다는 점이다. 적금 만기가 되면 바로 인출해 정기예금으로 저축하거나 다른 수익성 상품에 투자해야 한다. 만기에 적금통장을 해지하는 방법에는 자동 해지, 자동 연장, 직접 해지의 세 가지가 있다.

적금 만기 시 해지 방법

자동 해지	자동 해지 후 고객의 당행 보통예금통장으로 입금
자동 연장	동일한 상품에 재예치, 최대 5회까지 연장
직접 해지	만기 시 고객이 직접 해지

자동 해지나 자동 연장보다는 직접 해지하고 원리금을 찾는 것이 좋다. 종잣돈을 찾으면 목표를 달성한 자신을 칭찬하고 격려해서 다음 저축하는 데도 힘을 얻을 수 있다. 이런 과정을 반복하면서 절약과 저축이라는 기초체력이 길러진다. 어떤 목표든 끝까지 가지 못하고 중간에 포기하면 자존감이 무너진다. "내가 하는 일이 그렇지 뭐." 하면서 자신의 능력을 의심하면 아무 일도 이룰 수 없다. 종잣돈은 작은 금액을 짧은 기간에 만들겠다는 목표로 시작하면 된다. "100만 원을 6개월에 만들겠다."는 목표도 좋다. 일단 시작해서 목표를 달성하면 다음 목표는 보다 수월하게 달성할 수 있다. 바로 반복과 숙련의 효과다.

제9장

세금을 고려하자

1. 세후 수령액이 얼마인가?
2. 세금을 어떻게 줄이나?
3. 은행도 망할까?
4. 절세 금융상품

"이 세상에서 확실한 것
두 가지는 죽음과 세금이다."

– 벤자민 프랭클린(미국 정치가)

1. 세후 수령액이 얼마인가?

금융소득세는 이자소득과 배당소득에 대하여 물리는 세금이다. 금융소득세율은 보통 15.4%이지만 정부가 특별히 저축을 장려하는 목적으로 세금을 깎아 주기도 한다. 고객은 가능하면 금융소득세를 조금 부담하는 금융상품을 선택해야 한다.

☑ 단리법

2020년 금융이해력 조사에서 "단리 계산을 할 수 있다."는 73.1점이 나왔지만 "복리 개념을 안다."는 39.5점밖에 안 나왔다. 한국의 경제규모가 세계 10위권이라고 자랑스러워하지만 국민들의 금융역량은 많이 부족하다. 금융거래를 할 때는 이자를 계산하는 단리법과 복리법을 확실하게 구별해야 한다. 단리법은 원금에 대하여만 이자를 지급하고 복리법은 원금뿐만 아니라 이자에 대하여도 이자를 지급한다. 따라서 복리법으로 계산한 원리금이 더 크게 나온다.

$$\text{단리법 원리금} = \text{원금} \times (1 + \text{이자율} \times \text{만기})$$

$$\text{복리법 원리금} = \text{원금} \times (1 + \text{이자율})^{\text{만기}}$$

금융감독원의 정보포털 파인에서 금융거래계산기를 실행하면 예금, 적금, 대출, 현재가치 등을 계산할 수 있다.[01]

예 1 1천만 원을 2년간 이자율 2.0%로 정기예금하면 만기에 얼마를 받을 수 있는가? 이자는 단리법으로 계산한다.

---

01 https://fine.fss.or.kr/main/fin_tip/cal/cal.jsp

정기예금에서 받는 원리금을 알아보려면 금융거래계산기 화면에서 '예적금 계산기'를 선택한다. 조건을 입력하는 화면에서 예금금액 '1000'만원, 예금기간 '24'개월, 이자율 년 '2.0'%, 이자계산방법 '단리'를 선택하고 [계산하기] 단추를 누르면 결과가 나온다. 2년 후에 받는 원리금과 세후 수익률은 세금에 따라 네 가지로 계산된다.

정기예금을 2년 단리법으로 계산

예금 (목돈굴리기) 만기에 얼마나 불어나나?

예치할 금액(여유자금)과 기간, 이자율을 입력하십시오.

예금금액	1,000 만원
예금기간	24 개월
이자율	년 2.0 %(소수점 아래 2자리까지 가능)
이자계산방법	단리

	세후이자(원)	세후수령액(원)	세후수익률(%)
일반과세	338,400	10,338,400	1.69
세금우대	362,000	10,362,000	1.81
농수협 단위조합 새마을금고, 신협	394,400	10,394,400	1.97
비과세	400,000	10,400,000	2.00

금융소득세를 부과하는 방식에는 일반과세, 세금우대, 조합원우대,[02] 비과세가 있다. 세율은 일반과세 15.4%, 세금우대 9.5%,[03] 조합원우대 1.4%, 비과세 0%다. 비과세 상품에 1천만 원을 2년 동안 단리로 예금하면 세전 이자는 40만 원이다. 이자 40만 원에 대하여 비과세하면 세전 이자가 그대로 세후 이자가 되고 세후 수익률은 이자율과 같은 2.0%가 된다. 세율이 높아지면 세후 이자가 줄어들고 세후 수익률도 낮아진다. 세율 15.4%의 일반과세는 세후 수익률이 1.69%로 나왔는데 계산내용은 다음과 같다.

02 농수협단위조합, 새마을금고, 신협의 조합원을 의미한다.

03 세금우대 금융상품 중에서 세율 9.5%를 적용하는 세금우대종합저축은 2015년부터 폐지되었다.

항목	결과(원)	계산
이자	400,000	=원금×이자율×만기 =10,000,000×0.02×2
세금	61,600	=이자×세율 =400,000×0.154
세후 이자	338,400	=이자−세금 =400,000−61,600
세후 수익률	1.69%	=(세후 이자/원금)/만기 =(338,400/10,000,000)/2

세후 이자는 338,400원이고 세후 수익률은 1.69%다.[04] 나머지 상품도 세율만 다르고 계산방법은 동일하다. 이자소득에 대한 세금은 예금주 부담이지만 징수 편의상 은행이 세금을 공제(원천징수)하고 나머지를 예금주에게 준다. 예금주가 직접 세금을 내지 않는다고 해서 금융상품을 선택할 때 세금을 고려하지 않는다면 잘못이다. 저축이나 투자에서 세금은 반드시 고려해야 하는 중요한 요인이다.

복리법

예 2 예 1과 동일한 조건이고 이자만 복리로 계산해 준다면 원리금은 얼마가 될까? 단, 복리는 1년에 1회 계산한다.

- 단리
- 월복리
- 3개월 복리
- 6개월 복리
- **12개월 복리**

금융거래계산기의 이자계산방법 상자에서 월복리, 3개월 복리, 6개월 복리, 12개월 복리 중에서 선택할 수 있다. 복리계산 횟수가 월복리는 1년에 12번, 3개월 복리는 1년에 4회, 6개월 복리는 1년에 2회, 12개월 복리는 1년에 1회다. 지금 계산에서는 12개월 복리를 선택하면 된다.

---

04 연평균수익률을 계산하는 방법에는 단순평균법과 기하평균법이 있다. 금융감독원 금융거래계산기는 총수익률을 만기로 나누는 단순평균법으로 계산한다.

◎ 정기예금을 2년 복리법으로 계산

	세후이자(원)	세후수령액(원)	세후수익률(%)
일반과세	341,784	10,341,784	1.709
세금우대	365,620	10,365,620	1.828
농수협 단위조합 새마을금고, 신협	398,344	10,398,344	1.992
비과세	404,000	10,404,000	2.02

네 가지 계산결과를 보면 단리법으로 계산한 경우보다 세후 이자가 조금씩 더 붙었다. 복리계산을 자주 할수록 세후 수령액은 더 커진다. 일반과세의 세후 수익률이 단리법에서는 1.69%였는데 복리법에서는 1.71%로 커졌다.

복리는 이자에 다시 이자를 주므로 이자계산을 자주 할수록 원리금이 커진다. 이자를 매일 계산해 줄 수도 있고 월별 또는 분기별로 할 수도 있다. 어떤 금융상품은 하루만 맡겨도 높은 이자를 준다고 광고하는데 이것은 매일 이자를 계산해 주는 상품이다. 그러면 정기예금을 할 때 복리계산을 자주하는 상품을 골라야 하는가 하면 반드시 그렇지는 않다. 은행들은 상품을 설계하면서 복리계산을 하는 상품은 단리계산을 하는 상품에 비하여 낮은 이자율을 적용한다. 단순히 단리와 복리 중에서 선택할 게 아니라 이자율, 이자계산기간, 세율 등을 모두 고려해서 비교해야 한다.

항목	결과(원)	계산
이자	404,000	=원금×[(1+이자율)^{만기}−1] =10,000,000×[(1+0.02)^2−1]
세금	62,216	=이자×세율 =404,000×0.154
세후 이자	341,784	=이자−세금 =404,000−62,216
세후 수익률	1.71%	=(세후 이자/원금)/만기 =(341,784/10,000,000)/2

☑ 세후 수익률

정기예금은 목돈을 한꺼번에 예금하는 상품이고 정기적금은 매월 적립금을 납입하는 상품이다. 정기예금하는 것과 정기적금하는 것은 만기에 받는 원리금에 어떤 차이가 있을까?

예 3 금융소득세율은 15.4%이고 정기예금과 정기적금의 이자율이 모두 2%이며 1년간 투자한다. 1,200만 원을 한꺼번에 예금한 정기예금과 매월 100만 원씩 12개월 납입한 정기적금의 세후 수익률은 얼마인가?

항목	정기예금(만 원)		정기적금(만 원)	
원금	1,200	첫 달에 일시납	1,200	매월 100만 원
이자	24	=1,200×0.02	13	=650×0.02
세금	3.67	=24×0.154	2.00	=13×0.154
세후 이자	20.33	=24−3.67	11.00	=13−2.00
세후 수익률	1.69%	=20.33/1,200	1.69%	=11.00/650

정기예금에서 1년 이자는 24만 원이고 세금 3.67만 원을 차감한 세후 이자는 20.33만 원이다. 세후 이자를 원금 1,200만 원으로 나누면 세후 수익률은 1.69%다.[05] 정기적금의 총납입금은 1,200만 원이지만 실제로 이자 발생에 기여한 금액은 이보다 작다. 첫 달에 납입한 100만 원은 은행이 12개월을 이용할 수 있지만 둘째 달에 납입한 100만 원은 은행이 11개월만 이용할 수 있다. 이러한 정기적금의 이자를 계산하려면 적금통장의 연평균잔액을 알아야 한다. 첫 달에 잔액이 100만 원이고 둘째 달에 200만 원이 되고 계속 증가하여 마지막 달에 1,200만 원이 된다. 12개월 잔액을 평균하면 연평균잔액은 650만 원이다.[06] 정기적금으로 받는

05 세후 수익률은 이자율에 (1−세율)을 곱해서 구해도 된다. 0.02×(1−0.154)=1.69(%)

06 정기적금에서는 월납입액에 6.5를 곱한 값이 연평균잔액이다. 6.5는 1에서 12까지의 숫자에 대한 평균값이다. (1+2+⋯+12)÷12=6.5

이자는 연평균잔액에 이자율을 곱해서 13만 원이다. 세후 이자 11만 원을 연평균잔액 650만 원으로 나누면 세후 수익률은 1.69%다. 정기적금의 세후 수익률은 정기예금의 세후 수익률과 동일하다. 정기적금의 세후 이자 11만 원이 정기예금의 세후 이자 20만 원보다 작다고 의아해 하지 말아야 한다. 실제로 투자한 금액에 대하여 정확하게 계산해서 나온 이자다.

☑ 맨해튼과 알래스카

아인슈타인은 복리로 재산이 급속하게 불어나는 것을 보고 '세계의 제8대 불가사의'라고 불렀다고 한다. 천재 물리학자가 재테크에 관심이 있었다기보다는 물리학에서 연구하는 시간의 힘이 일상생활에서도 큰 영향력을 미친다는 사실에 감탄한 것으로 해석된다. 복리 효과를 말할 때 흔히 맨해튼 사례를 거론한다.

1626년 네덜란드의 서인도 총독은 인디언 추장에게 24달러 상당의 물품(장신구와 생필품)을 주고 허드슨강 하구의 갈대 섬을 얻었다.[07] 네덜란드는 이 지역에 뉴암스테르담을 건설했는데 바로 지금 뉴욕의 맨해튼이다. 오늘날 고층빌딩이 즐비한 맨해튼을 보면 인디언들이 어리석은 거래를 했다고 비웃을 수도 있다. 하지만 전설적인 펀드매니저 피터 린치의 생각은 달랐다. 인디언이 받은 24달러를 연수익률 8%의 채권에 복리로 투자했다면 363년이 흐른 1989년에는 그 가치가 30조 달러가 된다. 반면 1989년에 맨해튼의 전체 땅값은 600억 달러에도 못 미쳐서 오히려 인디언이 남는 거래를 했다는 것이다. 그러나 이렇게 오랫동안 8%의 수익을 주는 금융상품이 존재하지 않으므로 현실적인 비교 방법은 아니다.

17세기 해상무역권을 놓고 영국과 네덜란드 사이에 세 차례 전쟁이 벌어졌다. 제2차 영란전쟁의 강화조약(1667년)에서 네덜란드는 당시 영국이 지배하던 인도네시아의 작은 룬(Run)섬과 남아메리카의 수리남을 받고 북아메리카의 뉴암스테르담을 내주었다. 전쟁을 유리하게 이끌던 네덜란드가 왜 이런 거래를 했을까? 17세기에는 후추와 계피 같은 향신료가 국가의 부를 결정하는 가장 중요한 무역상품이었다. 네덜란드가 얻은 룬섬이 바로 향신료를 재배하던 곳이었다. 영국이 룬섬을

07 http://www.straightdope.com/columns/read/715/

포기하고 뉴암스테르담을 차지했을 때만 해도 영국이 밑지는 거래를 한 것으로 생각했다. 그러나 지금 보면, 이름도 잊혀진 인도네시아의 작은 섬과 마천루가 즐비한 맨해튼의 가치를 비교할 필요는 없다.

미국은 1867년 러시아에 720만 달러를 주고 알래스카를 매입했다. 당시 의회는 앤드류 존슨 대통령이 '거대한 냉장고'를 비싸게 샀다고 질책했으며 국민들도 아주 어리석은 거래라고 비난했다. 그러나 알래스카의 엄청난 천연자원 매장량과 지리상 전략적 가치가 알려지고 나서 오히려 러시아가 크게 후회했다. 피터 린치의 계산법에 따라 720만 달러를 2021년까지 154년 동안 복리 8%로 투자했다면 그 가치는 약 1조 달러가 된다. 이렇게 큰 돈은 도무지 감이 안 잡힌다. 미국 토지자산 가치는 GDP의 2.8배 정도다. 미국의 2021년 GDP가 약 23조 달러이므로 미국 전체의 땅값은 64조 달러에 이른다. 2021년에 1조 달러를 가지고는 미국 땅의 1.5% 밖에 사지 못한다. 과연 누가 밑졌을까?

72법칙과 80법칙

이자율이 높을수록 목표자금에 도달하는 기간이 짧아진다. 정기예금으로 원금을 두 배로 만드는 데 기간이 얼마나 걸릴까? 이 문제를 간단하게 계산하는 방법이 72법칙이다. 이자율(퍼센트가 아니라 숫자)로 72를 나눈 값이 소요기간이다. 이자율이 6%이면 12(=72/6)년 걸리고 이자율이 2%이면 36(=72/2)년 걸린다고 계산한다.

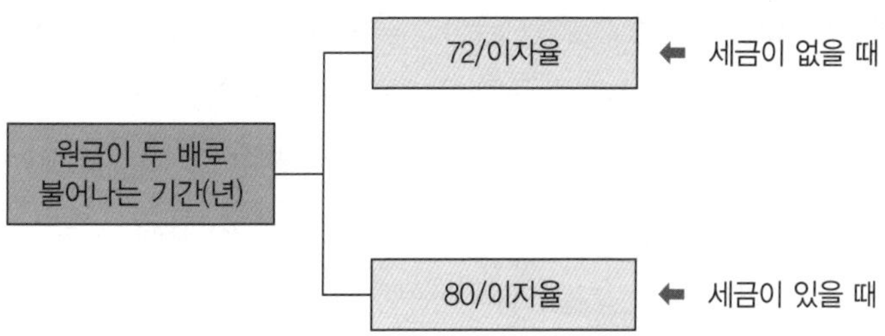

72법칙은 1년에 한 번 복리계산을 하고 세금이 없을 때 적용되는 셈법이다. 세금을 고려하면 원금이 두 배가 되는 데 시간이 더 오래 걸린다. 세율이 15.4%이고 이자율이 2%면 원금이 두 배가 되는 데 소요되는 기간을 수식으로 정확하게 계산하면 39.4년이다.[08] 이 기간은 80을 이자율 숫자로 나눈 40(=80/2)년과 비슷하다. 이자율이 3%면 대략 26.7(=80/3)년 걸리고 이자율이 4%면 대략 20(=80/4)년 걸린다. 즉, 세율 15.4%를 고려하면 80법칙을 사용해야 한다.

80법칙이라고 거창하게 표현했지만 이렇게 간단한 나눗셈을 못할 사람은 없다. 중요한 점은 이 지식을 실생활에 활용하는 것이다. 80법칙 계산식을 알면 금융거래에서 기초적인 판단도구로 활용할 수 있다. 한때 부동산 광고 중에 고수익을 보장하는 분양형 호텔이 있었다. 사업자는 호텔 방을 한 칸씩 떼어서 분양하고 호텔 운영에서 남는 이익금으로 연 16%의 배당금을 확실하게 준다고 약속했다. 이런 광고를 믿고 퇴직금을 투자한 노인들이 많았다. 수익률이 16%면 원금이 두 배 되는데 5(=80/16)년 걸린다. 당시 정기예금 금리가 겨우 1%였는데 5년 만에 원금이 두 배로 늘어나는 확실한 투자안이 있다는 말은 도저히 믿을 수 없는 약속이다. 80법칙으로 기간을 암산해 보면 16% 고수익을 보장한다는 약속은 사기꾼의 술책일 뿐이라는 사실을 금방 알 수 있다. "수익과 위험은 비례한다."는 금융원리에 어긋나는 투자안은 신의 선물이 아니라 악마의 함정이다.

2. 세금을 어떻게 줄이나?

이자와 배당금으로 1년 동안 받은 금융소득이 2천만 원을 초과하면 나머지 소득(근로소득, 사업소득 등)과 합산해서 종합과세한다. 『2020년 국세통계연보』에 따르면 금융소득이 연 2천만 원을 넘는 사람이 15.9만 명이다. 이들의 평균소득은 2억 6,700만 원이고 그중에 금융소득이 차지하는 비중은 46.7%다.

---

08 원금을 A, 이자율을 r, 세율을 t라고 하면 원금이 두 배가 되는 데 걸리는 기간 T는 다음과 같이 자연로그 함수로 계산된다.

$$[A(1+r)^T-A](1-t)=A \quad \therefore\ T=\ln\left(\frac{2-t}{1-t}\right)\div\ln(1+r)$$

상호금융과 상호저축은행

상호금융은 서민들의 금융지원을 위하여 설립된 새마을금고와 협동조합(신협, 농협, 수협, 축협, 산림조합의 단위조합)을 의미한다. 이들은 조합원이 내는 출자금으로 자본을 구성하고 이를 조합원에게 융자하는 호혜금융을 실시한다. 상호금융에 출자를 했다는 것은 그곳의 주주가 되었다는 의미이고 매년 배당금을 받을 수 있다. 이때 1천만 원 이하의 출자금에 대해서는 배당금을 받더라도 과세하지 않는다. 정부가 비과세 혜택을 주는 목적은 상호금융을 키워주는 데 있다. 서민들의 재산형성과 금융거래에 도움을 주는 상호금융을 정부가 세금 혜택으로 밀어줄 때 일반 국민들은 그 혜택을 활용해야 한다.

상호금융과 상호저축은행은 글자가 비슷하지만 완전히 다른 기관이다. 여기서 '상호(相互)'는 서로 돕는다는 상부상조의 의미다. 두 기관의 차이를 알려면 예금취급기관을 알아야 한다. 예금취급기관은 금융기관 중에서 예금을 받을 수 있는 곳이다.[09] 예금취급기관이 부도가 나서 예금을 되돌려 주지 못하면 경제 시스템이 무너지므로 정부에서 감독과 관리를 엄격하게 실시한다. 예금취급기관은 예금은행과 비은행예금취급기관으로 나뉜다.

예금취급기관	예금은행	시중은행(신한, 국민, 우리, 하나, 농협, 기업, 시티, SC제일), 지방은행, 외국계은행
	비은행 예금취급기관	상호금융(협동조합 단위조합, 새마을금고), 상호저축은행, 우체국

예금은행은 역사가 오래되고 우리가 잘 아는 전통적 대형 은행들이다. 신한, 국민, 우리, 하나, 농협, 기업, 씨티,[10] SC제일 은행을 '8대 시중은행'이라고 부른다. 여기에 지방은행과 외국계 은행을 포함하여 제1금융권이라고도 말한다.

09 금융기관이지만 예금을 못 받는 곳을 기타금융기관이라 한다. 보험회사, 연금기관, 여신전문기관, 공적금융기관 등이 있다.

10 2021년 4월 15일에 한국씨티은행은 개인 소비자를 대상으로 하는 소매금융시장에서 철수한다고 발표했다.

비은행예금취급기관은 은행이 아니지만 예금을 받을 수 있도록 특별법으로 허락된 곳이다. 상호금융은 신협, 농협, 수협, 축협의 단위조합과 새마을금고를 의미한다. 상호저축은행은 줄여서 저축은행이라고 부르는 곳으로 예전에는 상호신용금고라고 불렸다. 상호신용금고는 은행이 아니므로 은행법의 보호를 받지도 못하고 은행법의 의무를 부담하지도 않다 보니 여러 금융사고가 발생하였다. 업계의 요청과 정부의 필요성에 의해서 관련 법이 개정되고 2001년 상호저축은행으로 명칭이 변경되었다. 상호저축은행은 이름에 '은행'이라고 쓰여 있지만 '비은행'예금취급기관이다. 어렵사리 은행이라는 타이틀을 가졌지만 금융기관을 분류할 때는 비은행으로 취급해서 은행이지만 은행이 아닌 곳이 되었다.

출자금 통장

상호금융에 출자하여 조합원이 되는 데에는 가입 조건이 있다. 새마을금고와 신용협동조합은 단순하게 동네 주민이면 된다. 나머지 협동조합은 농업인, 어업인, 축산업인, 임업인이 되어 실제로 그 업에 종사해야 된다. 이러한 업에 종사하지 않는 도시인은 농협, 수협, 축협, 산림조합의 조합원 자격이 없다. 새마을금고에 출자해 주주가 되고 싶으면 주민등록등본(또는 재직증명서)과 신분증을 가져가서 출자비를 내면 끝이다. 최소 출자비는 지점마다 다른데 3만 원에서 5만 원 정도다. 출자금 통장을 받으면 우리 동네 새마을금고의 주주가 된 것이다.

주주에게는 새마을금고를 1년 동안 운영해 얻은 수익을 배당금으로 준다. 이때 세금을 하나도 안 낸다는 것이 출자금 통장의 장점이다. 단점은 성과에 따른 배당소득이므로 예금보호가 안 된다. 예금보호는 확정된 이자를 주는 상품에만 적용된다. 그렇지만 내가 출자한 새마을금고가 망하면 어쩌나 하는 걱정은 안 해도 된다. 새마을금고 중앙회에서 기금을 마련해 예금액을 보호해 준다.

요약하면, 도시인이 새마을금고나 신협에 가서 만든 출자금 통장은 부도위험이라는 단점은 없고 비과세라는 장점만 있는 좋은 금융상품이다.

☑ 소득공제

예 4 오치맥 씨는 치킨집을 운영해서 1년 동안 2억 4천만 원(월 2천만 원)을 벌었다. 소득세를 얼마나 내야 하나?

소득세는 소득에 소득세율을 곱해서 계산한다. 소득은 수입에서 필요경비를 뺀 금액이다. 수입 2억 4천만 원에 대해서 세금을 내다가는 치킨집이 모두 망할 것이다. 수입을 올리기 위해 들어간 재료비, 인건비, 임대료 등 필요경비를 뺀 금액이 소득이다. 경비가 1억 8천만 원 들어갔다면 소득은 6천만 원(월소득 500만 원)이고 여기에 세율을 곱해서 소득세를 계산한다. 소득 6천만 원에 적용되는 소득세율은 26.4%다.

소득세 = 소득 × 소득세율
= 6,000 × 26.4% = 1,584(만 원)

정부는 이렇게 계산한 소득세를 다 받지 않고 깎아 준다. 소득세 계산에서 세금을 깎아 주는 것을 공제라고 한다.[11] 공제하는 방법에는 소득공제와 세액공제 두 가지가 있다. 소득공제는 소득에서 빼 주는 방식이다. 소득에서 소득공제를 뺀 금액을 과세표준이라고 부르는데 세금을 매기는 기준이라는 의미다. 과세표준에 따른 소득세율은 다음의 표와 같다.

누구나 소득이 있으면 소득세를 내야 하는데 실제로 세금을 납부할 때에는 국세로 걷는 금액의 10%를 지방세(주민세)로 더 내야 한다. 만일 어떤 사람의 과세표준이 국세 24% 구간에 해당한다면 주민세를 포함하여 총 26.4%를 세금으로 납부해야 한다. 뉴스를 읽거나 콘텐츠를 볼 때 소득세율이 소수점 이하 없이 나오면 국세만 의미하고, 소수점 이하까지 나오면 주민세를 포함한 값이다.

11 '공제'는 한자어로 控除이고 영어로는 deduction이다. 우리말로 하면 '빼기'다.

과세표준	소득세율	
	국세	국세+주민세
0~1,200만 원	6%	6.6%
1,200만 원~4,600만 원	15%	16.5%
4,600만 원~8,800만 원	24%	26.4%
8,800만 원~1억 5,000만 원	35%	38.5%
1억 5,000만 원~3억 원	38%	41.8%
3억 원~5억 원	40%	44.0%
5억 원 초과	42%	46.2%

예 5 오치맥 씨는 부양가족 등 요인으로 인해 소득공제 800만 원을 받았다. 과세표준과 산출세액은 얼마인가?

과세표준은 소득에서 소득공제를 차감한 5,200만 원이다. 여기에 해당하는 소득세율 16.5%를 곱하면 산출세액은 858만 원이다.

산출세액=(소득−소득공제)×소득세율
=(6,000−800)×16.5%=858(만 원)

☑ 세액공제

정부는 과세표준으로 계산한 산출세액 858만 원을 다 받지 않고 또 깎아 준다. 산출세액에서 세금을 깎아 주는 방식을 세액공제라고 부른다. 세액공제율은 연소득 5,500만 원 이하는 16.5%고 그 이상은 13.2%다.

예 6 오치맥 씨는 세액공제 혜택이 있는 연금저축펀드에 400만 원을 납입했다. 결정세액은 얼마인가?

오치맥 씨의 소득은 6,000만 원이므로 세액공제율은 13.2%다. 연금저축펀드에 납입한 400만 원에 세액공제율 13.2%를 곱한 52.8만 원을 세액공제 받아서 결정세액은 805.2만 원이다.

결정세액 = 산출세액 − 세액공제액 × 세액공제율
= 858 − 400 × 13.2% = 805.2(만 원)

이렇게 소득세를 계산하는 과정에 세무용어들이 나와서 처음에는 이해하기 쉽지 않을 것이다. 세무용어는 자꾸 접하다 보면 익숙해질 것이고 보다 중요한 점은 소득세 계산 절차를 알아두는 것이다. 이런 지식을 한번 갖추어 두면 평생 소득공제와 세액공제를 받으면서 쉽게 소득세를 계산할 수 있다.

종합소득세 계산 절차

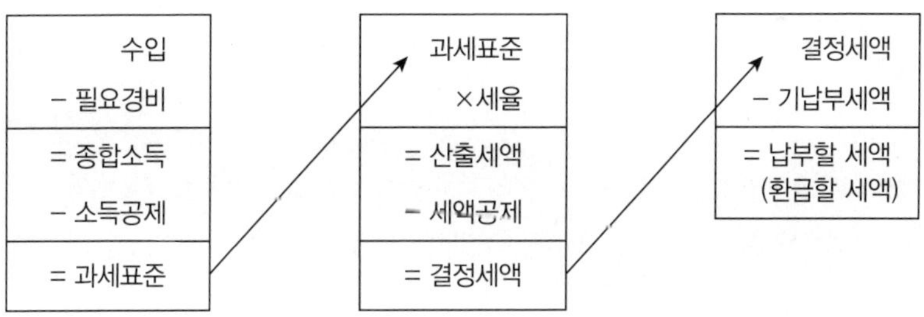

종합소득세는 과세표준 → 결정세액 → 납부할 세액 순서로 계산된다. 과세표준은 소득에서 소득공제를 뺀 금액이며 결정세액은 산출세액에서 세액공제를 뺀 금액이다. 결정세액에서 기납부세액을 빼면 납부할 세액이 계산된다. 만일 결정세액보다 기납부세액이 크다면 차액을 환급받는다. '환급할 세액'은 근로소득자들이 연말정산을 해서 세무서로부터 돌려받는다고 해서 '13월의 보너스'라고 부른다. 소득공제와 세액공제를 잘 이용할수록 13월의 보너스가 두툼해진다.

☑ 흥부와 놀부

이자소득에 대하여 절세 혜택을 주는 금융상품은 많지만, 종합소득세 계산에서 소득공제와 세액공제 혜택을 주는 금융상품은 많지 않다. 2022년 3월 현재, 소득공제 상품은 1개 있고 세액공제 상품은 3개 있다. 이런 절세상품이 몇 개 안 될수록 빠트리지 말고 잘 이용해야 한다.

소득공제	주택청약종합저축
세액공제	연금저축, IRP, ISA

정부는 이러한 상품에 납입한 금액 모두에 대해 세금 혜택을 주는 것이 아니라 한도금액과 적용세율을 정해서 일부만 혜택을 준다. 금융상품에 투자할 때는 소득세율, 소득공제액, 세액공제율, 세액공제액 등 정보를 사용해서 꼼꼼하게 세금 혜택을 비교해야 한다. 소득공제와 세액공제가 어떻게 다른지 흥부와 놀부의 예를 이용해서 알아보자.

예 7 흥부는 올해 소득이 5천만 원이고 소득세율은 26.4%다. 무주택자인 흥부가 주택청약종합저축에 가입하고 연간 200만 원을 납입했다. 흥부는 얼마나 세금 혜택을 볼 수 있을까?

답 7 주택청약종합저축에 납입한 200만 원은 소득공제 대상이므로 종합소득세 528,000(=2,000,000×0.264)원을 절약할 수 있다.

예 8 놀부는 올해 소득이 1억 원이고 소득세율은 38.5%다. 놀부는 집도 있고 총소득도 7천만 원을 넘어서 주택청약종합저축에 가입하지 못한다. 놀부는 연금저축보험에 가입하여 1년 동안 보험료 200만 원을 납입했다. 놀부는 얼마나 세금 혜택을 볼 수 있을까?

답 8 연금저축보험에 납입한 200만 원은 세액공제 대상이다. 놀부는 소득이 5,500만 원을 넘어서 세액공제율은 13.2%다. 세액공제로 종합소득세 264,000(=2,000,000×0.132)원을 절약할 수 있다.

똑같이 연간 200만 원을 저축했지만 흥부에 비해서 놀부의 절세액은 절반에 불과하다. 이것은 소득이 낮은 사람들에게 더 많은 절세 혜택이 주어지도록 세금체계가 설계되어 있기 때문이다. 그러나 놀부가 흥부만큼 절세 혜택을 못받았다고 배 아파할 이유는 없다. 놀부는 자신이 활용할 수 있는 절세 혜택을 충분히 이용하면 된다. 연금보험의 세액공제 한도가 연간 400만 원이므로 놀부는 연금보험 납입액을 늘려야 한다.

경쟁이 치열한 금융시장에서 이자율 1%는 상당히 큰 차이이지만 세금 혜택에 비할 바가 못된다. 과세조건이 동일하다면 이자율이 조금이라도 높은 상품을 찾아야 한다. 그러나 과세조건이 다르다면 이자율이 높은 상품을 찾기 전에 세금 혜택을 먼저 이용해야 한다. 세금 혜택을 이용할 수 있는 데도 불구하고 몰라서 못하거나 귀찮다고 안 하는 것은 재테크 세계에서 가장 바보같은 짓이다. 세금 혜택은 슬기로운 금융생활을 하는 국민들에게 정부가 주는 보너스다. 그런데 정부는 세금수입을 올리기 위해서 소득공제 대상을 줄이고 대부분 세액공제 대상으로 변경하였다. 재테크 환경은 갈수록 빡빡해지고 있다.

3. 은행도 망할까?

☑ 금리 비교

종잣돈을 모으기 위해서 정기적금을 하는 경우 이자율 차이는 원리금에 거의 영향을 미치지 못한다. 그러나 목돈을 한꺼번에 투자하는 정기예금에서는 이자율 차이가 영향을 미치며 복리효과는 기간이 길수록 뚜렷해진다. 2020년 코로나19 팬데믹 이후 전 세계 국가들이 통화량을 늘리고 이자율을 낮추는 유동성 확대 정책을 실시하였다. 이처럼 저금리가 지속되는 상황에서는 복리효과가 기대한 만큼 크지 않다. 목돈을 굴리는 단계에서는 금융상품의 종류와 특성에 대하여 더 많이 알고 있어야 한다. 금리 비교는 금융감독원의 '금융상품한눈에' 사이트를 이용하면 편리하다.[12]

2022년 3월 4일에 2년 만기 정기예금을 검색한 결과, 세전 이자율 1위는 케이뱅크의 '코드K정기예금'이고 2위는 광주은행의 '미즈월복리정기예금'이다. 그러나 세후 이자는 '코드K정기예금'이 더 낮게 나왔다. 그 이유는 이자계산 방식이 단리와 복리로 다르기 때문이다. 금융상품을 비교할 때는 이자율만 보지 말고 이자계산 방식을 꼭 확인해야 한다.

이외에도 금리를 비교할 수 있는 사이트가 있다. 전국은행연합회(https://portal.kfb.or.kr/)에서는 전국 은행에서 취급하는 상품에 대한 금리를 비교할 수 있다. 상호저축은행중앙회(https://www.fsb.or.kr)에서는 상호저축은행의 상품을 지역별로 조회할 수 있고 금리 순으로 정렬해서 볼 수 있다. 금융포털 모네타(http://finance.moneta.co.kr)에서는 은행, 상호저축은행, 신협, 종금사 모두를 대상으로 금리를 비교할 수 있다.

12 https://finlife.fss.or.kr

정기예금 비교 검색

금융회사 ▼	상품명 ▼	세전 ▼ 이자율	세후 ▼ 이자율	세후 ▼ 이자(예시)	최고▼ 우대금리	가입▼ 대상	이자계산방식 전체 선택
주식회사 케이뱅크	코드K 정기예금	2.25%	1.90%	380,700	2.25%	제한없음	단리
광주은행	미즈월복리정기예금	2.21%	1.87%	381,960	2.41%	제한없음	복리

'금융상품한눈에' 사이트에서 2022년 3월 검색.

정기예금 금리를 검색해 보면 일반적으로 (상호)저축은행이 시중은행보다 이자를 더 많이 준다. 만일 저축은행이 시중은행과 같은 이자를 준다면 어떻게 될까? 저축은행은 일반은행보다 역사가 짧고 규모도 작아서 인지도가 낮다. 또 저축은행에서 사고가 나서 예금을 못 찾은 고객들이 있었다는 사실을 모든 국민이 알고 있다. 이렇게 위험이 있는 저축은행에 예금하도록 만들려면 시중은행보다 이자를 더 줘야 한다. 여기도 위험과 수익은 비례한다는 금융원리가 작동하고 있다.

저금리가 장기화되면서 금융소비자들이 금리에 매우 민감해졌다. 이에 금융회사들이 높은 금리를 주는 예·적금을 특별판매하는 행사를 자주 실시한다. 그런데 이런 우대금리를 받으려면 의외로 조건이 까다롭고 납입금 한도가 낮아서 이자를 받아봤자 몇 푼 안되는 경우가 많다. 우대금리를 준다는 특판 상품에 가입할 때는 반드시 상품설명서를 읽고 지급조건과 한도금액을 확인해야 한다. 돈 장사를 업으로 하는 금융회사가 허술하게 높은 이자를 줄 리가 없다.

☑ 연체와 부도

대출금에 대한 원리금을 제때 갚지 못하는 것이 연체다. 연체가 3개월 이상이면 고정이하여신이라고 부른다. 고정이하여신은 금융기관이 설정한 기준에 미달해서 회수가 어렵다고 판단한 대출금이다. 고정이하여신을 총여신으로 나눈 것이 고정이하여신비율이며 이 비율이 높을수록 금융기관 경영실적이 나쁘다고 판단한다.

일반은행과 비은행금융기관의 고정이하여신비율 추이가 다음 차트에 나와 있다. 일반은행의 고정이하여신비율은 2017년 1분기부터 계속 낮아져서 2021년 3분기에는 0.29%를 기록했다. 대출을 해 주고 연체가 거의 없는 상태여서 은행이 경영을 잘한 것으로 평가한다. 하지만 드러나지 않은 잠재적 위험이 있다. 정부는 코로나19 팬데믹으로 인한 자영업자(소상공인)의 자금압박을 고려하여 2020년 4월부터 대출금 만기를 연장하고 원리금 상환을 유예하는 정책을 실시하였다. 이런 파격적인 조치로 부실채권 문제가 표면에 드러나지 않고 있다.

비은행금융기관 중에서 저축은행은 고정이하여신비율이 3.54%로 일반은행의 12배 수준이다. 저축은행에 연체자들이 많아져서 망하면 어쩌나 하는 불안이 생길 수밖에 없다. 이것이 바로 사람들이 저축은행에 예금할 때 고금리를 요구하는 이유다. 오른쪽 차트에서 고정이하여신비율이 거의 0%인 곳은 보험회사다. 보험회사는 보험계약자가 납입한 보험료를 담보로 대출을 주므로 연체가 발생할 확률이 매우 낮다.

◎ 일반은행 고정이하여신비율

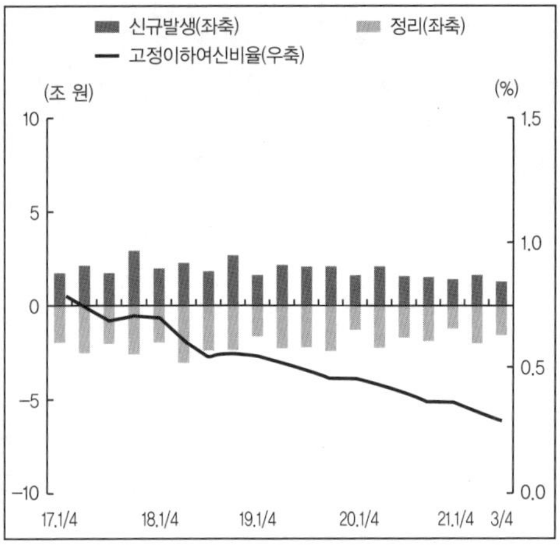

◎ 비은행금융기관 고정이하여신비율

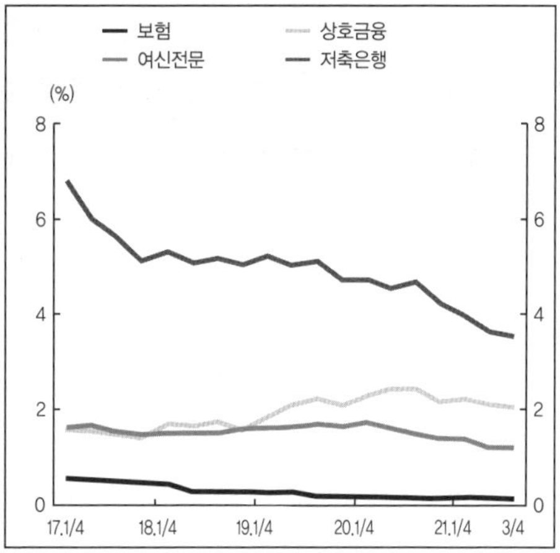

한국은행, 『금융안정보고서』, 2021.

예금할 때 망할 가능성이 작은 우량한 금융기관을 찾는 방법이 있다. 금융감독원의 정보포털 파인에 가면 '금융회사 핵심경영지표'를 볼 수 있다.[13] 2021년 9월 기준으로 검색한 일반은행과 저축은행의 주요 경영지표는 다음과 같다.

◎ 금융회사 주요 경영지표 평균

(%)

구분	BIS비율	고정이하여신비율	ROA
일반은행(18개)	17.03	0.51	0.42
저축은행(80개)	13.82	3.54	1.68

2021년 9월 기준.

BIS비율은 자기자본을 위험가중자산으로 나눈 비율로서 자본의 적정성을 판단하는 국제적 지표다. 국제결제은행(BIS)은 예상치 못한 손실에 대비하기 위하여 8% 이상을 유지할 것을 요구하고 있다. BIS비율은 일반은행 18개와 저축은행 80개가 모두 8% 이상 조건을 충족하였다. 일반은행이 17.03%로 저축은행보다 높아서 안전성이 더 크다고 판단한다. 고정이하여신비율은 저축은행이 3.54%로 일반

13 https://fine.fss.or.kr/main/fin_comp/fincomp_inde×/fisis_bank.jsp

은행보다 7배 높아서 저축은행이 더 위험하다고 판단한다. ROA(총자산순이익률, Return On Asset)는 당기순이익을 총자산으로 나눈 비율이다. 저축은행이 1.68%로 일반은행보다 4배 높아서 저축은행의 수익성이 더 크다고 판단한다. 요약하면 저축은행은 더 위험한 방식으로 영업을 해서 더 많은 수익을 내고 있다.

예금보호제도

금융기관도 영업을 잘못하면 망할 수 있다. 금융기관이 예금의 지급정지나 영업인·허가의 취소, 해산 또는 파산 등의 상황에 처하면 고객은 맡겨 둔 예금을 찾지 못하게 된다. 이러한 사태를 그저 고객이 운이 나빠서 손해 본 것으로 처리하면 이후에는 아무도 금융기관을 신뢰하지 않고 예금을 하지 않을 것이다. 이러한 사태를 방지하기 위하여 정부가 일정한 범위 내에서 예금을 보장해 주는 제도가 예금보험제도다. 정부는 1995년 12월 '예금자보호법'을 제정하였고 1996년 6월 예금보험공사를 설립하였다.

예금보험공사는 평소에 금융기관으로부터 예금보험료를 받아 예금보험기금으로 적립해 두었다가, 금융기관이 예금을 지급할 수 없는 사태가 발생하면 금융기관을 대신하여 예금을 지급한다. 화재보험에 가입해 두면 화재가 났을 때 보험회사로부터 보험금을 받을 수 있는 것과 동일한 이치다. 예금보호의 대상은 말 그대로 예금만 해당된다. 여기서 '예금'이란 금융기관이 만기일에 확정된 원리금을 지급하겠다는 약속을 하고 돈을 받는 저축상품을 의미한다. 고객이 맡긴 돈을 운용한 실적에 따라 성과금을 분배하는 투자상품은 예금보호 대상이 아니다. 금융상품이 복잡하게 진화하면서 예금자 보호가 되는 상품과 보호가 되지 않는 상품을 구분하기 모호한 경우도 있으므로 금융상품을 구입하기 전에 꼼꼼하게 확인해야 한다.

한 금융기관에서 보호받을 수 있는 한도는 원금과 이자를 합하여 5천만 원이다. 예금보호를 받을 상황이 발생하면 금융기관이 애초 약속했던 이자율이 아니라 시중은행 1년 만기 정기예금의 평균금리를 적용해서 보호할 원리금을 계산한다. 정기예금 평균금리가 2%라면 1년간 예금했을 때 보호받을 수 있는 최대 금액은

4,902(=5,000/1.02)만 원이다. 만일 예금할 자금이 1억 원 있다면 최소한 은행 3곳에 분산해서 예금해야 전액을 보호받을 수 있다. 예금보호 한도는 2001년 5천만 원으로 결정된 이후 지금까지 한 번도 증액되지 않았다. 지난 20년 동안 1인당 국민총소득은 2.5배 올랐고 보호되는 예금은 3.8배 올라서 예금보호 한도를 올릴 필요가 있다. 이에 예금보호 한도를 1억 원으로 올리고 금융권역별로 차등화하는 방안이 검토되고 있다. 우리는 1억 원이 아주 평범한 돈이 된 시대에 살고 있다.

☑ 기타 보호제도

안전한 확정금리를 원한다고 해서 은행하고만 거래할 필요는 없다. 상호저축은행뿐만 아니라 새마을금고, 신용협동조합, 농·수협지역조합[14] 등도 확정금리 상품을 제공하며 이자율은 일반은행보다 다소 높은 수준이다.[15] 이러한 금융회사는 서민들의 금융생활을 돕기 위해 만들었다고 해서 서민금융기관이라고 부른다. 서울 강남의 테헤란로는 사무실 임대료가 가장 비싼 곳인데 그곳에서 상호저축은행의 간판을 쉽게 볼 수 있다. 서민금융기관이라는 호칭과는 달리 실제로는 부자들이 많이 이용하고 있다. 이들도 은행과 마찬가지로 원리금 5천만 원까지 자체 기금으로 예금자를 보호한다.

주택청약종합저축은 예금보호상품이 아니다. 이 말을 들으면 깜짝 놀라는 사람이 많다. 정부가 아파트 청약하려면 반드시 가입하라고 강제해 놓고 어떻게 예금보호를 안 할 수 있냐고 따진다. 그러나 불안해할 필요 없다. 주택청약종합저축은 예금보험공사가 아니라 국민주택기금에서 보호한다. 마찬가지로 우체국예금은 '우체국 예금보험에 관한 법률'에 근거한 기금으로 보호하고, 새마을금고와 신협도 자체 준비금이나 기금으로 보호한다. 증권회사에 맡긴 예수금은 앞으로 주식매수

14 농·수협중앙회는 농수산업 종사자를 위한 특수은행으로서 제1금융권이고, 농·수협지역조합은 제2금융권인 상호금융기관이다. 농·수협중앙회는 '농·수협은행 ○○지점'처럼 상호에 '은행'으로 표시되는 데 비해, 상호금융기관인 농·수협 지역조합은 '○○농·수협 ○○지점'처럼 상호에 지역 농·수협 이름이 표시된다.

15 2022년 3월 현재, 1년 만기 정기예금의 최고 세전 금리는 은행 1.8%, 상호저축은행 2.55%, 신용협동조합 3.2%다.

에 사용하려고 미리 넣어둔 돈이다. 예수금은 '자본시장과 금융투자업에 관한 법률' 흔히 자본시장법이라고 말하는 법으로 보호한다.

은행이라고 부르는 이유

은행은 우리 생활과 너무나 밀접해서 삶의 일부분이 되었고 은행이 없는 세상은 상상하기도 어렵다. 역사적으로 은행을 부르는 호칭은 취급하는 업무 내용에 따라 나라마다 다르게 불렸다. 서양의 뱅크(bank)는 어원이 탁자다. 중세 시대에 금융업자들이 탁자에 여러 지방의 돈을 펼쳐 놓고서 환전하거나 어음 · 수표를 교환하는 일을 처리한 데서 유래했다. 당시 가짜 돈도 많고 불량 돈도 많아서 시비가 자주 일어났다. 싸움으로 탁자가 뒤집히면 더 이상 은행 일을 볼 수 없고 이 말이 파산(bankruptcy)을 의미하게 되었다.

일본은 1873년 제일국립은행을 설립하면서 뱅크를 깅코(银行)로 번역했다. 한자만 보면 '은이 가는 곳'이라고 생각하기 쉬운데 여기서 행(行)은 직업 또는 점포라는 뜻이다. 일본 거리에서 쉽게 볼 수 있는 료가에(両替)는 두 가지를 맞바꾼다는 뜻으로 내가 가진 돈과 상대가 가진 돈을 교환하는 환전 업무를 의미한다.

중국 최초의 은행은 1897년 설립한 중국통상은행이다. 중국에서 전통적으로 부르던 치엔쭈앙(钱庄)은 돈이 쌓여 있는 장소라는 뜻이다. 치엔쭈앙에 가면 돈을 맡길 수도 있고 빌릴 수도 있어서 여·수신업무가 가능하다는 개념이다. 조선 최초의 은행은 1897년 설립된 한성은행이다. 환전 및 금융 업무를 주요 목표로 영업을 시작하였으나 운영은 제대로 되지 않았다. 현재 한자를 사용하는 동아시아권 국가들은 뱅크를 은행으로 표기해서 사용하고 있다.

4. 절세 금융상품

국가를 운영하려면 자금이 필요하기 때문에 국민들이 세금을 내야 한다. 그런데 반대로 국가가 보너스를 주기도 한다. 절세 금융상품은 국가가 당연히 받아야 할 세금을 깎아 주므로 국민이 보너스를 받는 것이다. 절세 금융상품이 제공하는 소득공제와 세액공제 혜택을 모르고 이용하지 않으면 자신만 손해다. 사람들은 재테크를 하면서 수익이 높은 상품을 열심히 찾아다닌다. 그러나 고수익 상품을 좇아 다니기 전에 절세하는 방법부터 알아야 한다.

세금을 깎아 준다

금융상품에 투자하고 이자나 배당 등 금융소득이 발생하면 세금을 납부해야 한다. 세금 혜택이 없는 일반과세는 15.4%(이자소득세 14% + 주민세 1.4%)를 세금으로 내야 한다. 정부는 서민층의 재산형성과 저축장려를 위하여 일부 금융상품에 대하여는 세금을 줄여 주는 혜택을 주고 있다. 세금 혜택이 있는 상품은 가입자격이 제한되어 있고 중도해지하는 경우에 세금을 추징당하는 불이익이 있다. 대표적인 절세 금융상품은 다음과 같다.

절세 금융상품

세금	금융상품	대상 및 한도
비과세	비과세 종합저축	- 65세 이상, 장애인 등 - 저축 5천만 원 한도 비과세
	청년우대형 주택청약 종합저축	- 만 19~34세 - 소득 3,600만 원 이하 무주택 세대주 - 납입액 600만 원 한도 비과세
	조합원 출자금	- 1천만 원 한도 - 출자금에 대한 배당금 비과세
	장기 저축성보험	- 10년 이상 가입 - 보험차익 비과세
	ISA	- 납입액 2천만 원 한도 - 계좌 순소득 200만 원 비과세
세금우대 (세율 1.4~9.5%)	조합원 예탁금	- 19세 이상 조합원 및 준조합원 - 3천만 원 한도 저율 과세
소득공제 (납입액 40%)	주택청약 종합저축	- 총급여 7천만 원 이하 무주택 세대주 - 납입액 240만 원 한도(최대 96만 원)
세액공제 (납입액 13.2%)	연금저축	- 국내 거주자 - 납입액 400만 원 한도

비과세종합저축은 금융상품이 아니라 비과세 혜택을 주는 제도다. 만 65세 이상 고령자, 장애인, 국가유공자, 기초생활수급자 등은 금융회사에 가서 예금이나 적금 상품에 가입하고 비과세종합저축으로 지정해 달라고 요구하면 된다. 1인당 가입한도가 5천만 원이므로 부부가 가입하면 저축액 1억 원까지의 이자에 대하여 비과세 혜택을 본다. 청년우대형주택청약종합저축은 만 19~34세 청년이 월 2~50만 원을 납입하면 연간 600만 원 한도로 이자를 비과세한다. 여기에 더하여 1.5%의 우대금리를 추가로 제공하며, 최대 96만 원까지 소득공제하는 3종 혜택을 제공한다.

조합원 출자금은 상호금융(새마을금고, 신협, 농수협 등)에 조합원으로 가입하면서 출자한 돈이다. 주식회사의 주주가 매년 배당금을 받듯이 조합원도 매년 배당금을 받는다. 이때 출자금 1천만 원까지의 배당금에 대해서 비과세한다. 출자는 하지 않고 준조합원으로 가입해도 절세 혜택을 받는다. 준조합원 가입비는 1천 원부터 몇만 원까지 조합마다 다르다. 상호금융의 조합원이나 준조합원이 되면 세금우대저축에 3천만 원까지 가입할 수 있다. 정부는 이런 예탁금에 대한 세금우대 혜택을 연도별로 줄이고 있다. 세율은 2022년까지 1.4%, 2023년까지 5.9%, 2024년 1월 1일 이후 9.5%로 올라간다.

장기저축성보험은 만 19세 이상이 가능하고 10년 이상 가입하면 가입하는 동안에 발생한 보험차익(이자)에 대해서 비과세한다. 보험 만기가 되어 연금으로 수령할 때 저율의 연금소득세를 부과한다. 종합소득세 계산에서 주택청약종합저축은 소득공제 혜택을 주고 연금저축은 세액공제 혜택을 준다. 주택청약종합저축 통장, ISA 통장, 연금저축 통장은 직장인의 3종 필수통장이다.

비과세 상품 중에서 ISA(Individual Savings Account)는 '개인종합자산관리계좌'라는 긴 이름을 가진 만능통장이다. 가입자격은 19세 이상의 거주민이거나 근로소득자면 15세부터도 가능하다. 서민형은 근로소득 5천만 원(종합소득 3,500만 원) 이하이고 이외는 일반형이다. '계좌'라는 명칭에서 짐작하듯이 여러 가지 금융상품을 한 계좌에서 운영할 수 있다. 연간 2천만 원까지 계좌에 납입하고 예금, 적금, 주식, 펀드 등 금융상품에 투자할 수 있다. 투자성과가 어떤 상품은 이익이 나고 어떤 상품은 손해가 날 텐데 이익에서 손해를 뺀 순소득에 대하여 일반형은 200만 원, 서민형은 400만 원까지 비과세한다.

정부는 절세 혜택을 마구 주면 재정 수입에 영향이 있으므로 절세상품의 가입조건을 까다롭게 하거나 가입시한을 설정하고 있다. 가입시한이 정해진 것을 일몰상품이라고 한다. 지금 어떤 상품이 일몰 대상이라고 해서 아쉽게 생각할 필요는 없다. 과거를 돌아보면 어떤 정부든 서민들을 위한 절세 혜택을 계속 제공해 왔다.[16] 현재의 청년들이 취업하고 소득을 벌 때가 되면 또 새로운 형태의 절세상품이 나올 것이므로 그때 잊지 말고 가입하면 된다.

☑ 연금저축과 IRP

연금저축은 어느 금융회사가 취급하느냐에 따라 세 가지 형태가 있다. 은행에서는 연금저축신탁, 보험회사에서는 연금저축보험, 자산운용사에서는 연금저축펀드가 된다. 연금저축신탁은 2018년부터 신규가입이 중단되어 현재는 연금저축보험과 연금저축펀드만 이용할 수 있다. 연금저축을 하면 납입액 400만 원까지 세액공제를 해 준다. 세액공제율은 연소득 5,500만 원 이하는 16.5%, 연소득 5,500만원 초과는 13.2%다.[17]

세액공제한도		세액공제율
400만 원	✖	연소득 5,500만 원 초과 13.2% 연소득 5,500만 원 이하 16.5%

연금저축에 10년 이상 가입하면 연금으로 받을 수 있다. 이때 연금소득에 대하여 연금소득세율을 아주 낮게 매긴다. 연금소득세율은 연금수령자가 70세 미만이면 5.5%, 70~79세이면 4.4%, 80세 이상이면 3.3%로 점차 줄어든다. 만약에 연금으로 받지 않고 일시금으로 찾아가면 기타소득세율 16.5%로 높게 과세한다. 노후생활을 위해서 매달 연금으로 받아가도록 장려하는 정책이다. 연금저축은 두 가

16 정부는 사회적 취약층의 자산형성을 위하여 청년우대형주택청약종합저축의 일몰기한을 2021년 말에서 2023년 말까지로 연장했다.

17 50세 이상이고 근로소득 1억 2천 만원(종합소득 1억 원) 이하이면 200만 원을 추가로 세액공제해 준다. 이 제도는 2022년 말에 일몰된다.

지 절세 혜택을 준다. 근로하면서 종합소득세를 내는 시기에는 연금저축액에 대하여 세액공제 혜택을 주고, 은퇴해서 연금을 받는 시기에는 연금소득세율을 낮게 적용하는 혜택을 준다. 이런 혜택은 국가가 주는 굉장히 큰 보너스이니 반드시 이용해야 한다.

IRP(Individual Retirement Pension, 개인형 퇴직연금)는 근로자의 퇴직금을 회사에 적립하지 않고 근로자 명의의 퇴직계좌에 적립하는 제도다. 근로자는 회사가 적립하는 금액 이외에 추가로 납입할 수 있고, 퇴사하면서 받은 퇴직일시금을 적립할 수 있다. 노후생활을 위하여 퇴직금을 중간에 찾아 쓰지 말고 자꾸 적립하라고 권유하는 제도다.

세액공제는 연금저축과 IRP를 묶어서 한꺼번에 관리해야 효과적이다. 연금저축의 세액공제한도는 400만 원이고 IRP에 가입하면 300만 원을 추가로 인정해서 700만 원으로 늘어난다. 연금저축에 가입하지 않았다면 IRP만으로 700만 원까지 세액공제를 받을 수 있다.

연금저축과 IRP 세액공제와 과세이연

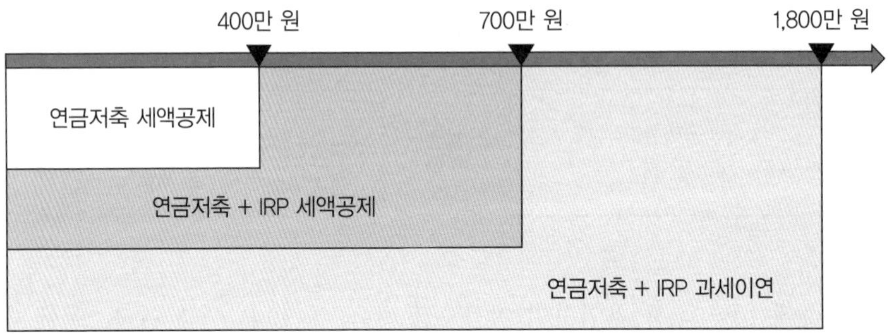

연금저축과 IRP에 가입하면 이자소득에 대한 과세를 만기가 될 때까지 뒤로 늦출 수 있다. 세액공제는 700만 원까지 가능하지만 과세이연은 1,800만 원까지 가능하다. 세액공제를 못받더라도 과세이연을 받을 수 있으므로 연금저축과 IRP에 많이 적립하는 것이 좋다.

연금저축보험과 연금보험

보험회사에서 판매하는 공시이율연금보험과 변액연금보험은 보험이면서 만기가 되면 연금을 주는 상품이다. 이들은 연금저축보험과 이름이 비슷하지만 세금 혜택 내용이 완전히 다르다. 연금저축보험은 근로하는 동안에 세액공제 혜택이 있어서 종합소득세를 깎아 주는 것이다. 공시이율연금보험과 변액연금보험은 세액공제 혜택이 없는 대신에 연금을 수령할 때 연금소득세를 면제해 준다.

소득이 없는 가정주부처럼 종합소득세를 내지 않는 사람들은 굳이 연금저축보험에 가입할 필요가 없다. 이들은 보험회사에 판매하는 'OO연금보험'에 가입하는 것이 좋다.

☑ 주택청약종합저축

사람들은 대부분 자기 집을 갖겠다는 소망을 가지고 있다. 정부에서도 국민들이 주택을 마련할 수 있도록 각종 제도를 시행하고 있다. 아파트를 청약할 수 있는 자격을 주고 관리하기 위한 제도가 주택청약종합저축이다. 적금으로 매월 납입하거나 일시금으로 예치하여 통장을 만들면 분양하는 아파트에 청약할 수 있다. 매월 2만 원 이상 50만 원 미만을 자유롭게 납입할 수 있다.[18]

주택청약종합저축을 취급하는 은행은 9개다.[19] 주택청약종합저축에 가입할 때 어느 은행이 이자를 많이 주는지는 비교할 필요가 없다. 어느 은행이나 금리는 똑같다. 이 상품은 공공기관인 주택도시기금에서 상품을 설계하고 9개 은행들은 판매점 역할만 한다. 주택청약종합저축에 가입하면 아파트 청약기회를 줄 뿐만 아니라 소득공제 혜택도 준다. 총급여액이 7천만 원 이하인 무주택 세대주는 연납부액(240만 원 한도)의 40%(96만 원 한도)를 소득공제 받는다.

주택청약종합저축 이름 앞에 '청년우대형'이 들어간 상품이 있다. 청년들한테 추

18 잔액이 1,500만 원 미만이면 잔액 1,500만 원까지 일시에 예치할 수도 있다.

19 9개 은행은 국민은행, 신한은행, 하나은행, 우리은행, 기업은행, NH농협은행, 부산은행, 대구은행, 경남은행이다.

가적으로 혜택을 준다.[20] 가입연령은 만 19~34세이고 연소득은 3,600만 원 이하여야 한다. 청년에게 주는 혜택은 세 가지다. 소득공제 혜택(96만 원 한도)은 당연히 주고, 적금의 기본금리에 1.5%를 추가로 주고, 납입액(600만 원 한도)의 이자소득은 비과세한다. 이렇게 혜택이 많으므로 지금 소득이 없더라도 첫 달에 2만 원을 납입해서 통장을 개설한 후에 쉬고 있다가 필요할 때 추가로 납입하면 된다.

청년우대형 주택청약종합저축에 신규 가입하면 1년 수익률이 얼마나 될까? 소득세율이 16.5% 구간에 해당하는 청년이 금리 3%로 매월 20만 원씩 납입했다고 가정하고 세후 수익률을 계산해 보자.

항목	금액(만 원)	계산
소득공제	96.00	=20만 원×12개월×40%
절세액	15.84	=96만 원×16.5%
세전 이자	3.90	=20만 원×6.5개월×3.0%
세후 이자	3.30	=3.90만 원×(1−0.154)
총수익	19.14	=15.84만 원+3.30만 원
수익률	14.7%	=19.14만 원/(20만 원×6.5개월)

월납입액 20만 원에 6.5개월을 곱한 130만 원이 연평균잔액이다. 매월 20만 원씩 12번 납입한 돈과 130만 원을 한 번에 납입한 돈이 받는 이자가 같다는 의미다. 소득공제로 인한 절세액과 세후 이자를 더하면 총수익은 19.14만 원이다. 총수익을 연평균잔액으로 나누면 수익률은 14.7%다.

이 상품은 국가가 지급을 보장하므로 위험이 없는데 14.7%라는 높은 수익률이 나왔다. 만일 민간 금융회사가 저런 무위험 고수익 상품을 팔면 모든 사람이 사겠다고 달려들어 난리가 날 것이다. 청년우대형 주택청약종합저축은 국가가 청년들에게 혜택을 주기 위해 만든 상품이며 아파트 청약기회를 논외로 하더라도 최고의 재테크 상품이다. 가입을 망설일 이유가 없다.

20 2018년 7월 31일 도입하고 2019년 1월 1일과 2022년 1월 3일 제도를 보완했다.

☑ 저축장려금

청년들의 자립 기반을 지원하기 위해 정부가 일정액을 매칭해서 함께 적립하는 제도가 있다. 매칭 적립해 주는 대표적인 상품이 '장병내일준비적금'이다. 이 적금의 만기는 6~24개월이고 금리를 파격적으로 높여서 최대 6%다. 복무 중인 장병이 이자율 6%로 매월 40만 원씩 18개월 동안 적립하면 만기에 수령하는 원리금이 750만 원 정도 된다.[21] 정부는 3:1로 매칭하여 매월 13만 3천 원을 적립해서 만기에 수령하는 원리금이 250만 원 정도가 된다.[22] 장병이 스스로 적립한 750만 원과 정부가 매칭 적립한 250만 원을 합친 1천만 원 정도를 전역할 때 받을 수 있다. 이 제도는 국가 예산으로 저축지원금을 지급하는 것이며 2022년부터 국방예산에 반영하여 실시하고 있다.

정부는 2022년 2월 21일부터 11개 은행을 통해 '청년희망적금'을 판매하였다. 정부 예산으로 저축장려금을 지원하는 상품이어서 청년들로부터 큰 호응을 얻었다. 만 19~34세이고 총급여 3,600만 원(종합소득 2,600만 원) 이하면 가입할 수 있다. 만기는 2년이고 월납입액은 1천 원 이상 50만 원 이하다. 11개 은행은 기본금리 5%를 주고 은행마다 조건에 따라 추가로 0.5~1%를 준다. 저축장려금은 1년차 납입액의 2%, 2년차 납입액의 4%를 지급하며 이자소득은 비과세한다. 매월 50만 원씩 납입한다면 저축장려금은 1년차에 12만 원이고 2년차에 24만 원으로 총 36만 원을 받는다.

금리가 5%인 청년희망적금에 가입하여 매월 50만 원씩 2년간 납입하면 만기에 1,298.5만 원을 수령한다. 일반정기적금에 가입하여 매월 50만 원씩 2년간 납입하고 만기에 1,298.5만 원을 수령하려면 금리가 얼마여야 될까? 무려 9.31%다. 다시 말해서 청년희망적금은 금리가 9.31%인 정기적금과 동일한 상품이다.

21 정확한 세후 수령액은 748만 9,332원이다.
22 정확한 세후 수령액은 249만 203원이다.

항목	청년희망적금	일반정기적금
금리	5%	9.31%
총납입액	1,200만 원(월 50만 원)	1,200만 원(월 50만 원)
세전 이자	62.5만 원	116.4만 원
이자소득세	0원	17.9만 원
저축장려금	36만 원	0원
만기수령액	1,298.5만 원	1,298.5만 원

이렇게 수익성이 높다 보니 많은 신청자가 몰렸다. 정부는 예산범위 내에서 38만 명만 선착순으로 신청받으려던 계획을 수정해서 모든 신청을 받았는데 290만 명이 가입했다. 잘못된 추정으로 정부의 예산도 늘어났고 은행의 손실도 함께 늘어났다. 청년희망적금을 시행하는 과정에 나이나 소득 요건이 맞지 않아서 신청하지 못한 사람들이 불공정한 제도라고 항의하기도 했다. 또 청년이 자신의 소득으로 납입하지 않고 가족의 돈을 받아서 납입하는 문제점도 드러났다. 절세 혜택이나 저축장려금을 주는 제도를 도입할 때는 부작용과 불공정 시비가 일어나지 않도록 신중하게 설계해야 한다는 교훈을 남겼다.

절세 금융상품이 아무리 여러 개 있어도 눈으로만 보고 머리로만 기억해서는 아무 의미가 없다. 몸으로 직접 실천해야 한다. 새마을금고나 신협에 가서 조합원 가입도 하고, 청년우대형 주택청약종합저축에도 가입하고, 군 복무 중인 친구에게 장병내일준비적금도 소개해야 한다. 이렇게 해야 금융지식이 진짜 실력이 되고 자신에게 혜택이 돌아온다. 오늘 당장 실천해야 한다.

제 10 장

노후자금을 마련하자

1. 고령화가 왜 이렇게 빠른가?
2. 노후자금은 얼마나 필요한가?
3. 연금을 어떻게 활용하나?
4. 노후준비와 행복설계

"나는 먼저 내 그림을 꿈꾸어 본다.
그 다음에 내 꿈을 그린다."

– 빈센트 반 고흐(화가)

1. 고령화가 왜 이렇게 빠른가?

인구 변화

우리나라가 고령사회가 되고 있다는 뉴스가 자주 들린다. 출생아가 급감하고 사망자도 같이 줄어서 살아 있는 사람들 나이가 계속 올라가고 있다. 출생아가 줄어드니까 인구성장률이 떨어지고 사망자가 줄어드니까 기대수명이 올라간다. 두 요인이 합쳐져서 점점 노인들이 많아지는 고령사회로 변해 가고 있다. 인구의 자연증가는 출생아 수에서 사망자 수를 빼서 계산한다. 이 값이 양이면 자연증가고 이 값이 음이면 자연감소다. 우리나라는 2020년부터 자연감소가 시작됐다.[01] 인구가 한 번 자연감소 상태에 들어가면 되돌리기가 매우 어려우며 앞으로 자연감소가 더 확대될 것으로 전망된다.

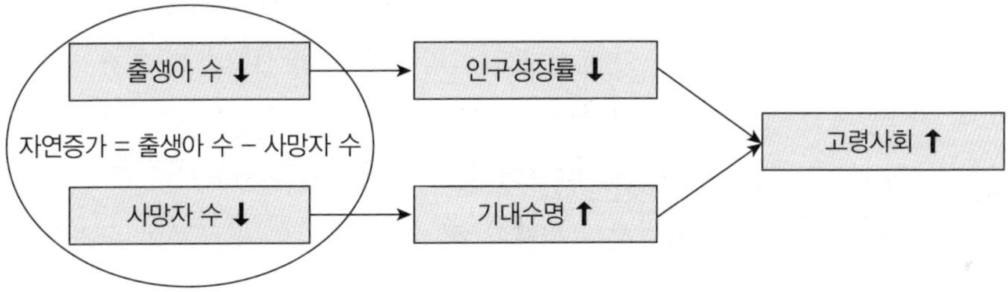

통계청이 2020년을 기준으로 과거 60년과 미래 50년에 대하여 총인구와 인구성장률 추이를 그린 차트는 다음과 같다. 1960년부터 2020년까지는 인구가 증가하는 시기였고 2021년부터는 인구가 감소하는 시기가 된다. 2020년 5,184만 명(인구성장률 0.14%)을 정점으로 인구가 계속 감소하여 2070년 3,766만 명(인구성장률 −1.24%)이 된다. 인구가 감소하면서 고령화도 함께 진행되어 경제에 큰 충격이 밀려오고 있다.

01 2020년에 27만 2천 명이 태어나고 30만 5천 명이 사망해서 3만 3천 명이 자연감소했다.

◎ 총인구와 인구성장률

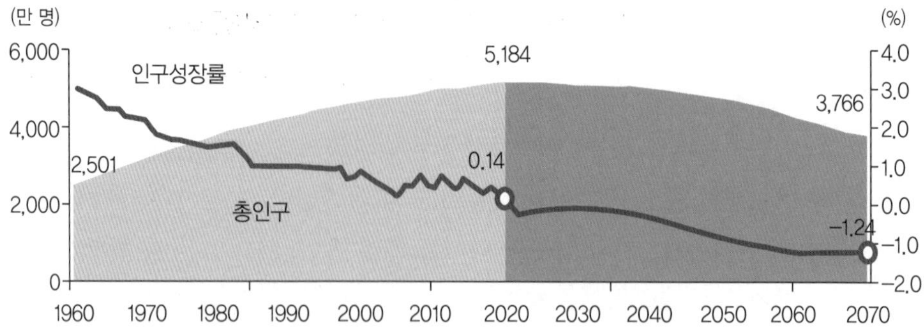

통계청, 『장래인구추계: 2020~2070년』, 2021.

기대수명과 기대여명

기대수명(mean life, 평균수명)은 갓 태어난 신생아가 생존할 것으로 예상되는 기간이다. 통계청의 『2020년 생명표』에 의하면 기대수명은 2020년 83.5세로 1970년 62.3세에 비해 21.2년이 늘었다. 경제성장에 따라 국민들의 섭식과 의료가 개선된 결과이며 한국은 OECD 국가 중에서 일본 다음으로 장수하는 나라다. 성별 기대수명은 남자 80.5세, 여자 86.5세로 여자가 남자보다 6.0년을 더 산다.[02] 남녀 수명 차이는 노후를 설계할 때 반드시 고려해야 하는 요소다. 만일 남자의 수명을 기준으로 노후를 설계하면 남편 사후에 홀로 남은 아내의 생계가 막막해진다.

◎ 기대수명 변화

(년)

	1970년	1985년	2000년	2020년
전체	62.3	68.9	76.0	83.5
여자	65.8	73.2	79.7	86.5
남자	58.7	64.6	72.3	80.5
차이	7.1	8.6	7.3	6.0

통계청, 『2020년 생명표』, 2021.

02 OECD 38개 국가의 평균 기대수명은 남자 77.9세, 여자 83.2세다.

예전에는 60세를 넘기면 장수했다고 환갑잔치를 열어 축하했지만 지금은 환갑잔치를 찾아보기 힘들다. 나이 70세를 한자로 '고희(古稀)'라고 부르는데, 70세까지 오래 사는 경우는 "옛날부터 희귀했다."는 뜻에서 붙여진 별명이다. 그런데 2020년의 기대수명이 83.5세가 되었으니 고희라는 말은 더 이상 의미가 없어졌다.

기대수명보다 더 관심을 가지고 볼 것은 기대여명이다. 기대여명(life expectancy)은 현재의 나이에서 앞으로 생존할 것으로 예상되는 기간이다. 기대여명은 지금 나이가 얼마냐에 따라 달라진다. 다음 표에서 60세 남자를 보면 2010년에는 20.8년을 더 살아 80.8세에 사망할 것으로 예상했는데, 2020년에는 23.4년을 더 살아서 83.4세에 사망할 것으로 예측되었다. 연령층이 올라갈수록 기대여명 증가율이 높아지는 현상은 우리나라가 점점 고령사회로 바뀌고 있다는 증거다.

연령별 기대여명

(년, %)

연령	남자			여자		
	2010년	2020년	증가율	2010년	2020년	증가율
0세	76.8	80.5	4.8	83.6	86.5	3.5
20세	57.4	60.9	6.1	64.1	66.8	4.2
40세	38.2	41.5	8.6	44.6	47.3	6.1
60세	20.8	23.4	12.5	25.7	28.2	9.7
80세	7.4	8.4	13.5	9.5	10.8	13.7

통계청, 『2020년 생명표』, 2021.

1년 동안 사망한 사람들 중에서 가장 많이 사망한 연령을 최빈사망연령(mode of age at death)이라고 한다. 대체로 최빈사망연령은 기대수명보다 10세 정도 높다. 학자들은 최빈사망연령이 90세가 될 때를 '100세 시대' 진입시점으로 본다. 우리나라는 2020년에 최빈사망연령이 90.5세가 되어 '100세 시대'에 들어섰다. 치명적인 질병이 없는 한 평균적으로 90세 이상 생존하는 시대가 된 것이다. 그러나 이렇게 수명이 늘어났다고 곧 우리의 삶이 행복해진 것은 아니라는 데 문제가 있다. 단순히 수명을 연장하는 게 삶의 목표가 아니라 품위를 지키면서 삶을 즐길 수 있어야 하기 때문이다.

청년과 노인

중위연령은 전체 인구를 나이순으로 나열할 때 가운데 위치하는 나이이다. 우리나라 중위연령은 1970년 18.5세에서 2020년 43.7세로 상승했다. 50년 전에는 거리에서 마주치는 사람들이 청년들이었는데 지금은 중년들이라는 의미다. 앞으로 50년 후인 2070년에는 중위연령이 62.2세로 올라가 노인들로 둘러싸인 사회가 된다. 중위연령이 올라간다는 것은 국가가 그만큼 늙어 가고 있다는 의미다.

한국인의 기대수명에 대한 최초의 조사는 1926년에 있었는데 33.7세에 불과했다. 기대수명이 이렇게 낮았던 원인은 어린이 사망률이 높아서였다. 1930년 통계에 따르면 태어나서 5년 내에 사망하는 비율이 41%에 이르렀다. 기대수명이 33.7세이므로 중위연령은 15~16세 정도였을 것으로 생각된다.

불과 100년 만에 수명이 50년 정도 증가하였으니 엄청난 변화다. 기대수명과 중위연령이 늘어남에 따라 사회에서 노인과 청년을 정의하는 기준도 달라지고 있다. 정부는 청년의 고용지원 연령기준을 15~29세에서 15~34세로 상향 조정했다. 30대 초반의 미취업자가 꾸준히 늘어나고 있기 때문이다. 또 현재 65세로 통용되는 노인연령을 70세 정도로 끌어올린다는 게 정부의 기본 방침이다.

☑ 고령화

기대수명이나 기대여명의 증가보다 더 우려되는 것은 고령화 속도가 지나치게 빠르다는 점이다. 전체 인구에서 65세 이상의 고령인구가 차지하는 비중이 7% 이상이면 고령화사회(aging society), 14% 이상이면 고령사회(aged society), 20% 이상이면 초고령사회(super-aged society)라고 부른다. 우리나라는 고령인구 비율이 2000년에 7.2%가 되어 고령화사회로 진입했고 2018년에 14.2%로 고령사회의 문턱을 넘었으며 2025년에 20.6%로 고령사회에 정착할 것으로 예측된다. 고령화사회에서 고령사회로 넘어가는 데 프랑스는 115년이 소요되었는데 우리나라는 18년밖에 소요되지 않는다. 또 초고령사회로 이동하는 데 7년밖에 걸리지 않아서 세계에서 가장 빠르게 늙어 가는 국가가 되었다. 이렇게 변화속도가 너무 빠르다 보니 국가, 사회, 가정, 개인 모두가 제대로 준비를 갖추지 못한 채 고령화의 충격을 겪고 있다.

인구고령화 속도

	각 단계에 도달하는 연도			단계 이동에 걸리는 연수	
	7% 고령화사회	14% 고령사회	20% 초고령사회	7% → 14%	14% → 20%
일본	1970	1994	2006	24	12
프랑스	1864	1979	2020	115	41
영국	1929	1976	2021	47	45
미국	1942	2013	2028	71	15
한국	2000	2018	2025	18	7

인구 피라미드는 인구의 연령별 비중을 보여주는 차트다. 1960년에는 밑변이 넓은 피라미드 모양이었는데 2020년에는 가운데가 불룩한 항아리 모양이 되었고 2070년에는 위가 불룩하고 아래로 갈수록 가느다란 깔때기 모양이 된다. 우리나라 인구 구조는 더 이상 피라미드라는 말을 붙일 수 없게 변했다. 이렇게 생산연령층이 줄어들면 경제의 성장 잠재력이 하락한다. 갈수록 세금은 덜 걷히고 노인들을 위한 복지지출은 증가한다. 그만큼 정부의 경제 운용이 어려워지고 가계의 살림살이도 빠듯해진다.

인구 피라미드

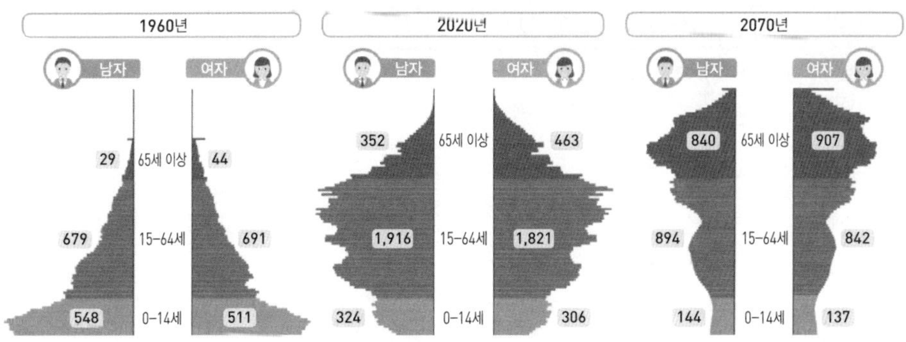

통계청, 『장래인구추계: 2020~2070년』, 2021.

부양비

2020년에 총인구는 5,184만 명이고 연령별 구성은 유소년인구 12.2%, 생산연령인구 72.1%, 고령인구 15.7%다. 노령화지수는 유소년인구 대비고령인구가 얼마나 많은지 측정한다.[03] 노령화지수가 2000년에는 34.3명에 불과해서 아이 세 명당 노인 한 명이 있었는데, 2020년에는 128.7명으로 대략 아이 세 명당 노인 네 명이 있는 구조로 바뀌었다. 겨우 20년 만에 노령화지수가 거의 네 배가 되었다.

노령화가 급속하게 진행되면 누가 어떻게 먹여 살리냐는 부양비 문제가 심각해진다. 먹여 살리는 사람은 일을 해서 소득을 버는 사람들, 즉 생산연령인구다. 생산연령인구 대비 유소년인구의 비율과 고령인구의 비율을 계산한 것이 유소년부양비와 노년부양비다.[04] 2020년에 유소년부양비가 16.9명이고 노년부양비가 21.8명이다. 유소년부양비와 노년부양비를 더한 총부양비가 2020년에 38.7명이고 앞으로 50년 후인 2070년에 116.8명으로 증가한다. 즉, 생산연령인구 100명이 일을 해서 아이와 노인 117명을 먹여 살려야 하는 국가가 되어 가고 있다. 지금의 청년세대는 인구가 감소하고 경제가 수축되는 상황에서 살아야 한다. 미래가 불안하지만 그럴수록 미리 준비해야 한다.

2020년 연령대별 인구 구조

유소년인구(14세 이하)	생산연령인구(15~64세)	고령인구(65세 이상)
632만 명(12.2%)	3,738만 명(72.1%)	814만 명(15.7%)
노령화지수(고령인구/유소년인구)=128.7 유소년부양비(유소년인구/생산연령인구)=16.9 노년부양비(고령인구/생산연령인구)=21.8		

지표는 분모 100명당 인원을 의미.

03 유소년인구 100명당 고령인구 수로 표시한다.
04 생산연령인구 100명당 인원으로 표시한다.

◎ 유소년부양비와 노년부양비 추이

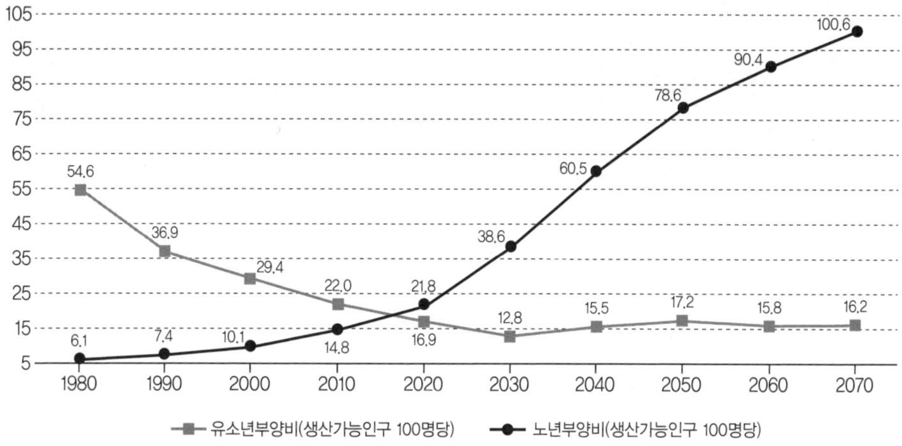

통계청, "인구로 보는 대한민국," https://kosis.kr/visual/populationKorea

2. 노후자금은 얼마나 필요한가?

☑ 노후준비

사람들은 노후준비를 잘 하고 있을까? 보험개발원에서 수도권과 광역시에 거주하는 30~50대 비은퇴자를 대상으로 노후준비에 대한 설문조사를 했다.[05] 응답자의 94.9%가 노후준비가 필요하다고 응답했으나 노후준비가 충분하다고 응답한 비율은 31.3%에 불과했다. 정부와 미디어에서 노후준비의 필요성을 알리고 대책마련을 촉구해 왔지만 여전히 준비가 미흡하다. 통계청의 『2021년 사회조사 결과』를 이용해서 사람들이 노후준비를 어떻게 하고 있는지 살펴보자.

05 보험개발원, 『2020 KIDI 은퇴시장 리포트』, 2021.

노후준비를 하지 않는 이유

(%)

구분	준비하고 있지 않음	아직 생각 안 함	앞으로 준비할 계획	준비능력 없음	자녀에게 의탁
전체	32.6	18.7	36.2	36.8	8.2
19~29세	59.1	40.4	41.9	17.6	0.1
30~39세	25.9	21.0	56.5	22.4	0.1
40~49세	21.5	11.1	58.5	30.0	0.1
50~59세	20.0	10.2	42.0	45.9	1.9
60세 이상	37.0	4.1	12.3	59.2	24.1

통계청, 『2021년 사회조사 결과』, 2021.

"준비하고 있지 않음" 비율은 32.6%로 셋 중 하나는 불안한 노후를 맞고 있다. 연령별로 보면 50대가 20.0%로 가장 낮고 20대가 59.1%로 가장 높다. 노후준비를 하지 않는 이유 중에서 "아직 생각 안 함"을 연령대별로 보면 20대가 40.4%로 가장 높고 나이가 들수록 비율이 낮아진다. 20대는 사회생활을 시작도 안 했는데 벌써부터 노후준비를 하냐고 생각할 수 있다. 그러나 젊을수록 부자지수가 높게 나왔듯이 노후준비도 젊어서 일찍 시작해야 무리 없이 목표를 달성할 수 있다.

"앞으로 준비할 계획"이라고 답한 비율은 36.2%로 60대 이상을 제외한 나머지 연령층의 절반 정도가 해당된다. 노후준비 필요성을 느끼지만 여러 사정으로 실행하지 못하고 있는 것이다. "준비능력 없음"이라고 답한 비율이 36.8%다. 비율이 나이가 들수록 높아지고 있다. 준비능력에는 적금이나 연금을 부을 돈이 부족하다는 면뿐만 아니라 금융역량이 부족하다는 면도 같이 해당된다. 이들은 미래에 대한 불안감을 느끼고 있지만 막연히 걱정만 하거나 어떻게 시작할지를 모르는 사람들이다. "자녀에게 의탁"하겠다는 비율은 60세 이상에서는 24.1%에 달하지만 19~49세 연령층에서는 0.1%에 불과하여 부모봉양에 대한 가치관이 변했음을 알 수 있다.

전반적으로 청년들은 금융역량이 있지만 노후준비를 먼 장래의 일로 생각하고 노인들은 금융역량이 없어서 대비를 못하고 있다. 이들에게 노후준비를 일찍 시작해야 하는 이유를 설명하고 금융역량을 키워서 재무설계 능력을 갖추도록 하는 것이 우리 사회의 과제이다.

간단재무설계

은퇴 이후에 부부가 살아가는 데 필요한 노후자금은 얼마나 될까? 국민연금공단이 제공하는 간단재무설계를 이용해서 알아볼 수 있다.[06]

1단계: 국민연금공단의 노후준비 홈페이지에서 '재무설계' 메뉴를 선택하고 하위메뉴에서 '간단재무설계'를 선택한다.

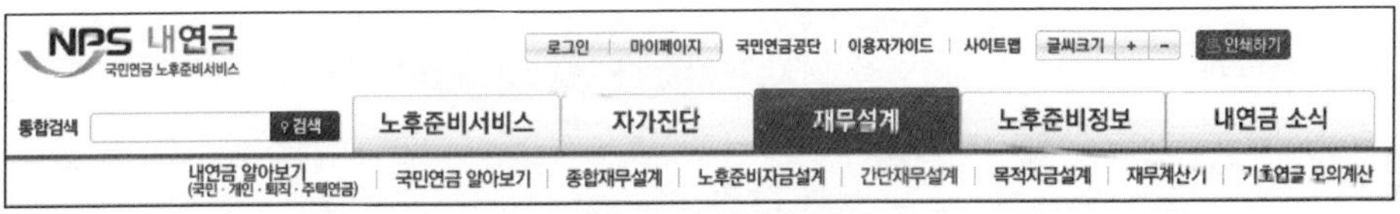

2단계: 노후자금 계산에 필요한 정보를 입력한다. 첫 번째는 [기본정보 입력]이다. 현재나이 '35'세, 예상 기대수명 '85'세, 예상 은퇴연령 '60'세를 입력한다. 나머지 항목들에는 숫자가 이미 채워져 있으며 이는 국민연금공단이 각종 경제지표를 토대로 계산한 수치들이다. 다른 값을 이용하고 싶으면 바꿔도 된다. 두 번째는 [은퇴후 필요 노후자금 입력]이다. 노후 월생활비 상자에 '268'만원으로 이미 입력되어 있다. 부부가 적정한 수준으로 생활하는 데 필요한 금액을 조사한 값이다. 생활수준을 올리고 싶으면 더 큰 금액을 입력하면 된다. 세 번째는 [준비중인 노후자금 입력]이다. 받을 돈이 하나도 없다고 가정하고 빈칸으로 둔다.

06 http://csa.nps.or.kr/finance/simFna.do

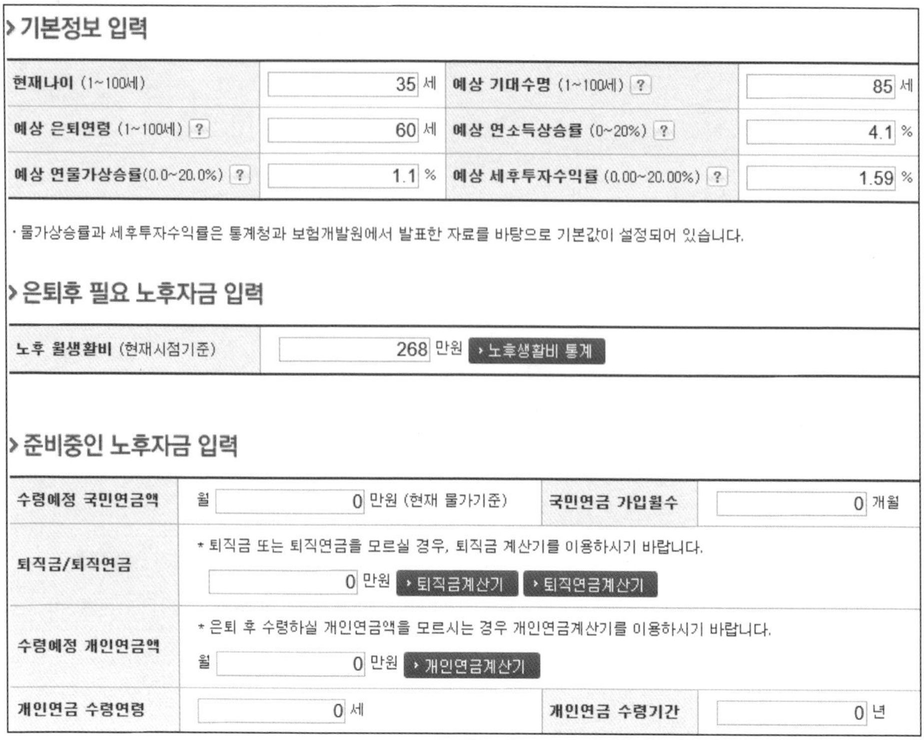

3단계: 결과보기를 누르면 노후준비자금이 계산된다. 35세부터 25년간 일을 하고 60세에 은퇴해서 85세까지 생존하는 경우에 필요한 노후자금은 8억 8,583만 원이다. 적금수익률을 1.59%로 가정하면 매월 243만 원씩 25년 동안 적금을 부어야 한다는 끔찍한(?) 계산이 나왔다.

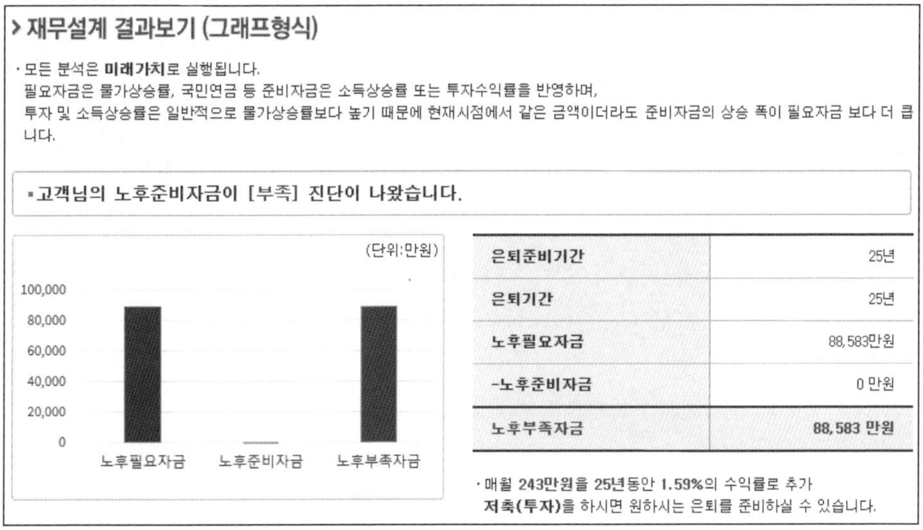

> 재무설계 결과보기 (그래프형식)

· 모든 분석은 **미래가치**로 실행됩니다.
필요자금은 물가상승률, 국민연금 등 준비자금은 소득상승률 또는 투자수익률을 반영하며,
투자 및 소득상승률은 일반적으로 물가상승률보다 높기 때문에 현재시점에서 같은 금액이더라도 준비자금의 상승 폭이 필요자금 보다 더 큽니다.

▪ **고객님의 노후준비자금이 [부족] 진단이 나왔습니다.**

은퇴준비기간	25년
은퇴기간	25년
노후필요자금	88,583만원
-노후준비자금	0 만원
노후부족자금	**88,583 만원**

· 매월 **243만원**을 **25년**동안 **1.59%**의 수익률로 추가 **저축(투자)**을 하시면 원하시는 은퇴를 준비하실 수 있습니다.

금융기관이나 금융회사 홈페이지에 가면 고객들이 간편하게 노후자금의 규모를 알아보는 시뮬레이션(모의실험) 서비스가 제공되고 있다.[07] 이러한 시뮬레이션 계산은 금융회사마다 입력조건과 계산방식이 달라서 노후자금의 규모도 차이가 많이 난다. 당사자와 가족에 대한 기본 정보 이외에 물가상승률, 투자수익률, 저축률, 국민연금 납부액 등 여러 조건이 영향을 미친다. 필요한 노후자금 규모를 한 곳에서 계산한 결과만 믿지 말고 두세 곳에서 계산한 후에 비교해 보는 것이 좋다.

☑ 적정 노후생활비

노후자금에는 부부의 현재 나이, 맞벌이 여부, 연금과 저축액, 자녀양육비, 내 집 마련비, 퇴직연령, 기대여명, 물가상승률, 투자수익률 등 수 많은 변수가 영향을 미친다. 처음부터 이러한 변수를 모두 고려해서 재무설계를 하는 것은 너무 복잡하므로 논의를 단순화할 필요가 있다. 노후에 월 생활비가 얼마나 소요될 것인지를 추정하는 것부터 시작한다.

---

07 금융감독원 통합연금포털. https://100lifeplan.fss.or.kr
서민금융진흥원. https://www.kinfa.or.kr

지금 60세인 사람이 은퇴하여 소득이 없는 상태로 평균수명 85세까지 25년간 생존한다고 가정하자. 은퇴 후 부부가 살아가는 데 필요한 월 생활비를 알아내기 위해서 전문연구자는 가계수지에 대한 통계자료를 분석하거나 많은 사람을 대상으로 설문조사를 실시한다. 일반인이 간편하게 사용할 수 있는 방법은 은퇴 전 소득의 70% 또는 은퇴 전 지출의 80%로 추정하는 것이다. 이 방법은 주관적이라는 문제점이 있지만 은퇴자의 라이프 스타일을 고려해서 계산했다는 장점이 있다. 최근에 전문기관에서 적정 노후생활비로 추정한 금액은 다음과 같다.

조사기관	조사보고서	적정 노후생활비
국민연금연구원	노후보장패널조사(2019)	292만 원*
통계청	가계금융복지조사(2021)	305만 원
하나금융경영연구소	한국재산보고서(2021)	308만 원

* 서울(319만 원)과 광역시(266만 원)의 평균값이다.

노후생활비는 어디에 거주할 것이며 생활 수준을 어떻게 유지할 것인가에 따라서 차이가 많이 난다. 생활 수준을 구분하는 용어도 조사기관마다 차이가 있는데 '평균–품위–풍족'으로 구분하는 경우가 많다. 어떤 생활 수준을 목표로 할 것인지는 당사자가 처해 있는 상황에 따라 다를 것이다. 본서는 '행복한 부자'가 되는 것을 목표로 하고 있다. '행복한' 삶을 누리려면 풍족 수준까지 도달하려고 너무 무리하지 말아야 하고, '부자' 소리를 들으려면 평균 수준은 넘어야 한다. 본서는 '품위' 수준을 노후생활의 목표로 보고 월 생활비를 300만 원이라고 가정한다. 월 300만 원은 형편에 따라 많기도 하고 적기도 할 것이다. 은퇴한 부부가 집이 있는 상태에서 월 300만 원을 식비, 의료비, 문화비 등으로 사용한다면 꽤 여유 있는 생활을 할 수 있을 것이다. 그러나 월 300만 원 중에서 집세, 자녀교육비, 자녀결혼비 등을 충당해야 한다면 상당히 빠듯한 살림이 될 것이다.

앞에서 간단하게 계산해 본 노후자금은 9억 원 가까이 나왔다. 현실에서는 많은 금융회사들이 노후자금으로 10억 원 이상이 필요하다고 홍보하고 일반인들도 대체로 수긍하고 있다. 만일 월소득 464만 원[08]을 받는 사람이 그 절반인 232만 원을

08 2021년 4분기의 가구당 월평균 소득이 464만 2천 원이다.

저축한다면 10억 원을 모으는 데 얼마가 걸릴까? 이자율이 연 2.0%면 무려 27.1년(325개월)이 걸린다. 매월 232만 원을 벌기도 쉽지 않은데 그 돈을 노후준비만을 위해 적금에 부으라고 말하는 것은 비현실적인 조언이다.

금융회사가 거론하는 10억 원은 본인결혼, 내 집 마련, 자녀교육, 자녀결혼 등 누구나 인생에서 맞게 되는 중요한 사건을 고려하지 않고 순수하게 노후자금만 계산한 결과이다. 만일 다른 비용까지 고려한다면 일생 동안에 확보해야 할 자금의 규모는 더욱 커진다. 10억 원도 거의 불가능하다고 생각하는 사람이 많은데 자금 규모가 이렇게 커지면 대부분의 사람이 포기할 수밖에 없다. 그러나 이러한 액수는 다분히 부풀려진 것이므로 미리 좌절할 필요는 없다. 합리적으로 재무설계를 하고 차근차근 실천해 가면 누구나 안정적인 노후생활을 누릴 수 있다. 과연 금융회사들이 말하는 10억 원이 납득할 만한 수준인지 확인해 보자.

☑ 필요한 노후자금

예 1 나은태 씨는 오늘 60세로 은퇴했고 앞으로 85세까지 살 것으로 예상된다. 부부의 월 생활비로 300만 원이 필요하고 물가상승률은 2%다. 앞으로 25년 동안 살기 위해서 필요한 노후자금은 얼마인가?

답 1 투자수익률과 물가상승률이 같으므로 월 생활비와 생존개월 수를 곱하면 된다.

노후자금=300만 원×12개월×25년=9억 원

은퇴한 오늘 통장에 9억 원을 가지고 있으면 앞으로 25년 동안 매달 300만 원씩 쓰면서 소진하고 사망할 때 통장잔고는 제로가 된다. 만일 투자수익률과 물가상승률이 다르다면 노후자금이 9억 원보다 클 수도 있고 작을 수도 있다. 물가상승률보다 투자수익률이 크다면 내가 준비해야 될 돈은 9억 원보다 줄어든다. 거꾸로 물가상승률보다 투자수익률이 작다면 9억 원보다 늘어난다.

노후설계를 할 때 반드시 상세한 정보를 알아야 하고 복잡한 수식을 사용해야 하는 것은 아니다. 얼마든지 자신의 상황을 반영하면서 간편하게 작성할 수 있다. 지금 30세인 사람이 30년 후인 60세에 은퇴하고 85세까지 산다고 가정하자. 이 사람에 대한 간략한 노후설계표는 다음과 같다.

간략한 노후설계표

항목	금액	근거
1. 노후 월 생활비	300만 원	『2021 가계금융복지조사』 부부 적정생활비 305만 원
2. 예상 생존기간	25년	『2020년 생명표』 60세 기대여명 남자 23.4년, 여자 28.2년
3. 필요 노후자금	9억 원	물가상승률=투자수익률 가정 300만 원×12개월×25년
4. 연금 확보자금	4.5억 원	국민연금과 퇴직연금으로 필요 노후자금의 50% 충당
5. 부족 노후자금	4.5억 원	다른 자산보유액 고려하지 않음
6. 추가 월 적립액	65만 원	투자수익률 4% 투자기간 30년

필요 노후자금 9억 원 중에서 반은 당사자가 특별한 노력을 기울이지 않더라도 국민연금과 퇴직연금으로 만들 수 있다. 나머지 반은 당사자가 금융상품투자를 통해서 만들어야 한다. 투자수익률이 4%인 금융상품을 이용해서 매월 65만 원씩 30년 동안 적립하면 4.5억 원을 만들 수 있다. 그런데 부족한 노후자금 4.5억 원을 안전한 적금으로만 마련하겠다는 것은 비효율적 방법이다. 적금만 고집하지 말고 주택연금, 저축보험, 펀드 등을 함께 활용해야 한다. 그러기 위해서 금융역량을 갖추는 것이다. 사람들이 대부분 노후준비가 필요하다는 것을 인식하고 있지만 노후생활비가 얼마나 들고 몇 살까지 생존하며 부족자금을 어떻게 마련해야 되는지 고민하는 단계까지 들어가지 않는다. 지금처럼 간략한 노후설계표를 작성하는 것이 바로 노후준비를 실행하는 첫걸음이다. 다음 수순은 연금을 어떻게 이용하는지 알아보는 것이다.

3. 연금을 어떻게 활용하나?

☑ 3층 보장체계

우리나라는 '국민연금-퇴직연금-개인연금'의 3층 보장체계를 갖추고 있다.[09] 국민연금은 4대 사회보험[10]의 한 종류로서 소득이 있으면 반드시 가입해야 하는 법정제도다. 퇴직연금은 노사합의에 의하여 자율적으로 가입하는 준법정제도이고 개인연금은 각자가 판단하여 민간 금융기관에 가입하는 임의제도다. 3층 보장체계는 국민연금으로 기본적인 생활을 보장하고 퇴직연금으로 표준적인 생활을 보장하며 개인연금으로 윤택한 생활을 보장하는 구조이다. 비유적으로 표현하면, 국민연금으로 밥을 짓고 퇴직연금으로 고기를 굽고 개인연금으로 와인을 따른다고 말할 수 있다.

3층 보장체계의 바닥층에 마련하는 국민연금은 소득이 있는 모든 사람은 반드시 가입해야 하는 강제적 보험이다. 국민연금은 국가에서 운영하기 때문에 민간 금융기관보다 신뢰성이 있고 마케팅비나 사업비 등의 부대비용이 들지 않으므로 상대적으로 높은 수익을 제공한다. 우리나라는 출산율이 떨어지고 고령화가 진행되면서 국민연금 재정악화가 예상되고 있다. 그러나 5년마다 재정건전성 평가에 따라 수급비율을 조정하기 때문에 납입한 금액보다 적은 금액을 받지는 않는다. 또한 수령액을 물가변동에 따라 매년 조정하여 실질적인 화폐가치가 보장되도록 하고 있다.

2층 퇴직연금은 일시금이나 중간정산으로 지급받던 퇴직금을 연금으로 받을 수 있게 만든 제도다. 종전의 퇴직금제도는 근무기간 1년에 대하여 1개월분을 사내에 적립하였다가 퇴직자에게 지급하는 방식이다. 20년을 근무하였다면 20개월분의 월급이 퇴직금이 된다. 퇴직금을 사내에 적립하는 방식에는 기업이 도산하면 퇴직금을 못 받는 위험이 있었다. 퇴직연금제도는 자금을 외부의 금융기관에 적립하여

---

09 국민연금은 1988년에 시작하였고 퇴직연금은 2005년에 도입하였으며 개인연금은 1994년부터 판매되었다. 2008년에 도입된 기초연금은 65세 이상이고 소득 하위 70% 계층을 대상으로 하는 공공부조다.

10 4대 사회보험은 국민연금보험, 국민건강보험, 고용보험, 산재보험을 함께 부르는 말이나.

안전성을 확보하였다. 외부의 금융기관에 적립된 자금을 회사 또는 근로자가 운용한 후에 퇴직 시에 일시금이나 연금으로 지급받는 구조다.

3층 개인연금은 스스로 민간 금융회사에 자금을 적립하고 그 운영수익을 55세부터 연금으로 나눠서 받는 금융상품이다. 개인연금은 노후의 여유로운 생활을 위하여 가입하는 상품이다. 흔히 연금이라고 하면 보험회사에서 취급하는 상품을 생각하는데 은행과 증권회사에서도 다양한 개인연금 상품을 제공하고 있다. 정부는 개인연금의 가입을 장려하기 위하여 세액공제나 이자소득세 면제와 같은 절세 혜택을 주고 있다.

한국금융소비자보호재단은 2020년에 우리나라 사람들이 연금에 얼마나 가입하였는지 조사했다. 연금으로 3층 보장체계를 갖추려면 국민연금, 퇴직연금, 개인연금에 골고루 가입해서 3개 이상이 돼야 한다. 그렇지만 3개 이상 된다는 사람은 겨우 16.9%다.[11] 다양한 연금으로 노후를 대비하겠다는 계획이 현실에서는 잘 작동하지 않고 있다. 달랑 1개의 연금에만 가입한 사람이 39.0%나 되는 것도 문제다. 이들이 가입한 것은 당연히 국민연금일 것이다. 국민연금에만 가입해 놓고 노후준비를 했다고 생각하는 게 우리의 현실이다. 연금에 하나도 가입하지 않은 사람이 11.6%나 되는 것도 큰 문제다. 연금으로 노후를 전혀 보호받지 못하는 사람들은 사회와 정부가 나서서 도움을 줄 수밖에 없다.

가입한 연금의 수(%)

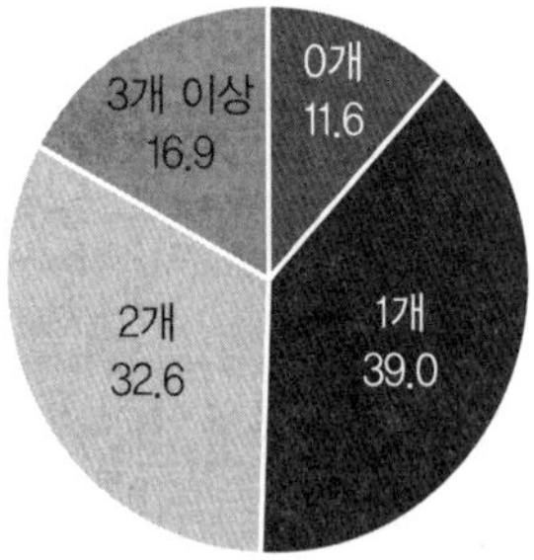

가입한 연금 유형(%)

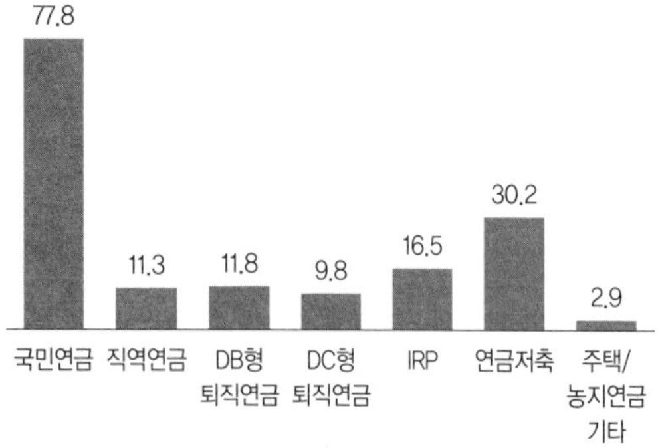

한국금융소비자보호재단, 『2020년 우리나라의 금융역량』, 2021.

11 금융감독원의 통합연금포털(https://100lifeplan.fss.or.kr)에서 내가 가입한 연금을 모두 조회할 수 있다. 사이트 회원 가입을 하고 3영업일이 지나야 조회가 가능하다.

국민연금 보험료와 수령액

10년 이상 국민연금을 납입하면 65세부터 죽을 때까지 매월 연금을 받을 수 있다. 이렇게 나이가 들어서 받는 연금을 노령연금이라고 한다. 85세까지 산다면 20년 동안 노령연금을 받고 100세까지 산다면 35년 동안 노령연금을 받는다. 국민연금은 건강하게 오래 사는 사람에게 유리한 금융상품이다.

국민연금은 소득을 최소 33만 원부터 최대 524만 원까지 50개 순번으로 구분하고 소득월액의 9%를 보험료로 받는다. 보험료를 직장가입자는 사업주와 근로자가 4.5%씩 부담하고, 지역가입자는 본인이 9%를 모두 부담한다. 연금수령액은 소득월액과 가입기간을 고려하여 결정되며, 2022년 3월 기준으로 연금보험료와 예상수령액은 다음과 같다.

노령연금 예상수령액 (원)

순번	소득월액	연금보험료 (9%)	가입기간별 수령액		
			10년	25년	40년
1	330,000	29,700	154,300	330,000	330,000
8	1,000,000	90,000	188,910	465,040	741,170
25	2,700,000	243,000	276,140	679,700	1,083,400
50	5,240,000	471,600	406,480	1,000,610	1,594,740

연금수령액이 소득월액에서 차지하는 비중을 (최종)소득대체율이라고 한다.[12] 현재 소득월액이 270만 원(25순번)인 사람이 10년 동안 가입했으면 수령액이 276,140원이므로 소득대체율은 10.2%다. 소득대체율은 가입기간이 길수록 올라간다. 25년 동안 가입했으면 25.2%고 40년 동안 가입했으면 40.1%다.

직장인이 국민연금에 25년 동안 가입했으면 노후생활비의 25% 정도를 충당한다고 볼 수 있다. 만일 부부가 맞벌이를 하여 동일한 조건으로 납입했다면 국민연

12 국민연금은 연금수령액을 '최장가입기간(40년) 동안의 평균소득'으로 나눈 명목소득대체율을 사용한다. 국민연금은 명목소득대체율이 2028년에 40%가 되도록 설계되어 있다. '최소가입기간(10년) 동안의 평균소득'에 대비하여 계산한 것을 실질소득대체율이라고 한다. 본서에서는 '최종소득'을 기준으로 최종소득대체율을 계산하였다.

금만으로 노후생활비의 50% 정도가 충당된다. 항간에는 국민연금을 받아 본들 껌값도 안 될 거라고 무시하는 사람들도 있지만 실제로 국민연금은 노후생활비에서 상당한 부분을 담당하는 효자상품이다.

국민연금을 못 받는다고?

2020년 말 기준으로 전 금융권에 축적돼 있는 각종 연금 적립금이 1,454조 원이고 그중에 국민연금 적립금이 833조 원(57.3%)이다. 앞으로 생산연령인구가 감소하고 수명이 늘어나서 국민연금 적립액이 2060년경에 고갈된다는 보고서가 나왔다. 청년 세대들은 국민연금 보험료만 열심히 납입하다가 정작 은퇴 후에 국민연금을 못 받는 것이 아닌가 하는 의문을 제기하고 있다. 기금 고갈을 막으려면 연금보험료율을 더 높이거나 연금수령 개시 나이를 더 높여야 한다. 더 많이 내고 덜 받는 제도 개혁이 일어나야 하지만 이해관계자들 의견이 다양해서 합의가 어려운 실정이다.

만일 국민연금 적립금이 고갈되면 국가가 세금을 걷어서 연금을 지급하는 부과방식으로 바뀐다. 적립금이 고갈되더라도 국민연금을 못 받는 일은 절대 생기지 않는다. 국민연금을 못 줄 정도가 되면 나라가 망한 것이다. 나라가 망하고 정부가 없으면 국민연금 못 받는 것만 걱정할 일이 아니다. 국가가 유지된다는 대전제를 깔고 보면 국민연금 수령액이 줄어들 수는 있지만 못 받는 일은 결코 발생하지 않는다. 다만, 국민연금 개혁이 늦어질수록 미래 세대들의 부담과 불안은 커진다.

☑ 국민연금 가입

국민연금은 18세부터 60세 미만까지 소득이 있는 사람은 반드시 가입해야 한다. 소득이 있는 데도 국민연금에 가입하지 않으면 과태료나 벌금을 물린다. 가입자 종류에는 사업장가입자, 지역가입자, 임의가입자, 임의계속가입자의 네 가지가 있다.

국민연금 가입자 종류

가입자	자격	보험료/소득
사업장	1인 이상의 근로자를 사용하는 사업장에서 근무하는 사용자와 근로자	사용자 4.5% 근로자 4.5%
지역	사업장가입자가 아닌 자영업자, 농민 등 무소득 가정주부, 27세 미만 학생 · 군인 제외	본인 9.0%
임의	사업장가입자와 지역가입자가 아니어도 60세 이전에 본인 희망에 의해 가입	본인 선택
임의계속	60세가 되면 가입자 자격을 상실하지만 65세까지 임의계속가입자가 가능	본인 선택

사업장가입자와 지역가입자를 당연가입자라고 한다. 임의가입자는 가입하지 않아도 되는 사람이 자발적으로 가입했다는 뜻이다. 예를 들어 소득이 없는 가정주부와 소득이 있더라도 27세 미만의 학생 · 군인은 국민연금에 가입하지 않아도 위법이 아니다. 소득은 없지만 국민연금 보험료를 내겠다고 스스로 선택한 임의가입자는 바보라서 안 내도 되는 보험료를 내는 것일까? 아니다. 오히려 임의가입자는 재테크 실력이 뛰어난 사람들이다. 국민연금은 어떤 경우에도 납입한 보험료보다 수령하는 연금이 많도록 설계가 되었다. 임의가입자는 국민연금을 수익률이 좋은 재테크 상품으로 활용하고 있는 것이다. 2021년 6월 말 임의가입자는 38만 4,144명이다. 최근 27세 미만 청년들의 임의가입이 크게 늘어나고 있다. 이는 청년들이 국민연금을 잘 이해하고 신뢰하기 때문이 아니라 부모들이 국민연금의 장점을 알고 자녀들을 임의가입시켰기 때문인 것으로 보인다.

국민연금은 만 60세가 되면 강제가입이 종료된다. 이때 65세까지 보험료를 계속 내겠다는 사람들이 임의계속가입자다. 보험료를 더 오래 납입하면 추가로 납입한 돈보다 더 많이 연금을 받게 되므로 이런 선택을 한다. 매달 납입하는 국민연금 보험료를 마치 국가가 떼어 가는 세금처럼 생각하는 사람도 있는데 잘못된 생각이다. 국민연금 보험료는 노후를 위해서 저축하는 돈이다. 국민연금이란 위험은 없고 수익성은 아주 높은 최고의 금융상품이다.

국민연금 보험료를 내지 않고 있다가 나중에 낼 수 있는 추후납부 제도가 있는데 줄여서 추납 제도라고 말한다. 국민연금에 가입해서 보험료를 내다가 직장을 그만두거나 사업을 중단하는 등의 이유로 보험료를 못 낸 사람들이 있다. 이들에게 미납한 보험료를 한꺼번에 납부할 수 있는 기회를 주는 것이 추납 제도다. 추납할 수 있는 기간은 총 120개월 미만이다. 추납하면 가입기간이 늘어나므로 노령연금 수령액이 늘어난다. 임의계속가입과 추후납부는 국민연금 제도를 잘 아는 사람만이 챙길 수 있는 꿀혜택이다. 그런데 서민들보다 부자들이 이런 제도를 더 잘 활용한다. 실제로 어떻게 활용할 수 있는지 예를 들어보자.

예 2 지금 1,080만 원을 저축하면 평생 매월 18만 원을 지급하는 금융상품이 있다. 이 금융상품은 국가가 보증해서 부도 위험이 없다. 이 금융상품의 투자수익률은 얼마일까?

답 2 월 수령액 18만 원에 대한 이자를 무시하면 1년 동안 216만 원을 받는다. 따라서 연간 투자수익률은 20%(=216/1,080)이다.

정기예금 금리가 1~2%에 불과한 시대에 이렇게 초고수익 상품을 파는 곳이 어디일까? 바로 국민연금공단이다. 1,080만 원을 한꺼번에 저축한다고 설정한 이유는 추납할 수 있는 최소 보험료인 월 9만 원을 120개월 납입한 총액이기 때문이다. 소득이 없지만 임의가입한 사람이 한 달치 보험료 9만 원만 내고 납입을 중지했다가, 나이가 들어 노령연금을 받기 직전에 10년치에 해당하는 보험료 1,080만 원을 추납한다.[13] 이 사람은 납입기간 10년을 채웠으므로 매달 18만 원(정확하게는 18만 3,180원)의 노령연금을 평생 받을 수 있다. 위험이 없으면서 연 20% 수익률이 나오는 국민연금 추납 제도는 최고의 금융상품이 아닐 수 없다.

처음에 추납 제도는 추납금액이나 추납기간에 제한이 없었다. 그러니까 재테크에 밝은 어떤 사람이 한꺼번에 1억 원을 추납하고 연금으로 고액을 받는 일이 실제로 벌어졌다. 지금은 제도를 보완해서 2022년 기준으로 추납보험료는 월 9~24만 원 사이에서 선택하고 최대 119개월분의 보험료를 추납할 수 있다. 부부 중 한 사람만 국민연금에 가입되어 있다면 미가입 배우자는 임의가입할 수 있다. 소득이

13 정확하게는 첫 달만 납입하고 쉬다가 119개월 분을 추후납부하는 것인데 계산을 단순화시키기 위해 120개월 분을 한꺼번에 추후납부하는 것으로 보았다.

없는 가정주부가 임의가입하고 있다가 연금을 수령하기 직전에 추납하면 혜택을 극대화할 수 있다.

☑ 퇴직연금 제도

3층 보장체계의 중간층에 마련해야 할 것은 퇴직연금이다. 퇴직연금 제도에서 확정급여(DB: Defined Benefit)형은 회사가 적립금을 관리하고, 확정기여(DC: Defined Contribution)형과 IRP(Individual Retirement Pension)형은 근로자가 적립금을 관리한다.[14]

○ 퇴직연금 제도

	확정급여(DB)형	확정기여(DC)형, IRP형
운용 주체	사용자(회사)	근로자
연금수령액	근무기간에 따라 확정	운용성과에 따라 변동
중도 인출	불가	제한적 허용

DB형은 회사가 퇴직금을 적립하고 회사의 책임으로 퇴직적립금을 관리한다. 회사는 퇴직적립금을 운용하는 금융회사를 선정하는 것부터 모든 사항을 책임진다. 근로자는 퇴직적립금의 운용성과와 관계 없이 퇴직 시점의 월급(퇴직 직전 3개월 평균)에 근속연수를 곱한 총액을 연금으로 나누어 받는다. DC형은 퇴직적립금을 근로자가 관리한다. 회사는 매년 근로자가 지정한 퇴직운용 계좌에 연봉의 1/12 이상을 넣어주기만 한다. 근로자가 퇴직 후에 받는 연금수령액은 운용성과에 따라 달라진다. 운용성과가 좋을수록 받는 금액이 커지지만 손해가 날 수도 있다. 간단히 말해서, DB형은 '회사 책임형'이고 DC형은 '근로자 책임형'이다.

IRP(개인형 퇴직연금)형은 근로자 이름으로 퇴직금 계좌를 개설하고 근로자가 운영하는 '셀프' 퇴직연금이다. 퇴직연금에 가입한 근로자가 55세 이전에 퇴직할 경

14 금융감독원의 통합연금포털(https://100lifeplan.fss.or.kr)에 가면 퇴직연금에 대한 설명자료와 퇴직연금의 수익률 정보를 얻을 수 있다.

우 IRP 계좌를 개설해야 한다. 회사가 퇴직일시금을 줄 때는 반드시 IRP 계좌로 보내야 한다. 근로자가 이직할 때마다 받는 퇴직금을 IRP 계좌에 모아서 축적하도록 강제하는 제도여서, 중간에 퇴직금을 받아 써 버리고 노후생활이 불안해지는 것을 방지할 수 있다는 장점이 있다. 평생 직장의 개념이 사라지고 이직이 잦은 요즘 시대에 IRP 계좌의 중요성은 더욱 높아지고 있다. IRP 계좌에는 회사가 적립해 주는 돈 이외에 근로자가 연간 700만 원(개인연금저축을 포함한 한도)까지 추가로 납입할 수 있다. 근로자가 추가 납입한 금액에 대해서는 세액공제 혜택을 준다.

펜션과 빵시옹

일상에서 펜션(pension)이라고 말하면 연금이라는 뜻보다는 주말에 여행가서 먹고 쉬는 숙소를 의미한다. 어떤 설명에 의하면 이런 숙박시설을 연금으로 생활하는 은퇴자들이 운영하기 때문에 펜션이라고 불렀다고 유래를 말한다. 그러나 올바른 정보가 아니다.

원래 영어권에서 펜션이라는 단어는 공무원이나 군인이 은퇴하면 그동안의 복무에 대한 보상으로서 정기적으로 지급하는 금전을 말했다. 프랑스에서는 잠자리와 음식을 제공하는 저렴한 숙박시설을 빵시옹(pension)이라고 불렀다. 빵시옹은 하숙집이나 여인숙을 뜻하는데 우연히 영어의 연금과 철자가 같았을 뿐이다. 연금으로 생활하는 은퇴자들이 저렴한 빵시옹을 많이 이용해서 연금과 하숙집의 의미가 섞여 쓰이게 되었다.

☑ 퇴직연금 수익률

퇴직적립금을 운영하는 방식에는 원리금보장형과 실적배당형이 있다. 원리금보장형은 은행예금, 장기국채 등에 투자하여 작지만 확실한 수익을 마련하는 방법이고, 실적배당형은 주식, 펀드 등에 투자하여 위험을 안고 큰 수익을 추구하는 방법이다. 2020년 퇴직연금 제도별 운용 현황은 다음 표와 같다. 우리나라 근로자들은 퇴직연금을 안정적으로 받아야 한다는 생각이 강해서 DB형을 더 많이 선택하고 있다. 2020년 기준으로 퇴직연금 적립액 255.5조 원의 60%는 DB형이다. 경제는 저성장하고 수명은 늘어나는 추세를 감안하면, DB형에 가입하여 안정적으로 받게 될 퇴직연금 수령액이 노후생활에 충분하지 못할 것으로 예상된다. 근로자가 보다 적극적인 자세로 나서야 한다.

2020년 퇴직연금 제도별 운용 현황

(조 원)

구 분	DB	DC	IRP	전 체
원리금보장형	146.9	56.0	25.2	228.1(89%)
실적배당형	7.0	11.2	9.2	27.4(11%)
합 계	153.9 (60%)	67.2 (26%)	34.4 (14%)	255.5 (100%)

금융감독원, 『2020년도 퇴직연금 적립금 운용현황 통계』, 2021.

전체 255.5조 원의 적립금 중에서 원리금보장형으로 운용되는 자금이 228.1조 원(89%)으로 압도적이다. 실적배당형이 차지하는 비중은 DB형 5%, DC형 17%, IRP형 28%다. DC형과 IRP형을 선택한 근로자들이 실적배당형 상품에 더 많이 투자하고 있다. 그러나 DC형이나 IRP형을 선택했지만 그냥 원리금보장형 상품에 넣고 방치하는 경우가 70~80%다. 회사나 근로자나 모두 퇴직적립금을 안전 위주로 운용하고 있다. 퇴직적립금을 안전하게 관리해야 한다고 저수익 상품에 묻어 두는 것은 현명하지 못한 방법이다. 무조건 위험을 기피해서는 노후에 받는 퇴직연금 수령액이 초라할 수밖에 없다. 위험을 합리적으로 신중하게 다루는 과학적 투자관리가 필요한 이유다.

퇴직연금 제도에서 또 다른 문제점은 퇴직 후에 연금으로 받지 않고 일시금으로 받는다는 것이다. 2020년에 일시금으로 받아간 비율이 계좌 수 기준으로 96.7%고 금액 기준으로 71.6%다. 일시금의 평균 수령액이 1,643만 원에 불과해서 퇴직연금 마련에 실패했다고 볼 수 있다. 퇴직적립금을 원리금보장형으로 운용하다가 퇴직 후 일시금으로 받아가는 것은 노후생활을 망치는 가장 나쁜 조합이다.

개인연금과 주택연금

3층 보장체계의 꼭대기 층에는 개인연금 상품을 올린다. 개인연금 상품들은 세금 혜택에 따라 두 가지로 구분한다. 연금저축은 적립금을 납입하는 동안에 납입액의 13.2%를 종합소득세에서 공제하는 혜택을 준다.[15] 일반연금보험은 만기가 되어 연금을 수령할 때 연금소득세를 면제한다.[16]

	연금저축	일반연금보험
상품종류	보험, 펀드	보험
적립기간	10년 이상	10년 이상
연금개시	만 55세 이상	만 45세 이상
연금납입기	종합소득세 세액공제	만기에 이자소득세 부과
연금수령기	연금소득 과세	연금소득 비과세

이미 은퇴해서 국민연금이나 퇴직연금을 활용할 수 없다면 주택연금이나 농지연금이 대안이다.[17] 주택담보대출(mortgage loan)은 집을 구입할 때 대출을 받고 매달 원리금을 상환하는 방식이다. 주택연금은 주택담보대출을 거꾸로 뒤집은 방식이어서 역모기지론이라고 한다. 주인이 은행에 집을 담보로 맡기고 매월 생활비를 받다가 주인이 사망하면 집을 처분해 그동안 받아 쓴 대출금을 갚는다. 부부 중 1명이 만 55세 이상이고 공시가격 9억원 이하의 주택을 보유하고 있으면 이용할 수 있다. 우리나라에서는 집에 대한 애착이 큰 탓에 주택연금이 첫선을 보였던 2007년에는 인기가 많지 않았지만 은퇴자가 늘어나면서 가입자가 늘고 있다. 연금을

15 연금저축상품의 이름은 금융기관마다 달라서 은행에서는 연금저축신탁, 증권회사에서는 연금저축펀드, 보험회사에서는 연금저축보험이라고 부른다. 연금저축신탁은 2018년부터 판매가 중지되었다.

16 연금저축은 매월 납입금을 내는 동안에 소득세를 깎아 주는 세액공제 혜택을 주는 대신에 연금을 수령할 때는 연금소득세(3.3~5.5%)를 부과한다. 일반연금보험은 만기가 되었을 때 보험차익에 대하여 이자소득세(15.4%)를 과세하고 연금을 수령할 때는 연금소득세를 면제한다.

17 한국주택금융공사. https://www.hf.go.kr
한국농어촌공사 농지은행 · 농지연금. https://www.fbo.or.kr

받다가 부부가 모두 사망하면 집을 처분해서 대출받은 금액을 상환하고 나머지는 상속인에게 돌려준다. 부모가 받아 쓴 금액이 처분한 집값보다 많더라도 부족한 부분을 상속인에게 청구하지 않는다.

주택연금은 집값 하락의 리스크를 국가에 전가시키면서 노후자금을 쓸 수 있어서 가입자에게 절대적으로 유리한 상품이다. 주택연금이 이렇게 좋은 상품이지만 가입자가 2021년 기준으로 8만 명 정도에 불과하다. 대부분 사람들은 집 한 채가 유일한 자산이고 자식에게 집을 온전하게 유산으로 물려주고 싶어한다. 부모들이 노후생활비가 부족하더라도 주택연금 가입을 망설이는 이유다. 한국농어촌공사의 농지연금도 대상만 농지로 바뀌었을 뿐이고 운영방식은 주택연금과 동일하다. 농지는 있으나 별도의 소득원이 없는 만 60세 이상 고령농업인이 소유농지를 담보로 맡기고 사망할 때까지 매달 생활비를 연금으로 지급받는다. 소유주가 사망하면 농지를 처분하여 그동안 지급받았던 연금과 이자를 상환한다. 자격요건은 60세 이상이고 영농경력 5년 이상의 농업인이다.

4. 노후준비와 행복설계

☑ 월 적립금

물가상승률과 투자수익률이 같다고 가정하자. 은퇴 후 부부의 노후생활비를 연 3,600만 원(월 300만 원)으로 책정하면 25년간 생활에 필요한 노후자금은 9억 원이다. 노후생활비의 절반 정도는 국민연금과 퇴직연금으로 충당되므로 '개인이 추가로 마련해야 할 자금'(이하 필요자금)은 4.5억 원이다. 만일 투자수익률을 물가상승률보다 높게 설정하면 필요자금은 4.5억 원보다 작아진다. 계산을 단순화하기 위해서 필요자금이 4억 원이라고 가정한다. 4억 원은 지금 바로 은퇴할 때 가지고 있어야 하는 돈이다. 물가상승률이 몇 퍼센트고 은퇴가 몇 년 후인가에 따라 필요자금은 달라진다.

예 3 지금 바로 은퇴한다면 국민연금과 퇴직연금 이외에 개인적으로 마련해 둔 4억 원이 있어야 한다. 20년 후에 은퇴한다면 필요자금은 얼마인가? 물가상승률은 2%다.

답 3 20년 후 필요자금=4억 원×$(1+0.02)^{20}$=6억 원[18]

20년 후 필요자금 6억 원을 만들려면 어떻게 해야 할까? 필요자금을 모으는 방법을 알기 위해서는 현재의 나이가 얼마이며 몇 살에 은퇴하게 되는지 알아야 한다. 자금을 모을 수 있는 기간이 얼마인가에 따라 어떤 방법을 사용해야 할지가 결정된다.

예 4 전근무 씨는 지금 40세이며 60세에 은퇴할 예정이다. 앞으로 20년 동안 투자수익률 3%로 적립하여 6억 원을 모으려고 한다. 매월 얼마씩 적립해야 할까?

답 4 엑셀의 재무함수 PMT를 이용해서 계산한다.[19]
월 적립액=PMT(0.03/12, 240, 0, 60000)=183(만 원)

노후준비를 위해 매월 183만 원을 개인연금으로 적립하기는 쉽지 않다. 매달 생활비를 지출하면서 이렇게 큰 돈을 적립할 수 있는 가구는 거의 없어서, 자칫하면 이러한 계산이 실천할 수 없는 공허한 외침이 될 우려가 있다. 이때 필요자금을 마련하는 실천 가능한 방법을 제시하는 것이 재무설계가 해야 할 일이다.

☑ 적립기간과 투자수익률

월 적립액은 적립기간과 투자수익률의 영향을 받는다. 적립기간이 길수록, 투자

18 정확한 금액은 5억 9,438만 원이지만 설명을 단순화하기 위해 6억 원으로 정했다.

19 주기적 현금흐름을 계산하는 엑셀 재무함수 PMT의 인수는 '수익률, 기간, 현재가치, 미래가치' 순서로 입력한다.

◎ **현재가치 4억 원을 목표기간에 모으는 데 필요한 월 적립액** (만 원)

적립기간	4억 원의 미래 가치	투자수익률		
		1%	3%	5%
10년	48,760	387	349	314
20년	60,000	226	183	146
30년	72,454	173	124	87

수익률이 높을수록 월 적립액은 줄어든다. 현재가치 4억 원의 돈을 목표기간 내에 모으려면 매월 얼마씩 적립해야 하는지 알아보자. 물가상승률은 2%로 가정한다.

10년 후에 확보해야 할 필요자금은 4억 8,760만 원이다. 이 돈을 투자수익률 1%로 10년 동안에 모으려면 매월 387만 원씩 적립해야 한다. 보통 가계에서는 불가능한 방법이다. 투자수익률이 3%면 월 적립금이 349만 원으로 줄고 투자수익률이 5%면 314만 원으로 줄어든다. 그러나 경쟁이 치열한 금융시장에서 투자수익률을 늘리는 것은 매우 어렵다. 또 운 좋게 투자수익률을 높였더라도 월 적립액은 여전히 300만 원을 넘고 있다. 투자수익률을 높여서 노후자금을 마련하는 방법은 실현 가능성이 매우 낮다.

투자수익률이 3%인 상태에서 적립기간에 따른 변화를 보자. 적립기간이 10년이면 월 적립액은 349만 원이고, 적립기간이 20년이면 월 적립액은 183만 원, 적립기간이 30년이면 월 적립액은 124만 원으로 줄어든다. 적립기간이 늘어남에 따라 월 적립액이 큰 폭으로 줄어드는 것이다. 적립기간을 늘리는 일은 금융시장의 상황과 무관하게 본인이 마음먹고 결정하면 된다.

적립기간이 30년이고 투자수익률이 3%면 월 적립금은 124만 원이다. 적지 않은 금액이지만 도전해 볼 만한 목표다. 만일 지금 형편이 도저히 매월 124만 원을 적립할 수 없는 상황이라면 노후설계의 처음으로 돌아가서 노후생활비 수준을 낮춰야 한다. 월 생활비를 250만 원으로 줄이거나 소도시나 전원으로 옮기는 대안을 고려할 수 있다.

과연 연금이 노후생활에 실질적인 도움이 될까하고 회의를 품는 사람들도 많이 있다. 미국 은퇴자협회 조사에 의하면, 연금수령액을 고려해서 재무설계를 한 사람은 90%가 자신의 연금수령액에 만족하는 반면에 재무설계를 해 보지 않은 사람은 단 20%만 그 연금수령액에 만족했다. 이는 연금수령액이 얼마인가보다는 재무설계를 통해 미래를 그려보았나에 따라서 노후의 행복이 결정된다는 의미다. 재무설계에서 연금수령액이 많이 부족하고 나머지 자금을 모으기가 어려운 것으로 나오면 선택 가능한 대안을 다시 찾아봐야 한다. 재무설계의 목표는 무조건 자금을 많이 모으는 것이 아니다. 발생 가능한 미래의 상황을 미리 예측해 보고 합리적인 방법으로 장기간에 걸쳐 꾸준히 접근하도록 도와주는 것이 재무설계의 역할이다.

은퇴 후 소득

사람들은 은퇴 후에 받게 될 소득을 미리 계산해 보고 있을까? 한국금융소비자보호재단에서 비은퇴자를 조사한 바에 의하면, 최근 1년 동안 은퇴 후 예상소득을 확인한 적이 없다는 응답이 53.2%다.[20] 이런 깜깜이 상태에서 은퇴를 맞이하니까 국민연금 수령액이 너무 적다는 불만이 나오는 것이다.

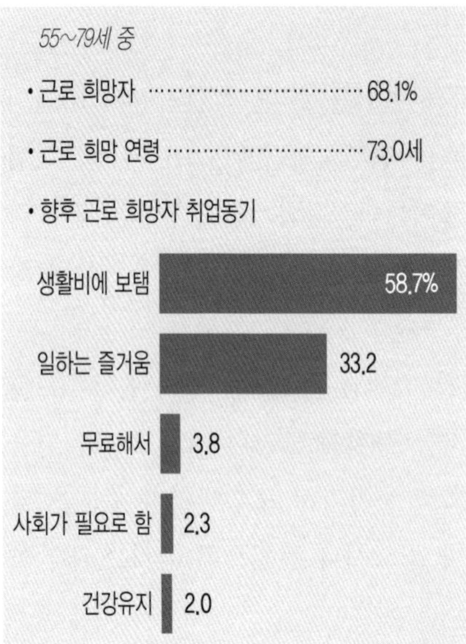

통계청에서 고령층(55~79세)을 대상으로 경제활동 내용을 조사하였다.[21] 고령층에서 앞으로 더 일하고 싶다는 응답자가 68.1%나 되었고 평균적으로 73세까지 일하고 싶어 했다. 취업을 원하는 첫째 이유는 "생활비에 보탬"(58.7%)으로 나왔다. 그만큼 사람들이 경제적으로 준비되지 않은 상태에서 퇴직으로 몰리고 있다는 의미다. 둘째 이유는 "일하는 즐거움"(33.2%)으로 나왔는데 이는 최근의 퇴직자들이 육체적으로 건강하고 정신적으로 또렷해서 사회활동을 지속하려는 욕구가

20 한국금융소비자보호재단, 『2020년 금융역량 조사 결과』, 2021.
21 통계청, 『2021년 5월 경제활동인구조사: 고령층 부가조사 결과』, 2021.

강하다는 증거다. 고령층이 희망하는 임금 수준의 중위값은 178만 원으로 나왔다. 이를 달리 말하면 연금수령액이 178만 원 늘어난다면 근로의 고통에서 벗어날 수 있다는 의미다. 젊어서부터 은퇴 후 소득을 예상해 보고 부족한 자금을 마련하는 노력이 필요한 이유다.

금융에는 두 가지 원리가 있다. 하나는 시간의 힘을 이용하는 것이고 다른 하나는 위험의 힘을 이용하는 것이다. 노후설계는 시간의 힘을 이용해야 한다. 노후설계는 단기간에 끝내는 벼락공사가 아니다. 종잣돈을 마련할 때는 3년 이내로 짧게 끝내지만 노후자금은 30~40년에 걸쳐 꾸준히 만들어야 한다. 마라톤에서 노련한 선수들은 초반에 무리하지 않고 정확하게 자기 기록에 맞춰 페이스를 유지하면서 결승점에 들어온다. 노후설계도 초반에 무리하지 말고 자신이 감당할 수 있는 한도 내에서 장기적으로 끌고 가야 된다.

금융생활에서 시간이냐 위험이냐를 선택할 때 항상 염두에 두어야 할 사항이 있다. 생활에 필수적인 자금을 고수익-고위험 자산에 투자하면 안 된다. 결혼자금, 자녀교육비, 노후생활비 등을 위험이 큰 주식, 부동산, 코인에 투자했다가 손실이 나면 어떻게 할 것인가? 결혼을 미루고 자녀를 휴학시키고 노년에 밥을 굶는 일이 발생해서는 안 된다. 생활에 필수적인 자금을 단지 수익성만 보고 투자하면 가정의 행복이 깨지고 인간으로서의 기본품위가 훼손되는 곤경을 피할 수 없다. 그러나 안전 위주라고 이자를 주는 둥 마는 둥 하는 은행예금만 이용하라는 의미가 아니다. 위험을 분산하면서 기대수익을 높이는 과학적 투자 방법을 사용해야 한다.

☑ 자유시간

하루 24시간 중에 생존에 필수적인 시간을 빼면 자유롭게 사용할 수 있는 시간이 11시간 정도다. 60세에 은퇴하여 85세까지 산다면 25년의 노후생활을 보내게 된다. 25년을 시간으로 환산하면 21만 9천 시간이고 이 중에 무려 10만 시간이 노후에 주어진 자유시간이다. 자유시간이란 노동에서 해방되어 마음대로 사용할 수 있는 시간이다. 노후의 행복은 이 자유시간을 얼마나 가치 있게 보내느냐에 달려 있다. 미리 대비를 하면 10만 시간이 축복의 시간이 되지만 준비 없이 맞이 하면 저주의 시간이 된다.

은퇴는 모든 활동을 멈춘다는 의미가 아니라 생활비를 버는 수고에서 자유로워진 상태를 의미한다. 그렇지만 은퇴라는 말이 주는 부정적인 어감 때문에 은퇴설계라는 말보다는 노후설계, 실버설계, 행복설계 등으로 불리고 있다. 무슨 용어로 부르든 간에 중요한 점은 노후가 단순히 생존하는 시간이 아니라 행복을 누리는 시간이 되도록 젊어서부터 미리 준비를 해야 한다는 것이다.

노후준비는 돈뿐만 아니라 건강, 일, 취미, 친구를 함께 준비해야 한다. 이를 노후준비의 5대 요소라고 한다. 이 5대 요소에 대한 준비가 있어야만 축복의 10만 시간을 보낼 수 있다. 사람에게는 육체적 수명 이외에 경제수명, 건강수명, 사회수명, 관계수명이 필요하다. 경제적으로 쪼들리지 않고, 건강해서 아프지 않고, 적극적 참여로 심심하지 않고, 활발한 교류로 외롭지 않은 삶을 만들어야 한다.

국민연금공단 홈페이지에서 개인별로 노후준비에 대한 종합진단을 받아볼 수 있다.[22] 이 서비스는 재무, 건강, 여가활동, 대인관계 영역으로 나누어 현재 상태를 진단하고 개선안을 제시한다. 이러한 진단은 평생에 한 번만 받고 끝내는 게 아니다. 건강검진처럼 매년 진단해 보는 것이 좋다. 진단보고서를 인쇄해 놓고 준비상태가 어떻게 바뀌고 있는지 비교해 보면 노후의 행복한 삶을 계획하는 데 큰 도움이 될 것이다.

파이어족

젊을 때 돈을 모아서 조기에 은퇴하고 자신이 원하는 삶을 살겠다는 사람들을 파이어족이라고 부른다. 파이어(FIRE)는 재무적 자립(Financial Indepence)과 조기 은퇴(Early Retire)를 결합한 신조어다. 단순히 은퇴가 목적이 아니라 내가 원하는 삶을 내 방식대로 살겠다는 목표를 지닌 사람들이다. 파이어족은 젊었을 때 극단적인 내핍 생활로 돈을 모은다. 수입의 80~90%를 저축하고 부모에게 의지하거나 친구들 덕을 보면서 짠돌이 · 짠순이로 살아간다.

NH투자증권의 100세시대연구소에서 MZ세대를 대상으로 조사를 해 보니 파이어족이

22 https://csa.nps.or.kr/self/decrepitude.do

65.9%라 나왔다.[24] 이들이 희망하는 은퇴연령은 51세고 목표자산은 13억 7천만 원이다. 파이어족이 아닌 보통 사람들은 62세에 은퇴하고 목표자산은 12억 5천만 원이다. 파이어족은 보통 사람보다 11년 일찍 은퇴하고 목표자산은 1억 2천만 원 많다.

파이어족의 목표자산이 특별히 많지도 않은데 지독한 내핍 생활을 하는 과정에서 부작용도 많이 발생한다. 여가활동이나 사회적 관계를 포기하고 최대한 절약하면서 사는 것은 바람직하지도 않고 지속 가능하지도 않다. 다이어트를 하기 위해 금식하는 것은 오히려 건강을 해칠 수 있다. 다이어트는 덜 먹고 더 운동하는 생활을 꾸준히 지속해야 효과를 볼 수 있다. 재테크든 다이어트든 무리하면 탈이 난다.

23 NH투자증권 100세시대연구소, 『K-파이어(FIRE)족 조기은퇴 가능할까?』, 2021.

제 11 장

보험으로 대비하자

1. 보험이 왜 필요한가?
2. 무슨 보험이 있나?
3. 보험에 어떻게 가입하나?
4. 보험 유지와 관리

"항상 빈틈 없고 방심하지 않는 사람들,
그들이 보지 못하는 세세한 일들이 얼마나 많은가."

— 노만 더글라스(작가)

1. 보험이 왜 필요한가?

머니게임과 재무설계

사람은 살아가면서 돈과 관련하여 각종 스트레스를 받을 수밖에 없다. 금융행복을 이루려면 금융 스트레스를 적절하게 해소해야 한다. 우리 사회에는 금융 의사결정을 잘못해서 고통을 받는 푸어(poor, 빈자)가 넘치고 있다. 대출로 구입한 주택의 원리금 상환에 허덕이는 하우스(house) 푸어, 자녀교육에 올인하고 생활고에 시달리는 에듀(edu) 푸어, 아무런 대책 없이 은퇴를 맞이한 실버(silver) 푸어, 체면 때문에 호화결혼식을 치르고 후유증으로 미래가 암울한 허니문(honeymoon) 푸어가 우리 주변의 모습이다. 이 네 가지 푸어는 곧 본인결혼, 내 집 마련, 자녀양육, 은퇴준비가 현대판 네 가지 고통이라는 사실을 잘 말해 준다. 이 네 가지에 비상금 마련을 더 추가하여 인생의 5대 중대사라고 부른다.[01] 행복한 삶을 꾸리기 위해서는 이러한 인생 중대사에 대한 대책이 마련되어 있어야 한다.

만일 인생의 중대사를 해결하기 위하여 무조건 돈을 많이 모아야 된다고 생각한다면 인생이 투기적 상품을 쫓아다니는 머니게임(money game)이 되고 만다. 머니게임은 위험은 고려하지 않고 높은 수익만 바라면서 '돈 놓고 돈 먹는' 방식으로 접근하는 투기적 행위를 표현한 말이다. 머니게임이라는 말에는 "돈이면 다 된다"라든가 "무조건 많이 벌어야 된다."라는 탐욕이 깔려 있다. 이런 머니게임에서는 이기기도 어렵지만 설사 돈을 따더라도 삶의 문제가 해결되지는 않는다. 이런 머니게임에 자신과 가족의 행복을 맡기는 것은 어리석은 행동이다.

행복한 부자는 자신의 현재 상태를 정확하게 파악한 후에 미래의 중대사에 대하여 치밀하게 준비를 하면서 대처하는 사람이다. "준비를 하면 걱정이 없다."는 유비무환(有備無患)이라는 말이 있듯이 아무리 어려운 문제라도 미리 준비하면 해결책을 찾을 수 있다. 우리가 살아가면서 겪게 되는 일을 '반드시' 마주칠 일과 '어쩌다' 부닥칠 일로 나눌 수 있다. 예를 들어, 반드시 마주칠 일은 내 집 마련, 자녀양

---

01 요즘은 자녀결혼자금을 부모가 준비하는 경우가 많아서 비상금마련 대신에 자녀결혼을 꼽기도 한다

육, 노후생활 등이고 어쩌다 부닥칠 일은 화재, 돌연사, 질병 등이다. 이때 반드시 마주칠 일은 저축으로 대응하고 어쩌다 부닥칠 일은 보험으로 대응해야 한다. 저축과 보험은 우리 삶을 지탱하는 필수적인 두 기둥이다.

위험과 보험

보험은 미래의 불확실한 위험에 대비하기 위하여 인류가 발명한 금융상품이다. 위험이라는 말은 어느 분야에서 사용하는가에 따라서 의미가 달라진다. 증권투자에서는 내가 구입한 주식의 가격이 올라서 이득을 볼 수 있거나 주가가 떨어져서 손실을 볼 수 있는 것을 모두 위험이라고 본다. 보험에서는 손실이 발생할 가능성만 위험으로 본다. 어떤 불확실한 일이 발생하더라도 신체와 재산에 아무런 영향이 없다거나 이득만 볼 수 있다면 보험의 대상이 아니다. 보험에서 위험이란 신체나 재산에 손실이 나타날 수 있는 가능성이다. 보험에서 다루는 위험은 신체 위험, 재산 위험, 배상책임 위험의 세 가지로 분류한다.

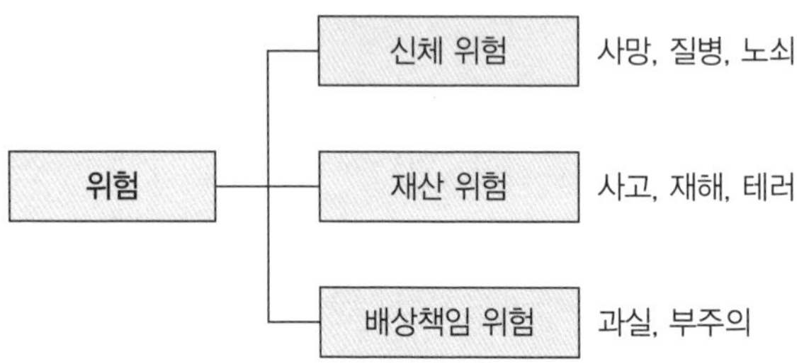

보험의 대상이 되는 위험은 우발적이며 고의성이 없어야 한다. 만일 필연적인 사고에 대하여도 보상을 하고 고의적으로 만들어 낸 사고에 대하여도 보상한다면, 사고가 발생하기 전에 저렴한 비용으로 보험을 가입해 두었다가 사고 후에 거액의 보험금을 수령해서 이득을 보려는 사람들이 생길 것이다. 보험은 우발적 사고가 발생하기 이전의 상태로 되돌려 주는 역할을 하는 것이지 더 좋은 상태로 만들어 주는 것이 아니다. 보험이 취급하는 위험이 실제로 나타나면 보험사고가 발생했다고 말한다. 보험사고는 보험사기와 같은 불법적인 일이 발생했다는 의미가 아니라 보험에서 대비하고 있던 위험이 발생했다는 의미다.

그러면 사람들은 어떤 위험에 어떻게 대비해야 할까? 위험 대비 수단을 나누는 기준은 손실빈도와 손실규모다. 손실빈도는 사고가 발생할 확률이 낮으냐 높으냐로 측정하고, 손실규모는 사고로 인한 피해액이 크냐 작으냐로 구분한다.

		손실빈도	
		낮다	높다
손실규모	작다	조심	비상금
	크다	보험	저축

손실규모가 작고 손실빈도도 낮은 경우는 어쩌다가 발생하는 작은 사고들이다. 음식을 만들다가 손가락을 베거나 아끼는 립스틱을 잃어버리는 것처럼 일상적이고 사소한 일에 대응하려면 평소에 조심하면서 살면 된다. 손실규모는 작지만 손실빈도가 높은 경우는 자주 발생하는 작은 사고들이다. 생일, 결혼, 제사 등 경조사가 여기에 해당하며 경조사에 쓸 자금은 가계 비상금으로 마련해 두면 충분하다. 경조사 비용에 사용하려고 보험이나 저축을 들어 두는 것은 과잉대응이다. 손실규모는 크지만 손실빈도가 낮은 경우는 어쩌다가 발생하는 큰 사고들이다. 우연히 발생하는 화재, 질병, 돌연사 등으로 입게 될 큰 손실은 보험으로 대비한다. 손실규모도 크고 손실빈도도 높은 경우는 피할 수 없는 큰 사고들이다. 내 집 마련, 자녀교육, 노후생활 등 인생의 중대사가 해당되며 큰돈이 필요하므로 장기저축으로 대비한다.

☑ 보험의 기본용어

우리나라 가구의 보험가입률은 90%를 넘고 보험은 우리 생활의 중요한 부분이 되었다. 이렇게 보험을 많이 가입하고 있으면서도 보험계약의 내용에 대하여 조금만 자세히 물어보아도 대부분 대답을 못한다. 보험은 큰돈이 들어가고 오래 지속되는 금융상품이다. 예를 들어 매월 30만 원씩 20년 동안 납입하는 생명보험에 가입하면, 납입총액이 7,200만 원에 이르는 고액 계약이다. 집을 사는 경우 이외에 이렇게 큰돈이 걸린 계약은 거의 없다. 내 집을 마련하려고 얼마나 많이 고민하고 비교했던가를 돌이켜 보면 보험계약은 너무나 쉽게 결정한다. 깊게 생각하지 않고 보험에 가입하면 보험을 유지하지 못하고 금방 해약하게 된다. 보험을 해약하면 그동안 납입한 돈의 일부분만 돌려받고 큰 손실을 본다. 보험에 가입하려면 절대로 해약하지 않겠다는 다짐을 하고 자신이 부담할 수 있는 능력 범위 내에서 선택해야 한다. 보험판매자의 달콤한 설명에 솔깃하여 과다하게 보험을 구입하면 반드시 탈이 난다. 보험에 대한 기본용어부터 알아야 한다.

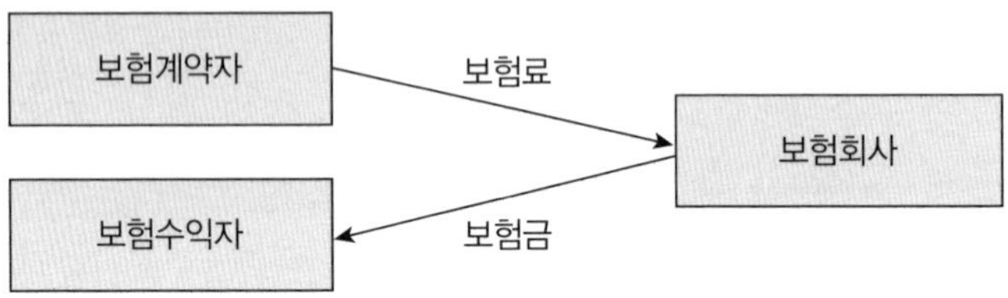

보험은 보험계약자와 보험회사(보험사, 보험자) 사이의 계약으로 성립한다. 보험계약자는 계약을 체결하고 매월 보험료를 납입하는 사람이고, 보험수익자는 보험사고가 발생했을 때 보험금을 받는 사람이다. 보험회사는 평소에 보험계약자로부터 보험료를 받아 두었다가 보험사고가 발생하면 보험수익자에게 약속된 보험금을 지급한다. 이때 보험계약자와 보험수익자가 같을 수도 있고 다를 수도 있다. 가장이 자신에 대한 생명보험에 가입하고 보험료를 납입하면 보험계약자가 되며, 가장이 사망했을 때 보험금을 수령하는 유가족이 보험수익자가 된다.

보험회사가 보험금을 지급해야 하는 기간을 보험기간, 책임기간 또는 만기라고 부른다. 일반적으로는 보험계약을 체결하면 바로 보험기간이 시작된다. 암보험은 보험계약을 체결하고 90일의 면책기간이 지나야 보험기간이 시작된다. 이렇게 보험가입 시점과 책임개시 시점 사이에 면책기간을 두는 이유는 암에 걸린 사실을 이미 알고 있는 상태에서 보험에 가입하는 얌체 행위를 방지하기 위해서다.[02] 보험

02 제도의 허점을 이용해서 비용은 조금만 부담하고 혜택을 많이 받아 가는 행위를 도덕적 위해(moral hazard)라고 한다.

기간을 10년, 20년 등으로 확정해 둔 보험계약을 만기가 정했졌다는 의미에서 정기(定期)보험이라고 한다. 종신(終身)보험은 만기가 없이 평생 동안 보험기간이 적용되는 계약이다. 납기는 보험료를 납입하는 기간이다. 납기와 만기가 동일한 경우를 "모든 기간 동안에 납부한다."는 의미에서 전기납(全期納)이라고 한다. 만기가 길수록 보험료가 커지고 납기가 길수록 보험료는 작아진다.

보험사고가 발생해서 보험금을 받을 때 어떻게 보상하느냐에 따라 정액보상과 실손보상이 있다. 정액보상은 지급할 보험금 액수가 미리 정해진 방법이다. 생명이나 건강과 관련된 사고는 피해의 객관적 가치를 계산하기 어렵기 때문에 보험계약을 맺을 때 보상할 금액을 미리 정해 놓는다. 예를 들어 암으로 진단되면 5천만 원을 보상하는 암보험을 5개 보험회사에 가입했다고 하자. 실제로 암이 발병하면 5천만 원씩 5개 보험회사에서 총 2억 5천만 원을 받는다.

실손보상은 실제로 발생한 손실액을 측정해서 보상하는 방법이다. 국민 대다수가 가입한 실손의료보험에서 '실손'이 바로 실손보상한다는 뜻이다. 만일 실손의료보험을 2개 가입했다면 그 사람은 바보다. 한 번만 내면 되는 보험료를 두 번씩 내는 멍청한 짓을 한 것이다. 질병 치료비가 100만 원 나왔다고 두 보험회사로부터 100만 원씩 총 200만 원을 받는 것이 아니다. 실손보상은 두 보험회사가 50만 원씩 나누어 지급한다. 질병에 제대로 대비하려면 실손의료보험은 한 개만 가입하고 남는 돈으로 비타민을 사먹는 게 올바른 방법이다. 그런데 이런 바보짓이 의외로 많다. 정부는 무지해서 불필요한 보험료를 지출하는 것을 막기 위해서 실손의료보험 계약 시 가입한 사실이 있는지를 의무적으로 확인하도록 만들었다. 생명보험협회, 손해보험협회, 보험개발원의 홈페이지에서 실손의료보험의 중복가입 여부를 확인할 수 있다.

그러면 정액보상하는 생명보험을 2개 가입하면 위험에 충분히 대비하고 보험금도 모두 받으니 똑똑한 것일까? 아니, 역시 바보다. 보험을 드는 목적은 보험금을 많이 받는 것이 아니라 위험으로부터 보호를 받는 것이다. 생명보험은 가장이 갑자기 사망했을 때 유가족에게 보험금을 지불해서 생활을 돕는 것이 목적이다. 불행한 사고에 대비해서 생명보험은 하나만 가입하고 나머지 돈으로 헬스클럽에 등록해서 운동하는 게 현명한 선택이다. 비가 올 것 같다고 우산 두 개를 들고 다니는 사람은 없다. 우산은 한 개만 준비하고 비옷을 입거나 장화를 신어야 한다.

3대 기본원리

보험회사는 은행과 마찬가지로 경제 시스템을 구성하는 핵심 인프라다. 은행이 정부의 엄격한 감독을 받는 것과 마찬가지로 보험회사도 감독을 받는다. 보험회사가 부실해져서 망하면 민간회사 하나가 망하는 것에 그치지 않고 경제에 엄청난 충격을 준다. 보험은 수익을 올리기 위해 투자하는 금융상품이 아니다. 누군가 보험으로 수익을 냈다면 그것이 바로 보험사기다. 보험상품을 설계하고 운영하는 데 대수의 법칙, 수지상등의 원칙, 균등의 원칙이 적용된다.

보험회사는 '대수의 법칙'에 따라 위험 발생률을 통계적으로 측정하고 이에 맞추어 보험료와 보험금을 책정한다. 예를 들어 우리 집이 앞으로 1년 안에 화재가 발생할지 안 할지는 알 수 없다. 그러나 우리나라에 있는 전체 집을 대상으로 보면 1년 안에 몇 건의 화재가 발생할지 추정할 수 있다. 사망보험도 마찬가지다. 사람은 반드시 죽으므로 사망은 불확실성이 없는 것이 아니냐고 생각할 수도 있다. 그러나 특정한 기간에 사망할 것인지는 불확실성을 지닌 확률의 문제가 된다. 보험회사는 국민들이 연령에 따라 1년 동안 사망한 비율이 얼마나 되는지를 통계적으로 측정한 경험생명표를 근거로 보험상품을 개발한다.[03]

보험사업의 운영에서는 '수지상등의 원칙'에 의하여 보험료로 거두어들인 총금액이 보험금 지급액과 사업비 지출액의 합과 동일해야 한다. 보험은 보험가입자나 보험회사 중에서 어느 한쪽이 이익을 보도록 설계되면 안 된다. 보험료를 너무 적게 거두어서 보험금 지급액이나 경비를 충당하지 못하면 결국 보험회사가 파산할 것이다. 보험료를 너무 많이 거두어서 보험금과 사업비로 지출하고도 차액이 남는다면 보험가입자에게 돌려줘야 한다.

보험회사는 '균등의 원칙'에 의해서 개개인의 위험 수준이 차이나는 정도에 따라 보험료를 차별화한다. '수지상등의 원칙'은 보험가입자 전체의 입장에서 적용되고 '균등의 원칙'은 보험가입자 개인의 입장에서 적용된다. 모든 사람이 동일한 보험료를 부담하는 것은 공평하지 못하다. 위험이 더 큰 사람은 보험료를 더 많이 부담해야 실질적으로 공평해진다. 위험한 직업을 가진 사람과 나이가 많은 사람의 보

03 경험생명표는 보험개발원이 보험가입자들의 성별, 연령별 사망률과 잔여수명 등을 예측해 만든다. 국민생명표는 통계청이 전 국민을 대상으로 조사한다.

험료가 더 비싸고, 건강한 사람에게 보험료를 할인해 주는 것이 올바른 균등이다.[04]

보험사기

금융감독원 보고서에 의하면 2020년 보험사기 적발금액은 8,986억 원이고 적발인원은 98,826명이며 1인당 적발금액은 910만 원이다.[05] 1인당 적발금액이 비교적 소액인 점은 사람들이 보험사기라는 인식을 못한 상태에서 보험사기에 걸려든다는 사실을 보여준다. 특히 보험사기에 연루된 10대와 20대가 18,619명으로 적발인원의 18.8%나 된다. 보험사기로 적발되면 보험사기 전과 딱지가 따라 다녀 사회생활에 아주 큰 피해를 입는다.

보험사기는 계획을 세워 치밀하게 벌이는 범죄형보다는 무지하거나 푼돈의 유혹에 넘어가서 엮이는 실수형이 많다. 전체 보험사기 중에서 91%가 손해보험에서 발생했다. 대표적인 경우가 자동차 사고로 발생한 피해를 허위 또는 고의로 과장해서 보험금을 타는 유형이다. 이런 행위에 동의해서 수리비나 치료비를 받으면 그것이 바로 보험사기다. 의료와 관련되는 보험사기도 많다. 미용 시술을 받고 질병으로 청구, 도수치료 횟수를 부풀려 청구, 실제로 치료를 안 받으면서 치료비를 청구하는 행위가 모두 보험사기다. 혹시라도 누군가 이런 유혹이나 제안을 한다면 일언지하에 거절해야 한다. 금융감독원 불법금융신고센터에 보험사기를 신고하면 포상금을 받을 수도 있다.

2. 무슨 보험이 있나?

☑ 보장성 보험과 저축성 보험

보험계약자가 매월 납입하는 보험료는 위험보험료, 부가보험료, 저축보험료의

04 건강체 할인을 받으려면 세 가지 조건을 충족해야 한다. ① 직전 1년 동안 흡연한 사실이 없어야 한다. ② 혈압이 수축기에 139미만, 이완기에 89미만이어야 한다. ③ 비만 정도를 측정하는 체질량지수(BMI)가 18~27 사이여야 한다. BMI는 몸무게(킬로그램)를 키(미터)의 제곱으로 나눈 수치다. 각 조건의 구체적 수치는 보험회사마다 다소 차이가 난다.

05 금융감독원, 『2020년 보험사기 적발 현황 및 향후 계획』, 2021.

세 가지 요소로 구성되어 있다. 위험보험료는 보험사고가 발생했을 때 보험금을 지급하기 위해 적립해 두는 돈이다. 부가보험료는 보험회사가 보험계약을 판매하고 유지하는 데 사용되는 돈으로 사업비라고도 부른다.[06] 저축보험료는 보험기간이 끝나는 만기에 보험계약자에게 돌려주기 위해 적립하는 돈이다. 세 가지 요소를 모두 더한 것이 총보험료고 위험보험료와 저축보험료만 더한 것이 순보험료다.

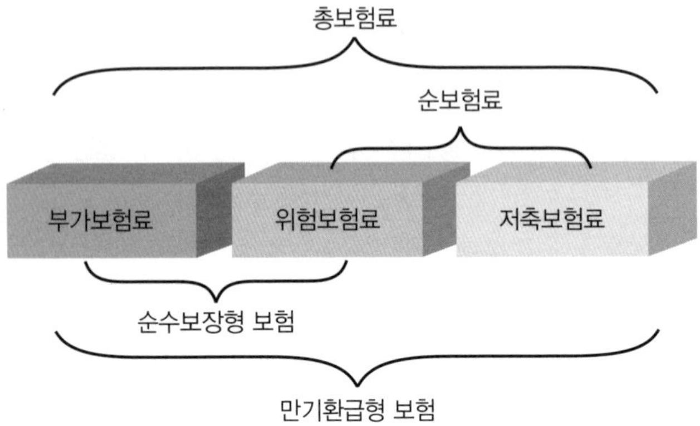

저축보험료가 없고 부가보험료와 위험보험료만 있는 상품을 (순수)보장성 보험이라고 한다. 보장성 보험은 시간이 흐르면서 보험의 가치가 줄어드는 소멸성 상품이다. 보험만기가 되었을 때 보험사고가 발생하지 않았다고 납입한 보험료를 아까워해서는 안 된다. 그동안 걱정하지 않고 살았기 때문에 충분히 대가를 받았다고 생각해야 한다. 저축보험료가 있는 상품을 만기환급형 보험 또는 저축성 보험이라고 한다. 저축성 보험은 이미 납입한 보험료를 아까워하는 사람들의 심리를 이용해서 보험회사가 전략적으로 만들어 낸 상품이다. 보장성 보험과 저축성 보험을 구분하는 기준은 만기까지 수령한 보험금(만기환급금 포함)이 만기까지 납입한 보험료를 초과하는가이다. 납입한 보험료가 더 많으면 보장성 보험이고, 수령한 보험금이 더 많으면 저축성 보험이다.

보장성 보험에 가입하면 납입한 보험료의 13.2%를 세액공제 받을 수 있다. 국민들이 여러 위험에 노출되지 말고 보장성 보험에 가입하라고 정부가 권장하는 정

06 부가보험료는 신계약비, 유지비, 수금비로 구분한다.

보장성 보험	수령한 보험금 < 납입한 보험료 정기보험, 종신보험, 질병보험, 상해보험, 암보험, 운전자보험, 화재/재물보험, 어린이보험
저축성 보험	수령한 보험금 ≥ 납입한 보험료 저축보험, 변액(유니버셜)저축보험, 변액연금보험, 연금보험, 연금저축보험

책이다. 국민들이 건강하게 살면서 생산활동을 하고 아이를 기르는 것이 바로 국부를 높이는 기본이기 때문이다. 그런데 세액공제 한도가 연 100만 원(월 보험료 8만 3천 원)으로 너무 낮은 수준이다. 앞으로 세액공제 한도를 더 높여 주고 국민들이 위험을 보다 잘 회피하도록 유도할 필요가 있다.

저축성 보험상품의 이름에는 저축보험, 변액저축보험, 연금보험, 변액연금보험 등과 같이 '저축'이나 '연금'이라는 단어가 들어 있다. 이런 보험에 가입해서 10년 이상 계약을 유지하면 보험차익이 발생한다. 이자수익이나 투자수익이라고 보면 되는데 정부가 보험차익에 대해서 비과세하는 혜택을 준다. 보험만기가 되어 연금으로 수령할 때는 연금소득세를 낮은 세율로 조금 내야 한다. 이것도 역시 국민들이 노후생활을 위해 연금을 잘 마련하도록 유도하는 정책이다.

그러면 보험을 보장성으로 가입하는 게 좋을까 아니면 저축성으로 가입하는 게 좋을까? 보험을 이용해 저축하는 방법이 과연 현명한지에 대해서 부정과 긍정의 두 가지 시각이 있다. 부정적 시각은 내 돈을 불려 목돈을 만들려면 사업비를 부담해야 하는 보험회사에 맡기지 말고 약간의 수수료를 지불하는 펀드에 투자하는 것이 훨씬 낫다는 의견이다. 저축성 보험에서 만기에 받는 환급금은 보험회사가 보너스를 주는 것이 아니라 내 돈을 굴려서 나오는 투자수익을 돌려 받는 것이다. 긍정적 시각은 저축성 보험이 장기저축 수단으로 효과가 크다는 의견이다. 은행 적금으로는 20~30년을 적립할 수 없다. 은행 적금의 만기는 아무리 길어야 5년이므로 5년마다 원리금을 찾아 다시 적금을 드는 과정을 반복해야 한다. 이렇게 반복하는 동안에 급하게 써야 할 용도가 생기고 귀찮기도 해서 지속하기 어렵다. 저축성 보험을 장기로 계약해 놓으면 비교적 수월하게 만기까지 끌고 갈 수 있다. 적금을 5년마다 찾으면 이자소득세를 내야 하지만 저축성 보험은 보험차익에 대하여 세금을 내지 않아도 된다. 저축성 보험에 가입한 이유로 장기간 유지할 수 있고 보험차익이 면세되기 때문이라고 말할 수 있어야 올바른 판단이다.

보험 분류

보험은 운영하는 주체가 누구인가에 따라서 공영보험과 민영보험으로 구분한다. 공영보험은 국가나 공공단체가 운영하는 것으로 흔히 4대 사회보험이라고 부르는 국민연금보험, 국민건강보험, 고용보험, 산업재해보상보험이 해당된다. 공영보험은 국민의 기본권을 보호하기 위하여 운영하므로 개인의 가입의사와는 관계없이 해당자는 모두 강제적으로 가입해야 한다. 납부하는 보험료는 가입자의 재산이나 소득에 따라 책정된다. 예를 들어, 건강보험료는 모든 국민이 동일하게 부담하는 것이 아니라 재산과 소득 상태에 따라 차등적으로 결정된다. 부자라고 더 자주 아픈 것도 아니고 병원에서 더 특별한 대우를 받는 것도 아니지만 부자는 건강보험료를 더 많이 납부하도록 제도가 만들어졌다.

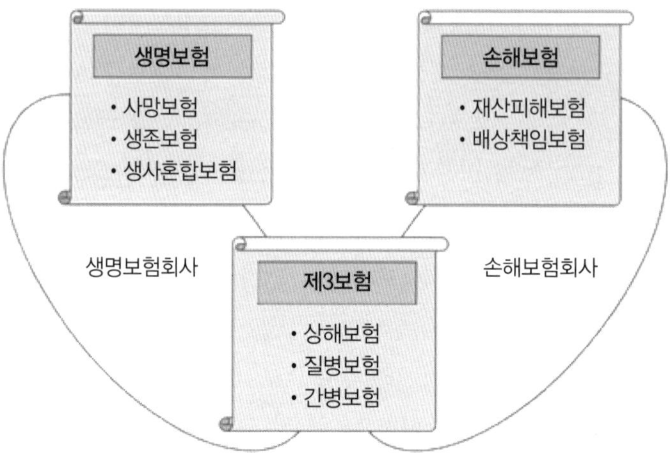

민영보험은 민간회사나 민간단체에서 운영하는 보험으로 ○○생명보험, ○○손해보험 등의 상호로 활동하고 있다.[07] 생명보험협회 공시실과 손해보험협회 공시

07 생명보험회사 중 상호에 '라이프'를 사용하는 곳도 있고, 손해보험회사 중 상호에 '화재'나 '해상'을 사용하는 곳도 있다.

실에서 보험회사에 대한 정보와 보험상품에 대한 정보를 얻을 수 있다.[08] 민영보험회사에서 취급하는 보험상품은 생명보험, 손해보험, 제3보험으로 분류한다. 생명보험은 신체와 관련된 위험을 보장하고 손해보험은 재물과 관련된 위험을 보장한다. 이름에서 나타나듯이 생명보험은 생명보험회사가 취급하고 손해보험은 손해보험회사가 취급한다. 이들 상품 이외에 신체와 관련된 상해, 질병, 간병에 대하여 보장하는 것을 제3보험이라고 한다. 제3보험은 생명보험회사와 손해보험회사가 모두 취급한다.

자동차 사고가 나면 수리비를 객관적으로 산정할 수 있다. 그러나 사람이 사망하면 목숨 가치를 객관적으로 산정하는 것이 매우 어렵다. 그래서 손해보험은 실손보상을 원칙으로 하고 생명보험은 정액보상을 원칙으로 한다. 제3보험은 생명보험과 손해보험이 모두 취급하는 상품이다. 실손의료보험이 대표적인 제3보험이며 보상 방식도 정액보상과 실손보상이 함께 이루어진다. 상해나 질병으로 인하여 입원하면 정액보상하고, 통원 치료하면 실손보상하는 방식을 사용한다.

사망보험과 생존보험

생명보험은 사람의 목숨과 관련된 위험을 다룬다. 목숨과 관련된 위험에는 지나치게 일찍 사망하는 조기사망 위험뿐만 아니라 예상보다 오래 사는 장수생존 위험도 포함된다. 사망보험에서 대상자가 죽으면 보험수익자에게 사망보험금이 지급된다. 사망보험금은 경제적 능력이 없는 가족을 남겨둔 채 가장이 불의에 사망해서 유가족이 빈곤에 떨어질 위험을 막기 위해서 개발되었다. 그 취지는 좋지만 이런 보험을 권유하면서 '사망보험'에 가입하라고 말하면 심리적 거부감이 들게 된다. 그래서 용어를 바꿔 '생명보험'이라고 부른다.

일찍 죽는 것만 위험이 아니라 오래 사는 것도 위험이다. 장수생존 위험은 의학의 발달과 함께 100세 시대를 맞이하면서 점점 더 피부에 와닿고 있다. 은퇴하면서 마련해 둔 재산을 모두 소진했는데 계속 생존하면 경제적으로 큰 문제다. 생명보험회사들은 오래 사는 위험을 보장해 주는 보험을 '생존보험'이라고 부르는 대신에 '연금보험'이라고 부른다. 생사혼합보험은 생존보험과 사망보험을 섞어서 만든 상품이다.

---

08 생명보호협회 공시실. http://pub.insure.or.kr
손해보험협회 공시실. http://kpub.knia.or.kr

☑ 종신보험과 변액유니버셜보험

생명보험은 계약기간이 얼마냐에 따라서 정기보험과 종신보험으로 구분한다. 정기보험은 정해진 기간만 보장하고 종신보험은 평생 보장한다. 만일 60세까지 보장하는 정기보험으로 계약했다면 60세까지 사망하는 경우에만 사망보험금이 지급된다. 60세를 초과한 보험계약자는 그동안 낸 보험료가 얼마인데 한 푼도 돌려받지 못하냐면서 아깝다는 생각이 들 것이다. 그래서 태어난 상품이 종신보험이다. 사람은 언젠가는 죽으니까 종신보험에 가입해 두면 반드시 사망보험금을 받게 된다. 한마디로 꽝이 없는 복권이다. 이렇게 좋은 혜택만 있다면 사람들이 서로 가입하려고 할 것이다. 그러나 보장하는 기간이 더 길다 보니 당연히 보험료가 비싸진다. 결국 보험가입자는 선택을 해야 한다. 저렴한 보험료로 일정 기간만 보장을 받을 것인가 아니면 비싼 보험료로 평생 보장을 받을 것인가 정해야 한다.

보험가입 여부는 사람들이 처한 상황에 따라 달라진다. 결혼, 자녀 나이, 보유재산, 맞벌이 등 수많은 변수가 영향을 미친다. 일반적으로 금융지식이 많은 사람들은 종신보험보다는 정기보험으로 가입한다. 생명보험의 기본 취지가 경제적 자립능력이 없는 유가족을 돌보는 것이라는 점을 상기할 필요가 있다. 생명보험은 오랫동안 살아 남아서 연금을 많이 받거나 100세에 사망하면서 70세 자식에게 유산을 물려주는 것이 목표가 아니다. 생명보험은 자녀들이 성장해서 자립할 때까지를 보험기간으로 정하는 것이 바람직하다. 본인이 사용할 노후생활비를 마련하려면 종신보험이 아니라 연금보험을 이용해야 한다. 본인이 사망한 후 종신보험에서 나오는 보험금은 유가족이 사용할 돈이다.

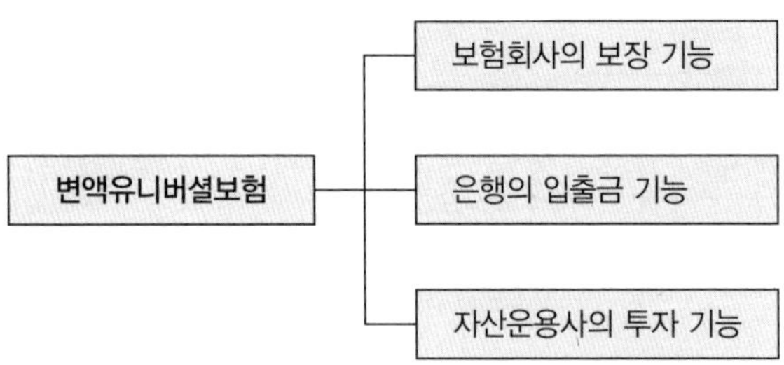

생명보험 상품의 한 종류인 변액유니버셜보험은 세 가지 재료를 넣어서 만든 '섞어찌개'다. 우선 '보험'은 사망이나 생존에 대한 위험 보장 기능이 들어간 종신보험이나 연금보험을 의미한다. '유니버셜'은 기본보험에 중도인출, 납입유예, 추가납입 기능을 더했다는 의미다. 살다 보면 매달 정해진 보험료를 꼬박꼬박 내는 것이 어려울 수도 있는데 보험료를 두 달 미납하면 보험계약이 해지된다. 이때 유니버셜 기능이 있으면 보험료의 납입금액과 납입시기를 계약자가 조정할 수 있다. 또 급전이 필요해서 만기 전에 보험을 해약하면 손해를 보는데, 유니버셜 기능이 있으면 그동안의 적립금을 중도에 인출하는 것이 가능하다. '변액'은 만기에 받는 보험금이 정해지지 않았고 가변적이라는 의미다. 생명보험은 미리 정해 놓은 금액으로 정액보상하는 것이 일반적인데, 변액보험은 수령하는 보험금이 투자성과에 따라 달라진다. 보험회사는 계약자에게서 받은 보험료 중의 일부를 떼어 펀드에 투자하고 그 성과를 만기에 보험금으로 지불한다.

☑ 사회보험

사회보험은 국가가 사회보장 정책으로 실시하는 보험으로 공적연금 3개와 공적보험 4개가 있다.

공적연금	국민연금, 사학연금, 공무원연금
공적보험	건강보험, 노인장기요양보험, 고용보험, 산재보험

4대 보험은 국민연금, 건강보험, 고용보험, 산재보험을 말한다. 4대사회보험 정보연계센터 홈페이지에서 사회보험료를 모의계산해 볼 수 있다.[09] 월 급여는 '300만 원'이고 근로자수는 '150인 이상 1,000인 미만'을 선택했을 때 결과는 다음과 같다.[10]

09 https://www.4insure.or.kr/
10 산재보험료는 사업주만 부담하며 계산 과정이 복잡해서 별도로 제공한다.

4대 사회보험료 모의계산

월 급여 3,000,000 원 계산 초기화

근로자수 ○150인 미만 ○150이상(우선지원대상기업) ○1,000인 이상 ◉150인 이상 1,000인 미만

구분	보험료 총액	근로자 부담금	사업주 부담금
국민연금	270,000 원	135,000 원	135,000 원
건강보험	209,700 원	104,850 원	104,850 원
건강보험(장기요양)	25,720 원	12,860 원	12,860 원
고용보험	67,500 원	24,000 원	43,500 원
합 계	572,920 원	276,710 원	296,210 원

* ※산재보험료는 별도로 확인하시기 바랍니다.

산재보험료율 및 산재보험료 알아보기

국민연금, 건강보험, 고용보험의 보험료를 더하면 근로자가 납부하는 월 보험료는 27만 6,710원이다. 대략 월급의 9.2%를 4대 보험료로 내면 노후연금, 질병 치료비, 실직 수당을 받을 수 있다. 직장인들에게는 비용 대비 혜택이 나쁘지 않다.

위험에 대비한다고 눈에 보이는 대로 모든 보험에 가입할 수는 없다. 보험을 여러 개 가입했다고 무조건 좋은 게 아니라 연령이나 가족 구성에 맞는 보험을 골라서 가입해야 한다. 일반적으로 보험료를 줄이려면 저축성 보험이 아니라 보장성 보험에 가입해야 하며, 정액보상보다는 실손보상을 선택해야 하고, 만기가 없는 종신보험보다는 기간을 정한 정기보험에 가입해야 한다. 이 세상에서 보험료가 제일 비싼 상품은 중도에 해지한 보험이다. 보험은 가입할 때 신중하게 판단해야 하고 일단 가입했으면 해지하지 말아야 한다.

3. 보험에 어떻게 가입하나?

보험가입률

가계가 보유한 금융자산 중에서 보험이 차지하는 비중은 30%를 넘는다. 가계는 이렇게 비중이 큰 보험에 대한 의사결정을 신중하고 현명하게 내려야 하지만 현실은 그렇지 못하다. 보험연구원 조사에서 보험가입자의 보험이해력 수준이 "(매우) 높다."로 답한 비율은 겨우 9.1%고 "보통이다." 55.8%와 "(매우) 낮다." 33.7%로 나왔다.[11] 전반적으로 보험이해력 수준이 낮아서 보험상품을 올바로 선택하지 못했을 가능성이 크다.

보험도 상품인데 보험소비자는 '구매'했다고 말하지 않고 '가입'했다고 말하며, 보험회사는 '판매'했다고 말하지 않고 '모집'했다고 말한다. 보험에서 구매나 판매라는 말을 안 쓰고 가입이나 모집이라는 말을 쓰는 이유는 보험이 무형의 서비스 상품이기 때문이다. 보험은 형태가 없으면서 미래의 불확실성을 대상으로 하므로 용어도 일반재화와 다르고 고객이 충분한 지식을 가지고 있지 못한 경우가 많다. 또 보험은 사망이나 질병 등의 불쾌한 사건을 대상으로 하므로 사람들이 자발적으로 가입하는 경우는 많지 않다. 보험은 대면 접촉을 통해서 설명을 듣고 권유를 받아 가입하는 경우가 대부분이다.

보험회사의 2021년 수입보험료가 생명보험회사는 121조 원이고 손해보험회사는 104조 원으로 총 225조 원에 달했다.[12] 삼성전자의 2021년 매출액 280조 원의 80% 수준이고 그만큼 보험가입자가 많다는 이야기다. 보험연구원이 조사한 가구당 가입률이 생명보험은 80%를 넘고 손해보험은 거의 90%가 된다. 가구당 생명보험 3개, 손해보험 3.5개를 가지고 있어서 합치면 6.5개다. 보험은 경제적으로 어려운 상황에 빠졌을 때 회복하는 데 도움을 주는 제도다. 소득이 낮을수록 보험이 더 필요한데 현실은 소득이 낮을수록 보험가입률이 낮다. 저소득층이 보험에 가입하면 절세 혜택을 주거나 보조금을 지원하는 정책이 필요하다.

11 보험연구원, 『2019년 보험소비자 설문조사』, 2019.
12 금융감독원, 『2021년 보험회사 경영실적』, 2022.

보험가입률

(%, 개)

		생명보험	손해보험
가구당 가입률		80.9	88.5
가구당 가입건수		3.0	3.5
가구소득	저소득	73.1	70.0
	중소득	80.8	91.7
	고소득	86.3	96.1

보험가입률에 영향을 미치는 가장 큰 요인은 경기 상황이다. 경기가 나빠지면 신규 가입이 줄 뿐만 아니라 가지고 있던 보험도 해약한다. 불경기가 왔다고 보험을 가장 먼저 해약하면 정말 경제적 도움이 필요할 때 보험의 혜택을 받을 수 없게 된다. 소득 상황은 얼마든지 부침이 있을 수 있으므로 보험을 가입할 때 현명하게 결정해야 한다. 자칫하면 월급이 많고 장사가 잘 된다고 이런저런 보험에 마구 가입했다가 소득이 줄면 보험을 해약하는 악순환이 반복된다. 보험료 납부가 지속 가능하도록 똑똑한 가입이 필요하다.

보험료 비교

사람들이 한 달에 보험료를 얼마나 내는지 고객 20만 명의 자료를 이용해서 빅데이터 분석을 해 봤다.[13] 개인 기준으로는 보험료를 한 달에 33만 원을 냈고 가계 기준으로는 월 보험료가 가계소득의 20%를 차지했다. 보험에 가입한 평균기간은 17.7년이고 평생 내는 보험료는 7천만 원으로 나왔다. 이처럼 보험은 장기간 지속되는 고액 상품이므로 가입할 때 신중하게 판단해야 된다. 여러 곳에서 정보를 수집하고 상품 간에 비교도 하고 전문가와 상담도 해야 한다. 보험에 가입할 때 점검할 사항으로 다음 네 가지가 있다.

13 해빗팩토리, 『20만 명 고객 빅데이터 분석』, 2019년.

• 보험상품이 연령에 적합한가?	⟶	청년, 장년, 노년에 따른 차이
• 보장 내용이 잘 구성되었나?	⟶	라이프 스타일에 맞는 보장
• 보험료가 소득 대비 적당한가?	⟶	소득의 10~20%를 배정
• 보험료를 완납할 수 있는가?	⟶	은퇴 전에 완납하는 목표

보험다모아는 보험상품의 보장내용과 가격을 쉽게 비교해 주는 온라인 보험슈퍼마켓으로 2015년 말에 오픈되었다.[14] 일반인이 실생활에서 많이 이용하는 실손의료보험, 자동차보험, 여행자보험, 연금보험, 보장성 보험, 저축성 보험에 대하여 상품별 비교정보를 제공한다. 보험다모아에서 마음에 드는 상품을 고른 후에 계약을 체결하는 방법은 세 가지가 있다. 첫째는 화면에서 '인터넷바로가입'을 클릭해서 해당 보험회사로 접속하여 계약하는 방법이다. 둘째는 상품정보를 확인하고 가까운 은행 등을 방문해서 계약하는 방법이다. 셋째는 상품정보를 확인하고 상담원(설계사)과 전화통화를 하고 계약하는 방법이다. 보험상품의 구조가 복잡하거나 소비자가 보험에 대한 지식이 많지 않은 경우에는 설계사와 상담을 한 후에 가입하는 것이 바람직하다.

☑ 보험가입 채널

보험업법은 보험상품을 모집할 수 있는 자(모집종사자)를 보험설계사, 보험중개사, 보험회사 임직원, 보험대리점, 금융기관 보험대리점으로 한정해서 열거하고 있다. 보험설계사는 보험회사 · 보험대리점 · 보험중개사에 소속되어 보험계약의 체결을 중개하는 사람이다. 보험중개사는 독립된 사무실에서 모든 보험회사의 상품을 고객에게 소개하고 가장 유리한 보험상품을 골라 계약을 체결한 뒤 해당 보험회사로부터 수수료를 받는다. 보험대리점은 한 보험회사를 위하여 보험계약의 체결을 대리하며 보험중개사와 달리 요율협상권은 없다. 금융기관 보험대리점은 방카슈랑스라고 하며 은행에서 보험상품을 취급하는 업무다.

14 https://e-insmarket.or.kr/

보험가입 채널 분류

대면	보험설계사, 보험대리점, 보험중개사
직판	보험회사 홈페이지, 통신판매
은행	은행, 증권회사
기타	보험회사 임직원, 홈쇼핑, 대형할인점

보험연구원 조사에 의하면 대면 채널을 이용해 보험에 가입하는 비율이 2019년에 생명보험은 94.6%, 손해보험은 91.4%다.[15] 가입률 추세 중에 주목할 만한 부분은 직판 채널 비율이 계속 상승하고 있다는 점이다. 생명보험의 직판 비율이 2015년 1.6%에서 2019년 4.9%로 증가했고, 손해보험의 직판 비율은 훨씬 더 높아서 2019년에 15.2%까지 올라갔다. 손해보험의 직판 비율이 높은 이유는 보험상품의 내용이 비교적 단순하고 표준화돼 있기 때문이다. 자동차보험은 보험회사 다이렉트 홈페이지에서 몇 가지 사항만 선택하면 쉽게 가입을 마칠 수 있다. 보험계약 내용이 복잡한 생명보험도 직판 비율이 올라가고 있다. 앞으로 인공지능과 빅데이터를 더 많이 활용하면서 직판 비율은 더욱 올라갈 것으로 예상된다.

보험가입 정보 취득 방법

(%)

	설계사	금융기관 창구	비교공시 사이트	인터넷 검색	기타
납입할 보험료	68.3	2.3	9.9	18.1	1.4
납입기간과 보장기간	76.3	3.1	6.5	11.5	2.8
사업비와 예정이율	75.6	2.7	5.0	10.7	6.0

보험연구원, 『2019 보험소비자 설문조사』, 2019.

보험가입에 필요한 정보를 얻는 방법은 모든 항목에서 설계사의 비중이 가장 높다. 보험가입에서 가장 궁금해 하는 납입할 보험료를 설계사에게 알아보는 경우가 68.3%다. 납입기간과 보장기간 그리고 사업비와 예정이율 항목은 설계사에 의존하는 비율이 더 높다. 이들은 전문적인 영역이므로 혼자 검색하는 것보다 설계사

15 보험연구원, 『2019 보험소비자 설문조사』, 2019.

와 상담하는 방법을 더 많이 사용한다.

가입자가 스스로 비교공시 사이트나 인터넷으로 검색하는 경우가 20% 내외로 상당한 비중이다. 보험을 현명하게 가입하려면 보험설계사 말만 믿지 말고 능동적으로 정보를 더 탐색해야 한다. 이럴 때 이용하는 곳이 생명보험협회나 손해보험협회에서 운영하는 비교공시 사이트다. 보험에 대해서 문의하려고 인터넷에서 검색해 보면 보험료 견적을 뽑아 주는 회사들이 아주 많이 나온다. 이런 회사들은 마케팅 목적이 강하므로 소비자들의 평판이 좋은 곳을 잘 가려서 이용해야 한다.

보험에 가입할 때 정보를 비교하지 않았다고 답한 비율을 중요 항목별로 보면, 납입할 보험료 56.4%, 납입기간과 보장기간 45.5%, 사업비와 예정이율 82.2%로 나왔다. 사람들이 가장 궁금해 하는 납입할 보험료도 비교하지 않는 비율이 절반을 넘을 정도로 보험에 쉽게 가입하고 있다. 이것을 배짱이 크다고 말할지 감각이 무디다고 말할지 모르겠지만 결코 바람직한 모습이 아니다. 보험가입은 더 많이 알아보고 더 신중하게 결정해야 한다.

☑ 불완전판매

보험이 고가 상품이므로 보험을 모집하는 사람이나 보험에 가입하는 사람이 신중해야 하지만 그렇지 않은 경우가 많다. 보험상품에 대하여 제대로 설명하지 않고 판매하는 것이 불완전판매다. 보험에서 불완전판매가 생기는 이유는 금융시장의 경쟁이 치열하기 때문이다. 보험회사, 보험대리점, 보험설계사가 많다 보니까 무리하게 고객을 유치하게 된다.

불완전판매는 사실과 다른 허위 또는 과장 내용을 제시하고 고객에게 필요 없거나 적절하지 않은 보험을 권유하는 활동이다. 질병보험은 과거에 질병에 걸린 이력이 있으면 보험가입이 제한되는데 과거 병력을 고지할 필요가 없다고 틀린 정보를 주기도 한다. 보험계약서에는 자필 서명을 해야 되는데 모집인이 대필 서명하는 것도 잘못이다. 보험가입 시 상품설명서, 약관, 청약서를 통해 보험상품의 보장내용을 꼼꼼하게 확인해야 한다. 잘못된 정보를 듣고 보험에 가입했다면 보험계약을 철회할 수 있다. 보험증권을 받는 날로부터 15일 이내 그리고 보험을 청약한

날로부터 30일 이내에 아무런 불이익 없이 청약을 철회할 수 있다.[16]

보험에 가입할 때 신뢰할 수 있는 정보를 얻는 곳이 생명보험협회와 손해보험협회가 함께 운영하는 온라인 보험슈퍼마켓이다. 여기에는 생명보험회사와 손해보험회사가 취급하는 온갖 보험이 들어 있고 보험상품들을 비교해 볼 수 있다. 보험의 보장 내용 같은 자세한 사항도 살펴볼 수 있어서 보험에 가입하려면 반드시 이 사이트를 활용해야 한다. 내가 가입한 모든 보험계약을 조회하고 숨은 보험금을 확인할 수 있는 사이트도 있다. 부모나 조부모가 나를 보험수익자로 지정했는데 알리지 않고 사망해서 내가 모르고 있는 경우도 있다. 또 회사에서 단체로 실손의료보험에 가입했는데 깜빡하고 넘어갈 수도 있다. 이때 숨은 보험금 조회하기를 이용하면 보험금을 찾을 수 있다.

온라인 보험슈퍼마켓

https://www.e-insmarket.or.kr

숨은 보험금 조회

https://cont.insure.or.kr

4. 보험 유지와 관리

☑ 목적자산과 안전자산

> **예 1** 오늘 놀부는 집에 불이 나서 전소되면 1억 원을 받을 수 있는 손해보험에 가입했다. 그러면 놀부는 재산이 늘었고 어제보다 부자가 되었는가?

16 자동차보험 중에서 의무보험, 보험 기간이 1년 미만인 단기보험, 건강진단이 필요한 보험, 타인을 위한 보증보험, 단체보험은 청약을 철회할 수 없다.

아니다. 화재보험금 1억 원은 화재가 발생했을 때에만 받는 돈이다. 집이 멀쩡한 평소에는 구경할 수 없는 돈이고 놀부의 재산이 아니다. 화재가 발생하면 받는 돈이지만 이 돈이 생겼다고 부자가 되는 것은 아니다. 화재로 무너진 집을 다시 지어서 예전 상태로 돌아갈 뿐이다. 이렇게 우연한 사건에 따른 손실을 만회하기 위하여 사용되는 돈을 '안전자산'이라고 한다.

예 2 오늘 흥부는 아이들 결혼자금을 준비하기 위하여 생활비를 줄여서 매월 50만 원씩 적립하는 정기적금에 가입했다. 그러면 흥부는 재산이 늘었고 어제보다 부자가 되었는가?

그렇다. 소비를 줄여서 저축을 한 것이므로 흥부의 재산은 50만 원이 늘었고 그만큼 부자가 되었다. 살다 보면 우연한 일만 생기는 것이 아니라 반드시 발생하는 일이 더 많다. 결혼, 주택 마련, 출산, 교육, 은퇴 등이 그런 일이다. 이런 일을 헤쳐나가려면 돈이 필요하고 책임 있는 가장이라면 이런 자금을 반드시 확보해야 한다. 이렇게 반드시 발생하는 일에 사용하기 위하여 마련한 돈을 '목적자산'이라고 한다.

안전자산	보험료를 납부하고 보험회사에 보험금으로 대기
목적자산	저축으로 모으고 실물자산과 금융자산으로 보관

보험은 삶을 지키기 위한 안전장치이지 재산의 증식 수단이 아니다. 암보험에 가입한 사람에게 가장 행복한 일은 암에 걸려 보험금을 받는 것이 아니라 암에 안 걸리는 것이다. 보험을 목적자산으로 착각하면 지나치게 과다한 금액을 보험료로 지불하게 된다. 보험은 해약하지 않고 유지할 수 있어야 안전자산의 역할을 한다. 그러기 위해서는 목적자산과 안전자산의 비중을 적절하게 배분해야 한다. 전문가들은 목적자산과 안전자산의 비중이 서로 비슷한 수준이 될 것을 권고한다. 만일 내가 보유한 집이나 예금 등의 목적자산이 2억 원이 있다면 보험으로 보장받는 안전자산의 크기도 2억 원 정도로 유지하라는 말이다. 이런 균형이 깨지면 주택 마

련에 쓰려고 암보험을 해약하고, 자녀교육에 쓰려고 연금보험을 해약하는 어리석은 행동을 반복하게 된다.

보험관계자들은 보험료는 소득의 10~20%가 적절하다고 말하지만 가계살림을 하는 입장에서 보면 10%를 넘지 않는 것이 좋다. 사회 초년생은 이보다 낮은 5~7%가 적당하다. 맞벌이 부부는 주소득원의 소득만을 대상으로 계산해야 한다. 부부 합산소득을 기준으로 보험료를 지출하다가 한쪽이 퇴직하면 보험료가 큰 부담이 된다. 모든 위험을 보험으로 다 대비할 수는 없다. 자신의 형편에 맞게 필수보험 위주로 영리하게 가입하는 지혜가 요구된다.

☑ 현명한 가입

보험광고에서 현재 아픈 사람도 과거에 아팠던 병력이 있는 사람도 모두 가입할 수 있다는 말을 자주 듣는다. 이상하지 않은가? 만일 병이 있는 사람이 건강한 사람과 동일한 조건으로 가입할 수 있다면 건강한 사람이 상대적으로 손해를 본다. 이런 보험은 아픈 사람들에게 혜택을 주니 자연히 건강한 사람은 가입하지 않을 것이다. 보험은 비슷한 위험을 지닌 다수의 계약자가 소액의 보험료를 납입하여 위험에 공동으로 대처하는 사회계약이다. 만일 위험이 높은 계약자가 남들과 동일한 보험료를 납입하게 되면 다른 계약자에게 불이익이 돌아간다. 이런 보험은 결국 가입자를 모을 수 없고 지속적으로 유지될 수 없다. 그러면 '묻지도 따지지도 않고' 가입을 받는다고 광고하는 보험은 어떻게 가능할까? 그 비밀은 보험가입자의 고지의무와 통지의무에 있다.

고지의무는 보험계약을 체결하기 전에 보험가입자가 보험회사에게 보험계약을 위한 중요한 정보를 제공하는 것을 말한다. 중요한 정보란 보험회사가 서류상으로 질문한 사항들이 해당된다. 또 음주나 흡연 등 기본적으로 건강에 영향을 미칠 만한 사항, 운전 여부나 직업 · 부업 등으로 위험한 외부환경에 노출되는 여부 등도 포함된다. '간편심사' 또는 '무진단' 등을 내세우면서 가입절차가 간소화되었다고 광고하는 보험일지라도 가입 시에는 병력을 정확히 고지해야 한다. 통지의무는 보험가입 기간 동안 중대한 변화가 발생하거나 변경된 것을 알릴 의무다. 보험계약

후에 더 위험한 직군으로 이직하거나 암벽등반과 같이 위험한 취미활동을 하게 되면 보험회사에 통지해야 한다. 보험회사가 이런 변화에 맞추어 보험료를 조정하거나 계약을 수정해야 하기 때문에 이것도 보험가입자의 의무 사항이다.

보험가입 시에 선택할 항목으로 갱신형과 비갱신형이 있다. 보험계약 기간 동안에 보험료가 안 바뀌고 계속 같은 액수를 납입하는 형태가 비갱신형이다. 갱신형은 보험료가 1~2년 단위로 재산정이 되면서 계속 바뀐다. 갱신형은 계약 초기에는 보험료가 저렴하지만 시간이 흐를수록 보험료가 올라간다. 비갱신형은 보험료가 변하지 않으므로 초기에는 갱신형보다 보험료가 비싸고 후기에는 갱신형보다 보험료가 싸다. 비갱신형은 보험료가 일정해서 가계가 고정적 지출을 파악하고 살림을 계획하는 데 유리하다. 일반적으로 사람들은 초기에 보험료가 적게 나가는 갱신형을 좋아하는데 이것은 합리적인 선택이 아니다. 보험전문가들이 추천하는 방식은 주계약을 비갱신형으로 하고 주계약에 덧붙여지는 특약을 갱신형으로 가입하는 것이다.

☑ 해지 관리

사람들이 보험을 가입했다가 해지하는 비율은 상당히 높다. 보험계약 유지율은 보험료를 납입한 횟수에 따라 13회차와 25회차로 구분하여 측정한다. 2016년부터 2021년까지 6년간 보험계약 유지율의 평균은 다음 표와 같다.

◎ 보험계약 유지율: 2016~2021 평균

시점	생명보험	손해보험
13회차	80.5%	84.2%
25회차	65.4%	70.9%

생명보험은 13회차 유지율이 80.5%고 25회차 유지율이 65.4%다. 즉, 1년 이내에 해지하는 비율이 19.5%고 2년 이내에 해지하는 비율이 34.6%라는 의미다. 손해보험은 해지율이 생명보험보다 조금 낮아서 1년 이내에 해지하는 비율이 15.8%

고 2년 이내에 해지하는 비율이 29.1%다. 보험계약은 2년 이내에 1/3 정도가 해지되는데 10년을 유지하면 해지율이 3~4% 정도로 떨어진다. 보험을 해지하는 이유는 다섯 가지로 정리된다.

보험을 해지하는 이유

1. 보험료를 내기 어려움
2. 더 좋은 상품에 가입
3. 갑자기 목돈이 필요
4. 지인권유로 불필요한 가입
5. 여러 상품 중복가입

보험은 가입할 때 신중하게 판단하고 가입했으면 끈질기게 유지해야 한다. 부득이하게 해지할 수밖에 없는 상황이 오면 아무 보험이나 닥치는 대로 해지하지 말고 해지의 우선 순위를 고려해야 한다. 사람들은 보험료가 비싼 것부터 해지하거나 납기가 긴 것부터 해지한다. 그러나 더 중요한 점은 세금 혜택을 받은 게 있는지 보아야 한다는 사실이다. 이런 보험을 해지하면 그동안 받았던 세금 혜택을 환불해야 한다. 다음에는 해지했을 때 돌려받는 환급금이 납입한 보험료의 몇 퍼센트인지 알아봐야 한다. 보험에 가입하고 초기에 해지하면 납입한 보험료를 거의 못 받는다. 끝으로 보험료를 내야 하는 납기가 얼마나 남았냐를 고려해야 한다. 일반적으로 보면, 세금 혜택을 받지 않았고 환급비율이 높고 납기가 오래 남았으면 해지할 가능성이 크다. 보험을 해지하는 일반적인 순서는 다음과 같다.

해지 순서	투자형 > 저축형 > 종신형 > 연금형 > 보장형

1순위는 투자형 보험으로 '변액'이라는 이름이 붙은 보험들이다. 보험료를 받아 보장용으로 대부분을 쓰고 일부를 떼어 주식에 투자하는 상품이다. 2순위는 저축형 보험이다. 저축형 보험은 장기로 가입하는 경우에는 의미가 있지만 목돈 마련이 목적이라면 적립식 펀드가 더 낫다. 3순위는 종신형 보험이다. 종신형 보험은 보험료가 아주 비싸다. 굳이 비싼 보험료를 내면서 평생 보장받을 이유가 없다. 종신형 대신에 일정 기간을 정해서 가입하는 정기형이 좋다. 4순위는 연금형 보험이

다. 노후생활을 위해 가입하고 세금 혜택도 많다. 연금형 보험을 해지하면 그동안 받았던 세금 혜택을 모두 반납해야 하고 환급금 비율도 낮아서 불이익이 매우 크다. 가능하면 해지하지 말아야 할 보험이다. 5순위는 보장성 보험이다. 암보험이나 화재보험과 같이 안락한 생활을 유지하는 데 필수적인 보험은 해지하지 말고 최대한 유지해야 한다.

☑ 실손의료보험

보험전문가들이 반드시 가입해야 할 보험으로 꼽는 네 가지는 실손의료보험, 암보험, 사망보험, 연금저축보험이다. 특히 실손의료보험은 2021년 가입자가 3,500만 명을 넘어 제2의 국민건강보험이라는 소리를 듣고 있다. 실손의료보험은 질병, 상해로 입원하거나 통원 치료를 받을 때 발생한 의료비를 보상하는 상품이다. 아플 때 이용하는 국민건강보험이 있는데 실손의료보험이 왜 또 필요할까? 국민건강보험이 모든 의료비를 보상하지는 않기 때문이다. 미모를 위한 성형수술비나 정신질환 치료비 등 모든 의료비를 국민건강보험에서 보상하려면 매달 지출하는 건강보험료가 어마어마하게 올라가야 할 것이다. 국민건강보험에서 보장하는 의료비 항목을 급여부문이라 하고 보장하는 않는 의료비 항목을 비급여부문이라 한다.[17] 급여부문도 국민건강보험공단이 모두 보상하지는 않고 일부는 환자 본인이

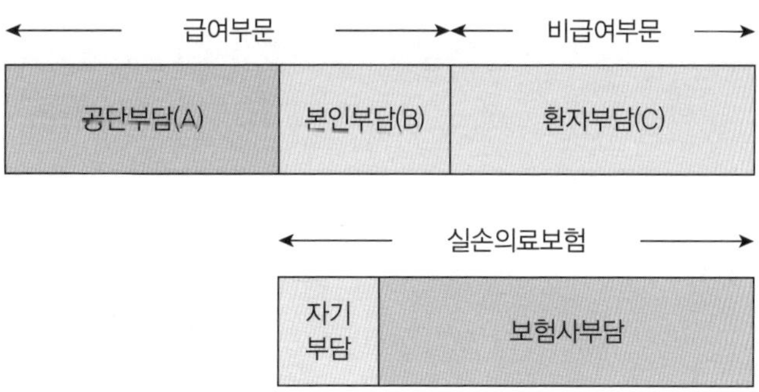

17 비급여 항목으로는 상급병실료 차액, 선택진료비, MRI 촬영비, 초음파 등이 있다. 국민건강보험법에서 법으로 정한 법정비급여 항목은 실손의료보험에서 보상된다. 그러나 법에서 정하지 않은 임의비급여 항목은 실손의료보험에서 보상되지 않는다.

부담해야 한다. 앞의 그림에서 B와 C 부분이 실손의료보험의 대상이다.

실손의료보험은 1999년에 시작했고 2021년 7월 1일부터 4세대 상품이 판매되고 있다. 실손의료보험은 자기부담 비율은 높이고 보험료는 낮추는 방향으로 진화해 왔다. 손해율은 지불한 보험금을 수취한 보험료로 나눈 비율이다. 보험회사가 이익을 보려면 손해율이 100%보다 작아야 한다. 그런데 2019년 기준으로 손해율이 1세대 144%, 2세대 135%, 3세대 100%가 나왔다. 보험회사가 실손의료보험을 판매하고 완전히 밑지는 장사를 한 것이다. 실제로 실손의료보험을 판매하던 보험회사 30개(2010년) 중에서 15개(2021년)가 판매를 중단했다. 보험회사가 손해를 보든 말든 국민이 혜택을 보면 되지 우리가 왜 보험회사까지 걱정하냐고 생각할 수 있다. 그러나 보험회사가 망하면 경제에 큰 충격이 온다. 보험회사가 과도한 이익을 내면 안 되지만 손실을 내고 망해도 안 된다. 보험이 사회를 유지하는 기본 시스템이기 때문에 제도를 잘 설계해야 한다.

실손의료보험 세대별 변화

구분	가입시기	자기부담금	보험료 (40세 남자)	가입 건수
1세대 (구실손보험)	~'09.9.	손보 0% 생보 20%	47,310원	854만
2세대 (표준화실손보험)	'09.10.~'17.3.	판매시기별 10~20%	28,696원	1,877만
3세대 (신실손보험)	'17.4.~'21.6.	급여 10% 비급여 20%	14,512원	709만
4세대	'21.7.~	급여 10% 비급여 20%	11,982원	진행 중

4세대 실손의료보험의 가장 큰 변화는 자기부담 비율을 높인 것이다. 전체 의료비 중에서 자기부담 비율을 급여부문은 20%, 비급여부문은 30%로 높였다. 과잉진료를 받는 의료쇼핑을 하지 말라는 취지다. 또 다른 변화는 직전 1년 동안 비급여 보험금을 많이 수령했으면 다음 해에 보험료가 3배까지 증액되도록 만든 것이

다. 이것도 지나친 의료소비를 억제하는 장치다.[18]

노후의료비 마련

나이가 들수록 의료비가 급격하게 증가한다. 삼성생명 인생금융연구소의 2020년 자료에 의하면 1인당 생애 진료비는 1억 4,560만 원이고 이 중에서 65세 이후에 사용된 의료비 비율이 55%다.

은퇴 후에 의료비가 이렇게 많이 들어간다면 준비는 어떻게 해야 할까? 의료비와 생활비는 그 속성이 다르므로 준비 방법도 달라야 한다. 생활비가 부족하면 지출을 줄여 맞추어 나아갈 수 있지만 의료비는 목숨과 관계되므로 쉽게 줄일 수 없다. 생활비는 얼마가 필요한지 쉽게 예측할 수 있지만 의료비는 언제 얼마만큼 필요할지 예측하기 힘들다. 그래서 의료비는 보험으로 대비해야 한다. 노후의료비 마련에 유용한 몇 가지 지침이 있다.

첫째, 노후의료비 보험은 본인과 배우자가 충분한 보상을 받을 수 있도록 피보험자로 지정해야 한다. 병은 남녀를 가려서 오지 않는다. 피보험자를 남편이나 아내의 한쪽으로만 지정하면 막상 병이 났을 때 보험금을 한 푼도 못 받을 수 있다. 둘째, 보장기간을 충분히 길게 설정해야 한다. 기대수명이 이미 80세를 넘은 것을 고려하면 보장기간을 90세 또는 100세로 늘리는 것이 좋다. 셋째, 노후실손의료보험을 적극 활용해야 한다. 일반실손의료보험은 가입연령이 최대 65세다. 2014년 8월부터 시작된 노후실손의료보험은 가입연령을 75세까지로 높여 고령층도 가입이 가능해졌다. 중복가입이 안 되기 때문에 이미 일반실손의료보험을 가지고 있다면 이를 해약하고 노후실손의료보험으로 갈아타야 한다.

18 2020년 실손의료보험에서 한 번이라도 보험금을 받은 가입자는 1,313만명(37.6%)이다. 이 가운데 상위 10%가 지급된 보험금 총액의 58.4%를 타 갔다. 일부 가입자의 고액의료비를 다수의 선량한 가입자가 부담해 준 것이다.

제4편 돈 불리기

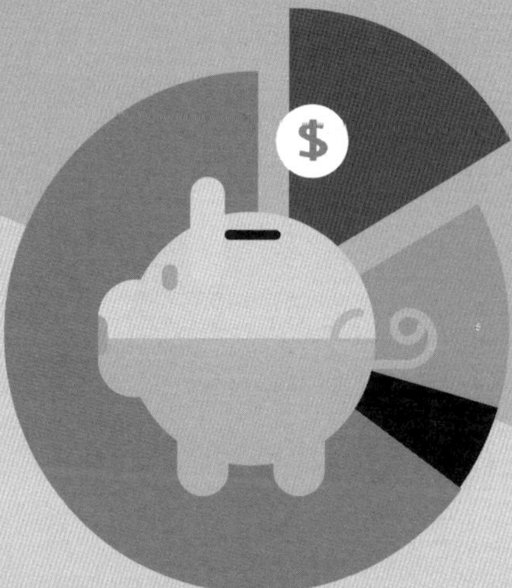

제 12 장

펀드로 키우자

1. 금융자산이 얼마나 있나?
2. 펀드투자란 무엇인가?
3. 어떤 펀드에 투자할까?
4. 좋은 펀드

"백미러만 보고 운전하는
실수를 하지 말아야 한다."

– 존 보글(뱅가드그룹 창업자)

1. 금융자산이 얼마나 있나?

총자산과 금융자산

가계금융복지조사 결과를 보면 가계의 자산구성 상태를 알 수 있다.[01] 2021년 3월 말 기준으로 가구당 총자산은 5억 253만 원이고 부채는 8,801만 원으로 순자산은 4억 1,452만 원이다. 총자산은 실물자산이 3억 8,934만 원(77.5%)이고 금융자산이 1억 1,319만 원(22.5%)으로 실물자산의 비중이 지나치게 높다. 총자산에서 금융부채 6,518만 원을 빼면 순금융자산은 4,801만 원이다. 순자산 중에서 순금융자산이 차지하는 비중은 11.6%에 불과하다. 한마디로 가계 자산이 실물자산에 쏠려 있어서 금융소득을 올릴 수 없는 구조다. 그동안 국민경제가 성장하고 자본시장이 발달했지만 정작 국민들은 금융자산이 거의 없어서 그 혜택을 못 받고 있다.

2021년 가계 총자산과 순자산

(만 원)

총자산	50,253	부채	8,801	순자산	41,452
금융자산	11,319	금융부채	6,518	순금융자산	4,801
실물자산	38,934	임대보증금	2,283	순실물자산	36,651

가계 총자산에서 금융자산이 차지하는 비중을 국가별로 보면 2019년 기준으로 미국 71.9%, 일본 62.1%, 영국 54.8%, 한국 35.6%다.[02] 한국은 총자산의 대부분이 주거형 주택에 묶여 있어서 금융소득 창출 능력은 없고 주택가격이 하락하면 큰 손실을 볼 수밖에 없는 구조다.

다음 차트는 가계와 비영리단체가 보유한 금융자산의 항목별 구성비 추이를 보여준다. 10년 동안 주식 · 펀드의 비중이 2.3% 증가했고 채권의 비중은 3.9% 감소했으며 다른 항목들은 큰 변화가 없다. 세계 경제와 금융환경은 급속도로 변해 왔

01 통계청, 『2021년 가계금융복지조사 결과』, 2021.

02 한국금융투자협회, 『2021 주요국 가계 금융자산 비교』, 2021.

◎ 가계 및 비영리단체 금융자산 구성

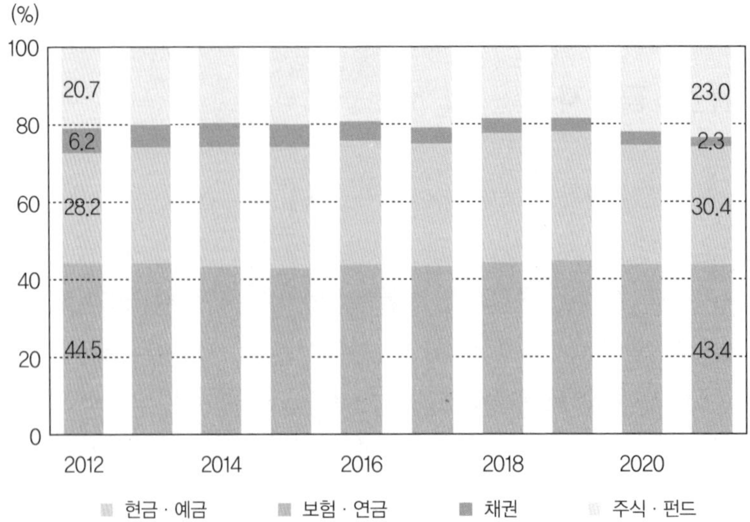

한국은행, "경제통계시스템(ECOS)."

는데 우리나라 가계는 제대로 대응을 못 했다는 사실을 보여준다.

2021년 항목별 비중은 현금 · 예금 43.4%, 보험 · 연금 30.4%, 채권 2.3%, 주식 · 펀드 23.0%, 기타 0.9%다. 많지도 않은 금융자산 중에서 주식이나 펀드 같은 위험자산 비중은 겨우 23.0%이고 나머지는 현금 · 예금, 보험 · 연금, 채권 등의 안전자산으로 보유하고 있다. 이러한 구성비만 보면 우리나라 사람들이 위험을 극도로 싫어하는 성향을 가졌다고 말할 수 있다. 이렇게 위험자산에 대한 투자가 미미하다 보니 가계가 자녀교육비, 주택구입비, 노후생활비 마련에 금융자산의 도움을 거의 받지 못한다.

2008년 세계 금융위기 이후 전 세계 경제는 저성장과 저금리 상태로 들어갔다. 이것은 재테크의 프레임이 저축의 시대에서 투자의 시대로 전환된 것인데 우리나라 가계는 아직도 저축의 시대에 머무르고 있다. 위험자산을 무조건 기피하지만 말고 합리적인 위험관리를 통하여 재산을 불리는 현명한 접근이 절실히 요구된다.

서민과 부자의 차이

재산을 여러 종류의 자산으로 보유하고 있는 상태를 포트폴리오(portfolio)라고 부른다. 서민과 부자의 금융자산 포트폴리오를 비교해 보자. 서민 자료는 한국은행의 『2021 자금순환표』에서 가져왔고, 부자 자료는 하나은행의 『2021 부자보고서』에서 가져왔다.

금융자산 포트폴리오 : 서민과 부자

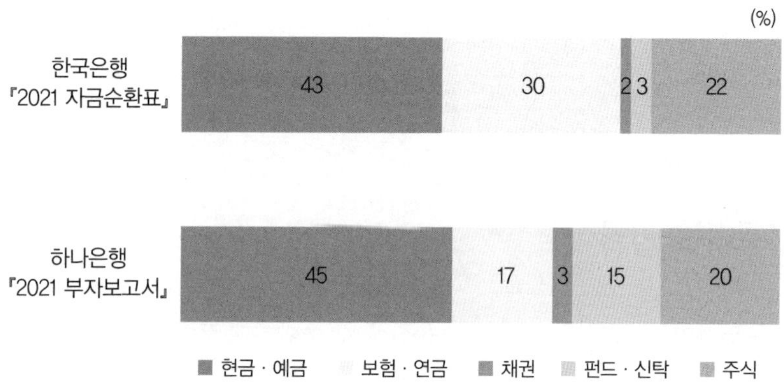

현금 · 예금을 보유한 비중은 서민 43%, 부자 45%로 거의 비슷하고, 보험 · 연금은 서민 30%와 부자 17%로 차이가 크며, 채권 비중은 서로 비슷하다. 펀드 · 신탁은 서민 3%, 부자 15%로 차이가 크고 주식은 서민 22%, 부자 20%로 비슷하다. 서민들은 개별 종목에 대한 직접투자를 더 많이 하고 부자들은 위험을 통제한 간접투자를 더 많이 하고 있다. 바로 이 점이 서민과 부자의 뚜렷한 차이이다. 부자들은 위험자산에 투자하더라도 위험을 분산시키는 펀드투자를 선호한다.

워렌 버핏의 투자 원칙

워렌 버핏에게 부자가 되려면 지켜야 할 좋은 원칙이 있는지 물어보았다. 버핏은 "첫째 원칙은 투자금을 절대 잃지 마라."는 것이라고 답했다. 그러면 둘째 원칙은 무엇이냐는 질문에 "첫째 원칙을 절대 잊지 마라."는 것이라고 답했다. 여기서 투자금을 절대 잃지 마라는 말이 위험을 부담하지 말고 안전한 자산만 사라는 이야기가 아니다. 버핏은 증권투자를 통해서 세계 최상위권 부자가 된 사람이다. 당연히 사람들에게 위험이 있는 투자를 하라고 권유한다. 버핏이 투자금을 절대 잃지 말라는 것은 항상 위험을 고려하라는 뜻이다.

우리는 위험을 안고 투자할 수밖에 없는데 이때 주의할 사항이 세 가지 있다. 첫째, 생활에 필수적인 자금을 투자하면 안 된다. 예를 들어 전세금, 등록금, 결혼자금 등이 여기에 해당된다. 둘째, 재무상태가 여유롭지 않은 상태에서 빚으로 투자하면 안 된다. 빚을 내서 투자하면 조급한 마음에 무리한 수익을 추구하다가 점점 구렁텅이로 빠진다. 셋째, 손실의 고통을 인내하는 정서 능력이 낮은 사람들은 투자하면 안 된다. 주가가 조금만 하락해도 안절부절하고 끙끙 앓는 사람은 투자에 부적합한 성격이다. 투자는 상당한 기간이 지나야 결실을 맺는데 일시적인 주가 등락에 일희일비하면 돈도 잃고 행복도 잃는다.

선호하는 금융상품

서민과 부자가 구체적으로 어떤 금융상품을 좋아하는지 비교해 보았다. 서민 자료는 통계청의 『2021 가계금융복지 조사』에서 가져왔고 부자 자료는 하나은행의 『2021 부자보고서』에서 가져왔다.[03]

서민과 부자의 선호상품

(%)

서민 선호상품	응답률	순위	부자 선호상품	응답률
은행 예금	68	1	단기금융상품	43
비은행금융기관 예금	10	2	지수연계증권	42
저축은행 예금	5	3	은행 정기예금	41
주식 직접투자	11	4	주식 직접투자	36
개인연금	3	5	외화자산	28
펀드	2	6	외화예금	28
기타	1	7	펀드	21

통계청, 『2021 가계금융복지 조사』, 2021; 『하나은행, 2021 부자보고서』, 2021.

03 가계금융복지 조사의 응답률은 단일 선택이고 부자보고서의 응답률은 복수 선택이다.

서민들이 좋아하는 상품은 1위 은행 예금, 2위 비은행금융기관 예금, 3위 저축은행 예금으로 예금이 상위권을 차지했다. 예금은 안전한 대신에 수익이 낮은 저위험-저수익 상품이다. 위험자산인 주식과 펀드는 하위권으로 밀렸다. 부자들이 좋아하는 상품 1위는 단기금융상품으로 만기 1년 이하의 채권에 투자하는 펀드가 주요 대상이다. 위험이 매우 낮으며 은행 예금보다 약간 더 높은 수익을 제공한다. 서민들이 그저 안전하기만 한 예금을 선호하는 것에 비하여 부자들은 안전하면서 수익이 조금이라도 높은 상품을 선호한다. 2위는 지수연계증권으로 개별주가나 주가지수가 변하는 정도에 따라 수익이 결정되는 상품이다. 위험이 다소 있지만 그만큼 수익도 높아져서 중위험 · 중수익 상품으로 분류된다. 부자들의 또 다른 특징은 외화자산과 외화예금을 이용해서 해외에도 분산투자하고 있다는 점이다. 국내 상품에만 투자하는 것보다 해외 상품으로 투자를 확대하면 위험을 보다 효과적으로 줄일 수 있다. 간접투자하는 펀드는 서민이나 부자나 모두 하위로 꼽았다. 펀드 열풍이 불던 2007년에는 모든 가구가 펀드 통장을 하나씩 가지고 있을 정도였는데 2008년 세계 금융위기 이후 펀드투자는 침체되어 있다.

펀드투자 이유

한국금융소비자보호재단은 매년 펀드투자자에 대한 설문조사 결과를 발표한다. 2020년 조사에서 펀드투자 경험이 있는 사람들을 대상으로 펀드에 투자한 이유가 무엇인지 질문한 결과는 다음과 같다.[04]

펀드에 투자한 이유	응답률(%)
수익률이 높다는 생각에	52.7
투자대상을 다양화하려고	23.3
안정성이 높다는 생각에	14.2
필요할 때 쉽게 찾을 수 있어서	8.8
기타	1.0

04 한국금융소비자보호재단, 『2020 펀드투자자 조사 결과』, 2021.

"수익률이 높다는 생각에" 투자한 비율이 52.7%로 절반을 넘었다. 그런데 과연 이것을 타당한 이유라고 볼 수 있는지 다시 살펴볼 필요가 있다. 일반적으로 펀드가 예금이나 채권보다 수익이 높지만 펀드의 위험에 따라 펀드의 수익도 달라진다. 펀드의 위험은 채권형 펀드, 혼합형 펀드, 주식형 펀드 순으로 커진다. 펀드투자에서 높은 수익을 기대할 수 있는 이유는 위험이 큰 펀드에 투자했기 때문이다. 2위와 3위는 "투자대상을 다양화하려고"와 "안정성이 높다는 생각에"가 나왔다. 펀드는 여러 종목에 분산투자하여 위험을 줄여주므로 이 두 가지는 펀드투자를 하는 이유를 올바르게 답한 것이다. 4위 "필요할 때 쉽게 찾을 수 있어서"는 틀린 정보다. 주식을 팔면 3일째 영업일에 돈을 받을 수 있지만 펀드투자액을 찾으려면 환매신청을 하고 정리하는 기간이 5일 이상 소요된다.

펀드에 투자하지 않는 이유	응답률(%)
투자할 자금이 부족해서	22.5
원금손실 위험이 있어서	20.9
높은 수익률을 기대할 수 없어서	14.6
다른 상품이 더 매력적이어서	12.3
주변인이 펀드로 큰 손실을 봐서	11.8
펀드로 큰 손실을 본 경험이 있어서	9.9
펀드에 대한 부정적인 기사를 접해서	6.8
기타	1.2

현재 펀드에 투자하지 않고 있는 사람들에게 그 이유를 질문한 결과는 앞의 표와 같다. 가장 많이 대답한 이유는 "투자할 자금이 부족해서"고 22.5%를 차지했다. 2위는 "원금손실 위험이 있어서", 3위는 "높은 수익률을 기대할 수 없어서"다. 이 세 가지는 오히려 펀드에 투자해야 하는 이유로 보아야 한다. 좋은 종목을 얼른 사고 싶은데 투자자금이 부족하면 그림의 떡이 된다. 이럴 때 펀드에 가입하는 것이다. 펀드는 다수의 투자자로부터 자금을 모아서 여러 종목에 투자하기 때문에 자금이 부족한 사람에게 매우 유용한 투자방법이다. 개별종목에 투자했는데 그 종목 주가가 폭락하면 큰 손실을 보게 된다. 이런 손실 위험을 피하고 싶은 사람은

펀드에 투자해야 한다. 펀드는 여러 종목에 나누어 투자하므로 일부 종목이 손실을 보더라도 다른 종목들의 성과로 손실을 줄이고 수익을 낼 수 있다. 위험이 큰 펀드에 투자하면 얼마든지 수익률을 높일 수 있지만 이런 펀드는 손실을 볼 가능성도 크다.

응답자들은 펀드에 투자해야 되는 이유를 거꾸로 생각해서 펀드에 투자하지 않는 이유라고 말하고 있다. 투자자들이 금융역량이 부족하다는 사실이 여기서 단적으로 드러난다. 나머지 네 가지 이유들은 "다른 상품이 더 매력적이어서", "주변인이 펀드로 큰 손실을 봐서", "펀드로 큰 손실을 본 경험이 있어서", "펀드에 대한 부정적인 기사를 접해서"다. 물론 펀드투자를 안 할 수도 있는데 그 이유는 재무설계에서 설정한 나의 재무목적에 맞지 않기 때문이라고 말해야 합리적이다. 상품의 매력이 없고, 투자에서 손실을 봤고, 나쁜 기사를 들었기 때문에 펀드투자를 하지 않는다는 것은 합리적인 이유가 아니다.

2. 펀드투자란 무엇인가?

☑ 펀드라는 이름의 버스

금융상품에 투자하는 방법에는 직접투자와 간접투자가 있다. 직접투자는 본인이 금융상품을 찾아내고 스스로 판단해서 사고파는 방법이고, 간접투자는 본인은 투자할 돈만 내고 전문가에게 금융상품을 고르고 매매하는 권한을 맡기는 방법이다. 직접투자는 금융시장과 금융상품에 상당한 지식이 있을 때 적합한 방법이다. 일반인은 전문지식도 부족하고 생업에 바쁘기도 해서 전문가에게 맡기는 간접투자가 바람직하다.

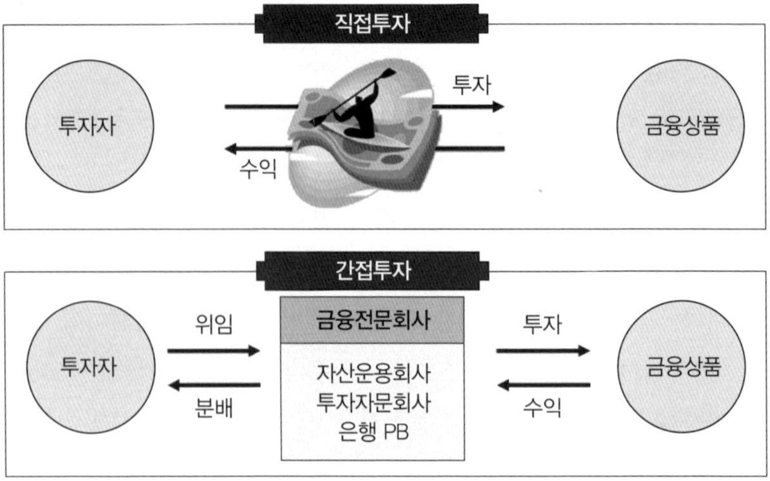

펀드(fund)의 사전적 의미는 특정한 목적을 위하여 모아 놓은 돈이다.[05] 펀드를 풀어서 말하면 금융전문회사가 금융상품에 투자하기 위하여 다수의 투자자에게서 받아 놓은 돈이다. 간접투자를 하는 금융회사는 '○○자산운용', '○○투신운용', '○○투자자문' 등의 이름을 사용하는데 이들을 전부 포괄하여 자산운용회사라고 부른다. 펀드에 모인 돈을 실제로 투자하는 금융전문가가 펀드매니저다. 펀드매니저가 돈을 투자하여 나온 성과는 투자자들에게 출자비율에 따라서 돌려준다. 펀드는 투자실적에 따라 수익을 많이 받을 수도 있고 적게 받을 수도 있는 실적배당형 금융상품이다.

여행할 때 직접 승용차를 운전하고 갈 수도 있고 버스를 타고 갈 수도 있다. 직접 운전하면 원하는 대로 길을 선택할 수 있고, 쉬고 싶으면 쉬고 가고 싶으면 갈 수 있으니 자유롭게 여행을 즐기는 장점이 있다. 그러나 운전하는 동안 다른 일을 볼 수 없고 낯선 곳을 가다가 길을 잃어 고생도 한다. 버스는 정해진 노선을 따라 정해진 시간에 운행하므로 개인적인 형편을 고려할 수 없는 불편함이 있다. 반면에 버스 안에서 책을 읽거나 잠을 자면서 목적지까지 편안하게 갈 수 있는 장점이 있다. 금융상품에 투자하는 것도 이와 똑같다. 직접투자는 재테크 목적지까지 본인이 승용차를 몰고 가는 것이고, 간접투자는 펀드매니저가 운전하는 버스를 타고

05 '자본시장과 금융투자업에 관한 법률'에서는 간접투자를 집합투자라고 부른다. 집합투자기구(자산운용사)가 만든 집합투자증권이 펀드다.

가는 것이다.

펀드 이외에 은행의 PB(private banking) 업무나 증권회사의 랩어카운트(wrap account) 업무도 간접투자의 일종이다.[06] 펀드가 일반인을 대상으로 운행하는 버스라면, PB나 랩어카운트는 택시로 볼 수 있다. 택시 요금이 버스 요금보다 비싸듯이 PB나 랩어카운트를 이용할 때 내는 보수는 펀드를 이용할 때보다 더 비싸다. 버스를 타고 갈까 택시를 타고 갈까? 이제 겨우 종잣돈을 모은 재테크 초보자는 당연히 버스를 타야 한다. 펀드라는 버스를 타고 다니면서 재산축적 주머니를 불리고 재테크 실전지식을 쌓으면 자연스럽게 택시를 탈 수 있는 기회가 온다.

☑ 펀드투자의 장점

펀드투자는 분산투자 효과, 전문가 활용, 법적 보호장치라는 세 가지 장점을 지니고 있다.

분산투자 효과	소액으로 가능	←	몰빵투자
전문가 활용	정보와 분석	←	묻지마투자
법적 보호장치	자금 별도 관리	←	설마투자

첫째, 펀드는 적은 돈으로 분산투자의 효과를 볼 수 있다. 주식투자에서 위험을 관리하려면 성격이 다른 여러 주식에 나누어 투자해야 한다. 한두 종목에 집중적으로 투자하는 '몰빵투자'는 가격변동 위험이 커서 소액투자자들에게는 부적합 방법이다. 소액투자자는 밑천이 부족해서 혼자서는 분산투자를 할 수 없지만 펀드에 가입하면 여러 종목에 분산투자하는 효과를 누릴 수 있다.

둘째, 펀드는 전문가가 수집하고 분석한 정보를 활용할 수 있다. 좋은 투자대상을 선별해서 효과적으로 투자하려면 고도의 정보분석 능력과 투자관리 능력이 필요하다. 투자의 달인 워렌 버핏은 "자신이 잘 아는 기업에만 투자하라."고 말하지

06 PB 업무는 거액자산가를 위하여 맞춤형으로 재산을 관리한다. 랩어카운트는 예금, 증권, 보험, 연금 등 금융상품을 랩으로 싸듯이 하나의 계좌에 묶어서 관리한다.

만 일반인은 기업을 분석할 시간도 능력도 없는 경우가 대부분이다. 그렇다고 유행에 따라 남의 말만 듣고 투자하거나 근거 없는 직감으로 투자하는 '묻지마투자'를 하다가는 큰 손실을 볼 수밖에 없다. 펀드투자에서는 리서치 전문가(애널리스트)와 자산운용 전문가(펀드매니저)가 투자자를 대신해서 정보분석과 투자관리 역할을 충실하게 수행해 준다.

셋째, 펀드는 투자자를 보호하기 위한 제도가 법적으로 구비되어 있다. 우리는 금융사기에 관한 뉴스를 수시로 듣는다. 대개 금융사기 피해자는 눈앞의 이익에 현혹되어서 제대로 확인하지 않고 '설마투자'를 했다가 투자금을 날리는 큰 낭패를 겪는다. 펀드에는 이런 위험을 사전에 예방하는 법적 조치가 마련되어 있다. 펀드에 모인 돈을 펀드매니저가 자기 주머니에 넣고 혼자서 멋대로 주무를 수는 없다. 펀드자금은 공신력 있는 별도의 금융기관에 보관된다.

펀드투자에는 네 종류의 금융회사가 관여한다. 판매회사가 투자자에게 판매하고, 자산운용회사가 투자결정을 하고, 수탁회사가 재산을 관리하고, 사무관리회사가 회계처리를 하는 구조다. 자산운용회사는 펀드를 만들어 내는 제조공장이고 판매회사는 투자자들에게 펀드를 파는 유통매장이다. 우리가 라면을 사려고 라면공장에 가지는 않듯이 투자자가 펀드를 사려고 자산운용회사에 갈 필요는 없다. 펀드 판매회사는 은행, 증권사, 보험사, 자산운용사 등이 맡는다. 수탁회사는 투자자로부터 모은 돈을 보관하는 회사다. 펀드로 모은 돈을 자산운용회사가 가지고 있으면서 마음대로 쓰면 금융사고가 날 수 있으므로 별도의 수탁회사가 관리하도록 법으로 정해 두었다. 극단적인 경우로 자산운용회사가 파산하더라도 수탁회사(주로 대형 은행)에 보관되어 있는 펀드 재산은 안전하다. 사무관리회사는 펀드와 관련된 장부 정리와 가치 계산을 담당한다.

☑ 열풍과 삭풍

우리나라 최초의 펀드는 1970년 5월에 한국투자개발공사가 '증권투자신탁'이란 이름으로 출시하였다.[07] 이 펀드의 이름은 1976년 1월에 '안전성장 1월호'로 바뀌

07 한국투자개발공사는 이후 한국투자공사 → 대한투자신탁운용 → 하나UBS자산운용으로 이름이

었다가, 2010년 8월에 우리나라 첫 번째 펀드임을 강조해서 '하나UBS대한민국1호' 펀드로 바뀌어서 지금까지 운용되고 있다. 펀드가 본격적으로 보급된 것은 2004년 적립식 펀드 열풍이 불면서다. 적금을 붓듯이 매월 소액을 투자하는 적립식 펀드는 펀드 시장의 저변을 크게 넓혔다. 당시 저금리로 유동성이 풍부했고 전세계적으로 주식시장이 호황을 누렸기 때문에 투자자들이 앞다퉈 펀드에 가입했고 펀드가 없는 가구가 없을 정도가 되었다. 그러다가 2008년 세계 금융위기로 큰 하락을 겪었고 이후 10년 넘게 침체된 모습을 보였다. 2021년에는 코로나19 팬데믹을 극복하는 과정에서 풍부해진 유동성을 바탕으로 상승하는 모습을 보였지만 본격적인 상승으로 보기에는 이르다.

2004년에서 2008년 사이에 불었던 펀드 열풍은 펀드투자를 하면 모두가 부자가 될 수 있다는 착각과 광기가 빚어낸 모습이다. 투자자가 가장 원하는 펀드는 '꾸준히 높은' 수익률을 올려주는 펀드다. 그러나 세상 어디에도 이런 펀드는 없다. 펀드는 다수 종목에 분산투자하므로 개별종목에 직접투자하는 것에 비하여 상대적으로 안전하다. 그렇지만 펀드라고 해서 '꾸준히 높은' 수익을 제공하는 마술을 부릴 수는 없다. 펀드는 기본적으로 위험상품이고 미래는 항상 불확실하다.

최근 투자자들이 펀드는 수익률이 낮아서 재테크에 도움이 안 되는 상품이라고 외면하고 있다. 간접투자하지 않는다면 갈 곳은 직접투자다. 펀드에 맡기는 대신 직접 투자하겠다며 동학개미와 서학개미가 나타났다.[08] 그러면 직접투자를 해서 수익을 많이 내느냐 하면 절대 그렇지 않다. 개별종목에 투자하면 주가등락에 따른 이익과 손실의 충격을 그대로 받게 된다. 개인투자자는 전문가에게 맡기는 간접투자가 바람직하다.

펀드를 이해하려면 기본용어부터 알아야 한다. 사람들이 가장 많이 투자하는 주식형 펀드는 설정원본의 60% 이상을 주식에 투자하는 펀드다. 여기서 설정원본은 투자자가 펀드에 돈을 넣고 빼 간 것을 계산한 값이다.[09] 펀드에 가입하면 설정원본이 증가하고 펀드에서 탈퇴(환매)하면 설정원본이 감소한다. 순자산총액은 펀드

바뀌었다.

08 동학개미는 한국 주식에 투자하고 서학개미는 미국 주식에 투자하는 개인투자자다.

09 설정원본, 판매잔고, 수탁고는 같은 개념이다.

가 보유하고 있는 주식이나 채권의 가격을 평가한 금액이다.[10] 계좌 수는 펀드투자를 하기 위하여 판매회사에 개설한 계좌의 개수이며 한 사람이 여러 개를 만들 수 있다. 다음 차트는 2004년부터 2021년까지 주식형 펀드에 대한 계좌 수, 설정원본, 순자산총액의 추이를 보여준다.[11]

주식형 펀드 추이

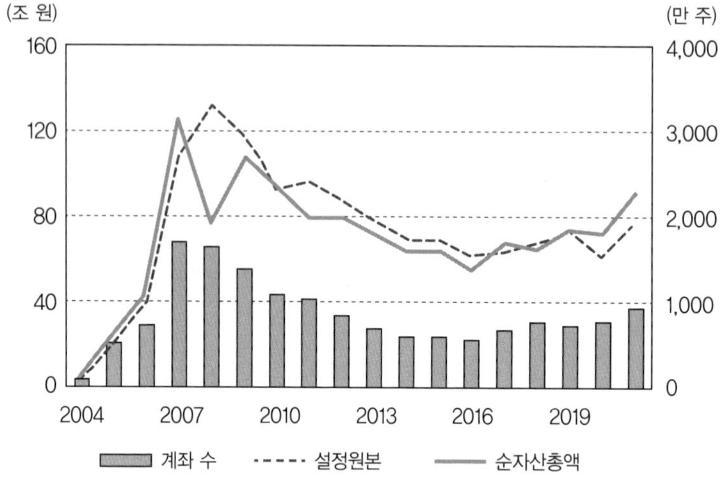

금융투자협회, 『종합통계 Portal』, http://freesis.kofia.or.kr

계좌 수는 2007년 1,707만 좌로 최고를 기록했고 이후 펀드 열풍이 꺼지면서 2016년 567만 좌까지 내려갔다가 2021년에 942만 좌까지 회복했다. 특히 2021년에 주식시장의 활황 장세에 힘입어 전년보다 181만 좌가 증가하였다. 순자산총액은 2007년 125조 원으로 최고를 기록했고 이후 펀드 열풍이 꺼지면서 2016년 56조 원으로 주저앉았다. 2020년까지 70조 원 내외를 기록하다가 2021년에는 전년보다 19조 원이 증가하여 91조 원이 되었다. 설정원본은 순자산총액보다 다소 늦게 움직이며 전체적인 추세는 서로 비슷하다.

10 펀드에 투자한 돈 1원을 1좌라고 부르며 펀드 계산은 1,000좌를 기본단위로 이루어진다. 순자산총액을 총좌 수로 나눈 것이 기준가다.

11 펀드에 관련된 정보를 자세히 알고 싶다면 '펀드정보 One-Click 시스템'이라는 사이트를 이용해야 한다. http://fund.kofia.or.kr

☑ 펀드 가입

펀드에 투자하려면 판매회사(은행, 증권회사, 보험회사)에 찾아가거나 온라인 펀드몰을 이용하면 된다. 펀드에 투자하고 싶다고 해서 금방 투자할 수 있는 것이 아니다. 투자성향을 진단받고 상품에 대한 설명을 들은 후에야 비로서 펀드를 선택할 수 있다. 어떤 사람은 이런 가입절차가 복잡하고 불편하다고 말을 한다. 그러나 이런 가입절차를 법을 지키기 위해서 마지못해 따르는 의무라고 생각하지 말고 소중한 재산을 잘 관리하기 위하여 금융회사에게 요구하는 투자자의 권리라고 생각해야 한다. 자본시장법과 금융소비자보호법의 시행으로 투자자들은 '알 권리'와 '서비스 받을 권리'를 보장받는다. 투자자는 필요한 사항을 금융회사에 요구할 권리가 있고 금융회사는 투자의 요청을 이행할 의무가 있다.

① 투자자정보확인서 작성

펀드에 처음 가입하는 투자자는 '투자자정보확인서'에 투자목적, 재산상황, 투자경험 등의 내용을 기재한다. 투자자가 단순한 정보만 제공하기를 원하면 작성하지 않아도 된다. 상품가입 때마다 작성하는 것이 아니라 한 번 작성하면 1~3년 동안 쓸 수 있다.

② 투자성향 진단

전문가와 상담을 해서 투자성향을 진단한다. 금융투자회사는 그동안 축적한 투자자 관련 자료를 바탕으로 회사 특성에 맞는 투자자성향 분류 방법을 적용할 수 있다. 일반적으로 투자성향은 위험수용도에 따라 안정추구형부터 적극공격형까지 다섯 가지로 분류한다.

③ 상품 추천

투자성향에 맞는 펀드 상품을 추천받는다. 펀드는 투자 위험에 따라 초저위험, 저위험, 중위험, 고위험, 초고위험의 다섯 가지로 분류하는 것이 일반적이다. 투자 경험이나 지식이 많은 투자자에게는 간단히 설명해도 되지만 취약투자자에게는 더 자세히 설명해야 한다. 충분한 설명 뒤에도 상품의 구조나 위험을 이해하지 못할 경우 판매절차를 중단하는 '투자권유중지제도'가 적용된다.

④ 가입 결정

추천받은 상품에 투자하기로 결정했다면 나머지 매수 절차를 밟는다. 거치식이나 적립식 등의 투자 방법을 결정하고 투자금을 납입한다. 투자자의 위험성향보다 높은 위험등급의 상품에 가입하려면 "본인 책임으로 투자한다."는 내용의 '부적합 확인서'를 작성해야 한다.

⑤ 운용성과 점검

펀드의 운용성과를 보여주는 자산운용보고서를 분기별로 받아 본다. 펀드가입자 중에는 자산운용보고서의 전문용어가 이해하기 어렵다고 말하는 사람이 많다. 그러나 어렵고 귀찮다고 그냥 넘어가지 말고 궁금한 사항은 언제든지 판매인에게 물어봐야 한다. 성공적인 투자란 이익을 내는 투자가 아니라 이익이나 손실이 발생한 원인을 알아내고 다음 투자에 반영하는 투자다.

투자자들은 한국포스증권에서 온라인으로 여러 펀드를 비교해 보고 쉽게 구매할 수 있다.[12] 가전제품을 사기 위하여 특정 전자회사 대리점에 가면 그 회사의 제품만 판매하므로 타사 제품과 비교할 수 없다. 반면에 모든 전자회사의 제품을 함께 취급하는 하이마트에 가면 성능과 가격이 다른 여러 제품을 비교하고 구입할 수 있다. 펀드 구매에서도 하이마트처럼 이용하라고 만들어 놓은 곳이 한국포스증권이다. 투자자들이 여러 자산운용사의 펀드를 비교해 보고 자신의 투자성향과 투자목적에 따라 펀드를 선택할 수 있다.

펀드는 거대한 유통망을 가진 은행, 증권사, 보험사들이 판매한다. 투자자들은 평소에 자신이 거래하던 은행이나 증권회사에 갔다가 창구 직원이 권유하는 펀드

12 한국포스증권(https://www.fosskorea.com)은 한국증권금융이 대주주이고 자산운용사와 증권유관기관이 공동출자해 설립한 온라인 전용 증권회사다. 2013년 설립한 펀드온라인코리아가 펀드슈퍼마켓을 운영하다가 2019년에 한국포스증권으로 개명했다.

를 구매하는 경우가 많다. 이때 펀드를 판매하는 창구 직원은 고객의 특성에 맞추어 가장 적합한 펀드를 권유하기보다는 자신의 판매수당이 가장 큰 펀드를 권유한다. 한국포스증권은 온라인에서 투자자가 스스로 펀드를 비교하고 선택하는 플랫폼을 제공한다. 중간의 판매직원을 거치지 않으므로 판단이 어려울 수 있지만 수수료가 오프라인 판매회사를 이용할 때보다 절반 정도로 저렴하다. 투자자는 저렴한 수수료에 여러 종류의 펀드를 구매할 수 있어 유리하고, 소규모 자산운용사는 판매 채널을 확보할 수 있어 도움이 된다.

한국금융소비자보호재단은 온라인으로 펀드를 판매하는 채널들의 운영실태를 평가하였는데 평균 40점으로 매우 낮게 나왔다.[13] 전반적으로 설명 의무가 미흡해서 투자자들이 충분한 정보를 제공받지 못할 가능성이 컸다. 온라인 채널이 이용에 편리하다는 장점이 있지만 자칫하면 부실한 정보로 잘못 판단할 위험도 안고 있다. 금융소비자가 더 똑똑해지고 더 신중해져야 한다.

3. 어떤 펀드에 투자할까?

☑ 펀드 이름

2021년 말 기준으로 공모펀드는 4,446개가 있다. 펀드가 이렇게 많다 보니 이름이 서로 비슷한 것도 많고 알 수 없는 기호와 숫자가 들어 있어서 혼란스럽게 느껴진다. 펀드 이름만 보고 그 펀드가 무슨 내용인지 알 수 있는 사람은 상당한 재테크 실력자다. 이전에는 펀드 이름을 자유롭게 지을 수 있었지만 지금은 일정한 기준을 지켜야 한다. 금융감독원은 펀드 이름에 투자자가 오해할 수 있는 부적절한 명칭을 사용하거나 펀드의 특징을 제대로 나타내지 못하는 문제를 방지하기 위하여 펀드 작명 지침을 정하였다.

펀드 이름에는 운용특성, 투자대상, 법적 형태의 3요소가 반드시 들어가야 하고 자산운용회사 이름과 수수료 형태를 추가해야 한다. 또 펀드 이름에 투자자의 오

13 한국금융소비자보호재단, 『2021 온라인 펀드판매 채널 평가 결과』, 2022.

해를 일으킬 수 있는 수식어를 붙이지 못한다. 펀드의 실제 내용에 부합되게 이름을 붙인다는 취지는 좋지만 이렇게 여러 요소를 집어넣다 보면 펀드 이름이 한참 길어진다. 2021년 공모펀드들의 이름은 평균 33.8자이고 이름이 가장 긴 공모펀드는 무려 61자에 이른다. 펀드투자는 이것저것 고민하지 않고 편안하게 전문가에게 맡기면 되는 줄 알았던 사람들은 펀드 이름부터 골치가 아플 것이다. 이 고비를 넘기는 것이 투자의 세계로 나아가는 첫 관문이다. 예를 들어 '미래에셋코스닥혁신성장증권자투자신탁(주식)종류C-Pe'라는 펀드의 이름은 25자다. 이 펀드 이름을 처음 접한 사람들은 도대체 어디서 띄어 읽어야 할지도 모를 것이다. 이 펀드의 이름을 분해해 보면 다음과 같다.

미래에셋	코스닥혁신성장	증권자투자신탁	주식	종류	C	Pe
①	②	③	④	⑤	⑥	⑦

① 자산운용회사: 미래에셋자산운용
② 운용특성: 코스닥시장의 혁신성장 종목에 투자
③ 법적 형태: 유가증권에 투자하는 투자신탁이며 모펀드에만 투자
④ 펀드종류: 주식에 대한 투자비중이 60% 이상인 주식형 펀드
⑤ 수수료체계: 수수료를 부과하는 방법에 따라 여러 종류 구비
⑥ 수수료형태: 판매수수료를 안 받는 C 클래스
⑦ 가입펀드: 개인연금펀드(P)를 온라인으로 가입(e)

펀드 분류

식당에서 메뉴가 다양하면 주문하기가 까다로울 수 있지만 그만큼 자신의 입맛에 맞는 음식을 고를 수 있다. 무슨 재료를 넣었고 어떤 조리법을 사용하는지에 따라 음식이 구별되듯이 펀드도 특성에 따라 구분된다.

우선 펀드가 투자하는 운용대상이 무엇이냐에 따라 7가지로 분류된다. 모든 펀드는 기본적으로 투자증권(주식, 채권, 기업어음 등)에 투자한다. 투자증권에 투자하지 않으면 펀드라는 이름을 붙일 수 없다. 증권펀드는 자산의 40% 이상을 투자증

권에 투자해야 하고 파생상품과 수익증권에도 투자할 수 있지만 부동산과 실물자산에는 투자할 수 없다. 파생상품, 부동산, 실물자산, 수익증권은 펀드 종류에 따라 투자 가능 여부가 달라진다.

펀드	투자증권	파생상품	부동산	실물자산	수익증권
증권펀드	○	○	×	×	○
단기금융상품펀드	○	×	×	×	○
파생상품펀드	○	○	×	×	○
재간접펀드	○	○	×	×	○
부동산펀드	○	○	○	×	○
실물자산펀드	○	○	×	○	○
특별자산펀드	○	○	×	×	×

2021년 말의 공모펀드 4,446개 중에서 유가증권에 투자하는 펀드가 3,255개(73%)고 파생상품에 투자하는 펀드가 986개(22%)다. 이 두 가지 유형을 더하면 95%로 시장에서 거래되는 펀드는 증권펀드 아니면 파생상품펀드라고 보면 된다.

◎ 2021년 말 공모펀드 수

(개)

기준일자	증권						단기금융	파생형	부동산	실물	특별자산	혼합자산	기관전용사모펀드	합계
	주식	혼합주식	혼합채권	채권	투자계약	재간접								
2021/12	1,351	181	602	415		676	119	986	56		18	42		4,446

금융투자협회, 『종합통계 Portal』, http://freesis.kofia.or.kr

① 주식투자 비율: 증권펀드는 주식에 얼마나 투자하느냐에 따라 주식형, 채권형, 혼합형으로 구분된다.

- 주식형: 자산의 60% 이상을 주식에 투자
- 주식혼합형: 자산의 50% 이상, 60% 미만을 주식에 투자
- 채권혼합형: 자산의 50% 미만을 주식에 운용

• 채권형: 주식이 없으며 자산의 60% 이상을 채권에 투자

② 법적 성격: 펀드는 일종의 계약이며 그 법적 성격에 따라 수익증권을 발행하는 계약형과 뮤추얼펀드회사의 주식을 발행하는 회사형으로 구분한다.

• 계약형: 신탁계약을 맺고 수익자 권리를 부여
• 회사형: 뮤추얼펀드회사를 설립하고 주주 자격을 부여

③ 투자 방법: 가입자가 자금을 어떻게 납입하는가에 따라서 거치식, 임의식, 적립식으로 구분한다.

• 거치식: 목돈을 일시에 납입, 추가매수와 부분환매 불가
• 임의식: 목돈을 일시에 납입, 추가매수와 부분환매 가능
• 적립식: 매월 일정한 날에 일정액 납입

☑ 깜깜이투자

한국금융소비자보호재단에서 펀드투자자에게 자신이 투자한 펀드의 자산운용사, 투자대상, 판매수수료, 환매수수료, 판매보수에 대하여 얼마나 알고 있는지

펀드투자 내용을 알고 있는가?

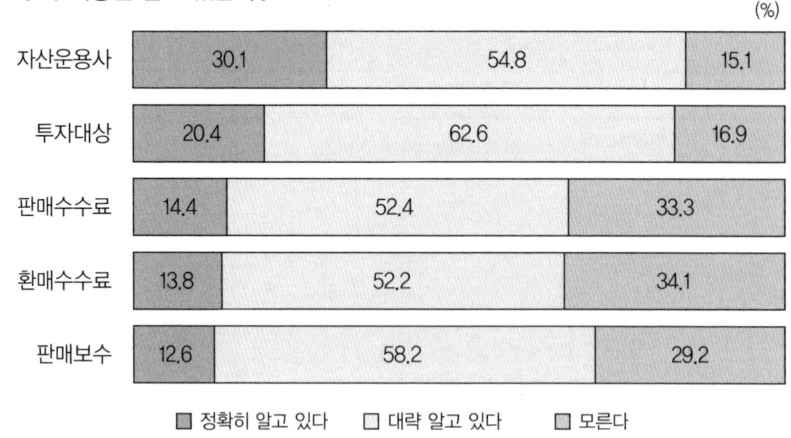

한국금융소비자보호재단, 『2020 펀드 투자자 조사 결과』, 2021.

물어봤다. 항목별로 응답은 "정확히 알고 있다.", "대략 알고 있다.", "모른다."로 집계하였으며 결과는 앞의 차트와 같다.

이 결과를 해석하기 전에 과연 "대략 알고 있다."를 어떻게 이해할 것인지 정할 필요가 있다. 대략 아는 것은 아는 것일까 모르는 것일까? 나의 소중한 돈을 위험한 상품에 투자하는 데 있어서 대략 아는 것은 모르는 것과 다를 바 없다. 대략 아는 지식과 정보로는 치열한 경쟁이 펼쳐지는 금융시장에서 도움을 받을 수 없기 때문이다. 펀드투자에 대하여 모른다고 인정하면 판매창구 직원에게 물어볼 수 있고 쉽게 다시 설명하도록 요구할 수 있다. 대략 안다고 말하면 누구도 자세히 설명해 주지 않는다. 모른다고 인정할 때의 부끄러움으로 인하여 나의 소중한 돈이 엉뚱한 펀드에 낭비된다.

조사 결과에서 "대략 알고 있다."와 "모른다."를 합해서 "대략 모른다."로 집계하면 투자자들의 금융역량 실체가 드러난다. "대략 모른다."는 비율이 자산운용사 69.9%, 투자대상 79.5%, 판매수수료 85.7%, 환매수수료 86.3%, 판매보수 87.4%다. 어느 자산운용사가 관리하고 어느 금융상품에 투자하며 수수료와 보수를 얼마나 내는지 모른 채 투자하고 있다. 한마디로 투자자들이 '묻지마투자'와 다를 바 없는 '깜깜이투자'를 한 것이다. 아마 펀드 판매창구의 직원이 추천하거나 친구가 좋다고 말하는 펀드에 덥석 가입했을 것이다. 이렇게 투자한 펀드의 성과가 좋을 리 없다.

펀드투자는 비교적 큰 금액이 들고 평생의 재무설계에 영향을 미치는데 너무 준비 없이 투자하고 있다. 지금 시대는 은행저축만 할 수는 없고 펀드투자를 해야 하지만 성급하게 나서지 말고 기초적인 내용부터 제대로 공부하고 신중하게 행동해야 한다. 조급해 하지 말고 펀드투자의 기초내용을 공부하고 판매창구에서 상담한 후 자신의 판단으로 투자결정을 내려야 한다.

☑ 보수와 수수료

주가가 하락해 손실을 보고 있는 투자자 입장에서는 꼬박꼬박 떼어 가는 수수료가 미울 수밖에 없다. 우리가 흔히 수수료라고 부르는 비용은 정확하게는 수수료

(commission)와 보수(fee) 두 가지다. 수수료는 펀드에 가입하거나 환매할 때 한 번만 지불하는 비용이고 보수는 매일매일 정산해서 지불하는 비용이다. 보수에는 운용보수, 판매보수, 수탁보수, 일반보수의 4가지가 있다. 펀드와 관련된 4개의 금융회사(자산운용회사, 판매회사, 수탁회사, 사무관리회사)가 각자 자기 몫을 받아 간다. 펀드매니저와 회계사는 공휴일에 근무를 안 해도 보수는 쉬는 날도 없이 꼬박꼬박 빠져나간다.

수수료는 언제 지급하는가에 따라서 선취수수료와 후취수수료로 구분된다. 선취수수료는 펀드에 가입할 때 지급하고 후취수수료는 펀드에서 탈퇴할 때 지급한다. 수수료 중에 특별히 주의할 것으로 환매수수료가 있다. 환매(還買, repurchase)는 고객이 팔고자 하는 펀드를 자산운용사가 다시 구매한다는 의미다. 펀드는 만기가 되어 환매할 수도 있고 만기 전에 계약을 해지하면서 환매할 수도 있다. 만기가 되어 환매할 때는 환매수수료를 내지 않지만 만기 전에 환매할 때는 일종의 벌금으로 환매수수료를 내야 한다. 거치식 펀드를 가입하고 90일 이내에 환매하면 그동안 발생한 이익의 70%를 벌금으로 내야 한다. 적립식 펀드를 만기 전에 환매하면 최근 3개월 동안에 발생한 수익의 70%를 환매수수료로 내야 한다.

환매수수료는 자산운용사나 판매회사가 가져가는 게 아니라 펀드 재산에 편입시켜서 모든 가입자에게 나누어 준다. 환매수수료는 펀드투자를 장기적으로 유도하기 위한 조치다. 투자자들이 환매를 많이 하면 펀드매니저가 안정적으로 자산운용을 할 수 없으므로 이 위험을 줄이기 위하여 벌금을 높게 책정한 것이다. 어떤 펀드는 환매수수료를 책정하지 않고 주식처럼 단타매매를 할 수 있게 허용한 것도 있다.[14] 이러한 펀드는 장기투자를 목표로 하는 간접투자에는 어울리지 않는다.

수수료를 어떻게 받느냐에 따라서 구분한 것을 '클래스(class)'라고 한다. 펀드 이름에서 가장 뒤에 나와 있는 알파벳이 클래스를 의미한다. 클래스 A는 선취수수료만 받고 클래스 B는 후취수수료만 받는다. 클래스 C는 선취수수료와 후취수수료를 모두 안 받고, 클래스 D는 선취수수료와 후취수수료를 모두 받는다. 수수료를 조금 부담하려면 어떤 클래스를 선택하는 것이 좋을까? 클래스 C가 가장 좋을 것 같지만 수수료를 안 받는 대신에 보수를 많이 받는다. 클래스 D는 수수료를 많이

14 2015년 말부터 환매수수료 부과를 자산운용사 자율에 맡기고 있다.

클래스	선취수수료	후취수수료
A	○	×
B	×	○
C	×	×
D	○	○
e	온라인으로 가입	
P	개인연금과 퇴직연금 대상	

내서 안 좋을 것 같지만 보수를 적게 받는 장점이 있다. 3년 이상 장기적으로 투자하는 경우에는 선취수수료를 내고 매년의 보수를 적게 부담하는 클래스 A가 다소 유리하다. 클래스에서 'e'는 온라인으로 가입하는 펀드고 'P'는 개인연금이나 퇴직연금으로 가입하는 펀드다.

주식형 펀드 투자비용은 2022년 2월 28일 기준으로 선취형 1.85%, 후취형 1.39%로 결코 사소하지 않다. 이러한 비용을 절약하는 한 방법은 인터넷 전용상품을 이용하는 것이다. 그러나 펀드는 단순히 비용만 비교하고 가입할 것이 아니라 전문가와 재무설계에 대한 상담을 하고 신중하게 선택해야 한다. 사람들이 텔레비전이나 냉장고를 살 때는 이것저것 비교한 후에 결정하는데 펀드는 판매창구에서 몇 마디 설명만 듣고 순식간에 결정하는 경향이 있다. 펀드를 선택할 때 수수료 등의 비용이 당장의 지출과 연결되므로 관심을 기울이게 되지만 재무설계 관점에서 보면 수수료는 가장 의미가 작은 요소이다. 보다 중요한 것은 펀드의 운용목적과 운용전략이 무엇인지 파악하는 것이다.

4. 좋은 펀드

☑ 필수 서류

펀드투자에서 반드시 알아야 하는 필수서류로 약관, 투자설명서, 자산운용보고서를 꼽는다. 약관은 신탁계약에 관한 법률적 관계를 설명한 문서로 법률 용어가 많고 펀드별로 내용에 큰 차이도 없어서 안 읽어도 괜찮다. 투자설명서에는 펀드의 투자목적, 운영구조, 투자위험, 보수와 수수료, 관련 회사 등에 대한 자세한 내용이 들어 있다. 펀드에 가입할 때 받는데 분량이 많고 설명이 친절하지도 않아서 사람들이 잘 안 읽는다. 두툼한 투자설명서를 10쪽 이내로 압축한 것이 간이투자설명서다. 내 소중한 돈을 펀드에 투자하려면 간이투자설명서는 반드시 읽고 내용을 이해해야 한다.

자산운용보고서는 자산운용사가 분기별로 보내 주는 펀드 성적표다. 이 보고서도 반드시 읽어야 한다. 처음에는 용어가 익숙하지 않겠지만 포털 사이트나 유튜브에서 몇 번 검색해 보면 내용을 금방 이해할 수 있다. 펀드에 가입하고 매일매일 펀드 가격이 변동하는 것을 보면서 마음을 졸이는 것은 바람직한 태도가 아니다. 어차피 위험을 부담하면서 투자했으므로 단기적인 가격변동은 당연한 일로 받아들여야 한다. 매일매일의 가격변동보다 중요한 것은 정기적인 자산운용보고서를 꼼꼼히 살펴보는 것이다. 자산운용회사가 펀드의 목적에 맞게 일관된 투자전략을 실행하고 있는지 살펴야 한다.

한국금융소비자보호재단이 2020년 설문조사에서 필수서류를 제대로 읽는지 질문을 했다. 온라인으로 펀드에 가입하는 사람들 중에서 투자설명서와 약관을 읽었는지 물었더니 "꼼꼼히 읽어 보았다." 49.4%, "해당 파일을 열기만 했다." 50.6%로 나왔다. 그런데 "해당 파일을 열기만 했다."는 표현이 묘하다. 온라인으로 가입하면서 투자설명서 파일을 다운받고 PDF 파일을 열기는 했지만 내용을 확인하지 않았으므로 결국 안 읽은 것이다. 즉, 모든 가입자가 투자설명서나 간이투자설명서를 안 읽고 투자했다는 의미다. 용감한 것이 아니라 무모한 행위다. 만일 10년 만기 연금저축펀드에 가입해서 매달 30만 원씩 납입한다면 투자원금만 3,600만 원이 들어간다. 3,600만 원짜리 자동차를 살 때는 성능도 비교하고 디자인도 보고 평판도 듣고 심사숙고하여 결정한다. 그런데 3,600만 원짜리 펀드투자는 자세히 알아보지도 않고 순식간에 결정하고 있다.

관련 서류를 안 읽은 이유가 상식 밖이다. 이유들 중에서 "내용을 대충 알아서"(12.1%)는 합리적이라고 인정해 줄 수 있지만, 나머지 4개(87.9%)는 게으름과 무지를 드러낼 뿐이고 비합리적인 핑계에 불과하다. 자신의 소중한 돈을 투자하면서

투자설명서와 약관을 읽지 않은 이유

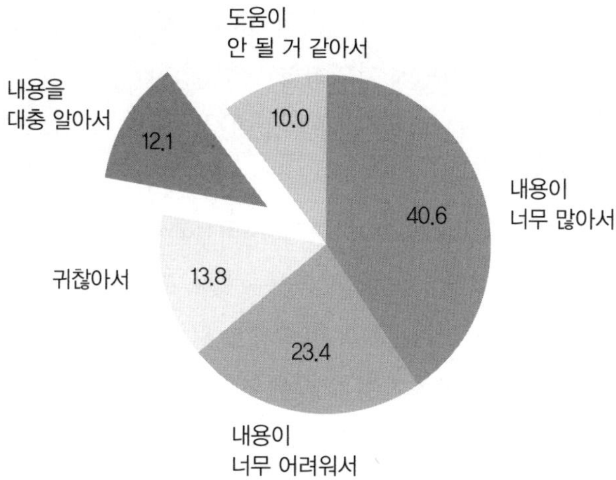

한국금융소비자보호재단, 『2020 펀드 투자자 조사 결과』, 2021.

이렇게 앞뒤가 맞지 않는 행동과 생각을 하는 투자자들이 의외로 많다.

펀드에 대한 오해 중에 가장 대표적인 것이 "펀드는 안전하다."는 생각이다. 펀드는 여러 종목에 투자하고 있으므로 위험이 분산되기는 하지만 위험이 없다는 의미가 아니다. 모든 투자설명서에는 투자원금에 손실이 발생할 수 있다는 경고문이 빨간색으로 쓰여 있다.

> 금융위원회가 투자설명서의 기재사항이 진실 또는 정확하다는 것을 인정하거나 그 증권가치를 보증 또는 승인하지 아니함을 유의하시기 바랍니다. 또한 이 집합투자증권은 "예금자보호법"에 의한 보호를 받지 않는 실적배당 상품으로 투자원금의 손실이 발생할 수 있으므로 투자에 신중을 기하여 주시기 바랍니다.

펀드 선택 요소

수많은 펀드 중에서 어느 것에 투자해야 좋을까? 금융투자에 조금이라도 관심이 있다면 "과거 수익률이 미래 수익률을 보장하지 않습니다."라는 말을 한 번쯤

들어 보았을 것이다. 그러나 대부분의 사람들은 펀드에 가입하면서 과거 수익률을 판단의 중요한 변수로 고려한다. 지금까지의 성과가 좋았으면 앞으로도 성과가 좋을 것으로 막연히 기대하며 펀드에 가입한다.

과연 과거 수익률은 펀드를 선택하는 데 있어서 좋은 기준이 될까? 아니다. 대부분의 펀드투자자는 물론, 증권업계 종사자들조차도 펀드를 평가할 때 과거 수익률을 주된 잣대로 삼고 있으나 실제로 과거 수익률과 미래 수익률 사이에는 연관성이 없다. 더군다나 오랜 기간의 성과를 보는 것도 아니고 1~2년의 성과만 보는 것은 펀드투자에 도움이 안 된다. 좋은 펀드를 고르는 데 있어서 과거 성과보다는 자산운용사의 인적자원이나 운용과정과 같은 정성적인 기준이 더욱 중요하다.

무엇을 보고 펀드를 선택하나? (%)

항목	%	항목	%
• 펀드의 수익률 실적	29.4	• 펀드규모	6.2
• 자산운용사의 수익률 실적	18.2	• 자금흐름 원활	6.2
• 투자위험	15.7	• 자산운용사 명성	4.1
• 수수료와 보수	9.4	• 펀드 설정일	2.2
• 펀드운용전략	6.7	• 펀드매니저 명성	2.0

한국금융소비자보호재단, 『2020 펀드 투자자 조사 결과』, 2021.

펀드를 고를 때 기준이 되는 항목은 매우 다양하게 조사되었다. 펀드의 수익률 실적(29.4%)과 자산운용사의 수익률 실적(18.2%)이 선두를 차지했다. 투자자들의 절반 정도는 과거의 수익률 성과를 보고 펀드를 선택했다. 과거의 수익률은 참고사항일 뿐이지 미래를 보장하지 않는다. 그럼에도 불구하고 사람들은 예전에 성적이 좋은 펀드가 앞으로도 좋은 성적을 낼 것이라는 근거 없는 믿음을 가지고 투자하고 있다.

투자위험, 수수료와 보수, 펀드운용전략은 합하여 31.8%를 차지했는데 이것들은 합리적인 기준이다. 자신이 부담할 수 있는 투자위험을 고려했고, 수수료와 보수가 얼마인지 알아 봤고, 운용전략이 무엇인지 파악했다면 박수를 받을 만한 정답이다. 올바른 펀드투자는 이런 방식으로 진행돼야 한다. 펀드규모도 투자결정에 자주 이용된다. 규모가 작은 펀드는 아무래도 펀드매니저가 충분히 신경을 쓰지 못하므로 일반적으로 규모가 100억 원 이상이 되는 펀드를 추천한다. 나머지 항목들은 무시할 만한 내용이다.

편드투자의 어려움

펀드투자의 어려움

분야	질문	동의(%)
투자전략	• 환매 시점을 결정하기 어렵다. • 펀드 종류가 많아 선택이 어렵다. • 가입 시점을 결정하기 어렵다.	80.8 80.2 72.9
투자지식	• 펀드 용어가 어렵다. • 운용성과에 대한 설명이 어렵다. • 수익률을 계산하기가 어렵다.	74.7 72.8 72.7
투자성향	• 예금이나 적금에 비해 불안하다. • 환매 당일 돈을 찾을 수 없어 불편하다. • 직접하는 주식투자에 비해 재미가 없다.	77.1 73.5 57.5

한국금융소비자보호재단, 『2020 펀드 투자자 조사 결과』, 2021.

펀드투자를 할 때 어려운 점은 투자전략, 투자지식, 투자성향의 3가지 분야로 나누어 볼 수 있다. 투자전략과 관련된 환매 시점 결정, 펀드 종류 선택, 가입 시점 결정은 경험자들도 어려워 하는 항목들이며 초보자들이 금방 알 수 있는 내용이 아니다. 그만큼 펀드투자에 중요하므로 계속 관심을 가지고 공부해야 한다. 투자지식과 관련된 펀드 용어 이해, 운용성과 설명, 수익률 계산은 펀드투자에 대한 기초적인 내용이므로 투자를 시작하기 전에 공부해 두어야 한다. 투자성향과 관련된 불안감, 불편성, 무료함은 심리상태에 대한 내용이고 태도에 영향을 미친나. 펀드투자의 특성과 본질을 이해하면 막연한 불안감을 극복할 수 있다. 펀드투자는 용어가 다소 생소해서 어렵게 느껴질 뿐이지 절대 어려운 내용이 아니다. 먼저 알아보고 투자해도 늦지 않다.

☑ 시스템이 좋은 펀드

금융업계의 종사자들이 가장 많이 듣는 요청은 “좋은 펀드 하나 찍어 주세요!”라는 말이다. 증권회사가 개최하는 투자설명회나 투자자교육기관이 주최하는 세미나에서도 꼭 나오는 질문이 “그래서 어디에 투자하면 좋을까요?”이다. 그러나 모든 투자자에게 좋은 펀드란 있을 수 없다. 사람마다 재무상태와 투자목표 그리고 투자기간이 다르기 때문이다. 펀드는 아무나 쉽게 사서 먹는 비타민이 아니라 의사의 처방에 따라 복용해야 하는 전문의약품이다. 펀드투자를 하려면 먼저 전문가와 상담하여 재무설계를 하고 투자목적과 투자기간을 명확히 해야 한다. 여러 펀드 중에서 어느 것을 고를지는 그 다음의 문제다.

펀드를 고를 때 단순히 과거의 수익률만 보는 것은 바람직하지 않다는 것을 앞에서 보았다. 수익률보다는 자산운용사의 시스템이 좋아야 한다. 이때 시스템이 좋다는 것이 연산능력이 뛰어난 비싼 컴퓨터를 보유하고 있다는 의미는 아니다. 자산운용에 대한 목표가 분명하며, 목표를 달성하기 위한 전략이 합리적이고, 전략을 실천하기 위한 인력과 제도가 탄탄한 것이 좋은 시스템이다. 그러나 일반투자자가 이러한 정성적인 부분을 알아낸다는 것이 쉬운 일은 아니다.

시스템이 좋은 펀드라는 말은 목표, 전략, 제도 등과 관련된 추상적인 표현이어서 사람들에게 쉽게 와닿지 않는다. 시스템이 좋은 펀드를 선별하는 몇 가지 요령이 있다. 첫째, 운영 기간이 오래된 펀드를 선택한다. 시장에서 오래 살아 남았다는 사실 자체가 펀드의 우수성을 증명한다. 둘째, 설정규모가 100억 원 이상 되는 펀드를 선택한다. 펀드매니저가 여러 소형 펀드를 관리하면 모두에 충분히 신경을 쓸 수 없다. 가능하면 자산운용사의 간판 브랜드 펀드를 선택하는 게 좋다. 셋째, 판매회사가 많은 펀드를 선택한다. 어떤 물건이 좋다고 소문나면 아무 데서나 쉽게 살 수 있듯이 좋은 펀드는 판매회사가 많다. 넷째, 보수와 수수료가 저렴한 펀드를 선택한다. 온라인으로 펀드에 가입하면 비용을 많이 줄일 수 있다.

존 템플턴이 보는 5P

존 템플턴(1912~2008)은 미국 테네시주에서 태어나 투자전문가로 활동하며 '월 스트리트의 살아 있는 전설'이라고 불렸다. 1954년 템플턴 그로스사(Templeton Growth)를 설립하여 투자대상을 세계적으로 확대한 글로벌 펀드를 개척하였으며, 1987년 존 템플턴 재단을 설립하여 봉사활동에도 힘써 영국 여왕으로부터 기사 작위를 받았다. 존 템플턴은 투자할 때 5P를 보라고 말했다.

- People ⟶ 펀드매니저
- Philosophy ⟶ 운용철학, 투자목표
- Process ⟶ 투자전략, 투자결정
- Portfolio ⟶ 보유자산, 자산배분
- Performance ⟶ 투자성과

존 템플턴도 투자할 때 과거의 수익률을 고려하지만 전체 5P에서 하나의 요인일 뿐이다. 투자결정에서 정말 중요한 내용은 나머지 4P에 들어 있지만 대부분 사람들이 놓친다. 과거 수익률에 집착하는 태도는 백미러만 보면서 운전하는 것과 다를 바 없다.

제 13 장

위험자산을 활용하자

1. 금융투자가 왜 필요한가?
2. 어떤 투자전략이 있나?
3. ETF가 무엇인가?
4. 진화하는 금융상품

"위험을 감수하지 않으면
더 큰 위험이 찾아온다."

– 에리카 종(작가)

1. 금융투자가 왜 필요한가?

금융상품과 금융기관

투자는 미래의 수익을 기대하면서 현재의 소비를 희생하는 행위이다. 지금 내가 가지고 있는 돈을 소비하고 싶은 욕망을 억제하고 다른 경제주체(개인, 기업, 정부)가 내 돈을 사용할 수 있게 하는 것이 투자다. 이때 투자의 대상이 되는 물건을 자산이라고 한다. 투자란 소비하는 대신에 자산을 구입하는 것이며 자산에는 실물자산과 금융자산이 있다.

실물자산(real asset)은 기업에서 생산과 판매에 이용되는 자원이다.[01] 건물, 기계, 원재료 등과 같이 눈으로 볼 수 있는 것은 유형자산이고 영업권, 특허권, 노하우 등과 같이 눈으로 볼 수 없는 것은 무형자산이다. 기업은 실물자산을 이용하여 제품을 만들고 이를 판매해 수익을 올린다. 금융자산(financial asset)은 돈에 대한 청구권을 표시한 증서이다. 기업이 수익을 창출하면 주주와 채권자가 나누어 가진다. 주주와 채권자에게 지급되는 돈의 권리와 내용을 써 놓은 것이 주식과 채권이라는 금융자산이다. 시장에서 물건을 사고파는 것과 마찬가지로 금융시장에서 사고파는 물건이라는 의미에서 금융상품이라고 부른다.

경제 내에서 자금이 남는 사람과 부족한 사람 사이에 돈이 흘러 다니는 곳이 금융시장(financial market)이다. 금융상품은 돈을 주고받는 데 따르는 권리와 의무를 기록한 종이쪽지이며, 전문적 용어로 유가증권(securities)이라고 부른다. 금융시장은 거래되는 금융상품의 만기와 특징에 따라 화폐시장, 자본시장, 파생금융상품시장으로 구분한다.

금융시장	금융상품
화폐시장	CD, RP
자본시장	주식, 채권
파생금융상품시장	선물, 옵션

01 가계도 주택과 자동차 등 실물자산을 보유하며 이를 비금융자산이라고 부른다.

화폐시장(money market)은 만기 1년 미만의 단기금융상품이 거래되는 곳으로 양도성예금증서(CD)와 환매조건부채권(RP)이 대표적 상품이다.[02] 자본시장(capital market)은 만기 1년 이상의 장기금융상품이 거래되는 곳으로 주식과 채권이 대표적 상품이다.[03] 파생금융상품시장(derivative market)은 기존 금융상품을 기초자산으로 이용해 새로 만들어낸 파생금융상품이 거래되는 곳으로 선물과 옵션이 대표적 상품이다.[04]

흔히 금융기관이라고 말하면 은행, 증권회사, 보험회사를 의미한다. 금융기관은 이들뿐만 아니라 자금이 남는 사람과 부족한 사람을 연결해 주는 모든 조직을 의미한다. 금융기관(financial institution)은 금융업무가 지니는 공공성을 강조한 말이고, 금융회사(financial company)는 금융영업을 통해 이익을 추구하는 영리성을 강조한 말이다.

재테크 환경

2008년 세계 금융위기와 2020년 코로나19 팬데믹을 겪으면서 재테크 환경이 크게 달라졌다. 경제가 고성장하던 시절에는 투자로 장기간에 걸쳐 높은 수익을 올릴 수 있었지만 지금은 작은 뉴스에도 자산가격이 급변하여서 재테크 전략을 안정적으로 실행하기가 어려워졌다. 우리 사회는 저출산, 저금리, 저성장으로 인해 노인이 많아지고 부채가 커지고 실업이 늘어나는 3고 현상이 고착되고 있다. 이런 상태를 한마디로 표현하면 '수축사회'라고 말할 수 있다.[05]

---

02 CD(certificate of deposit, 양도성예금증서)는 은행이 정기예금에 대하여 발행하는 무기명 예금증서이다. 예금자의 이름을 기록하지 않았으므로 금융시장에서 자유로이 매매할 수 있다. RP(repurchase agreements, 환매조건부채권)는 금융기관이 채권을 판매하고 일정 기간 후에 확정금리를 보태어 다시 매입하는 채권이다.

03 주식(stock)은 기업의 자본금을 일정액으로 나누어 표시한 증권이다. 주식을 보유한 주주는 경영성과에 따라 배당금을 지급받는다. 채권(bond)은 기업이 금융기관이나 투자자에게서 차입하면서 발행하는 채무증서이다. 채권을 보유한 채권자는 기업의 경영성과에 관계 없이 일정한 이자를 지급받는다.

04 선물(futures)은 미래의 매매가격을 오늘 확정하고 만기에 차액을 결제하는 거래이다. 옵션(options)은 미래에 상품을 사거나 팔 수 있는 권리에 대한 거래이다.

05 홍성국, 『수축사회』, 메디치미디어, 2018.

○ **수축사회: 3저에서 3고로**

저출산	⟶	노인 ↑
저금리	⟶	부채 ↑
저성장	⟶	실업 ↑

수축사회에서는 재테크 전략을 과거와 다르게 설정해야 한다. 금리가 높았던 시절에는 굳이 주식이나 펀드와 같은 위험자산에 투자하지 않더라도 몇 년만 지나면 목돈을 손에 쥘 수가 있었다. 금리가 10%이던 시절에는 원금을 두 배로 키우는 데 8년 정도가 걸렸지만 지금은 금리가 2% 수준이어서 40년 이상이 걸린다. 그런데 투자자들이 기대수익률은 너무 높게 잡고 투자기간은 너무 짧게 잡고 있다. 이처럼 단기간에 고수익을 올리겠다는 생각이 곧 한탕주의이다. 경제가 고성장을 이루고 금리가 높았던 시절에는 가능했던 방식이지만 저성장과 저금리 시대에는 무모한 방법이다. 현명한 재테크를 위해서는 기대수익률을 낮추고 투자기간을 길게 잡는 투자전략을 구사해야 한다.

피터 린치의 주식투자 5계명

'월가의 영웅'으로 불리는 전설적인 펀드매니저 피터 린치는 주식투자에서 반드시 지켜야 할 5계명을 제시했다.

첫째, 주식투자를 시작하기 전에 집부터 장만해라. 이것은 빚을 내서라도 빨리 아파트를 사라는 말이 아니라 가족이 생활할 주택 마련이 중요하다고 강조한 말이다. 우리나라 같으면 주택청약종합저축 통장부터 만들라는 뜻이다. 둘째, 주식투사는 반드시 여유자금으로 해라. 남의 돈뿐만 아니라 생활의 긴요한 자금도 주식투자에 사용하면 안 된다. 셋째, 천재와 둔재는 주식투자를 하지 마라. 둔재는 지식과 실력이 부족한 사람이므로 주식투자를 하지 말라는 것이 이해된다. 그런데 천재도 주식투자를 하지 말라니 이상하다. 그 이유는 천재는 기업, 시장, 경제 등 각종 정보를 잘 알기 때문에 주식투자를 잘할 것 같지만 주가와 시장을 함부로 예측하고 나서다가 큰 손해를 보기 때문이다. 넷째, 주식투자에서 자신만의 독특한 방법을 가져라. 투자하면서 남 이야기에 솔깃해서 제대로 알아보지도 않고 부화뇌동하는 묻지마투자를 하지 말라는 뜻이다. 다섯째, 주식투자를 하려면 우선 투자자의 인성을 함양하라. 투자자는 가격변동을 견디는 인내력이 있어야 한다. 주가가 올라갔을 때 자만하지 않고 떨어졌을 때 낙담하지 않는 대범한 성품이 필요하다.

주식투자를 하는 방법은 쉽기도 하고 어렵기도 하다. 그런데 피터 린치는 주식투자로 돈 버는 기술이 아니라 주식투자에 임하는 태도를 강조하였다. 형식과 본질을 모두 갖추기는 참으로 어렵다.

주식시장

구글 트렌드에서 '주식' 검색어에 대한 관심도를 2017년부터 2021년까지 조사한 결과는 다음 차트와 같다.

'주식'에 대한 관심도 추이

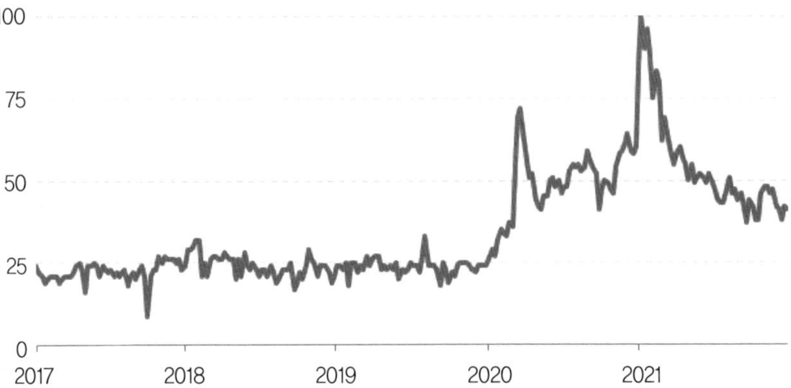

구글 트렌드, 2017.1.1.~2021.12.26.

'주식'에 대한 관심도는 2019년까지 25% 수준을 유지하다가 2020년 1월부터 급격하게 상승하여 2021년 1월에 정점(100%)을 찍었고 이후 감소하였지만 여전히 50% 수준을 보였다.[06] 관심도가 급격하게 늘어나기 시작한 2020년 1월은 코로나19 팬데믹으로 인하여 세계 증시가 큰 충격을 받고 단기간에 급락한 시점이다. 세

06 관심도는 정점을 100%로 보고 계산한 상대적 비율이다.

계 모든 나라가 경제 침체를 막기 위해서 금리를 거의 0%로 낮추고 통화를 무제한으로 공급했다. 이러한 유동성 공급에 힘입어 주가는 단시일 내에 급격하게 반등했다. 주가가 급락했다가 급등하는 과정에서 큰 수익을 올린 사람들이 나타났고 많은 사람들이 주식에 관심을 보인 것이다. 2021년 1월 이후에 주식시장이 조정을 받으면서 사람들의 관심도 줄어들었다.

우리나라에서 금융상품(주식, 채권, 파생상품)과 일반상품(금, 석유, 배출권)이 모두 거래되는 곳은 한국거래소(Korea Exchange: KRX)다. 한국거래소에서 주식이 거래되는 시장에는 코스피시장, 코스닥시장, 코넥스시장이 있다.[07] 상장(listing)은 주식을 주식시장에 등록하여 사람들이 사고팔 수 있도록 지정하는 것이다. 주식시장에 아무 주식이나 상장하면 투자자들이 큰 피해를 볼 수 있으므로 한국거래소는 상장요건을 엄격하게 관리한다. 어떤 회사의 주식이 상장된다면 상당히 신뢰할 수 있는 회사가 되었다는 의미다. 그렇다고 그 회사가 계속 성장하고 망하지 않는다는 의미는 아니다.

코스피시장은 수명이 오래 되고 규모가 큰 회사들의 주식을 사고파는 곳이다. 주로 이름이 널리 알려진 전통적 대기업들이 상장되어 있다. 코스닥시장은 미국 나스닥시장을 본받아 만들었으며 기술개발 중심의 벤처기업이 상장된다. 상장심사는 코스피시장에 비하여 완화된 절차를 적용한다. 코넥스시장은 소규모 신생기업들이 상장되는 시장이다.

주식시장 상장회사 수와 시가총액(2022년 4월 15일 기준)

시장	상장회사 수		시가총액	
KOSPI	814	32.9	2,114	83.7
KOSDAQ	1,530	61.9	408	16.1
KONEX	128	5.2	5	0.2
합계	2,472개	100.0%	2,527조 원	100.0%

KRX 정보데이터시스템. http://data.krx.co.kr/

07 KOSPI(Korea Composite Stock Price Index), KOSDAQ(Korean Securities Dealers Automated Quotation), KONEX(Korea New Exchange).

주식시장에 상장된 회사는 2022년 4월 15일 기준으로 총 2,472개고 시가총액은 2,527조 원이다.[08] 상장회사 수는 코스피시장이 814개로 코스닥시장의 절 반 정도이지만, 시가총액은 코스피시장이 2,114조 원으로 코스닥시장의 다섯 배를 넘는다. 코스피시장에는 대형주가 많기 때문에 나타난 현상이다. 코스닥시장에 상장회사들이 많은 이유는 정부가 벤처기업 창업과 육성을 적극적으로 지원하였기 때문이다. 새로운 일자리의 대부분이 이런 벤처기업에서 만들어지고 있다.

위험과 수익

위험과 수익은 비례한다는 금융원리에 맞춰 금융상품을 나열하면 다음 차트와 같다.

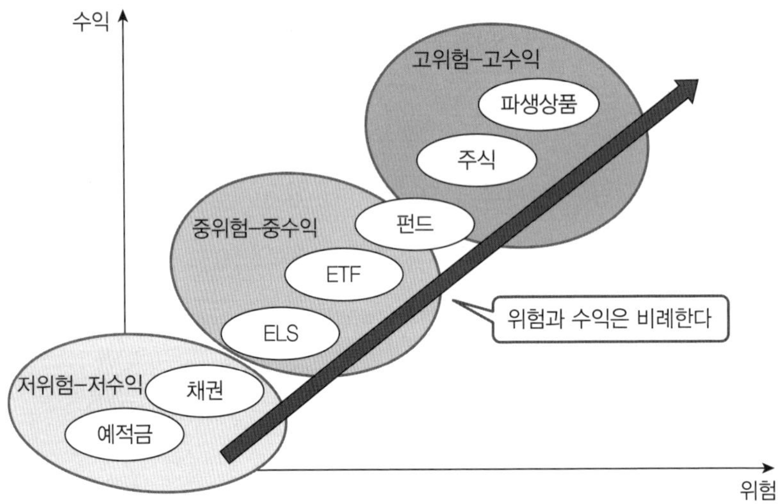

예·적금은 은행이 망해도 예금자보호를 받으므로 위험이 없고 수익은 매우 낮은 상품이다. 채권은 발행기업이 부도가 날 가능성이 있으므로 위험이 조금 있으며 이를 반영해서 수익도 예·적금보다 조금 높다. ELS와 ETF는 중위험–중수익

08 시가총액은 주가에 발행주식 수를 곱해서 계산한다.

상품이고 주식과 파생상품은 고위험-고수익 상품이다. 펀드는 중위험-중수익 상품과 고위험-고수익 상품의 특성을 함께 가지고 있다.

자본시장에서 거래되는 대표적인 금융상품은 주식과 채권이다. 주식과 채권은 기업이 발행하는 유가증권이며, 주식을 구입한 투자자는 주주가 되고 채권을 구입한 투자자는 채권자가 된다. 주주에게 받은 돈은 기업의 자본이 되고 채권자에게 받은 돈은 기업의 부채가 된다. 부채는 타인자본이라고도 하며 기업이 채권자에게 반드시 갚아야 하는 빚이다. 자본은 자기자본이라고도 하며 주주에게 갚지 않고 영원히 이용할 수 있는 밑천이다. 기업은 돈을 대준 투자자에게 감사의 표시를 하기 위하여 채권자에게는 이자를 지급하고 주주에게는 배당금을 지급한다. 채권과 주식은 만기, 위험, 지급순위 등에서 차이가 나는데, 가장 뚜렷한 차이는 채권은 약속한 이자를 받는 안전자산이고 주식은 불확실한 배당금을 받는 위험자산이라는 점이다.

투자와 투기

"투자와 투기가 어떻게 다른가?"라는 질문에 "내가 하면 투자고 남이 하면 투기다."라는 우스갯소리가 있다. 우리는 투기행위를 비판하면서 윤리나 도덕 개념을 적용하는 경우가 많다. 워렌 버핏은 주식을 매입한 이유와 보유한 기간으로 투자와 투기를 구분했다. 어떤 자산의 가격이 올랐기 때문에 매입했다면 그게 바로 투기라고 말하며, 가격 변동에 올라타서 단기적인 이익을 추구하지 말라고 경고했다. 버핏은 10년 동안 그 주식을 소유할 자신이 없다면 단 10분도 보유하지 말라고 말했다. 기업의 이익이 늘어나서 주가가 오르고 투자자도 배당금을 많이 받는 것을 목적으로 주식을 사는 것이 바로 투자라고 보았다.

이론적으로 보면 투자를 하는 방법에는 헤징과 투기 두 가지가 있다. 헤징(hedging)은 이미 보유한 자산의 가격이 떨어질 것에 대비해서 그 자산과 수익이 반대로 움직이는 자산을 추가로 매입하는 거래다. 투기(speculation)는 현재 보유하고 있지 않은 자산을 새로 매입해서 위험을 추가로 부담하는 거래다. 배추를 재배하는 농부가 배춧값 폭락에 대비해서 선물매도 거래를 하면 헤징이고, 회사원이 배춧값 폭등을 예상하고 배추밭을 통째로 매입하면 투기다. 헤징의 목적은 위험을 관리하는 것이고 투기의 목적은 초과수익을 얻는 것이다. 부동산 투기는 사회적으로 큰 지탄을 받는데 금융상품 투기도 마찬가지로 지탄을 받아야 하는지는 그렇게 단순하지 않다. 투기에는 위험을 부담해서 변화를 촉진하는 기능도 있기 때문이다.

2. 어떤 투자전략이 있나?

투자비법

투자란 미래의 수익을 얻기 위해서 현재의 비용을 희생하는 행위이다. 이때 현재의 투자비용은 확실하게 내 호주머니에서 나가는 돈이지만 미래의 투자수익은 얼마가 들어올지 모르는 불확실한 돈이다. 그래서 투자자는 늘 조바심이 난다. 주가가 하락하면 손해를 보아서 괴롭고, 주가가 오르면 떨어질까 불안하다.

투자가 어렵다 보니 투자비법을 알려준다면서 '블래쉬' 전략을 사용하라고 말하는 경우가 있다. 블래쉬(BLASH: buy low and sell high)는 "싸게 사서 비싸게 판다."는 의미고 누구나 이런 투자를 원하지만 이런 투자비법은 존재할 수 없다. 이것은 권투선수에게 "맞지 않고 때리기만 하면 이긴다."라고 말하는 것과 다를 바 없다. 언뜻 들으면 그럴듯해 보이지만 전혀 실현 가능성이 없는 엉터리 코칭이다. 블래쉬는 전략이나 비법이라는 말로 포장된 가짜 정보다. 자칫 욕심에 휘둘려서 이런 꼬임에 넘어가면 소중한 재산을 허망하게 날릴 수 있다.

주식투자 격언은 많은 사람들이 실전투자에서 얻은 경험지식을 간추린 말이며 100여 개가 있다. 널리 알려진 것으로 "여유자금으로 투자하라.", "쉬는 것도 투자다, "계란을 한 바구니에 담지 마라.", "뛰는 말에 올라타라.", "엎질러진 우유를 보고 울지 마라.", "산이 높으면 골도 깊다." "소문에 사서 뉴스에 팔아라.", "무릎에 사서 어깨에 팔아라." 등이 있다. 굉장히 그럴듯하게 들리는 말이지만 실제 투자에 적용하기에는 모호한 내용이 많다. 투자를 올바로 하려면 뜬구름 잡는 격언에 의지하지 말고 근거 있고 합리적인 지표를 이용해야 한다.

증권시장은 경제 상황에 따라 시시각각 변동하고 때로는 급변하여 폭등과 폭락을 보이기도 한다. 이렇게 끊임없이 움직이는 증권시장에서 미래의 주가변화를 예측하고 그에 맞추어 투자전략을 세우는 것은 전문가들에게도 매우 어려운 일이다. 경제분석가, 펀드매니저, 투자전략가 등의 이름으로 활동하는 전문가들이 모여서 머리를 짜내고 온갖 노력을 다해도 성공과 실패의 확률이 비슷하게 나온다. 하물며 본업을 지키면서 재테크 수단으로 증권투자를 하는 일반인들이 자신만의 독특한 투자전략을 구사해서 이익을 본다는 것은 거의 불가능하다. 일반인은 어떠한 여건에서도 두루 통용되는 기본적인 투자방법을 사용해야 한다.

어려운 문제에 부딪히고 힘들수록 기본으로 돌아가라는 말이 있다. 요행수를 바라거나 편법으로 벗어나려고 하지 말고 기초와 근본을 탄탄하게 해서 문제를 해결하라는 의미다. 투자의 세계도 마찬가지여서 비법에 의존하는 투자가 아니라 기본원리에 충실한 투자를 해야 한다. 어떤 특수한 상황에서 일부 사람들만 이용할 수 있는 투자방법은 기본에 충실한 투자가 아니라 임시방편일 뿐이다. 자본시장 전망이 불확실하고 경제여건이 어려울수록 기본원리에 충실한 투자가 필요하다. 시장이 요동치더라도 투자의 기본원리를 지키고 있으면 시장에서 살아남을 확률이 높아진다.

☑ 공포와 탐욕

다음 차트는 1996년부터 2022년까지 종합주가지수의 변화를 보여준다. 주가는 완만하게 오른다든가 일정한 사이클을 반복하는 모습으로 변하지 않는다. 주가는 마치 깨진 유리조각이 박혀 있는 것처럼 삐쭉삐죽한 모습으로 변한다. 주가변화는 급등, 급락, 횡보가 무질서하게 섞여서 나타나는데 이런 주가변화를 미리 예측해서 돈을 벌겠다는 생각은 어리석은 망상일 뿐이다. 주가를 변동시키는 힘은 공포와 탐욕이라고 말한다. 여기서 공포는 불안감이므로 위험이라고 해석하고 탐욕은 기대감이므로 (기대)수익이라고 해석할 수 있다. 즉, 주가는 위험과 수익에 근거해서 움직이는 것이다.

○ 종합주가지수 추이: 1996.11.30.~2022.04.15.

네이버 금융, https://finance.naver.com/

주가 변화를 예측할 수 있는지에 대하여 실증적으로 검증하고 내린 결론은 주가 변화가 무작위하게 발생한다는 랜덤워크이론(random walk theory)이 맞다는 것이다. 경쟁이 치열한 자본시장에서는 모든 정보가 주가에 즉각적으로 반영이 되므로 주가추세나 재무제표를 아무리 분석해도 초과수익을 지속적으로 얻을 수가 없다. 그렇다고 아무렇게나 투자하라는 이야기가 아니다. 투자에서 좋은 시점(timing)을 선택하거나 좋은 종목(item)을 선택하려고 애쓰지 말고 위험관리에 노력해야 된다. 좋은 투자전략이란 금융원리에 부합되면서 위험을 효과적으로 관리할 수 있는 전략을 의미한다.

현명한 투자자

『톰 소여의 모험』과 『허클베리 핀의 모험』을 쓴 마크 트웨인(1835~1910)이 "10월 달은 주식투자하기에 특별히 위험한 달이다."라고 말했다. 마크 트웨인은 글을 써 모은 돈으로 주식투자를 아주 많이 했다가 재산을 거의 다 날렸다. 이런 사람이 하는 말이니 대중이 관심을 기울일 수밖에 없다. 사람들이 궁금해서 또 위험한 달이 있냐고 물으니 "7월, 1월, 9월, 4월, 11월, 5월, 3월, 6월, 12월, 8월 그리고 2월이 있다."고 대답했다. 이 말은 주식투자가 1년 내내 위험하다는 해학적인 표현이며 매매 시기를 잘 선택해서 수익을 올리겠다는 행동이 어리석다는 의미다. 마크 트웨인은 이런 말도 했다. "인생에서 투자하지 말아야 될 때가 두 번 있다. 한 번은 여유가 있을 때고 또 한 번은 여유가 없을 때다." 결국, 투자를 하지 말라는 뜻인데, 단기적 시세차익을 노리는 투기적 행동을 경계한 것으로 이해하면 된다.

벤저민 그레이엄(1894~1976)은 교수이면서 투자가로 널리 알려졌다. 증권분석의 창시자이고 가치투자의 아버지로 유명하며 워렌 버핏이 자신의 스승님이라고 존경하는 인물이다. 그레이엄은 저서 『현명한 투자자』에서 "현명한 투자자는 비관주의자에게서 주식을 사서 낙관주의자에게 파는 현실주의자다."라고 말했다. 즉, 주식에 투자하는 이유는 세상을 보는 관점의 차이에 있다는 점을 강조한 것이다. 현명한 투자자는 단순히 수익이 많이 날 것 같냐고 투자하지 않는다.

경제지표

주식에 투자하려면 먼저 경제부터 알아야 한다. 그렇다고 경제가 움직이는 이유를 찾아내고 경제 변수들의 상호관계를 분석하라는 게 아니다. 주요 경제지표 몇 개를 읽고서 경제의 변화 추세와 현재 상태를 대략적으로 파악할 수 있으면 된다. 많은 시간과 노력을 들여 학문적으로 연구하는 것이 아니라 대표적인 경제지표를 매일 짬짬이 보면 충분하다. 네이버나 다음 등 포털의 금융섹션에 가면 주요 지표를 확인해 볼 수 있다. 개인투자자는 경제와 금융을 세밀하게 연구할 능력도 없고 그럴 필요도 없다. 나무 한 그루와 풀 한 포기까지 보려 하지 말고 숲이나 산을 본다는 생각으로 큰 시야를 가지고 해석하면 충분하다. 우리가 관심을 가지고 살펴볼 지표는 금융시장 3대 지표와 경제활동 3대 지표다. 금융시장 3대 지표는 금리, 환율, 주가고 경제활동 3대 지표는 물가, 성장률, 실업률이다. 금융시장 지표와 경제활동 지표의 관계는 다음 차트와 같다.

금융시장과 경제활동 대표지수

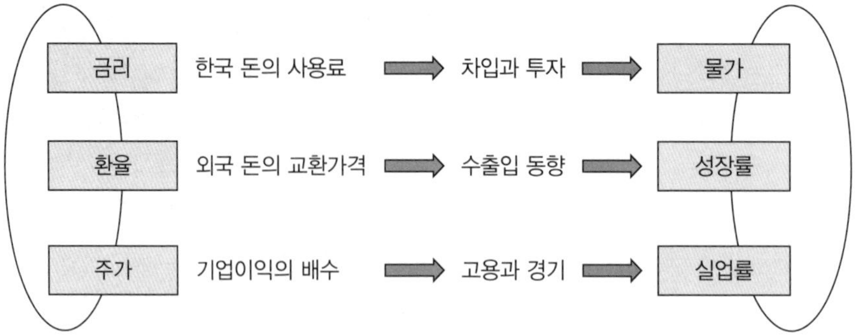

금리는 돈의 사용료이고 차입과 투자에 영향을 미치며 물가로 나타난다. 환율은 외국 돈과의 교환비율이고 수출과 수입에 영향을 미치며 GDP 성장률로 나타난다. 주가는 기업이익의 배수로 계산되고 고용과 경기에 영향을 미치며 실업률로 나타난다. 이런 그림을 머릿속에 하나 가지고 있으면서 주기적으로 지표값을 기입해 보면 경제를 보다 잘 이해할 수 있게 된다.

자산가격을 움직이는 기본요인은 금리, 환율, 원자재 세 가지다. 세 가지 기본요인과 함께 경제, 산업, 심리, 이익, 부채, 수급 등 특수요인이 복합적으로 작용해서 주식, 채권, 부동산 등 자산가격이 오르내린다. 재테크를 하는 일반인이 특수요인을 분석하는 것은 바람직하지도 않고 효과도 없다. 일반인은 본업에 충실하면서 기본요인 위주로 흐름을 파악하면 된다. 비전문가가 배터리 산업을 연구하고

자산가격을 변화시키는 요인

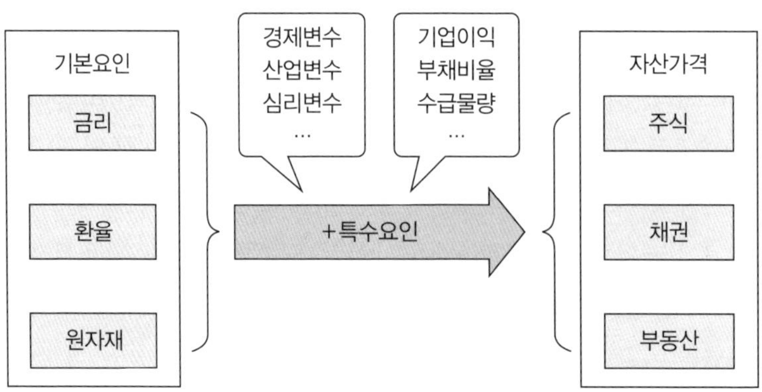

메타버스 기업을 분석하는 것은 시간과 노력의 낭비다. 일반인은 펀드에 투자하면서 애널리스트나 이코노미스트의 능력을 활용하면 된다. 물론 약간의 보수는 줘야 한다.

3대 투자전략

증권투자는 누구나 할 수 있지만 아무렇게나 해서는 안 된다. 누구나 할 수 있다는 말은 투자절차에 관한 이야기로 증권투자는 아무나 계좌를 개설하고 사자와 팔자 주문을 낼 수 있다. 아무렇게나 해서는 안 된다는 말은 투자전략에 관한 이야기로 투자전략은 금융의 기본원리에 맞아야 한다. 금융의 기본원리는 두 가지다. 첫째는 "돈에는 시간가치가 있다."고, 둘째는 "수익과 위험은 비례한다."다. 이 두 가지 기본원리에 부합되는 투자방법이 바로 분산투자와 장기투자이다. 분산투자와 장기투자는 사람들이 동서고금을 통하여 사용하면서 그 효과가 검증되었고 앞으로도 계속 사용될 투자방법이다. 정말 중요한 진리는 이처럼 단순하다. 분산투자와 장기투자를 어떻게 하는 것인지 모르는 사람은 아무도 없다. 재산을 여러 자산에 나누어서 오래 투자하면 된다. 분산투자와 장기투자는 쉽다는 것이 장점이고 너무 쉬워서 끝까지 지키기 어렵다는 것이 단점이다. 분산투자와 장기투자를 실행하는 과정에서 한 가지 더 필요한 투자방법이 자금을 시점별로 나누어 투자하는 적립식 투자다.

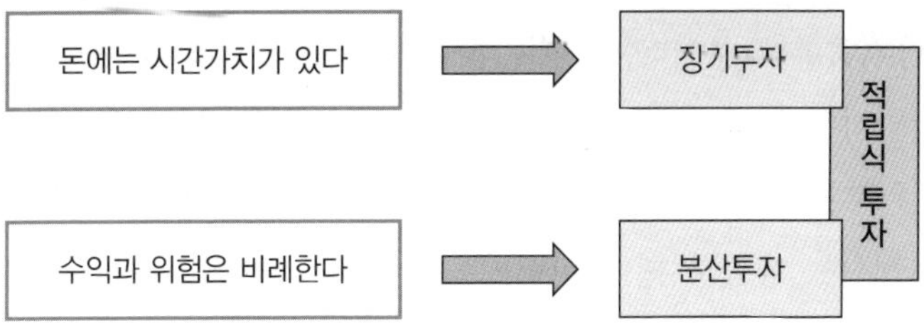

사람들은 투자전략을 올바로 적용하고 있을까? 신한은행이 전국 만 20~64세 경제활동자 1만 명을 대상으로 조사한 보고서에 의하면, 보통사람들의 주식투자

비중이 2020년에 전년보다 8.3% 늘어났다.[09] 특히 20대가 15.3% 늘고 30대가 10.5% 늘어났다. 새로 늘어난 사람들은 대부분 주식투자 초보자들이어서 '주린이(주식+어린이)'라고 불린다. 이들은 주식투자에 대한 지식과 경험이 부족해서 잘못된 투자결정을 내릴 가능성이 큰 집단이다. 보통사람들이 주식투자 자금을 마련한 방법에 대하여 연령별로 조사한 결과는 다음과 같다.

주식투자 자금을 마련한 방법

	20대	30대	40대	50대 이상
그동안 모아둔 자금을 활용	54.5	54.8	59.2	64.5
소득의 일부를 할애	42.5	41.8	42.4	38.0
금융상품 해지와 보유자산 처분	24.8	27.0	22.6	20.9
대출을 받거나 주위에서 빌림	15.6	17.4	14.8	13.2

모든 연령대에서 "그동안 모아둔 자금을 활용"이 1위로 나왔다. 여유자금을 안전자산 위주로 운영하다가 수익성이 큰 위험자산으로 바꾼 것이며 이런 전환은 상당히 긍정적이다. 2위는 "소득의 일부를 할애"해서 마련했다. 주식투자로 큰 수익을 올린 사례들을 보고 생활비의 일부를 절약해서 주식투자에 나선 것이다. 여유자금을 활용한 것이 아니므로 투자를 지속하기 어려울 것으로 판단된다. 3위는 "금융상품 해지와 보유자산 처분"으로 마련했다. 기존에 보유하고 있던 자산포트폴리오를 과감하게 교체한 것이다. 적금이나 보험을 해지하고 주식투자에 나서는 것은 잘못된 판단이다. 적금과 보험은 장기적 목표를 가지고 안전하게 종잣돈이나 노후자금을 마련하는 상품이다. 이런 상품을 해지하고 주식에 투자한 것은 재무설계와는 관계 없이 수익률 게임에 뛰어든 것이다. 4위는 "대출을 받거나 주위에서 빌림"으로 주식투자 자금을 마련했다. 가장 위험하고 어리석은 방법이다. 주식투자는 반드시 자신의 돈으로 해야 한다. 특히 20대와 30대는 빚을 내서 투자한 비율이 높아서 주가가 하락하면 고통이 매우 클 것이다.

09 신한은행 My Data Unit, 『2021 보통사람 금융생활 보고서』, 2021.

3. ETF가 무엇인가?

☑ 인덱스 펀드

모든 펀드는 자기 나름의 운영목표와 운영전략을 가지고 있어서 펀드마다 목표수익, 투자대상, 매매전략 등이 다르다. 이처럼 펀드는 각양각색이지만 펀드의 성과는 시장평균 수익률보다 높은가 낮은가에 따라 평가를 받는다. 여기서 시장이란 펀드의 성과를 비교하는 기준(벤치마크)을 의미한다. 예를 들어, 채권형 펀드에 대해서는 채권시장지수가 벤치마크가 되고 주식형 펀드에 대해서는 종합주가지수가 벤치마크가 된다.

투자전략에는 액티브(active) 전략과 패시브(passive) 전략이 있다. 액티브 전략은 벤치마크보다 높은 수익을 추구하여 공격적이고 적극적으로 자산을 운용한다. 펀드의 성과는 펀드매니저 역량에 크게 좌우되며 상대적으로 보수가 비싸다. 패시브 전략은 벤치마크와 동일한 수익을 추구하여 방어적이고 소극적으로 자산을 운용한다. 펀드 성과는 주가지수 움직임을 모방하는 수리적 프로그램의 역량에 달려 있으며 상대적으로 보수가 싸다.

구분	액티브 전략	패시브 전략
목표	초과수익	평균수익
운용	공격적, 적극적	방어적, 소극적
방법	시점과 종목 선택	주가지수 변동 모방
특징	펀드매니저 역량	프로그래밍 역량
보수	비싸다	싸다

액티브 전략으로 운용되는 펀드를 액티브 펀드라 부르고 패시브 전략으로 운용되는 펀드를 패시브 펀드 또는 인덱스 펀드(index fund)라고 부른다. 액티브 펀드는 펀드매니저가 증권분석을 열심히 해서 저평가된 종목을 발굴하고 시장 상황에 맞추어 투자비중을 조정해 나가면 시장평균 이상의 초과수익을 올릴 수 있다고 믿

고 적극적으로 자산을 운용한다. 인덱스 펀드는 증권시장의 경쟁이 치열해서 초과수익을 올릴 수 있는 기회는 거의 없다고 보아서 별도의 증권분석 활동을 하지 않는다. 인덱스 펀드는 증권시장에서 존재하는 모든 주식의 투자비중과 동일하게 펀드를 구성하고 소극적으로 자산을 운용한다. 액티브 펀드와 인덱스 펀드 중에서 어느 전략이 더 좋다고 일률적으로 말하기는 어렵다. 다만, 전문가들도 경쟁이 치열해지면서 적극적인 매매를 구사하는 액티브 펀드가 초과수익을 올리기가 점점 어려워지고 있다. 재테크 초보자에게는 시장평균수익을 목표로 하는 인덱스 펀드가 더 적합하다.

펀드매니저는 전문적인 지식을 가지고 있으므로 일반투자자보다 성과가 좋을 것으로 생각한다. 과연 그런가 하고 조사해 봤더니 그 결과가 충격적이다. 전문가가 운영하는 펀드 중에서 시장보다 높은 수익을 낸 것과 시장보다 낮은 수익을 낸 것의 비율이 서로 비슷하게 나왔다. 증권시장의 경쟁이 치열하다 보니까 전문가들 사이에서도 서로 경쟁을 하게 되고 결국 서로 초과이익을 내지 못하는 것이다. 그렇다면 굳이 비싼 수수료를 내는 액티브 펀드에 가입할 것이 아니라 시장지수와 동일하게 움직이는 펀드에 투자하자고 해서 만들어진 것이 인덱스 펀드다.

펀드는 운용하면서 비용이 많이 든다. 경제, 산업, 기업에 대한 분석을 해야 하는데 이런 리서치 비용이 펀드 수수료로 부과된다. 인덱스 펀드는 이런 리서치를 할 필요가 없이 매일매일의 가격변동에 따라 투자비중을 조절해서 시장지수와 똑같이 움직이도록 만들기만 하면 된다. 비용은 훨씬 저렴하고 수익은 시장평균만큼 얻는다는 것이 인덱스 펀드의 기본전략이다.

☑ ETF로 진화

인덱스 펀드를 이용하면서 사람들이 또 지혜를 발휘해서 만들어 낸 것이 ETF(Equity Trade Fund, 상장지수펀드)이다. 펀드는 환매라는 절차를 통해서 돈을 찾는다. 펀드는 매일 기준가를 정해야 하기 때문에 환매신청을 하고 실제로 돈을 받을 때까지 5일 이상 소요되고 만기 전에 환매를 하려면 벌금으로 환매수수료를 내야 한다. 증권시장에서 주식은 실시간 가격으로 사고파는 주문을 내고 환매수수료도 없이 언제든지 쉽게 돈을 찾을 수 있다. 인덱스 펀드를 주식처럼 거래할 수 있게 만든 것이 바로 ETF이다. ETF는 '거래소(Exchange)에서 매매하는(Traded) 펀드(Fund)'라는 뜻이다. 코스피는 상장된 모든 종목을 대상으로 작성되는데 ETF는 일부 종목만 뽑아서 만든 지수를 이용한다. 예를 들어 코스피 200 지수는 코스피 시장에 상장된 종목 중에서 우량한 200개를 골라서 계산한다. 자산운용사는 관리 비용을 줄이면서 코스피 200 지수와 최대한 똑같이 움직이도록 포트폴리오를 만들어 ETF 상품으로 판매한다.

ETF의 첫째 장점은 적은 돈으로 시장과 동일한 수익을 내는 분산투자를 할 수 있다는 점이다. 코스피 200 지수를 추종하는 ETF를 1주 사면 코스피시장에 상장된 200개 종목을 모두 산 것과 같은 효과가 있다. 둘째 장점은 주식처럼 편리하게 매매할 수 있다는 점이다. 투자자가 인덱스 펀드를 매입하려면 은행이나 증권사를 직접 방문하여 별도의 계좌를 만들어야 하지만 ETF는 기존 증권계좌를 이용해 자유롭게 거래할 수 있다. 또 인덱스 펀드는 장이 끝난 후 종가 기준으로 가격이 결정되지만 ETF는 장중에 원하는 가격으로 매매가 가능하다. 환매 시 인덱스 펀드에 비해 환금성이 높아서 매도 요청을 하면 주식거래와 마찬가지로 이틀 후에 현금으로 찾을 수 있다. 셋째 장점은 거래 비용이 저렴하다는 것이다. 인덱스 펀드는 평균수수료가 1~2%지만 ETF는 0.2~0.5% 정도로 낮은 수준이다. 저금리가 지속되고 있는 상태에서 이런 수수료 차이는 결코 작은 게 아니다.

하지만 ETF가 장점만 있는 것은 아니다. 거래량이 적은 ETF는 매도 시기를 놓쳐 적시에 현금화하지 못하는 경우가 발생할 수 있으므로 거래량이 큰 종목에 투자해야 한다. 또 투자의 편리성으로 인해 단타매매의 유혹에 빠질 수 있다. ETF 본래의 취지는 장기적으로 보유하면서 시장과 동일한 수익률을 얻는 것이다. 주가가 급등락하는 시기에는 적립식 투자 방식을 응용하는 것도 좋은 방법이다.

펀드 이름에 규칙이 있듯이 ETF도 이름을 붙이는 규칙이 있다. 예를 들어 '삼성 KODEX MSCI World 증권상장지수투자신탁[주식]'이라는 ETF 이름을 요소별로 분해하면 다음과 같다. 시장에서는 ETF의 정식 이름을 부르지 않고 브랜드와 지수만 뽑아서 'KODEX MSCI World'라고 약명으로 부른다.

삼성	KODEX	MSCI World	증권상장지수투자신탁	[주식]
①	②	③	④	⑤

① 자산운용사: 삼성자산운용
② 브랜드: KODEX
③ 추종지수: MSCI World 지수(선진국 대표지수 23개로 구성)
④ 법적 형태: 증권상장지수를 추종하는 펀드(ETF)
⑤ 종류: 주식형

자산운용사마다 차별적인 ETF 브랜드를 사용하고 있으며, 순자산가치총액 기준으로 선정한 8대 자산운용사의 브랜드는 다음과 같다.[10]

ETF 브랜드와 자산운용사

브랜드	자산운용사	브랜드	자산운용사
KODEX	삼성자산운용	HANARO	NH-Amundi자산운용
TIGER	미래에셋자산운용	KOSEF	키움투자자산운용
KBSTAR	KB자산운용	ARIRANG	한화자산운용
KINDEX	한국투자신탁운용	SOL	신한자산운용

주식 ETF

우리나라 ETF 시장은 2002년 10월에 상장종목 4개에 순자산가치 3,444억 원으로 출발해서 2022년 3월에 상장종목 551개에 순자산가치 74조 7,421억 원으로 성장했다. 20년 동안 상장종목은 138배 커졌고 순자산가치는 217배 커졌으니 가히 폭풍 성장이라고 부를 만하다. 국내 주식지수를 추종하는 ETF 종목은 303개며 추종 지수에 따라 시장대표, 업종섹터, 전략, 규모로 구분한다.

10 2022년 3월 말 기준 순자산가치총액의 비중은 삼성자산운용이 41.4%고 미래에셋자산운용이 37.2%로 2개 회사가 ETF 시장을 과점하고 있다.

주식 ETF 종류

구분	시장	종목 수	지수
시장대표	코스피	59	코스피 200, 코스피 100, 코스피 50
	코스닥	18	코스닥 150
	코스피+코스닥	16	KRX 100, KRX 300, KTOP
업종섹터	코스피	30	건설, 금융, 에너지/화학, 정보기술
	코스닥	71	정보기술, 헬스케어
	코스피+코스닥	2	수소경제, 반도체, 5G테크, 메타버스
전략	코스피	42	가치, 성장, 배당, 변동성, 전략테마
	코스닥	1	배당, 변동성
	코스피+코스닥	48	가치, 성장, 배당, 변동성, 전략테마
규모	코스피	12	대형주, 중형주, 중소형, TOP 10
	코스닥	–	–
	코스피+코스닥	4	대형주, 중형주, 동일가중

한국거래소, 『KRX ETF · ETN Monthly』, 2022.

시장대표지수 ETF는 코스피시장과 코스닥시장에서 우량주를 일부 뽑아서 만든 지수를 추종한다. 증권시장의 움직임을 측정하는 지수로 코스피(종합주가지수)만 있는 게 아니다. 여기에는 코스피 200 지수, 코스피 100 지수, 코스피 50 지수, KRX 100 지수, KRX 300 지수 등이 있다. 지수 뒤에 붙은 숫자는 지수에 포함된 개별종목의 수다. 코스피 200 지수는 코스피시장에서 우량종목 200개를 뽑아서 계산한 지수고, 코스닥 150 지수는 코스닥시장에서 우량종목 150개를 뽑아서 계산한 지수다. KRX 100 지수와 KRX 300 지수는 코스피시장과 코스닥시장을 망라해서 똘똘한 종목 100개와 300개로 만든 지수다. 업종섹터지수 ETF는 건설, 금융, 수소경제, 반도체, 5G테크 등과 같이 특정 업종의 지수를 추종한다. 시대변화에 따라 시장의 관심을 끌면서 부상하는 업종에 투자하는 방식이다. 전략지수 ETF는 주식을 재무지표의 특성에 따라 가치주, 성장주, 배당주, 전략테마주 등으로 구분하여 투자하는 방식이다. 규모지수 ETF는 종목의 시가총액에 따라 대형주, 중형주, 중소형주 등으로 구분하여 투자하는 방식이다.

ETF 이름에 레버리지와 인버스가 붙은 것이 있다. 레버리지와 인버스가 없는 일반 ETF는 추종하는 지수와 똑같이 움직이는 것을 목표로 한다. 레버리지 ETF는 지수보다 두 배로 움직이는 것을 목표로 한다. 예를 들어 'KODEX 레버리지'는 코스피 200 지수의 움직임보다 두 배 크게 움직이는 것을 목표로 한다. 코스피 200 지수가 2% 오르면 KODEX 레버리지는 4% 오른다. 반대로 코스피 200 지수가 2% 내리면 KODEX 레버리지는 4% 내린다. 주가 변동폭이 두 배가 된다는 것은 곧 투자위험이 두 배가 된다는 의미다. 인버스 ETF는 지수의 움직임과 반대로 움직이는 것을 목표로 한다. 'KODEX 200선물 인버스'는 코스피 200선물 지수를 반대로 추종하는 상품이다, 코스피 200선물 지수가 2% 오르면 KODEX 200선물 인버스는 2% 내린다. 반대로 코스피 200선물 지수가 2% 내리면 KODEX 200선물 인버스는 4% 오른다.

투자원리에 따르면 안전성과 수익성은 함께 쫓을 수 없는 두 마리 토끼이다. 그래도 투자자들은 여전히 두 마리 토끼를 잡으려는 꿈을 버리지 못한다. 이런 투자자들을 유혹하는 것이 복잡한 금융공학 상품들이며 레버리지 ETF와 인버스 ETF도 이런 부류의 상품이다. 전문가들은 포트폴리오를 관리하기 위한 특수한 목적으로 레버리지 ETF나 인버스 ETF를 거래한다. 그러나 일반인이 한탕주의와 자기과신으로 이런 위험한 상품을 이용하는 것은 어리석은 행동이다.

☑ 액티브 ETF와 ETN

액티브 ETF는 ETF와 액티브 펀드를 섞어서 만든 상품이다. 액티브 ETF는 시장지수를 추종하되 거기에 펀드매니저의 재량을 양념으로 뿌려 준 상품이다. 시장지수의 평균수익률에 펀드매니저가 적극적으로 매매해서 얻는 추가적인 수익률을 기대한다. 액티브 ETF는 기본 속성이 ETF이므로 일반적인 액티브 펀드처럼 운영하면 안 되며 시장지수를 추종하는 본연의 목적을 우선 달성해야 한다.[11] 금융상품을 위험성이 작은 것부터 점차 큰 것으로 나열하면 다음과 같다.

11 만일 액티브 ETF의 수익률과 시장지수의 수익률 사이의 상관계수가 0.7 미만인 상태가 3개월 이상 지속되면 ETF 자격이 없다고 판단하여 상장폐지시킨다.

◎ 금융상품의 위험성 순서

ETF < 인덱스 펀드 < 액티브 ETF < 액티브 펀드 < 개별 주식

→ 위험, 기대수익

위험성이 제일 작은 상품은 ETF고 위험성이 제일 큰 상품은 개별 주식이다. 그 중간에 인덱스 펀드, 액티브 ETF, 액티브 펀드 순서로 자리를 차지한다. 개별 주식은 단기간에 주가가 두 배가 되거나 반 토막이 될 수 있어서 일반투자자에게는 바람직하지 않다. 이런 위험을 분산투자로 피한 것이 액티브 펀드다. 액티브 펀드는 펀드매니저가 여러 종목에 나누어 분산투자해서 위험을 줄이는 효과와 좋은 종목과 적절한 시점을 선택하는 데 따른 추가적 수익을 기대할 수 있다. 액티브 ETF는 시장지수 수준의 수익을 올리면서 펀드매니저의 역량으로 추가수익을 기대한다. 인덱스 펀드는 시장지수와 동일하게 움직이노록 펀드를 구성해서 시장평균 수익률을 올리는 상품이다. ETF는 시장지수 움직임을 따르면서 주식매매의 편리성과 저렴한 보수를 특징으로 한다.

만일 투자자금 일부를 채권에 투자하려면 어떻게 해야 할까? 개별 채권으로 펀드를 만들고 이것을 거래소에 상장해서 거래하는 상품이 ETN(Exchange Traded Note, 상장지수채권)이다. 법적 성격이 ETF는 자산운용사가 만들어 낸 펀드고, ETN은 증권회사가 투자자에게 발행한 채권이다. ETF와 ETN을 거래소에서 상장시켜서 매매하게 함으로써 누구나 쉽게 주식투자도 할 수 있고 채권투자도 할 수 있다. 증권회사에 계좌를 개설하고 ETF와 ETN의 매매주문을 내고 체결 여부를 확인하면 된다. 투자금을 모두 수식에만 투자하는 게 불안하다고 생각되면 투자금의 일부는 채권에 투자해야 한다. 예를 들어 ETF에 50% 투자하고 ETN에 50% 투자하는 방법을 선택할 수 있다. 투자성향이 공격적이면 ETF 비중을 늘리고 투자성향이 방어적이면 ETN 비중을 늘리면 된다. 이렇게 투자하는 것이 바로 위험을 관리하는 방법이다.

ETF는 인류의 지혜가 축적되어서 나타난 위대한 발명품으로 평가받고 있다. 아무리 훌륭한 문명의 이기라도 잘못 쓰면 큰 피해를 입는 것처럼 ETF 투자에도 조

심할 점이 있다. 초보자는 파생형 ETF가 아니라 일반형 ETF부터 시작해야 한다. ETF 투자에 대한 지식과 경험을 충분히 쌓은 다음에 레버리지 ETF나 인버스 ETF에 투자할지 신중하게 판단해야 한다. 초과수익을 얻으려면 초과위험을 부담해야 한다는 금융원리를 잊지 말아야 한다.

4. 진화하는 금융상품

랩어카운트

금융상품의 종류는 상품 특성이 어떠한가에 따라서 구분할 수도 있고 투자의 목적이 무엇인가에 따라서 구분할 수도 있다. 상품 특성에 따른 구분에서는 수익성과 위험성을 고려해서 예금형, 투자형, 보장형, 대출형 상품 등으로 나눈다. 은퇴 후 안정적으로 생활비를 받고 싶다면 예금형이나 보장형이 적합하다. 보너스로 받은 여유자금을 불리고 싶다면 투자형 상품이 적합하며 고수익을 추구하는 주식형 펀드나 주가연계증권을 이용할 수 있다. 이처럼 투자 목적에 맞는 금융상품을 골라야 재무설계에서 세워 둔 목표가 순조롭게 달성된다.

금융상품의 특성별 구분

종류	특성	상품
예금형	이자수익, 원금보장	예·적금, CD, RP
투자형	투자수익, 원금비보장	채권, 주식, 펀드, 선물, 옵션
보장형	보험료 장기간 납입	연금보험, 변액보험, 유니버셜보험
대출형	원금과 이자를 상환	할부구입, 신용대출, 담보대출

금융시장이 발달하면서 예전에는 생각하지도 못했던 새로운 상품들이 나타나고 있다. 예를 들어서 집을 살 때 집값을 반드시 한 번에 현금으로 모두 지불해야 한다고 가정해 보자. 한꺼번에 거액의 돈을 마련하는 것이 쉽지 않았을 것이고 거래

가 잘되지 않아서 집을 팔려는 사람이나 사려는 사람이나 모두 불편할 것이다. 이 때 계약시점에는 계약금 10%만 내고 석 달 후에 중도금, 그리고 이사 올 때 나머지 잔금을 내는 방식을 사용하면 파는 사람과 사는 사람이 모두 혜택을 보게 된다. 새로운 금융상품이 개발되는 것도 이와 마찬가지이다. 자본시장이 발달하지 못했던 시절에는 채권과 주식만 가지고 거래를 하였다. 그러나 채권과 주식만으로는 자금수요자와 자금공급자의 욕구를 제대로 충족시킬 수가 없다. 이런 필요에 따라 새로운 상품으로 전환사채도 나오고 파생상품도 나오게 된 것이다. 인류의 지혜가 발달할수록 금융상품은 더욱 진화할 것이다.

펀드와 유사한 상품으로 랩어카운트(wrap account)가 있다. 펀드는 다수의 일반인을 대상으로 자금을 모아서 펀드매니저가 운용한 후에 수익을 분배하는 구조이다. 랩어카운트는 한 사람의 고객을 위한 맞춤형 펀드라고 생각할 수 있다. 증권회사에서 부자 고객의 자산관리를 위해서 개발한 상품이다. 이름에서 'wrap'은 '포장한다'는 뜻이며 비닐랩으로 식품을 포장하는 것처럼 여러 금융상품을 하나의 계좌에서 둘둘 말아서 관리한다는 의미다. 주식, 채권, 펀드, 파생상품 등 여러 금융상품 중에서 투자자의 상황에 맞는 상품을 골라 하나의 계좌에 넣어서 전문가가 운용해 주는 종합자산관리계좌다.

	랩어카운트	펀드
판매수수료	없음	있음
환매수수료	없음	있음
운용대상	개인 자산	펀드 자산
투자자 의견	반영	못함
단일종목 투자한도	제한 없음	10% 이내
목표수익률	절대수익 추구	벤치마크 추구
투자내용 확인	실시간, 온라인	별도 요구 필요

ELS(주가연계증권)

세상에 안전하면서 수익이 높은 상품이 있을까? 그런 상품은 없다. 수익을 많이 얻으려면 위험도 많이 부담해야 한다. 이러한 금융시장의 원리를 달리 말하면 안전성을 일부 포기하면 수익성을 더 높일 수 있다는 의미다. 이렇게 은행예금의 안전성과 주식투자의 수익성을 섞어서 만든 상품이 ELS(equity linked security, 주가연계증권)다.

ELS는 자금의 대부분을 국공채에 투자하고 나머지를 주가 또는 주가지수에 연계된 파생상품에 투자한다. 국공채에 투자한 자금에 확정금리가 붙어서 만기에 원금이 보장되도록 만든 것이 원금보장형 ELS이다. 파생상품에 투자한 자금에서 나오는 성과가 추가적인 수익이 된다. 정기예금은 저금리와 인플레이션으로 인하여 투자가치가 없고 주식은 가격변동이 심해서 불안하다고 느낀 투자자들이 대안으로 ELS를 많이 찾고 있다. 그러나 ELS가 황금알을 낳는 거위는 아니다. 원금보장형 ELS는 '이자를 희생'한 대가로 '고수익을 보상'받는 것이다. 이때 이자를 희생하는 것은 지금 확정되는 일이고 고수익을 받는 것은 앞으로 기대되는 일이다. 상황이 나쁘게 전개되면 이자만 희생하고 고수익은 못 받을 수도 있다.

ELS는 특정한 주식(예, 삼성전자)의 가격 또는 주가지수(예, KOSPI 200)의 움직임에 따라 수익률이 확정된다. 이러한 주식이나 주가지수를 기초자산이라고 한다. 기초자산이 미리 설정된 조건을 충족하면 약속된 수익을 보장받는다. ELS는 기초자산, 투자기간, 조기상환기간, 손실발생조건 등에 따라 종류가 매우 다양하다. 자신에게 알맞은 상품을 고르려면 원금이 보장되는지 그리고 기초자산이 무엇인지 따져봐야 한다. ELS는 증권사가 만들어서 판매하는 상품이며 이와 유사한 상품

구분	ELS (주가연계증권)	ELD (주가연계예금)	ELF (주가연계펀드)
운용회사	증권사	은행	자산운용사
상품형태	유가증권	예금	채권형 펀드
원금보장	원금보장 가능 (사전제시 수익률)	원금보장 (예금자보호법)	없음 (목표수익 추구)

으로 은행에서 취급하는 ELD(equity linked deposit, 주가연계예금)와 자산운용사에서 취급하는 ELF(equity linked fundy, 주가연계펀드)가 있다.

이름보다 본질이 중요하다

파산 위험이 높고 신용등급이 아주 낮은 기업이 발행한 채권을 'junk bond'라고 부른다. 여기서 'junk'는 쓰레기라는 뜻이다. 햄버거와 같이 입맛은 끌지만 몸에 해로운 인스턴트 식품을 'junk food'라고 부른다. 이와 마찬가지로 신용등급이 낮은 채권은 고수익을 앞세워 투자자를 유혹하지만 손해볼 가능성이 크다는 의미에서 'junk bond'라고 부른다. 이런 '쓰레기채권'을 팔기 위해서 미화시켜서 만든 이름이 '고수익채권'이다. 사람들에게 정확한 의미를 전달하기 위해서는 '고위험채권'이라고 불러야 한다.

ELS는 "주식보다 안전하고, 예금보다 수익이 높다."고 말한다. 이 말을 뒤집어서 보면, "예금보다 위험하고, 주식보다 수익이 낮다."는 말이다. '원금보장형'이라는 말은 '이자포기형'이라는 말과 같은 뜻이다. 하지만 상품 이름에 '이자포기형'이라고 붙여서는 아무도 사지 않을 것이므로 꾀를 부린 것이다. 금융지식을 갖춘 슬기로운 투자자는 이런 꼼수에 넘어가지 않는다.

☑ ELS 수익 구조

기존에 존재하는 예금, 주식, 채권, 파생상품을 가공하거나 혼합해서 새로 만든 금융상품을 구조화 증권(structured security)이라고 부른다. 예를 들어 예금은 위험이 없는 대신에 수익이 낮고 주가지수는 위험이 큰 반면에 수익이 높다. 이렇게 특성이 다른 두 가지 금융상품을 혼합해서 중위험-중수익 상품을 만들 수 있다. ELS는 주가와 주가지수뿐만 아니라 채권과 파생상품도 혼합재료로 이용한다.

예 1 코스피를 기초자산으로 하여 다음과 같이 연계된 ELS가 있다. 지수변화율에 따른 ELS 수익률을 차트로 그려라.

① 지수가 하락해도 투자원금을 보장한다.
② 지수가 0~20% 상승하면 비례적으로 연 8%까지 이자를 지급한다.
③ 지수가 20% 이상 상승해도 연 8%만 이자를 지급한다.

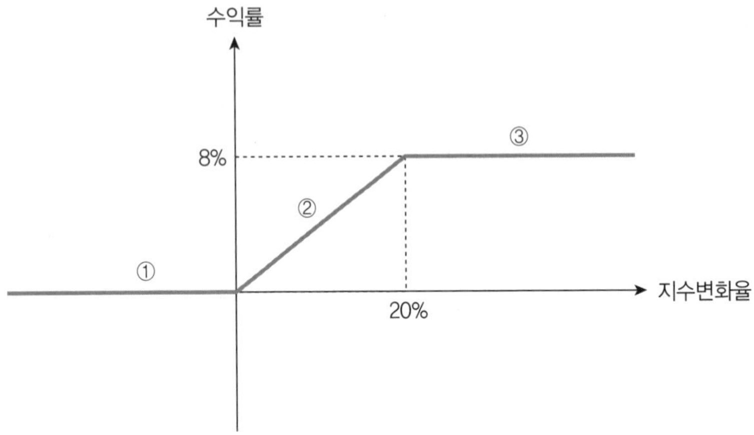

지수가 하락해도 원금을 보장해 주는 영역은 구간 ①이다. 지수가 20%까지 상승하면 그 상승률에 비례해서 이자를 최대 8%까지 주는 영역은 구간 ②다. 지수가 20%를 초과해서 오르더라도 이자는 8%만 주는 영역은 구간 ③이다. 지수가 하락해도 원금을 보장받는 혜택(구간 ①)은 지수가 상승할 때의 이익을 일부 포기(구간 ②와 ③)한 대가다.

기본적으로 ELS는 증권회사가 발행하는 무보증 회사채다. 만일 증권회사가 파산하면 채권을 가진 사람들이 한 푼도 못 받을 수 있다. ELS는 이런 위험성이 있어서 예금자보호 대상이 아니다. ELS 중에서 원금보장형 ELS는 예금자보호가 된다고 생각하는데 그렇지 않다. 원금보장형의 수익도 미래 불확실한 수익의 한 형태일 뿐이다. 만일 ELS에서 손실이 발생하는 상황이 된다면 그 손실의 폭이 굉장히 커지는 경우가 많다. 따라서 생활에 필수적인 자금을 ELS에 투자하는 것은 바람직하지 않다. 요리사들이 동서양의 식재료와 조리법을 합쳐서 퓨전 요리를 만들어 내듯이 금융회사도 계속 새로운 퓨전 상품을 만들고 있다. 과연 구조화 증권이 금융회사들의 선전처럼 황금 알을 낳는 오리가 될 것인지는 그렇게 중요하지 않다.

보다 중요한 점은 중위험을 수용하면서 중수익을 추구하는 투자들에게 좋은 투자 대상이라는 사실이다.

ELS 변형

ELS이면서 원금보장이 되는 상품이 ELB(equity linked bond, 주가연계파생결합사채)다. 주가는 오르기도 하고 내리기도 하는데 주가에 연계시켜 수익을 준다고 하면서 원금을 어떻게 보장할까? 원금보장은 마술을 부리는 게 아니고 금융공학으로 계산해서 만들어 낸다.

> **예 2** 현재 국공채 수익률이 2.0%다. 증권회사가 ELS를 판매해서 받은 1,000만 원을 어떻게 두자하면 원금을 보장할 수 있나?

증권회사는 1,000만 원 중에서 980만 원을 안전한 국공채에 투자하고 나머지 20만 원을 위험이 매우 큰 파생상품에 투자한다. 국공채에 투자한 980만 원은 1년 후 이자가 붙어 1,000만 원이 되어 원금 가치를 유지한다. 파생상품에 투자한 20만 원은 모두 잃을 수도 있고 큰 수익이 날 수도 있다.

원금보장형 ELS 구조 예

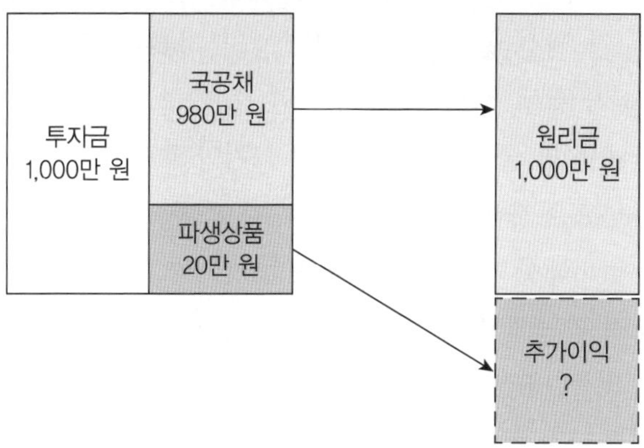

최근 ELS와 유사한 금융상품들이 영문 약어로 불리고 있어서 초보 투자자들이 혼란스러워 한다. 이러한 상품들의 기본 출발점은 ELS고 원금보장 여부와 파생상품 포함 여부에 따라 종류가 나누어진다. ELS의 기초자산을 파생상품까지 확대한 상품이 DLS(derivative linked security, 파생결합증권)고 DLS를 원금보장형으로 만든 것이 DLB(derivative linked bond, 파생결합사채)다. 가장 핵심적인 상품인 ELS만 명확하게 이해하고 있으면 나머지는 쉽게 알 수 있다.

ELS를 변형한 금융상품

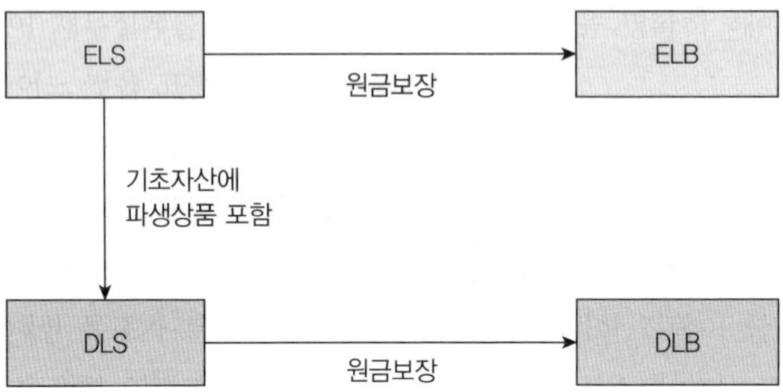

새롭게 진화한 금융상품에 투자할 때는 많은 주의가 필요하다. 투자할 때부터 금융상품의 수익과 위험에 대한 내용을 분명히 인지하고 있어야 한다. 금융회사가 복잡한 구조의 금융상품을 고령자나 금융지식이 부족한 사람들에게 떠넘기듯이 판매하는 것은 분명히 잘못된 행위다. 하지만 투자자들에게도 문제가 있다. ELS 투자설명서를 보면 "투자원금의 손실이 발생할 수 있다."와 "예금자보호 대상이 아니다."라는 문구를 빨간 글씨로 쓰고 밑줄까지 쳐놨다. 이렇게 알려주는 데도 불구하고 금융사고가 발생하면 안전한 상품인 줄 알고 투자했다는 사람들이 많이 나온다. 불완전판매를 한 금융회사의 잘못이 크지만 투자자도 스스로 어떤 상품인지 확실하게 인지하고 투자해야 한다.

앞으로는 과거에 비해서 자산 축적이 어려울 것이라고 생각하는 사람들이 많다. 그렇다고 자산 축적 활동에 손을 놓고 관심을 끄면 안 된다. 자산 축적이 어려울수록 금융투자의 원리를 배우고 금융상품의 가치를 비교하고 재무설계를 수정하는 활동에 노력을 기울여야 한다. 주식을 비롯한 위험자산에 대한 투자는 현란한 묘기를 부려야 하는 것도 아니고 초인적인 극기력을 발휘해야 하는 것도 아니다. 증권투자는 금융원리에 맞추어 자연스럽게 지속하는 금융생활이 되어야 한다. 금융역량을 기르면서 금융원리에 맞는 투자를 꾸준히 실천하는 게 올바른 길이다.

제 14 장

분산투자로 지키자

1. 어떻게 분산투자하는가?
2. 얼마나 오래 투자하는가?
3. 누가 투자를 결정하는가?
4. 행복한 금융생활

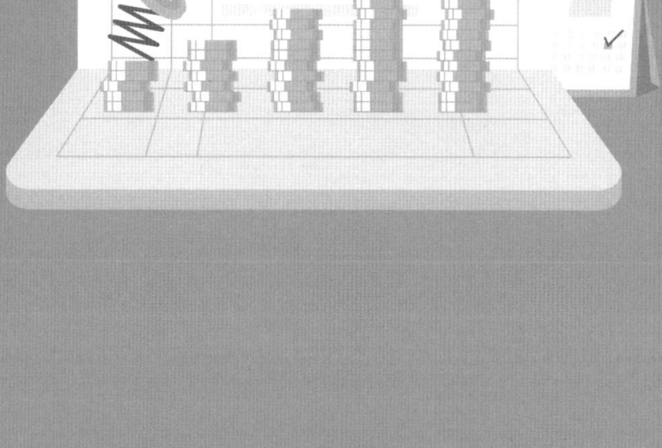

"장기적으로 뛰어난 투자성적을 얻으려면

단기적으로 나쁜 성적을 견뎌내야 한다."

– 찰스 멍거(버크셔 해서웨이 부회장)

1. 어떻게 분산투자하는가?

☑ 기대수익률과 손실감내율

위험자산에 투자할 때 부자와 서민은 기대수익률에서 어떤 차이가 있을까? 하나금융경영연구소가 조사한 부자들의 기대수익률과 엠브레인이 조사한 서민들의 기대수익률은 다음과 같다.[01]

기대수익률	부자	서민
20% 이상	7%	51%
10~20%	17%	27%
5~10%	51%	18%
5% 이하	25%	4%

부자들은 수익률 5~10%를 기대하는 비중이 51%로 절반을 넘었고, 서민들은 수익률 20% 이상을 기대하는 비중이 51%로 절반을 넘었다. 서민들이 부자들보다 최소 두 배 이상의 수익률을 기대하고 있는 것이다. 수익률 5% 이하를 기대하는 비중이 부자들은 25%나 되는 반면에 서민들은 4%에 불과하다. 부자들은 재테크에 대한 경험도 많고 전문가들로부터 조언도 많이 듣는다. 부자들이 고도의 금융지식을 활용해 냉철하게 기대수익률을 정하는 반면에 서민들은 주식투자로 노다지를 캐려는 막연한 환상에 젖어 있음을 알 수 있다.

서민들의 기대수익률이 이렇게 높은 것은 탐욕과 무지의 결과다. 2021년 우리나라 경제 상황에서 20%가 넘는 기대수익률은 전혀 합리적인 수치가 아니다. 서민들이 요구하는 높은 기대수익률은 차라리 '기도수익률'이라고 불러야 할 것이다. 과학적인 분석과 합리적인 판단에 의해서 요구하는 수익률이 아니라 제발 올려 달

01 하나금융경영연구소는 금융자산 10억 원 이상의 부자 700명을 조사했고 엠브레인은 15~59세 직장인 612명을 조사했다. 하나금융경영연구소, 『2021 KOREAN WEALTH REPORT』, 2021; 엠브레인, 『2021 주식투자 및 주식투자 경험 관련 인식조사』, 2021.

라고 절대자에게 기도하는 수익률인 듯하다.

한국금융소비자보호재단의 조사에 의하면, 투자자들이 펀드에 투자하면서 기대하는 수익률도 34.2%로 매우 높게 나왔다.[02] 2021년 정기예금 금리가 1.2%인데 펀드투자자들은 금리의 28배 정도를 기대한 것이다. 일반적으로 위험자산에 대한 기대수익률은 금리의 2~5배 수준으로 보는 것에 비하여 터무니 없이 높은 수준이다. 분산투자로는 이렇게 높은 수익을 달성할 수 없기 때문에 투자자는 한두 종목에 승부를 거는 집중투자(몰빵투자)를 하게 된다. 집중투자의 결과는 대부분 큰 손실이다. 그러면 다음 투자에서 손실을 만회하려고 이전보다 더 높은 수익률에 무모한 배팅을 걸게 된다. 이렇게 극단적인 집중투자를 두세 바퀴 돌리면 모든 재산을 날리고 빈털터리가 될 수밖에 없다. 이 악순환의 고리를 끊으려면 기대수익률을 낮춰야 한다. 모든 비합리적인 투자결정이 과도하게 높은 기대수익률에서 비롯된다.

기대수익률은 얼마가 적정할까? 합리적인 기대수익률이 어느 정도인지 밝히는 것이 투자론의 연구주제다. 지금까지 배운 금융원리 두 가지가 기대수익률을 결정하는 데 작용해서 금리와 위험프리미엄을 더한 값이 기대수익률이 된다. 금리는 화폐의 시간가치에 대한 보상을 의미하고 위험프리미엄은 위험부담에 대한 보상을 의미한다. 예를 들어, 1년 만기 정기예금의 금리가 2%고 주식투자에 대한 위험프리미엄이 4%면 합리적 기대수익률은 6%다.

손실감내율은 투자한 자산(주식이나 펀드)의 가격이 몇 퍼센트 하락하면 팔아버릴 것인지를 측정한 지표다. 한국금융소비자보호재단의 조사에 의하면 펀드투자자의 평균 손실감내율은 12.3%다. 증권시장에서 하루에 가격이 오르내릴 수 있는

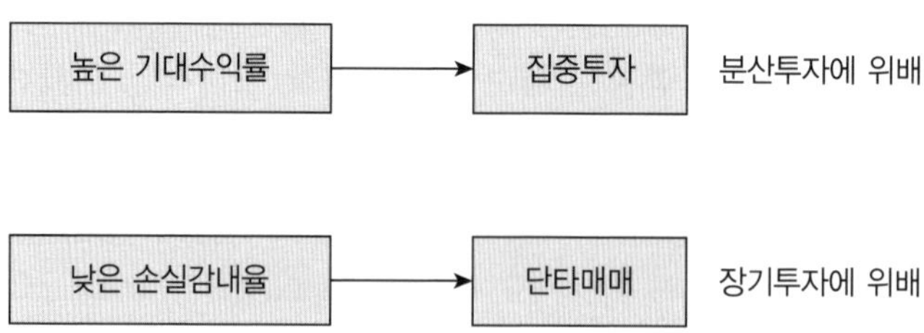

02 한국금융소비자보호재단, 『2020 펀드 투자자 조사 결과』, 2021.

최대 변동폭은 ±30%인데, 손실감내율이 그 절반도 안되는 12.3%에 불과하다. 즉, 손실감내율이 너무 낮아서 자산을 오래 보유하지 못하고 단타매매에 치중하게 된다. 요약하면, 높은 기대수익률과 낮은 손실감내율이 합리적인 투자를 막고 있다. 기대수익률이 높아서 분산투자하지 않고 집중투자에 빠지며, 손실감내율이 낮아서 장기보유하지 않고 단타매매에 빠진다. 정상적인 투자가 이루어지려면 기대수익률을 낮추고 손실감내율을 높여야 한다.

☑ 보유종목

분산투자는 자금을 여러 자산에 나누어 투자하는 것이다. 주식투자를 하지 않는 사람이더라도 "달걀을 한 바구니에 담지 마라."는 이야기를 들어봤을 것이다. 바로 분산투자의 중요성을 깨우쳐 주는 말이다. 분산투자는 성격이 서로 다른 자산에 자금을 나누어 투자하는 것이다. 주식을 사면서 대형주와 소형주를 섞어서 살 수도 있고 가치주와 성장주를 섞어서 살 수도 있다. 해외펀드를 살 때에도 중국 펀드만 사는 것이 아니라 유럽, 남미, 인도를 섞어서 사는 것이 분산투자이다. 분산투자를 하면 어느 한 자산의 가격이 폭락하더라도 다른 자산의 이익으로 그 충격을 줄일 수 있다.

분산투자를 한다고 위험이 모두 사라지지는 않는다. 분산투자를 하면 수익과 손실의 변동폭이 줄어들었을 뿐이고 위험은 엄연히 존재한다. 분산투자의 목표는 위험을 최소한으로 부담하면서 목표하는 수익을 달성하는 것이다. 분산투자를 해야 한다는 사실은 누구나 쉽게 동의하지만 분산투자를 실천하기는 결코 쉽지 않다. 분산투자의 가장 큰 약점은 재미 없고 지루하다는 것이다. 여러 자산에 나누어 투자를 했으므로 포트폴리오 가치는 폭등도 없고 폭락도 없이 잔잔하게 움직인다. 그러니 특별한 쾌감과 고통을 느낄 수 없고 재미가 없다. 그러나 재테크는 재미있으려고 하는 놀이가 아니며, 투자에서 얻는 이익의 기쁨보다 손실의 고통이 훨씬 더 크다는 점을 명심해야 한다. 분산투자로 큰 손실 없이 안정적인 수익을 얻는 것이야말로 재테크의 진정한 재미다.

우리나라 투자자들은 얼마나 분산투자하고 있을까? 2021년 12월 결산 상장법인의 소유자(주식투자 인구)는 1,384만 명이다.[03] 이 중에 개인소유자는 1,374만 명(99.2%)으로 총인구 5,163만 명의 26.6%를 차지한다. 주식투자인구 증가율이 2019년까지는 10% 정도였는데 2020년 48.5%, 2021년 50.6%로 폭증하였다. 코로나19 팬데믹으로 늘어난 유동성이 주식투자를 자극하였기 때문이다. 1인당 소유종목 수는 2019년까지는 4.0종목 정도였는데 2020년 5.2종목, 2021년 6.0종목으로 늘어났다. 2020년과 2021년에 소유자 수와 소유종목 수가 같이 증가하여 우리나라 증권시장이 이전보다 한 단계 성숙해졌다.

상장법인 소유자 추이

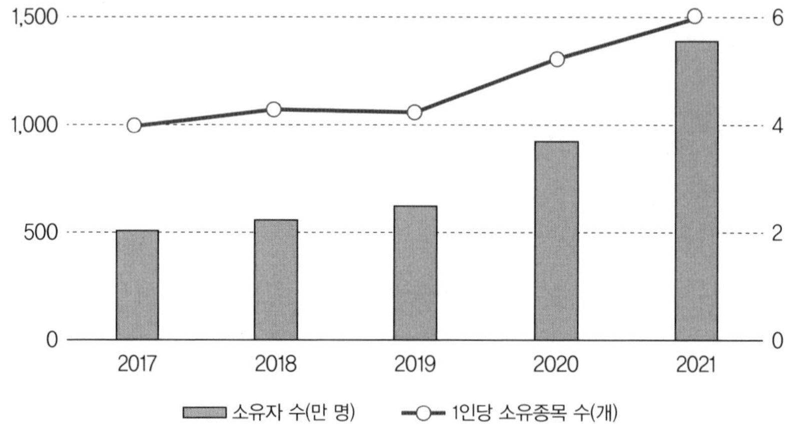

종목 수별 소유자 비중은 1종목 28.6%, 2종목 17.0%, 3종목 11.1%고 모두 더하면 56.7%다. 즉, 주식투자자의 절반 이상이 1~3종목에 집중투자하고 있어서 분산투자의 효과를 얻지 못하고 있다. 10종목 이상을 가지고 있는 투자자는 15.4%며 이들은 상당히 분산투자한 것으로 볼 수 있다. 그러나 개인투자자가 10종목 이상을 분석하고 관리하는 것은 비용만 많이 들고 실익이 없어서 바람직하지 않다. 개인투자자가 분산투자 효과를 누리면서 적절하게 관리할 수 있는 범위는 5~6종목 정도다. 우리나라 개인투자자는 종목을 너무 적게 보유하거나 너무 많이 보유하는 문제점을 안고 있다.

03 한국예탁결제원, 『2021년 12월 결산 상장법인 주식 소유자 현황』, 2022.

종목 수별 소유자 비중(2021년 12월)

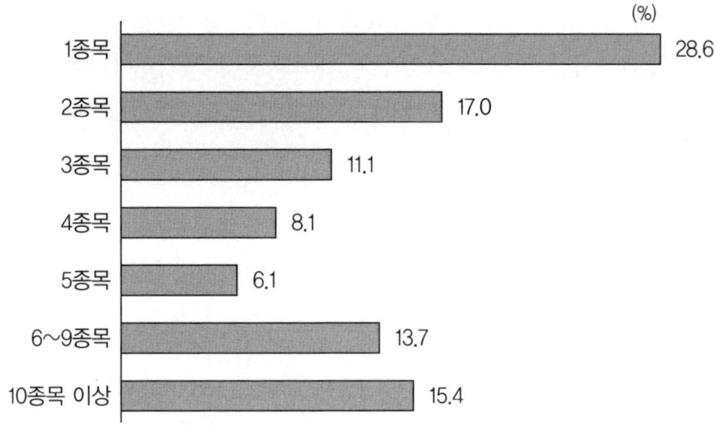

분산투자 방법

금융지식을 갖춘 현명한 투자자는 절대로 집중투자하지 않고 분산투자로 위험을 소거시킨다. 분산투자에서는 자산이나 종목을 섞어야 할 뿐만 아니라 투자시기도 여러 시점으로 나누어야 한다.

첫째, 자산을 배분해야 한다. 옛날 사람들도 '재산 3분법'이라는 삶의 지혜를 가지고 있었다. 재산을 부동산(집), 주식(사업), 예금(채권)으로 나누어 보유하는 방법이다. 이렇게 재산을 나누는 것은 투자에서 고려할 3가지 요인(안전성, 수익성, 유동성)과 밀접한 관계가 있다. 부동산은 안전성, 주식은 수익성, 예금은 유동성을 의미한다. 세상이 발전하면서 '재산 3분법'보다 정밀한 방법이 개발되어 사용되고 있지만 위험을 분산시킨다는 기본 정신은 변하지 않고 있다. 자산배분은 투자자가 스스로 할 수도 있고 펀드를 이용할 수도 있다. 펀드 중에 주식과 채권에 나누어 투자하는 주식혼합형과 채권혼합형도 자산배분 전략을 사용하는 펀드라고 말할 수 있다. 다만, 주식과 채권 사이의 투자비율을 펀드매니저가 마음대로 조정할 수 있는 것이 아니다. 펀드가 만들어질 때부터 주식에 대한 투자비율이 정해져 있다. 주식에 대한 투자비율이 주식혼합형은 50~60%이고 채권혼합형은 50% 미만이다.

둘째, 종목을 분산해야 한다. 분산투자의 핵심은 서로 성격이 다른 자산을 섞는 것이다. 분산투자를 한다고 삼성전자와 LG전자에 나누어 투자하는 것은 회사 이름만 다를 뿐이지 전자산업이 안고 있는 위험을 전혀 줄이지 못한 투자다. 자산이 바구니라면 개별 종목은 거기에 담을 달걀이다. 바구니마다 달걀을 몇 개씩 담아 두는 것이 종목분산이다. 개인투자자들은 자산분산은 생각하지 않고 그저 유망한 종목을 고르는 일에만 신경을 쓰는 경향이 있다. 이는 바구니를 준비하지 않고 무조건 큰 달걀만 찾아다니는 것과 다를 바 없다.

셋째, 시기를 분산해야 한다. 투자자금을 일시에 쏟아붓는 것이 아니라 여러 차례에 나누어 분할매수하는 것이다. 주식투자의 격언 중에 "무릎에 사서 어깨에 팔아라.", "밀짚 모자는 겨울에 사라." 등과 같은 말이 있다. 그런데 문제는 지금이 무릎인지 발목인지 알 수가 없고 겨울이 왔는지 갔는지 알 수 없다. 매수와 매도의 시점을 수시로 바꾸면서 이익을 추구하는 방법을 '타이밍(timing) 전략'이라고 한다. 주가가 하락할 것 같으면 안전한 채권에 투자하고 주가가 상승할 것 같으면 주식으로 얼른 바꾸겠다는 의도다. 그러나 많은 연구에 의하면 이러한 타이밍 전략은 매매비용만 커지고 이익은 볼 수 없다는 것이 결론이다. 적립식 펀드는 상품 이름이 아니라 펀드에 돈을 납입하는 방법이다. 자금을 한꺼번에 투자하는 것이 아니라 적금을 붓듯이 매월 조금씩 투자하는 것이다. 적립식 투자는 달걀 바구니의 뚜껑을 주기적으로 여는 것이라고 말할 수 있다. 한 달에 한 번씩 바구니 뚜껑을 열고 달걀을 넣는 것이다.

☑ 자산배분 펀드와 EMP 펀드

자산을 배분해서 투자하는 대표적 상품으로 자산배분 펀드와 EMP 펀드가 있다. '자산배분 펀드'는 국내외 주식뿐 아니라 채권, 부동산, 원자재, 달러화 등 다양한 자산에 투자하는 것으로 '멀티에셋펀드' 또는 '멀티인컴펀드'라고 불린다. 펀드매니저가 시장 상황에 따라 각 자산의 비중을 유연하게 조정하는 게 특징이다. 투자대상이 되는 자산의 범위가 넓다 보니 수익률을 안정적으로 낼 수 있다. 이 펀드는 특정한 자산에서 높은 수익을 내는 것이 목표가 아니다. 특성이 서로 다른 여러 자산에 분산투자함으로써 위험을 최소화시키면서 시중 금리보다 다소 높은 수익률을 얻는 것이 목표이다.

	자산배분 펀드 (Asset Allocation Fund)	EMP 자문 포트폴리오 (ETF Managed Portfolio)
운용	• 운용사별 투자전략이므로 투자자 참여 불가 • 펀드 비중 변경 제한적	• 상품 설계 단계에서 투자자성향 반영 가능 • 운용계획 변경 가능
비용	• 투자자산 직접 편입 • 높은 보수	• ETF 투자로 거래 용이 • 낮은 보수
투명성	• 운용사 의존 리스크 • 낮은 투명성	• 실시간 모니터링 • 높은 투명성

EMP(ETF managed portfolio, EMP 자문 포트폴리오) 펀드는 ETF와 ETN을 재료로 사용해서 구성한 포트폴리오라는 뜻이다. 전체 자산의 50% 이상을 ETF와 ETN에 투자해야 한다. 하나의 ETF만으로도 분산투자의 효과를 얻을 수 있지만 여러 ETF에 투자하여 분산투자 효과를 극대화한 것이 EMP 펀드다. 국내 코스피 지수를 추종하는 ETF만으로 세계 경제의 변동성에 충분히 대처하기 어려우므로 미국, 중국, 유럽, 신흥국 등의 대표지수를 추종하는 ETF를 함께 보유한다. 전 세계 주식시장이 모두 하락할 위험에 대비하려면 주식 이외에 채권, 달러화, 금과 관련된 ETF에 투자하면 된다. 자산배분 펀드는 펀드매니저가 역량을 발휘해서 초과수익을 추구하는 액티브 펀드고, EMP 펀드는 펀드매니저의 재량권을 허용하지 않고 방어적으로 운용하는 패시브 펀드다.

EMP 펀드 중에서 유명한 것으로 레이 달리오의 올웨더 포트폴리오(All-Weather Portfolio, AWP)가 있다.[04] AWP는 주식, 채권, 원자재, 금에 나누어 투자해서 자산시장이 어떻게 변하든 안정적으로 수익이 나오는 것을 추구한다. 우리나라에서도 삼성자산운용이 AWP 전략을 모방하여 2020년 2월 '믿음직한 사계절 EMP' 펀드를 출시했다. 두 상품의 자산별 구성비중은 고정된 것이 아니라 시장 상황에 맞추어 조정이 일어나지만 여러 자산에 분산투자한다는 기본 방침은 변하지 않는다.

04 레이 달리오(Ray Dalio)는 세계 최대의 헤지펀드회사인 브리지워터 어소시에이츠(Bridgewater Associates)의 설립자다.

All-Weather Portfolio(AWP)		믿음직한 사계절 EMP	
자산	비중(%)	자산	비중(%)
주식	30.0	국내주식	15.9
장기채	40.0	해외주식	26.3
중기채	15.0	해외채권	35.2
원자재	7.5	펀드	13.9
금	7.5	유동성	6.3

EMP 펀드에 투자하고 있으면 마음이 편안하다. 주가가 폭락하더라도 EMP 펀드는 약간 하락하는 것에 그친다. 물론 주가가 폭등하면 "남들은 많이 버는데 나는 왜 이거 밖에 안돼?" 하면서 배가 아플 수 있다. 그러나 폭락했을 때의 처절한 슬픔에 비하면 폭등했을 때의 배 아픔은 아무것도 아니다, 장기간 안정적으로 성장하는 상품에 투자하려 한다면 EMP 펀드가 좋은 선택이다.

2. 얼마나 오래 투자하는가?

☑ 타이밍 전략

주식투자에서 매매시점을 잘 선택할 수만 있다면 더할 나위 없이 좋다. 주가가 오르기 전에 사고 주가가 떨어지기 전에 팔면 누구나 큰 부자가 될 수 있다. 이런 투자방법을 '타이밍(timing) 전략'이라고 한다. 그러나 신이 아닌 이상 주가가 언제 오르고 언제 떨어질지 알 수 없다. 흔히 투자자들이 "내가 팔면 오르고, 내가 사면 떨어진다."고 한탄하는 말을 하는데, 이는 타이밍 전략으로 효과를 못 본 것에 대한 변명일 뿐이다. 증권시장 격언 중에는 "쉬는 것도 투자다."라는 말이 있다. 이 격언은 잠시도 쉬지 않고 지나치게 잦은 매매를 하는 조급성을 경계한 말이지 타이밍 전략을 쓰라는 말이 아니다. 매매시점을 고르는 데 치중하지 말고 투자기간을 길게 가져가야 한다.

1980년 1월 4일부터 2017년 12월 31일까지 10,222일 동안 코스피 일별 수익률을 도수분포표로 그리면 다음과 같다. 수익률 분포는 중앙이 뾰족하고 비교적 좌우 대칭에 가까운 모습이다. 일별 수익률의 평균은 0.03%다. 그렇다고 1980년 1월 4일 코스피 100포인트에서 투자를 했더니 매일 0.03%씩 올라 2017년 12월 31일 코스피 2,500포인트가 되었다는 말은 아니다. 코스피는 오르는 날도 있고 떨어지는 날도 있으며, 변동폭이 큰 날도 있고 작은 날도 있으면서 변화가 심하다. 조사기간 중 코스피가 오른 날이 51.3%고 떨어진 날이 48.7%다. 만일 주식에 투자하고 매일 주가변화를 확인한다면 1년 중의 절반은 우울한 날이 된다.

KOSPI 일별 수익률

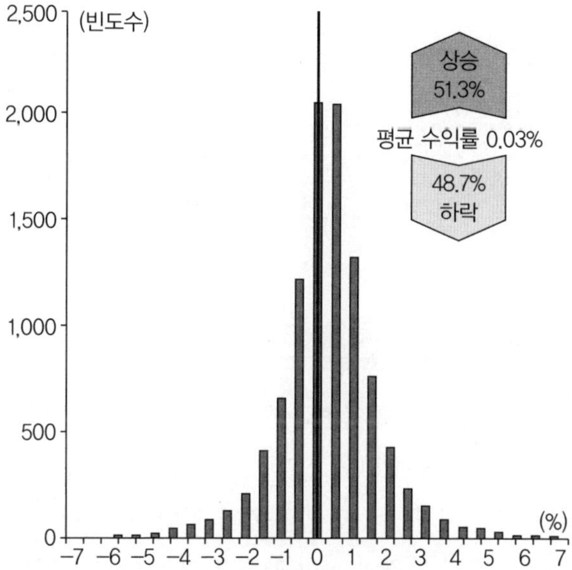

삼성자산운용, 『모두가 이기는 투자』, 2018.

신조어 '샐러베스터(salavestor)'는 샐러리맨(salaried man)과 투자자(Investor)를 합친 단어로 주식투자하는 직장인을 뜻한다. 많은 직장인이 근무시간 중에도 주가에서 눈을 못 떼고 있다. 미국 주식에 투자한 개인투자자를 '서학개미'라고 부른다. 직장인이 서학개미가 되면 낮에는 코스피 움직임을 확인하면서 가슴을 졸이고 밤에는 S&P500 지수를 확인하면서 잠을 설친다. 이들은 직장에서 실력을 쌓아

승진할 기회를 놓치고 가족과 소중한 경험을 만들 기회를 날리고 있다. 인생 전체에서 보면 주식투자로 얻는 작은 이익때문에 삶의 소중한 면을 놓치고 있다.

매일 주가를 들여다보면서 일희일비해서는 좋은 성과를 거둘 수 없다. 전문가들도 주가의 단기적 변동을 이용한 단타매매는 하지 않는다. 정보도 자금도 부족한 개인투자자가 단타매매로 수익을 올리려 하는 것은 어리석은 헛수고다. 장기투자는 단기적 시세차익을 내는 데 몰두하지 말고 재무설계 기간에 맞추어 길게 투자하라는 의미이다. 예금이나 연금과 같은 안전한 상품에 투자해서 복리효과를 보려면 적어도 20년 이상이 필요하다. 주식이나 펀드와 같은 위험한 상품에 투자할 때에도 경기변동에 따른 가격등락을 극복하기 위해서는 최소한 3~5년 정도를 보유해야 한다.

재무설계에서 장기간에 걸친 투자계획을 수립하면 수익률이 낮은 안전자산으로도 원하는 수준의 자금을 형성할 수 있고, 위험자산의 가격이 일시적으로 하락하더라도 회복할 수 있는 시간을 가질 수 있다. 단기투자에서는 가격회복을 기다릴 여유가 없으므로 바로 매도하여 손실을 확정하고 또 다른 단기투자를 찾아 나서게 된다. 가격변동성이 큰 위험자산에 투자할수록 장기투자 원칙을 더욱 더 지켜야 한다.

워렌 버핏은 "10년간 보유할 주식이 아니면 단 10분도 보유하지 말라."고 말했다. 좋은 주식을 골라서 오래 보유하는 워렌 버핏의 가치투자도 장기투자의 한 종류다. 장기투자는 개별 자산의 가격변화에 초점을 맞추는 것이 아니라 경제의 큰 움직임에 따라서 투자하는 방법이다. 경제는 사이클을 그리면서 움직인다. 호황이 있으면 불황이 있고 침체기가 끝나면 회복기가 찾아온다. 어느 날 가격이 하락하더라도 시간이 지나면 다시 가격이 상승할 수 있다. 세계 경제는 석유가격의 급격한 변동, 중국의 경제성장 둔화, 인플레이션 압력 상승 등으로 불안한 모습을 보이고 있다. 하지만 지난 100여 년을 역사적으로 돌아보면 세계 경제는 우상향하는 방향으로 움직여 왔다. 만일 세계경제의 방향성을 믿는다면 장기투자의 원칙을 지켜 나가면 된다.

상장주식 회전율

상장주식 회전율은 당기거래량을 평균상장주식 수로 나누어 계산하며 주식의 손바뀜이 얼마나 자주 일어났는가를 측정하는 지표다.[05] 다음 차트는 2012년부터 2021년까지 상장주식 회전율을 보여준다.

상장주식 회전율 추이

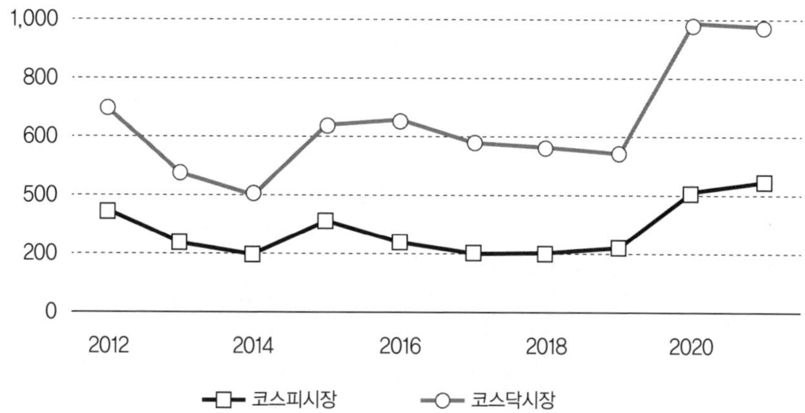

KRX 정보데이터시스템, http://data.krx.co.kr/

모든 연도에서 코스닥시장의 회전율이 코스피시장의 회전율보다 크다. 그만큼 코스닥시장에서 손바뀜이 더 자주 일어나고 보유기간이 더 짧다는 뜻이다. 특히 2020년과 2021년에 회전율이 크게 상승하였다. 이때는 코로나19 팬데믹으로 유동성이 증가하고 주식가격이 급등하여 신규 투자자가 많이 유입된 기간이다. 초보 투자자들이 성급하게 단타매매를 많이 한 것으로 추정된다.

10년 동안의 평균회전율은 코스피시장이 276%고 코스닥시장이 645%다. 코스닥시장의 회전율이 코스피시장보다 두 배 이상 높아서 코스닥시장은 투기판이니 조심하라는 말이 나온다. 평균거래기간은 거래일과 달력일로 측정한다. 해당 기간 동안 휴일과 국경일을 제외하고 매매가 이루어진 거래일은 평균 246일이다. 246일을 평균회전율로 나누면 거래일 기준 평균보유기간이 계산되는데, 코스피시장

05 시가총액 회전율은 당기거래대금을 평균시가총액으로 나누어 계산한다.

2012~2021년	코스피	코스닥
평균회전율	276%	645%
평균보유기간		
거래일 기준	89일	38일
달력일 기준	132일	57일

은 89거래일이고 코스닥시장은 38거래일이다. 달력일로 환산하면 코스피시장은 132달력일이고 코스닥시장은 57달력일이다. 즉, 주식을 매입하고 코스피시장에서는 4개월 남짓 보유하다가 매도하며 코스닥시장에서는 2개월이 못 되어 매도한다. 가치투자 전략이나 장기보유 전략과는 전혀 맞지 않는 투자행태다.

다음 차트는 유진투자증권에서 2008년 1월부터 2021년 6월까지 투자자별로 계산한 평균회전율과 평균달력일이다. 외국인투자자의 회전율이 91%로 가장 낮고 평균달력일이 271일로 가장 길다. 개인투자자들은 107일로 외국인투자자의 40% 수준에 불과하여서 개인들이 단타매매에 치중하고 있다는 사실을 분명하게 보여준다. 시중에는 단타매매를 잘하는 방법을 알려준다는 광고들이 많이 돌아다닌다. 그러나 그런 비법은 존재할 수 없다. 단타매매로 어쩌다 한두 번 수익을 낸다 할지라도 결코 지속 가능한 전략이 아니다.

투자자별 회전율과 부유기간

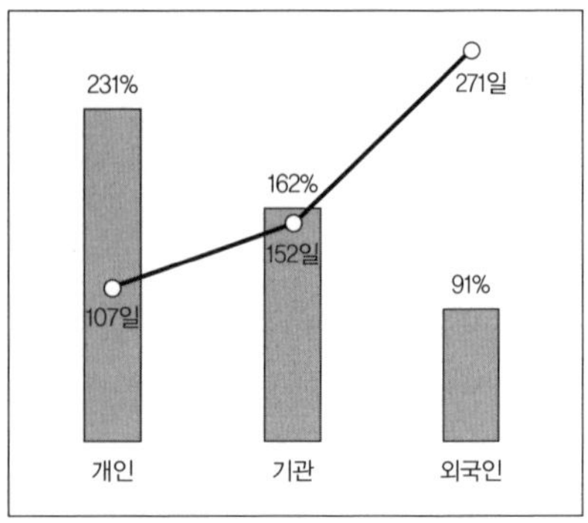

과잉확신

권투에는 체급이 있고 당구에는 핸디캡이 있어 약자를 배려하면서 공정한 경쟁을 유도한다. 그러나 증권시장은 약자를 배려하지 않고 모든 투자자를 동등하게 취급하는 비정한 경쟁터다. 즉, 자금력이 크고 분석력이 뛰어난 기관이나 외국인에 비하여 개인에게 절대적으로 불리한 시장이다. 이런 시장에서 개인이 단타매매로 수익을 올리겠다는 것은 헛된 망상이다. 개인투자자들의 회전율이 높은 이유는 과잉확신(overconfidence)에 있다. 과잉확신을 부르는 요인은 과대망상, 자기합리화, 확증편향 세 가지이며 이들이 결합해서 단타매매와 집중투자를 부른다.

◎ 개인투자자의 회전율이 높은 이유와 결과

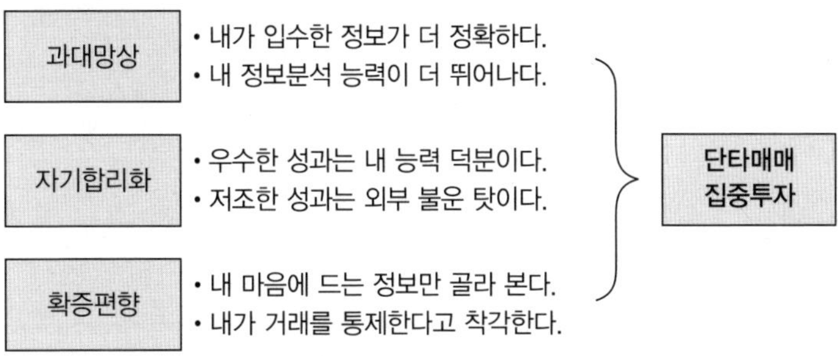

그러면 단타매매와 반대로 초대형주를 사서 10년 이상 보유하면 어떨까 하는 생각이 든다. 그래서 코스피 시가총액 30위까지의 기업들의 2021년 5월 말 주가를 2011년 5월 말 주가와 비교해 보았다.[06] 2016년 5월 이후에 상장한 5개 종목을 제외한 25개 종목을 보았더니 10년 동안 주가가 2배 오른 종목이 9개, 주가가 1~2배 오른 종목이 9개, 주가가 하락한 종목이 7개로 나왔다. 10년에 2배 올랐으면 72 법칙으로 연평균 수익률이 7.2%다. 그런데 주가가 2배 수준에 못 오른 종목이 16개(64%)나 된다. 결국, 초대형주식을 골라서 장기투자하는 전략은 그다지 효과가 없었다. 개인투자자는 정보분석 능력이 떨어지므로 좋은 종목을 고르려 애쓰지 말고 시장 평균수익률을 추구하는 ETF(EMP 포함)를 투자대상으로 삼아야 한다. ETF를 적립식으로 3~5년 장기투자하는 것이 바로 개인투자자가 가야 할 길이다.

워렌 버핏의 믿음

워렌 버핏의 위대한 성과는 그 비결이 무엇일까? 1964년부터 2021년까지 57년 동안

06 조선일보, "장기투자는 만능?", 2021.6.9.

S&P500 지수의 연평균 수익률은 10.2%다. 그런데 버핏의 연평균 수익률은 20.0%로 거의 두 배를 벌었다. 그것도 57년 동안 말이다. 버핏은 우량종목을 한 번 고르면 그 종목을 팔지 않고 장기보유하는 것으로 유명하다. 세계 경제가 오일 쇼크, 닷컴 버블, 금융 위기, 코로나 위기 등을 겪고 모든 사람들이 공포에 사로잡혀 주가가 폭락했을 때에도 팔지 않으며 오히려 과감하게 더 산다. 버핏은 자본주의 시장경제가 번영한다는 확실한 믿음을 가지고 있다. 버핏이 미국인이기 때문에 미국 기업을 사는 게 아니라 자유, 창의, 혁신이 존중되는 나라의 우량 기업이기 때문에 사는 것이다.

적립식 투자액

주식이나 펀드를 살 때 목돈으로 한꺼번에 사는 것이 좋을까 아니면 매달 일정하게 나누어서 사는 것이 좋을까? 목돈으로 한꺼번에 사는 방식이 거치식 투자고 기간마다 나누어서 사는 방식이 적립식 투자다. 앞으로 주가가 오를 것으로 예상되면 지금 한꺼번에 사두는 것이 당연히 좋다. 그러면 주가가 떨어질 것으로 예상되면 나누어서 사야 할까? 아니다. 아예 주식에 투자하지 말아야 한다. 그러나 주가가 올라갈지 떨어질지를 미리 아는 것은 불가능하다. 장기투자를 생각하는 투자자가 목돈을 한꺼번에 넣었다가 주가가 하락한다면 손실을 만회하기가 매우 어렵다. 거치식은 투자시점을 한 번만 선택하는 것이어서 위험이 큰 방법이다. 적립식은 투자시점을 여러 번으로 분산해 두었기 때문에 이런 타이밍의 위험을 줄일 수 있다. 그렇다고 적립식 투자가 수익을 보장하는 도깨비 방망이는 아니다. 적립식 투자는 매수시점을 분할해서 위험을 줄이는 분산투자의 한 방법이다. 수익을 다소 희생하더라도 매매시점을 잘못 선택해서 입는 손실을 방지하는 것이 목적이다.

적립식 투자에서는 주가가 하락할 때 많이 구입하고 주가가 오를 때 조금 구입하기 때문에 가격평준화 효과가 나온다. 즉, 주가가 하락하더라도 계속 납입을 해야 적립식 투자의 목적에 부합하는 것이다. 그렇지만 투자자들은 흔히 이와 반대로 움직인다. 주가가 오르면 투자액을 늘려서 더 많이 구입하고 주가가 떨어지면 투자를 줄이거나 중단해서 더 적게 구입한다. 이는 오히려 평균 매입가격을 상승시키는 행동이라서 적립식 투자의 목적과 정반대로 투자하는 것이다. 증시 급등과 급락을 겪으면서도 흔들리지 않고 투자해서 적립식 투자의 효과를 보려면 최소한 3년은 지속해야 한다. 도중에 전략을 바꾸면 수익은 놓치고 위험은 못 피하는 최악의 피해를 보게 된다.

월소득의 몇 퍼센트를 적립식으로 투자하는 게 좋을까? 이런 질문에 모든 사람에게 맞는 유일한 정답이 있는 게 아니라 각자의 재무목표와 재무상황에 따라 결정된다. 우선 1년 동안 투자하려는 총금액을 정하고 그 다음에 월 적립액을 정하는 게 이해하기 쉽다.

예 1 장기투 씨는 현재 월소득이 300만 원이고 1년 동안 적립식으로 투자할 목표를 월소득의 3개월분인 900만 원으로 정했다. 월소득의 몇 퍼센트를 적립식으로 투자해야 할까?

답 1 적립식 투자액 비율=3개월/12개월=25.0%

월소득 300만 원의 25.0%인 75만 원을 12개월 적립하면 월소득의 3배인 900만 원을 적립할 수 있다. 적립식 투자금 비율은 목표액의 개월 수를 12개월로 나누면 찾을 수 있다. 이런 방식은 월소득 크기에 영향을 받지 않으므로 저소득자나 고소득자 모두 사용할 수 있다. 투자액 목표를 무리하게 세우면 지속하기 어렵다. 1년에 월소득 4개월분을 모으려면 월소득의 33.3%를 투자하고 나머지 돈으로 살림을 꾸려야 한다. 절대로 쉬운 일이 아니다. 조기 은퇴를 꿈꾸는 파이어족은 1년에 월소득 7~9개월분을 모으는 목표를 세우고 극한적인 내핍생활을 한다. 일반인에게는 부적절한 방법이다. 적립식 투자는 3~5년은 지속해야 하므로 평소의 가계살림에 지장을 초래하지 않는 범위 내에서 목표를 정하는 게 좋다.

3. 누가 투자를 결정하는가?

☑ 고객과 호갱

투자 결정은 금융상품을 판매하는 금융회사 직원이 하는 것도 아니고 재무문제를 컨설팅해 주는 전문가가 하는 것도 아니다. 금융소비자 본인이 투자를 결정한다. 금융상품을 판매하거나 추천하는 사람들과의 대화를 들어 보면 “고객님이 잘 아시겠지만…” 이라는 말이 자주 나온다. 왜 이런 말을 하는 것일까?

예 2 금융상품을 판매하는 사람들이 “고객님이 잘 아시겠지만…” 이라고 말하는 이유에 해당하지 않는 것은 무엇인가?

① 고객이 이것저것 묻는 질문을 차단하려고
② 고객의 선택이 올바르다는 확신을 심어 주려고
③ 판매원이 아는 것이 많지 않아서
④ 고객의 경륜에 감탄해서 존경하는 마음으로

답 2 ④ 고객의 경륜에 감탄해서 존경하는 마음으로

소중한 내 돈을 투자하는 과정에서 체면 때문에 모르는 것을 아는 척하는 것이 가장 위험하다. 금융상품 판매원이 저런 말을 할 때 금융소비자가 냉정하게 대처해야 한다. 마음 속으로 ‘여기에 넘어가면 호갱(호구고객)이 되는 것이지.’라고 생각하면서 “아니요, 나는 잘 모르니까 더 자세히 설명해 주세요.”라고 분명하게 요구해야 한다. 판매원으로부터 추가적인 설명을 듣고 충분히 이해가 되어야 한다. 여기서 이해가 된다는 기준을 정의하기가 다소 모호한데, 한 가지 좋은 방법은 이해한 내용을 다른 사람에게 이야기해 줄 수 있느냐를 기준으로 삼는 것이다. 부모, 자식, 배우자 등 가족에게 설명할 수 있을 정도면 이해했다고 볼 수 있다. 한국금융소비자보호재단이 펀드투자자들의 금융지식을 조사한 결과는 다음과 같다.[07]

07 한국금융소비자보호재단, 『2020 펀드 투자자 조사 결과』, 2021.

펀드투자자들의 금융지식 설문

(%)

문항	정답	정답률
1. 여러 자산에 분산투자하면 투자위험이 감소한다.	○	72.6
2. 위험이 커지면 기대수익률도 증가한다.	○	67.0
3. 금융소득이 일정액을 초과하면 종합과세한다.	○	59.8
4. 예금에서 이자지급횟수는 만기원리금과 무관하다.	×	57.2
5. 물가상승이 기대되면 실질이자율이 감소한다.	○	55.9
6. 오늘의 돈이 미래의 돈보다 더 가치가 있다.	○	49.6
7. ETF는 거래소에 상장해 주식처럼 거래하는 펀드다.	○	38.8
8. 확정기여형 퇴직연금은 근로자가 적립액을 운용한다.	○	37.4
9. 시장이자율이 상승하면 채권가격도 같이 상승한다.	×	34.2
10. 주가 하락기에는 거치식 투자가 유리하다.	×	32.4
11. 펀드투자에서 발생하는 보수는 일회성 비용이다.	×	25.3
12. KOSPI 지수 수익률은 배당금을 포함하여 산출한다.	×	24.7

질문 번호가 커질수록 질문 내용이 까다로워지고 정답률은 점점 내려가고 있다. “여러 자산에 분산투자하면 투자위험이 감소한다.”는 1번 문항의 정답은 ‘○’고 맞힌 사람이 72.6%다. 대다수가 정답을 맞혔다고 좋아할 이유가 하나도 없다. 나머지 27.4%는 이런 초보적인 내용도 모르면서 투자하고 있다는 사실이 중요하다. “위험이 커지면 기대수익률도 증가한다.”는 2번 문항의 정답은 ‘○’고 맞힌 사람이 67.0%다. 본서는 위험과 수익이 비례한다는 금융원리를 누누이 강조했는데 펀드투자자의 1/3은 이런 기본적인 금융원리도 모르고 있다. 이처럼 초보적이고 기본적인 내용도 모르는 상태에서 투자를 했으니 그 결과가 좋을 리 없다.

금융소비자들은 투자결정을 내리기 전에 금융역량을 갖추는 노력을 더 기울여야 한다. 금융역량을 쌓은 후에 금융상품을 선택하고 잘 관리해야 금융생활이 윤택해진다. 금융역량은 백신 주사를 맞듯이 한 방에 길러지는 것이 아니다. 살아가면서 작은 것부터 하나씩 이해하고 실천하면서 차곡차곡 쌓아가야 한다. 행복한 금융생활을 하려면 스스로 결정하는 자립심과 자신감을 갖춰야 한다. 전문가의 조언을 듣더라도 최종 결정은 본인이 하는 것이다. 스스로 결정하고 이득의 기쁨과 손실의 고통을 경험한 것이 진짜 나의 실력이다.

주문대리인 등록

타인 계좌를 많이 확보해서 시세조작 등의 불공정거래에 사용하는 사례가 자주 나타나고 있다. 주식투자에 서툰 사람들이 주식투자 커뮤니티나 증권사 직원을 통해 소개받은 투자전문가를 주문대리인으로 등록한다. 주식투자 경험이 많지 않은 사람들은 투자전문가에게 계좌를 맡기면 높은 수익을 올릴 것으로 기대한다.

그러나 본인 계좌를 남에게 맡기면 불공정거래 세력이 시세조종, 미공개정보이용 등에 악용할 위험이 크다. 계좌가 불공정거래에 이용되면 계좌 주인도 형사처벌을 받을 수 있고 계좌 명의만 빌려주더라도 금융실명법 위반이 될 수 있다. 특히 원금보장을 약속하거나 미공개정보로 고수익이 가능하다고 말하는 경우에는 절대로 계좌를 맡기지 말아야 한다.

☑ 투자 마인드와 투자 목적

엠브레인은 사람들이 어떤 투자 마인드를 가지고 있으며 부에 대해서 어떤 인식을 가지고 있는지 조사했다.[08] 투자자들은 한 가지 관점이 아니라 이상주의, 샤머니즘, 능력주의 관점을 함께 가지고 있는 것으로 나왔다. 이상주의와 능력주의는 금융생활에 도움이 되는 관점이지만 샤머니즘은 경계해야 할 관점이다.

다음 표 5번 문항의 "설명은 할 수 없어도 돈이 따르는 신비로운 능력이 있는 사람이 있다."에 동의한 사람이 56.9%나 된다. 6번 문항의 "전문지식이 없어도 돈의 흐름을 잘 맞추는 사람이 있다."에 동의한 사람도 55.8%나 된다. 투자자들의 과반수가 이런 비합리적인 생각을 가지고 있다는 사실이 새삼 놀랍다. 본인이 아무리 투자를 해도 잘 안 되니까 저런 미신적 인식에 빠지는데 이런 망상을 단연코 잘라내야 한다. 사이비 전문가들은 어쩌다 성공한 한두 번의 투자실적으로 대중을 현혹시키는데 이들의 투자방법은 결코 과학적이지도 않고 지속 가능하지도 않다.

08 만 19~29세 급여소득자 1천 명을 대상으로 설문조사했다. 엠브레인, 『주식투자 열풍 관련 인식 조사』, 2021.

투자 마인드와 부에 대한 인식

(%)

문항	그렇다	관점
1. 전문적인 투자 공부보다 돈에 대한 태도를 잘 가지는 것이 중요하다.	82.4	이상주의
2. 돈을 벌려면 돈에 대한 긍정적인 마인드를 갖는 것이 중요하다.	79.4	
3. 조급함을 버리고 마음을 잘 다스려야 돈이 따라온다.	72.8	
4. 돈에 대한 깨달음이 있어야 돈을 벌 수가 있다.	69.7	
5. 설명은 할 수 없어도 돈이 따르는 신비로운 능력이 있는 사람이 있다.	56.9	샤머니즘
6. 전문지식이 없어도 돈의 흐름을 잘 맞추는 사람이 있다고 생각한다.	55.8	
7. 좋은 인생이라는 말 속에는 '많은 돈'이 포함된다.	62.1	능력주의
8. 지금 부를 많이 쌓은 사람들은 그동안 노력을 많이 한 결과다.	55.8	

금융상품을 선택할 때 투자성향을 아는 것보다 투자목적을 분명히 인식하는 것이 더 중요하다. 금융상품부터 성급하게 선택하지 말고 투자로 이루고자 하는 목적이 무엇인지 확실히 정해야 한다. 투자목적이 먼저고 금융상품은 나중인데 흔히 순서를 바꾸는 잘못을 범한다.

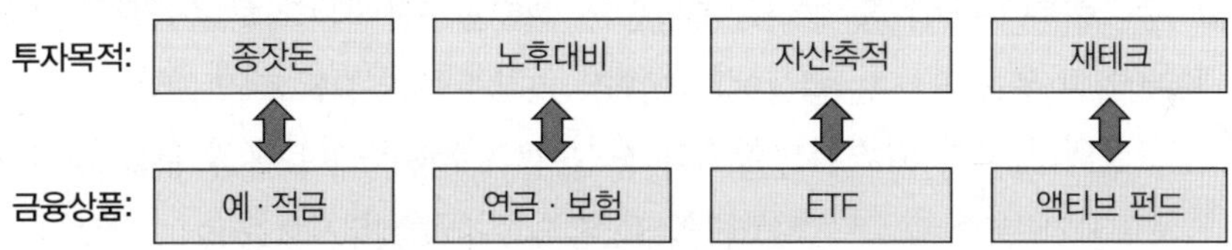

종잣돈을 만들려면 안전하게 예·적금을 이용해야 한다. 단시일 내에 종잣돈을 크게 만들어야지 하면서 위험상품에 투자하면 실패할 확률이 크다. 노후대비를 하려면 안정적으로 오랫동안 모아야 하므로 연금 · 보험을 이용해야 한다. 장기금융상품을 해약해서 증권투자에 나서는 것은 아주 잘못된 판단이다. 자산을 불려 축적해 나갈 때 유용한 상품이 ETF다. 여윳돈으로 고수익을 노리는 재테크를 하려면 액티브 펀드에 투자하면 된다. 물론 새로운 정보를 듣고 개별 주식에 투자할 수도 있지만 워낙 위험이 커서 일반투자자에게는 적절하지 않다. 투자목적을 분명히 설정하고 그에 맞는 금융상품을 선택해서 관리하는 과정이 재무설계이고, 이러한 재무설계를 수행할 수 있는 토대가 바로 금융역량이다.

투자성과 비교

투자성과가 나오면 어떻게 판단하고 반응할 것인지에 대한 나름대로의 기준이 있어야 한다. 사람들은 기대와 실현 사이에 차이가 발생하면 심리적으로는 인지부조화(cognitive dissonance)를 겪는다. 투자에서 얻은 수익률이 기대한 수익률보다 낮으면 심리적으로 불편한 부조화를 느끼게 된다. 사람들이 부조화를 해소하기 위해 흔히 사용하는 방법이 자신의 태도를 바꾸는 것이다.

태도를 바꾸는 세 가지 방법이 있다. 첫째, 남의 탓을 한다. 시장이 나빠서, 추천이 잘못돼서, 틀린 정보를 받아서 등의 이유를 대면서 자신의 잘못이 아니라고 생각한다. 둘째, 책임을 회피한다. '돈이 인생의 전부는 아니잖아, 누구나 다 비슷하지.' 하면서 책임감에서 벗어난다. 셋째, 자신을 합리화한다. '남들은 나보다 더 손해를 봤잖아.' 하면서 자신에게 유리한 해석을 내린다.

이런 방법들은 사실 여부를 객관적으로 판단하지 않고 자신에게 편안한 정보만 선택적으로 취하는 자기 중심적 왜곡(myside bias)을 일으킨다. 투자자에게 바람직한 방법은 현실을 인정하고 반성하는 것이다. '필요한 정보를 제대로 확인하지 못했어.', '판단에 착오가 있었어.' 하면서 자신의 행동을 반성하고 현실을 받아들이면 인지부조화가 해소되고 다음 투자에 긍정적으로 작용하게 된다.

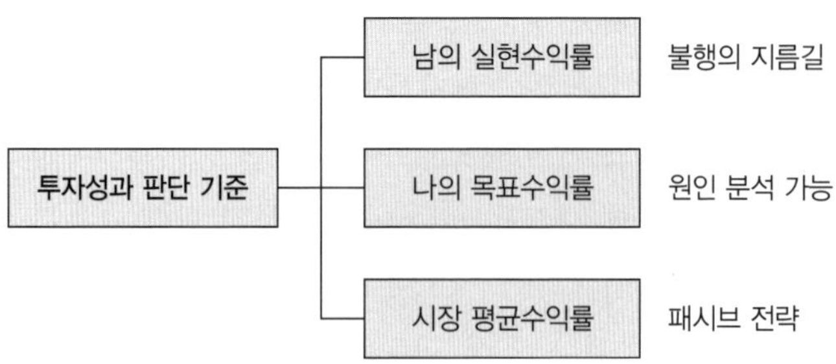

투자성과가 잘한 것인지 못한 것인지 판단하려면 기준이 있어야 한다. 기준보다 투자성과가 높으면 잘했다고 판단하고 기준보다 낮으면 미흡하다고 판단한다. 이런 기준으로 사용할 수 있는 세 가지가 있다.

첫째 기준은 다른 투자자의 실현수익률이다. 내 수익률 10%를 친구 수익률 20%와 비교하면 불행이 시작된다. 투자성과뿐만 아니라 모든 사항에서 "타인과 비교하는 순간 지옥에 들어간다."는 말이 있다. 특히 SNS가 발달하면서 자기 과시하는 사진과 글이 넘쳐나고 있다. 이런 자랑은 대부분 허세이지 실제 모습이 아니다. 허세꾼들이 사진에 보이는 것처럼 그렇게 호화롭고 멋지게 살지는 않는다는 것을 사람들이 알고는 있지만 자꾸 관심이 가는 것을 막기도 쉽지 않다. 비록 어렵더라도 남과 비교하려는 마음을 억제하는 습관을 들여야 한다.

둘째 기준은 자신의 목표수익률이다. 목표수익률보다 실제수익률이 높으면 만족스러운 결과라고 판단하는 것이다. 남들이 얼마를 벌었는가와 관계 없이 자신의 기준으로 성과를 판별하므로 투자성과의 원인을 분석하고 대책을 마련하는 데 도움이 된다. 다만 주의할 사항은 일반적으로 투자자들이 목표수익률을 너무 높게 잡는 경향이 있다는 점이다. 투자전문가들이 금리의 2~5배 수준을 목표로 하는데 초보투자자들은 목표수익률을 20~30%로 아주 높게 설정한다. 투자의 속성이 무엇인지 몰라서 겁이 없기 때문일 수도 있고 일확천금의 헛된 꿈에 도취했기 때문일 수도 있다. 시장의 합리적 수준을 초과하는 목표수익률을 설정하지 않도록 항상 경계해야 한다.

셋째 기준은 시장 평균수익률이다. 패시브 전략에서 투자성과를 판단할 때 벤치마크와 대비한다고 말하는데 바로 시장 평균수익률이 벤치마크다. 실현수익률이 벤치마크를 초과했으면 고마운 일이라고 감사하는 마음을 가지고, 벤치마크에 미달했으면 투자과정에 어떤 문제가 있었는지 반성하는 것이 올바른 태도다.[09]

09 시장 평균수익률을 기준으로 삼는 것은 인덱스 펀드나 ETF에 투자한 경우에 적절한 방법이다. 투자전문가는 위험에 대비한 초과수익의 크기를 판단 기준으로 사용한다.

☑ 투자 구루 명언

구루(guru)는 산스크리트어로 '존경해야 할 사람'이라는 뜻이며 힌두교와 불교에서 '스승'을 의미한다. 지금은 특정한 분야에서 뛰어난 실적을 이룬 대가를 부르는 말로 널리 사용되고 있다. 투자 분야에서는 장기간 실전투자에서 탁월한 실적을 거둔 위대한 투자가를 '투자 구루'라고 부른다. 투자 구루들은 풍부한 경험에서 얻은 지혜를 함축적인 문장으로 표현하는데 우리가 투자의 지침으로 삼을 만한 내용이 많다. 그중에서 일부를 정리하면 다음과 같다.

투자 그루	대표 명언
워렌 버핏	자본주의 시대에 인간은 여러 지적 수단을 발전시켜 왔지만 감정과 심리의 벽은 여전히 높다.
앙드레 코스톨라니	확실한 수익을 보장해 주는 주식시장은 세상 어느 곳에도 없다.
피터 린치	투자할 때는 최소한 냉장고를 고를 때만큼의 시간과 노력을 기울여라.
존 템플턴	남들이 낙담해서 팔 때 매수하고 탐욕스럽게 살 때 매도하려면 강인한 정신력이 필요하다.
랄프 웬저	시장의 타이밍을 맞추려고 애쓰는 것은 불안과 초조의 깊은 늪으로 빠지는 지름길이다.
케네스 피셔	투자를 위협하는 가장 큰 적은 자신의 감정과 편견이다.
버튼 맬킬	헐떡거리며 말하는 사람에게서는 어떤 것도 사지 마라.
벤저민 그레이엄	유행을 타지 마라. 투자는 패션이 아니다.
피터 번스타인	추는 한곳에 오래 머물지 않는다.
고레카와 긴조	투자는 거북이에서 토끼가 되는 순간 실패한다.

투자할 때는 남들 의견을 다양하게 들으면서 자신만의 투자원칙이 있어야 한다. 자신만의 투자원칙을 정의하기가 쉽지 않는데, "보편적 금융원리를 따르면서 독특함을 유지해라."는 말로 요약할 수 있다. 보편적 금융원리란 본서에서 여러 번 언급한 "화폐에는 시간가치가 있다."와 "위험과 수익은 비례한다." 두 가지 원리다. 만일 어떤 금융상품이 두 가지 금융원리에서 어긋난다면 초과수익 기회가 온 것이 아니라 금융시장에 큰 혼돈이 발생했거나 금융사기가 획책된 것으로 보면 된다.

자신만의 독특함을 유지하기 위해서는 세 가지 지침을 지켜야 한다. 첫째는 투자목표를 분명하게 세우는 것이다. 투자로 마련하려는 자금의 용도, 목표하는 투자기간, 기대하는 수익률, 위험에 대한 수용도를 확실하게 정해 두어야 투자하는 도중에 길을 잃고 헤매지 않는다, 둘째는 심리적 압박을 이겨내는 것이다. 투자는 자료와 정보, 전략과 판단, 수익과 비용의 경제적 활동일 뿐만 아니라 감정과 심리가 큰 영향을 미치는 정서적 활동이기도 하다. 투자성과는 운 탓도 성격 탓도 아니며 자신과 벌이는 장기적 심리전의 결과물이다. 손실의 고통을 인내하지 못하면 달콤한 이익을 맛볼 수 없다. 사람들은 투자 과정에서 받는 심리적 압박을 해소하기 위해서 다음과 같은 부적절한 행동을 한다.

① 손실회피: 사람들은 손해가 발생해도 그 손해를 확정하지 않는다. 주가가 하락하더라도 팔지 않고 과거에 매입한 원가에 집착하면서 그냥 보유한다.

② 부화뇌동: 스스로 종목을 선택하기 어려우니까 남들이 좋다고 말하는 것을 자세히 알아보지도 않고 따라서 산다. 투자조언을 하는 사람이 전문지식도 없고 무책임한 경우가 많다.

③ 확증편향: 자신에게 유리한 정보만 받아들이면서 자신의 투자결정이 잘 되었다는 확신을 계속 심는다. 과거의 결정을 미화하기만 해서는 발전이 있을 수 없다.

셋째는 자산을 배분하는 것이다. 투자할 때는 자산배분을 먼저 하고 상품선택은 나중에 해야 한다. 주식뿐만 아니라 채권, 부동산, 원자재, 외화 등 성격이 다른 여러 곳에 섞어서 투자해야 위험을 관리할 수 있다.

4. 행복한 금융생활

주식투자 중독

미래에셋은퇴연구소가 만 25~39세 젊은 층의 재무목표 우선순위를 조사했다.[10] 결과는 주택 마련, 은퇴자산 축적, 결혼자금 마련, 종잣돈 마련, 비상금 마련 순으로 나왔다. 재무설계에서 말하는 인생 5대 자금에는 종잣돈 대신에 자녀교육비가 들어간다. 젊은 세대도 재무설계에서 말하는 재무목표의 중요성을 상당히 이해하고 있다고 볼 수 있다. 5대 자금을 마련하는 데 필요한 기간은 자금의 규모와 밀접하게 관련되어 있다. 주택 마련과 은퇴자산 축적은 거금이 필요하므로 20~30년에 걸쳐 장기적으로 접근해야 한다. 결혼자금, 종잣돈, 비상금은 비교적 소액이므로 2~3년 이내에 모아야 한다. 영혼까지 끌어모을 정도로 온갖 빚을 다 모아서 주택을 사는 '영끌' 매매는 장기적으로 추진할 과제를 단기적으로 해결하려고 무리수를 둔 것이다.

같은 조사에서 젊은 층은 투자정보를 얻기 위하여 인터넷 전문사이트, 모바일 앱, 유튜브 등 비대면 수단을 많이 이용했다. 책을 읽고, 금융회사를 방문하고, 전문가 자문을 받는 것은 선호도가 낮게 나왔다. 비대면 수단을 이용할 때는 공적이고 신뢰할 수 있는 기관에서 제공하는 콘텐츠를 위주로 봐야 한다. 사적으로 제공하는 콘텐츠가 재미는 있지만 신뢰성은 부족하다. 고수익-고위험 금융상품에 투자하는 시장에는 정보라는 탈을 쓰고 거짓과 술수가 난무한다.[11] 독서에서 고전과 양서를 선별해서 읽어야 하듯이 투자에서도 검증된 전문가 의견을 들어야 한다.

내가 주식투자에 지나치게 빠진 건 아닌지 진단하는 테스트가 있다.[12] 14개 문항 중에서 해당하는 항목이 3개 이하면 보통 상태, 4~7개면 고위험 상태, 8~10개면 중독 상태, 11개 이상이면 치료가 필요한 상태다. 빌 게이츠가 "가난하게 태어났다면 그건 당신의 잘못이 아니다. 그러나 가난하게 죽는다면 그건 당신 잘못

10 미래에셋은퇴연구소, 『밀레니얼 세대 신 투자인류의 출현』, 2020.

11 고수익-고위험 금융상품에는 주식, 펀드, 파생상품, 대체상품 등이 있는데 이제부터 주식을 그 대표로 선정해서 설명한다.

12 주식투자 중독에 빠졌던 정신과 의사 박종석이 만들었다.

◎ **주식투자 중독 테스트**

1. 근무태도로 지적받는다.	□
2. 가족과 다툰다.	□
3. 변명과 거짓말이 늘었다.	□
4. 손실액에 집착한다.	□
5. 친구에게 돈을 빌린다.	□
6. 위험이 큰 종목에 투자한다.	□
7. 학비나 생활비까지 사용한다.	□
8. 단타 매매를 한다.	□
9. 상한가 종목을 산다.	□
10. 신용대출을 받는다.	□
11. 불면증에 시달린다.	□
12. 업무 중 주가를 확인한다.	□
13. 주식프로그램을 지웠다가 다시 설치한다.	□
14. 주말에 마음이 편하지 않다.	□

이다."라고 말했다. 또 유대인의 격언 중에 "가난은 수치가 아니다. 그러나 명예라고는 생각하지 말라."는 말도 있다. 이 말들은 남 탓하지 말고 가난을 벗어나기 위해서 스스로 노력하라는 메시지를 담고 있다. 그러나 재산을 불리려는 욕심으로 주식 중독에 빠져 소중한 삶을 망쳐서는 안 된다. 무엇이 삶의 본질적 목표인지 자주 확인해 봐야 한다.

☑ 모르면 물어봐라

우리가 금융투자를 하는 이유는 재무설계를 통해서 언제 얼마의 자금이 필요할 것인지 계산해 보았기 때문이다. 안전한 예금만으로 필요자금을 만들 수 없기 때문에 부득이하게 위험을 감수하면서 투자에 나선 것이다. 단순히 재산을 불리기 위한 목적으로 투자하는 것은 행복한 부자의 미래 설계와는 무관한 일이다. 사람들은 재산이 없는데 어떻게 미래를 설계할 수 있겠냐며 먼저 재산을 불려 놓은 후에 미래를 설계하겠다고 말한다. 그러나 사람의 욕심은 무한하기 때문에 이러한 머니게임 식의 접근방법으로는 평생 가도 재산 모으기 고통에서 벗어날 수 없다. 재무설계를 먼저 하고 투자는 그 다음이다. 투자는 성공할 수도 있고 실패할 수도 있다. 재무설계를 해 놓은 상태에서는 투자에서 실패하더라도 재무설계안을 수정하고 보완해서 다시 일어설 수 있다. 그러나 재무설계를 해 두지 않았으면 실패를 만회하기 위하여 더 큰 위험에 베팅하면서 점점 헤어날 수 없는 늪으로 빠져들게 된다.

이렇게 중요한 재무설계를 제대로 하려면 필요한 금융지식을 갖추어야 한다. 금융지식은 누구에게 자랑하기 위한 것이 아니라 자신과 사랑하는 가족의 장래를 위해서 필요하다. 금융지식이라고 해서 수많은 금융상품의 종류와 특징을 외우고 종목선택과 시점선택의 매매 전략을 공부하라는 의미는 아니다. 본서는 금융의 기본원리 두 가지가 중요하다고 강조하였다. 그렇다고 두 기본원리를 머리로만 외우는 것은 도움이 되지 않는다. 두 기본원리가 일상 생활에서 어디에 어떻게 적용되는지를 현실 사례에 대입해 보고 질문을 던지고 답을 찾아보는 과정을 거쳐야 한다. 그래야만 죽은 지식이 아니라 살아 있는 지혜가 된다. 금융지식은 토익 점수 따듯이 몇 점 맞아서 합격하고 그만 두는 대상이 아니다. 우리가 건강을 위하여 평생 노력하듯이 금융지식도 꾸준히 축적하고 가다듬어 나아가야 한다.

금융지식이 부족한 사람들이 고위험-고수익 상품에 투자하는 경우가 많다. 주변에서 누군가 고위험-고수익 상품에 투자해서 큰 수익을 내는 것에 자극을 받아서 내용을 자세히 알아보지도 않고 뛰어드는 것이다. 무슨 내용인지도 모르면서 투자해서 성공을 거둘 확률은 매우 낮을 수밖에 없다. 금융지식이 낮은 사람이 반드시 저학력자를 의미하지는 않는다. 고학력자로 전문직종에 속하는 사람들 중에서도 금융문맹이 많이 있다. 금융회사들이 이러한 사람들에게 적용하는 판매방식은 일반인과 다르다. 이들의 허세나 교만심을 이용해서 "이렇게 재산이 많은데 쩨쩨하게 예·적금이냐, 더 과감하게 투자하라."며 고위험 금융상품을 권유한다. 유명 스포츠 선수나 연예인이 재산관리를 잘못해서 파산하는 것도 결국 본인의 금융지식이 부족하기 때문이다.

금융지식을 쌓아야 한다고 해서 금융회사 직원만큼 알아야 한다는 의미는 아니다. 금융회사 직원의 설명을 듣고 이해할 수 있고 자신이 부담한 위험이 얼마나 되는지 파악할 수 있는 정도면 된다. 금융회사 직원의 설명을 듣고 이해가 안 되면 창피해하지 말고 물어봐야 한다. 묻는 것이 창피한 일이 아니라 모르면서 아는 체하는 것이 창피한 일이다.

☑ 투자에 실패하는 원인

투자에서 실패하는 사람들의 원인을 분석해 보면 세 가지로 요약된다. 첫째, 단기적인 시세차익을 올리는 데 급급해한다. 둘째, 한두 개 종목에 집중투자하면서 위험을 과도하게 부담한다. 셋째, 빚을 내어 무리한 승부를 건다. 이러한 실패의 함정에 빠지지 않으려면 재무설계를 통하여 목표를 분명하게 세우고 다양한 자산에 분산투자하고 이를 장기간 유지하는 것을 투자의 원칙으로 삼아야 한다.

주식투자에서 실패하지 않기 위해서는 주식투자를 시작하는 동기부터 명확히 알아야 한다. 엠브레인이 만 19~59세 직장인에게 주식투자를 시작한 이유를 중복 선택으로 조사한 결과는 다음 표와 같다.[13]

주식투자를 시작한 이유(중복 선택)

1. 은행 상품이 저금리이기 때문에	65.4%
2. 투자할 곳이 마땅치 않아서	38.2%
3. 공부하는 만큼 수익이 보장돼서	34.3%
4. 큰 수익을 얻을 수 있는 기회여서	31.2%

1위 "은행 상품이 저금리이기 때문에"는 주식투자를 한 이유로 합당하다. 저금리 저축의 시대에서 고수익 투자의 시대로 재테크 환경이 바뀌었다는 점을 잘 인식하고 있다. 나머지 2위에서 4위까지는 주식투자를 한 올바른 이유로 보기 어렵다. 2위 "투자할 곳이 마땅치 않아서" 주식에 투자했다는 말은 "식욕이 없어서 삼겹살을 먹었다."는 말과 다를 바 없다. 투자할 곳이 없다면 그냥 현금으로 보유해야 한다. 3위 "공부하는 만큼 수익이 보장돼서" 주식투자를 하는 것이라면 증권회

13 엠브레인, 『주식투자 및 주식투자 경험 관련 인식 조사』, 2021.

사와 자산운용사의 수많은 전문가가 모두 부자가 됐을 것이다. 공부는 투자에 반드시 필요하지만 투자수익을 보장하지는 않는다. 4위 "큰 수익을 얻을 수 있는 기회여서" 주식투자를 하는 것은 전형적인 투기행위다. 위험과 수익은 비례한다는 금융원리를 무시하고 수익만 좇아 가는 어리석은 모습이다. 요약하면, 잘못된 이유로 주식투자를 시작하니 결과가 좋을 수가 없는 것이다.

우리 주변에는 주식투자로 큰돈을 벌었다고 자랑하는 이야기가 많이 떠돌아 다닌다. 주식투자에서 손해를 보거나 망한 사람은 훨씬 더 많지만 이들의 이야기는 별로 들리지 않는다. 손해를 본 이야기를 하면 사람들은 투자자가 멍청해서 실패한 것으로 생각하기 때문에 창피해서 말을 안 하는 것이다. 누군가 투자에 성공했다고 자랑하면 그 말만 듣지 말고 아무 말 없는 더 많은 사람들이 손해를 봤구나 하는 점을 같이 생각해야 한다.

우리는 흔히 남들은 장점만 가지고 있는 것처럼 생각한다. 능력 있고, 용기 있고, 다정하고 등 좋은 점만 있는 그런 사람은 어디에도 없다. 완벽해 보이는 사람도 결점이 있고 고민을 안고 있다. 다른 사람과 비교하고 다른 사람을 부러워하면서 자신을 학대하는 나쁜 사고에서 벗어나야 한다. 자신에게 부족한 점이 있다면 배우고 실천해서 극복하면 된다. 이 과정에서 소위 말하는 자존감이 살아난다. 나의 진정한 비교 대상은 남이 아니라 어제의 나다. 모든 일에서 성공과 실패는 늘 같이 나타난다. 누구는 성공만 계속하고 누구는 실패만 계속한다는 그런 법칙은 없다. 실패하면 실패로부터 배우면 된다. 실패해도 자신의 본래 가치는 달라지지 않는다는 자신감을 가져야 새로 도전할 수 있다.

합리적 의심

우리는 신뢰가 높은 사회를 지향하고 있다. "평화를 원하면 전쟁을 준비하라."는 모순적인 말이 있듯이, "신뢰 사회를 원하면 함부로 믿지 마라."고 말할 수 있다. 여기서 불신은 무조건 배척하고 부정하는 것이 아니라 합리적으로 의심하는 것을 말한다. "의심은 불편한 일이지만 확신은 멍청한 일이다."라는 격언도 있다. 내 소중한 돈이 오가는 금융거래에서 "설마 무슨 일 있겠어?"하는 것은 어리석은 생각이다. 합리적 의심을 하면서 확인하고 확인해도 약속을 어기는 사고가 일어난다.

합리적 의심을 하는 몇 가지 예가 있다. 금융상품 판매원이 "고수익이 가능하다."고 말하면 "고위험 상품을 팔고 있구나."로 알아들어야 한다. 판매원이 "잘 아시겠지만"이라고 말하면 그냥 넘어가지 말고 자세한 설명을 요구해야 한다. 투자전문가 의견을 들을 때 한쪽 이야기만 듣지 말아야 한다. 유튜브에서 주가가 폭등한다는 콘텐츠만 보고 있으면 확증편향에 빠지면서 균형 감각을 잃게 된다. "손해가 나면 책임지겠다."는 말을 절대 믿지 말아야 한다. 이렇게 말하고 실제로 책임진 사람은 거의 없다. 이런 사기꾼들은 계약서의 복잡하고 교묘한 문구를 이용해서 법적 책임을 빠져나간다.

☑ 즐기면서 꾸준하게 실천

투자자들에게 필요한 것은 타인의 성공사례나 전문가의 추천종목이 아니다. 투자자는 재무설계에서 설정한 재무목표가 제대로 달성되도록 투자원칙에 맞는 분산투자, 장기투자, 적립식 투자를 실천하면 된다. 이것이 바로 금융생활의 지혜다. 부자들이라고 더 많은 내용을 알고 더 특별한 비법을 가지고 있는 게 아니다. 여러분은 지금까지 투자에 필요한 금융지식을 쌓았고 세상에 대처하는 금융태도를 가다듬었다. 이제 남은 것은 실천이다. 남을 부러워하거나 시간을 서두르지 말고 재무설계에서 목표한 대로 꾸준히 실천하면 된다. 실천을 지속해 나가면 경제적 자유를 누리면서 인생의 행복을 즐기는 목적지에 분명히 도달할 것이다.

지금까지 설명한 내용을 정리하면 다음 표와 같다. 표에서 각 장에서 강조하는 바를 키워드로 제시하였고 각 장별로 무엇을 실천할 것인지 적는 열을 두었다. 아는 것보다 실천하는 것이 더 중요하다. 여러분이 실천할 일을 장별로 하나씩 기입하고 꼭 실행하기 바란다. 실천하는 일이 처음에는 완벽하지 않더라도 계속 진행해야 한다. 그래야 수정과 보완을 해서 더 나은 모습으로 개선할 수 있고 이런 실천이 쌓여 실력이 된다.

행복한 금융생활: 키워드와 실천안

편	장	키워드	실천안
제1편 돈 알기	1. 금융역량을 기르자	금융역량	
	2. 부자 되는 희망을 갖자	부자습관	
	3. 재무설계로 시작하자	재무설계	
제2편 돈 쓰기	4. 알뜰하게 살림하자	절약	가계부 쓰기
	5. 온라인 생활을 즐기자	체크카드	
	6. 신용을 관리하자	신용점수	
	7. 행복을 함께 누리자	기부	
제3편 돈 모으기	8. 종잣돈을 모으자	적금기술	캘린더적금 가입
	9. 세금을 고려하자	연금저축	
	10. 노후자금을 마련하자	3층연금	
	11. 보험으로 대비하자	보장성	
제4편 돈 불리기	12. 펀드로 키우자	간접투자	
	13. 위험자산을 활용하자	ETF	
	14. 분산투자로 지키자	자산배분	

본서의 목적은 재무설계를 통하여 경제적 자유와 인생의 행복을 누릴 수 있도록 도움을 주는 것이다. 금융상품의 이름을 몇 개 더 알고 금융수식을 올바로 계산할 수 있다고 해서 금융생활의 지혜가 생기는 것은 아니다. 금융생활의 지혜는 평소의 습관과 태도에서 나온다. 절약하는 생활, 저축하는 습관, 위험을 감수하는 태도가 행복한 부자를 만든다. 행복이란 편안하고 쾌락한 삶에서 얻는 즐거움이다. 행복한 금융생활을 이루려면 모든 일을 즐겁게 수행해야 한다. 무슨 일이든 억지로 마지못해 하면 지속할 수 없다. 여러분이 본서에서 습득한 내용으로 행복한 삶을 이루길 기대하며 대한민국의 모든 사람이 행복한 부자가 되는 날을 꿈꾼다.

[저자약력]

송영출

1985년부터 광운대학교 경영학부에 재무관리 담당교수로 재직하고 있다. 서울대학교 경영대학에서 박사 학위를 받았고, 주요 저서로 『기업경영분석 실습(2022)』과 『행복한 부자 되기(2016)』와 『가치평가(2013, 역서)』가 있다. 사단법인 혁신과금융포럼 이사장을 맡아 금융업계 인사들과 함께 혁신과 금융을 선순환시키는 방안을 모색하고 있다. 우리 국민이 모두 '행복한 부자'가 되고 대한민국은 '금융강국'이 되길 소망한다.

행복한 금융생활

2022년 6월 15일 제1판 1쇄 인쇄
2022년 6월 20일 제1판 1쇄 발행

저 자 송 영 출
발행인 강 희 일 · 박 은 자
발행처 다 산 출 판 사
서울특별시 마포구 대흥로 6길 8
등 록 1979. 6. 5. 제 3-86 호(윤)
전 화 717-3661
F A X 716-9945

저자와의 협의에 의해 인지첨부를 생략합니다.

정가 25,000원
파본은 바꾸어 드립니다.

http://www.dasanbooks.co.kr
ISBN 978-89-7110-623-5 03320